BERGISCHE FORSCHUNGEN

Wir danken Ihnen für die gute Zusammenarbeit im Jahre 1984.
Wir überreichen Ihnen den neuesten Band der Bergischen Forschungen und wünschen Ihnen viel Freude bei Ihrer Reise durch die Vergangenheit im Bergischen Land.

Solingen, im Dezember 1984

Stadt-Sparkasse Solingen

BERGISCHE FORSCHUNGEN

Quellen und Forschungen zur bergischen Geschichte
Kunst und Literatur

Herausgegeben
im Auftrage des Bergischen Geschichtsvereins
von Wolfgang Köllmann und Jürgen Reulecke

Band XIX

Mit Kutsche, Dampfroß, Schwebebahn

Reisen im
Bergischen Land II
(1750–1910)

Herausgegeben
von
Jürgen Reulecke und Burkhard Dietz

Gedruckt mit Unterstützung des Landschaftsverbandes Rheinland und der Stadt-Sparkasse Solingen

Mit Kutsche, Dampfroß, Schwebebahn

Reisen im
Bergischen Land II
(1750–1910)

Herausgegeben von Jürgen Reulecke und Burkhard Dietz

1984
Druck und Verlag:
Verlagsdruckerei Schmidt GmbH, Neustadt/Aisch

Umschlagbild: „Die Köln-Mindener Eisenbahn bei Benrath um 1860", nach einem zeitgenössischen Gemälde, entnommen aus: 125 Jahre deutsche Eisenbahnen. Ein Bildwerk, hg. von der Deutschen Bundesbahn, Frankfurt/Bonn 1960, S. 15.

ISBN 3-87707-052-3

Inhalt

Vorwort

„Leben wir, sehen wir, reisen wir; die Welt ist ein Buch, in welchem jeder Schritt uns ein Blatt umwendet“.
(Alphonse de Lamartine 1835)

Als der Bergische Geschichtsverein vor sechs Jahren in seiner Reihe „Bergische Forschungen“ einen ersten Band mit insgesamt elf Reiseberichten über das Bergische Land um 1800, genauer: aus dem Zeitraum von 1774 bis 1847, vorlegte[1], nahmen die Herausgeber zwar an, daß sicherlich noch einige weitere, noch zu entdeckende Berichte existierten. Was sie jedoch nicht ahnten, war, daß innerhalb kurzer Zeit eine solche Fülle neuer Texte gefunden würde, daß sich ein kompletter zweiter Band zusammenzustellen lohnte. Drei weitere Reiseberichte konnten bereits in den nächsten beiden Zeitschriftenbänden des Bergischen Geschichtsvereins abgedruckt werden[2] (sie sind der Vollständigkeit wegen auch in die vorliegende Sammlung mit aufgenommen worden). Als sich aber dann die Hinweise auf neue Fundstellen zu häufen begannen, entschloß sich der Vereinsvorstand, einen Fortsetzungsband in Auftrag zu geben, zumal der erste Band „Reisen im Bergischen Land“ nicht nur bei den Vereinsmitgliedern, sondern auch bei vielen anderen Bewohnern dieser Region und darüber hinaus großen Anklang gefunden hatte.

Zweifellos kommen Reiseberichte aus früheren Jahrhunderten heute gewissen, von Nostalgie geprägten Sehnsüchten entgegen, und bei manchem Leser mag der Griff zu einem Buch wie dem vorliegenden mehr von dem Wunsch nach einem Wohlbehagen erzeugenden Blick in eine vermeintlich „gute, alte Zeit“ bestimmt sein als von dem Ziel, Aufklärung über die Existenzbedingungen einer Umbruchepoche zu erhalten, in der entscheidende Weichen in Richtung auf unsere „moderne Welt“ gestellt worden sind. Doch hat in den letzten Jahren auch die Geschichtswissenschaft die Reiseberichte als höchst wichtige Quellengattung (wieder-)entdeckt[3],

[1] *Gerhard Huck/Jürgen Reulecke* (Hg.): . . . und reges Leben ist überall sichtbar! Reisen im Bergischen Land um 1800 (= Bergische Forschungen, Bd. XV), Neustadt/Aisch 1978.

[2] S. im 88. Band der ZBGV (1977/79) den von *Gerhard Huck* und *Jürgen Reulecke* veröffentlichten Nachtrag (Otto Lünings Reisebilder aus dem Jahre 1845), S. 189–198, und im 89. Band (1980/81) die Nachträge von *Burkhard Dietz* (August Hermann Niemeyers „Beobachtungen“ aus dem Jahre 1806), S. 122–137, und von *Eberhard Illner* (Jacob Christian Gottlieb Schaeffers Reisebriefe aus den Jahren 1787/88), S. 138–141.

[3] S. dazu neben dem einleitenden Beitrag von *Gerhard Huck* im 15. Band der Bergischen Forschungen (s. Anm. 1, S. 27–44) – „Der Reisebericht als historische Quelle“ – und dem Vorspann zum Nachtrag im 88. Band der ZBGV (s. Anm. 2) vor allem folgende drei in den letzten Jahren erschienene Veröffentlichungen, in denen sich eine große Fülle neuer Forschungsergebnisse über den Quellenwert historischer Reiseberichte findet: *Mohammed Rassem/Justin Stagl* (Hg.): Statistik und Staatsbeschreibung in der Neuzeit, vornehmlich im 16.–18. Jahrhundert, Paderborn u. a. 1980, darin bes. der Beitrag von *Justin Stagl:* Die Apodemik oder „Reisekunst“ als Methodik der Sozialforschung vom Humanismus bis zur Aufklärung, S. 131–204; *B. I. Krasnobaev/Gert Robel/Herbert Zeman* (Hg.): Reisen und Reisebeschreibungen im 18. und 19. Jahrhundert als Quellen der Kulturbeziehungsforschung, Berlin 1980; sowie *Antoni Mączak/Hans Jürgen Teuteberg* (Hg.): Reiseberichte als Quellen europäischer Kulturgeschichte. Aufgaben und Möglichkeiten der historischen Reiseforschung (= Wolfenbütteler Forschungen, Bd. 21), Wolfenbüttel 1982.

da solche Aufzeichnungen trotz aller Subjektivität der Betrachtung, die oft die Darstellungen auszeichnet, dennoch eine Fundgrube von vor allem sozial- und mentalitätsgeschichtlichen Informationen sind, welche sich aus dem von den Historikern normalerweise herangezogenen Quellenmaterial in einem solchen Facettenreichtum meist nicht entnehmen lassen.

Weil sich die Gesamtanlage wie die Auswahlkriterien des ersten Bandes bewährt haben, richtet sich der vorliegende zweite Band ganz nach seinem Vorgänger; d. h. es sind wieder nur solche Texte aufgenommen worden, die von nicht-bergischen Autoren stammen und in denen sich individuelle Reiseerfahrungen aus dem bergischen Raum niedergeschlagen haben. Freilich ist der dokumentierte Zeitraum größer geworden; er reicht diesmal vom Jahre 1758 bis zum Jahre 1911. Neue Verkehrsmittel und entsprechend neue Formen des Reisens spielen deshalb in den seit den 1840er Jahren entstandenen Texten eine wichtige Rolle, wie nun auch die Weiterentwicklung der Industrie und des gesellschaftlichen Lebens im Bergischen Land über die Jahrhundertmitte hinaus im Spiegel von Reiseberichten in den Blick kommt. Natürlich gibt es nicht zu allen Teilregionen dieses Raumes eine gleich dichte Überlieferung. So liegt es auf der Hand, daß das Wuppertal wegen seiner lebhaften Gewerbetätigkeit und seines ebenso lebhaften religiösen Lebens mit Abstand am meisten das Interesse von Reisenden auf sich zog[4], doch ist es gelungen, auch wieder zu einer großen Zahl weiterer bergischer Orte, vor allem zu Solingen, Berichte zu finden[5].

Zur Anlage des Bandes: Jeder abgedruckte Text wird wieder durch die Einleitung eines Bearbeiters erschlossen und eingeordnet. Allerdings handelt es sich bei den jeweiligen Bearbeitungen nicht um eine kritische Edition im streng wissenschaftlichen Sinn, denn eine solche hätte den Rahmen dieses Bandes gesprengt. Zeitgenössische Abbildungen, soweit solche aufzufinden waren, sollen zudem einen bildlichen Eindruck von den Handlungsschauplätzen vermitteln bzw. die Darstellungen ergänzen. Die Texte sind in der ursprünglichen sprachlichen Form belassen worden, wenn es sich nicht um Übersetzungen handelt, denn auch für den vorliegenden Band konnten wieder einige fremdsprachige Berichte herangezogen werden, so mehrere englische sowie je ein schwedischer, französischer und belgischer Bericht. Die sich auf das Bergische Land beziehenden Passagen sind im allgemeinen ungekürzt wiedergegeben. Wo Kürzungen angebracht waren, sind diese deutlich angezeigt worden. Fußnoten der Bearbeiter werden mit arabischen Ziffern bezeichnet, Zusätze in eckigen Klammern in den Text eingefügt. In der Originalfassung gesperrt gedruckte Wörter oder Sätze erscheinen in unserer Wiedergabe kursiv.

Da im ersten Band bereits ein ausführliches Glossar und verschiedene Hinweise zum Münzwesen, zu den Maßen und Gewichten sowie zu technischen Details abgedruckt worden sind, konnte hier auf einen solchen Anhang verzichtet werden;

---

[4] Vgl. das treffende Zitat von Karl Immanuel Nitzsch aus dem Jahre 1838 mit dem Blick auf das Wuppertal: „Alles ist Kirche und Handel, Mission und Eisenbahn, Bibel und Dampfmaschine", das *Hermann Herberts* seiner Darstellung der „Wirtschaft und Gesellschaft des Wuppertals im Vormärz und in der Revolution 1848/49" (= Bergische Forschungen, Bd. XII), Neustadt/Aisch 1980, S. 3, voranstellt.

[5] Reiseberichte über die Stadt Düsseldorf sind allerdings auch diesmal nicht aufgenommen worden. Der Leser sei darauf hingewiesen, daß fast gleichzeitig mit dem vorliegenden Band als Band 59 des Düsseldorfer Jahrbuchs eine Sammlung von entsprechenden Texten erscheinen wird: *Beatrix Müller/Marianne Tilch* (Bearb.): Beschreibungen einer Stadt (1600–1850), Düsseldorf 1984.

ebenso schien es nicht nötig zu sein, ein ausführlicheres Literaturverzeichnis beizugeben, da der Bergische Geschichtsverein in Zusammenarbeit mit der Kommunalen Arbeitsgemeinschaft Bergisch Land e.V. plant, im nächsten Jahr eine umfangreiche Auswahlbibliographie der Literatur über das Bergische Land herauszubringen[6]. Die Bearbeitung unter der Leitung von Herrn *Ulrich Rauchenbichler* befindet sich zur Zeit in der Abschlußphase.

Auch diesmal sind die Herausgeber wieder einer großen Zahl von Personen zu Dank verpflichtet, ohne deren Ratschläge, Hinweise und Hilfestellungen der Band wohl nicht zustandegekommen wäre. Dies gilt an erster Stelle für die Bearbeiter der Texte, dann aber auch für Informanten über einzelne Fundstellen. Hier sind besonders Herr *Dr. Justus Bockemühl* †, Frau *Toepler* von der Handschriftenabteilung der Universitätsbibliothek Bonn, Frau *Thea van der Burg* vom Wissenschaftszentrum in Bonn, Frau *Ursula Schmidt-Goertz,* Kulturreferentin des Rheinisch-Bergischen Kreises, sowie Herr *Dr. Walter Lorenz,* Remscheid, zu erwähnen. Bei der Beschaffung der Abbildungen waren uns allen voran Herr *Harro Vollmar,* Haan, weiterhin Frau *Anneliese Mehlau,* Schloß Homburg, die Herren *Klaus Peter Huttel* und *Gerd Leimbach* aus Wuppertal, Herr *Dr. Herbert Pogt* vom Historischen Zentrum der Stadt Wuppertal sowie Herr *Dr. Alexander Rothkopf,* Gummersbach, sehr behilflich. Frau *Irma Berndt,* Fotolaborantin an der Ruhr-Universität Bochum, und Herr *Michael Eckhoff,* Mitarbeiter am Lehrstuhl für Wirtschafts- und Technikgeschichte der Ruhr-Universität Bochum, haben durch ihre freundliche, sorgfältige und arbeitsintensive Unterstützung bei der Herstellung der Reproduktionen unseren besonderen Dank verdient, ebenfalls die Mitarbeiter des Verlags *Schmidt GmbH,* Neustadt/Aisch, mit denen – wieder einmal – die Zusammenarbeit eine angenehme und unkomplizierte Angelegenheit war.

Abschließend eine persönliche Notiz: Die Herausgeber möchten diesen Band Herrn *Professor Dr. Wolfgang Köllmann* widmen – dies aus zwei aktuellen Gründen: Am 25. April 1984 war es zwanzig Jahre her, daß Herr *Professor Köllmann* den Vorsitz des Bergischen Geschichtsvereins übernahm; und am 2. Januar 1985 vollendet er sein 60. Lebensjahr! Mit unserem herzlichen Dank für seine unermüdliche Tätigkeit als vielfältig anregender akademischer „Reiseleiter“ durch neue Gefilde der Historie und als sicherer Steuermann des größten regionalen Geschichtsvereins in Deutschland verbinden wir die Hoffnung, daß er noch viele weitere Jahre als Wegweiser und Lenker tätig sein kann und sich als quasi „leitender Mitreisender“ im akademisch-wissenschaftlichen Bereich wie im Felde der bergischen Geschichte engagieren wird.

Bochum, im Juni 1984

Jürgen Reulecke　　　Burkhard Dietz

---

[6] Ein Vorabdruck der Bergischen Bibliographie, der die Veröffentlichungen im Zeitraum von 1970 bis 1982 umfaßt, bearbeitet von *Ulrich Rauchenbichler,* befindet sich im 90. Band der ZBGV (1982/83), S. 276–344. S. dazu auch *ders.:* Die Bergische Bibliographie auf Schloß Linnep – Rückblick und Ausschau, in: Neues Bergisches Jahrbuch 1 (1983/84), S. 19–33.

Wolfhard Weber

Eisen und Eisenmanufakturen im Bergischen Land. Reinhold Rütker Angersteins Bericht an das Stockholmer Eisenkontor 1758

Eisen und Kupfer gehören zu den schwedischen Bodenschätzen, welche der schwedischen Politik im neuzeitlichen Europa zu erheblicher Bedeutung verholfen haben. Nicht nur die Entwicklung besserer Abbau- und Aufbereitungsmethoden der Erze, auch die Weiterverarbeitung und die geeigneten Vertriebswege fanden schon früh das Interesse der schwedischen Bergverwaltung, die als „Bergskollegium" seit 1632 bestand. Ihre Archive gehören zu den reichhaltigsten der Welt für Fragen der vorindustriellen, d. h. vor der Steinkohlennutzung geübten Rohstoffaufschließung.

Gewerbliche und politische Gründe haben schwedische Abgesandte schon früh auf deutsche Gewerbelandschaften gewiesen, mit denen sie im engen Austausch von Personen und Ideen standen. Im 17. und 18. Jahrhundert lagen die schwedischen Absatzmärkte für Kupfer und Eisen transportbedingt eher in Holland und England, doch wurde in der Mitte des 17. Jahrhunderts Eisen auch an der Weser und an der Oder angeboten. Wie umfangreich diese Erkundigungen waren, ergibt sich aus einem jetzt veröffentlichten umfangreichen deutschsprachigen Manuskript der 1660er Jahre, vermutlich von Abraham Cronström (1640—1696) verfaßt. Das Bergische Land ist dort nur kurz erwähnt: „. . . Berg, allwo das meiste Eisen gemacht wird."[1]

Hatte Holland mit Waffenherstellung und Schiffbau nach 1618, dem Beginn des Dreißigjährigen Krieges in Deutschland, zum Exportwachstum des schwedischen Eisens maßgeblich beigetragen, so relativierte sich diese Rolle in der zweiten Hälfte des 17. Jh. Die Hälfte des schwedischen Eisenexports ging um 1700 nach England, doch handelte es sich nun nicht mehr um einfaches Osemundeisen, sondern bereits um raffiniertes Stabeisen. Damit begann England auch für reisende Schweden Anziehungskraft zu entwickeln. Einer der besten Mechaniker dieses Zeitalters, Christofer Polhem (1661—1751), bereiste England 1695. Hier wurde ein qualitativ hochwertiges, reines Roh- und Stabeisen für umfangreiche gewerbliche Tätigkeiten, Schiffsausrüstungen und Wohnungsbauten benötigt, das nur Schweden günstig liefern konnte.

Obwohl bereits Theodor Beck[2] *in seiner fünfbändigen Geschichte des Eisen in umfangreichem Maße von Reiseberichten, auch von schwedischen über Deutschland, Gebrauch gemacht hatte, machte erst Rydbergs Veröffentlichung*[3] *die schwedischen Reiseberichte vor allem englischen Wirtschaftshistorikern bekannt*[4]*. Einer der wich-*

[1] Iron and Steel on the European Market in the 17th Century. A Contemporary Swedish Account of Production Forms and Marketing. Hg. *Gunnar Pipping*, Stockholm 1982. Auch Holländer, wie Louis de Geer, gingen nach Schweden und schalteten sich dort in die Herstellung von Eisen ein.

[2] *Theodor Beck:* Die Geschichte des Eisens, 5 Bde., Braunschweig 1896—99.

[3] *S. Rydberg:* Svenska studieresor till England under frihetstiden, Uppsala 1951.

[4] *Alan Birch:* Foreign Observers of the British Iron Industry During the Eighteenth Century, in: Journal of Economic History 15 (1955), S. 23—33. *Michael Flinn:* The Diaries of Swedish Engineers of the Eighteenth Century as Sources of Technological History, in: Newcomen Society, Transactions 31, 1958/59, S. 95—109.

tigsten und ergiebigsten war der 900 Seiten lange Bericht von Reinhold Rütker Angerstein[5]*. Er reiste im Auftrage des 1744 konstituierten privaten Eisenkontors (Jernkontorets, allerdings unter dem Patronat des Bergskollegiums) 1752/53 und 1758 über den europäischen Kontinent, um Verarbeitung und Absatz des schwedischen Eisens zu verbessern.*

Angerstein war Sohn eines Hüttenbesitzers und hatte 1752/53 die europäischen Eisenhüttenregionen so ausführlich besucht und beschrieben, daß er noch 1753 zum Direktor der Grobschmiedewaren im Eisenkontor ernannt wurde.[6] *Er hatte in England besonders Birmingham und Sheffield besucht, als die englischen Eisenimporteure alles daran setzten, die schwedischen Eisenlieferungen durch russische zu erweitern, um sich von der starken schwedischen Abhängigkeit zu befreien. Angersteins zweite Reise führte ihn 1758 in die deutschsprachigen Bergbaugebiete der Schweiz, Badens, Württembergs, Elsaß-Lothringens, der Franche Comté und auch der Eisenwerke des rheinischen Schiefergebirges. Das zehnte Kapitel seines 1758 entstandenen Berichts „Bergisches Land unter der Kurpfalz" wird hier im folgenden abgedruckt. Er steht in der Mitte des 18. Jahrhunderts bereits in einer langen Tradition ausländischer Besucher, welche das gewerblich, agrarisch und kommerziell so schnell aufstrebende England besuchten. Sein Hauptinteresse galt, und das wird bei seinen Besuchen in Sheffield ebenso deutlich wie bei seiner Neugier für die Arbeitsorganisation im Bergischen Land, der Erweiterung des schwedischen Absatzmarktes: So dachte er daran, den englischen Stahl selbst herstellen zu lassen, andererseits die traditionellen Märkte der bergischen Fabrikanten, die alle über Amsterdam versorgt wurden, ebenfalls zu beschicken. Daher auch seine genauen Beobachtungen über Sonderregelungen wie dort, wo er davon spricht, daß die Produzenten bereits selbst Kontakte zu den Abnehmern aufgenommen hätten und damit die holländischen Zwischenhändler umgingen.*

Angerstein ist daher bemüht, die Wirtschaftskraft der Gesamtregion einzuschätzen. Seine Erhebungsmethoden entsprechen denen anderer Kameralisten in Deutschland[7]*, wodurch die engen Beziehungen zwischen den deutschen und schwedischen*

---

[5] Außer dem in Anm. 1 genannten Reisebericht Cronströms gehören folgende Berichte aus dem 17. Jh. noch dazu: *Otto Dress* 1687: Eisen- und Stahlwerke in Schweden; *Eric Odhelius* 1686, 1691/2: Reisen in Europa; *Johann Rantze* 1691: Sachsen, Harz, Ungarn; *Thomas Cletcher* 1696: Europäische Berg- und Hüttenwerke; *Jacob Hertzen* 1697: Deutschland; *Edmund Griepenhjelm* 1698: Harz, Mansfeld; Für die zahlreichen Berichte des 18. Jh. sei auf die Findbücher des Reichsarchivs in Stockholm verwiesen. Einflußreich blieb: *Erich Th. Svedenstierna:* Reise durch einen Theil von England und Schottland in den Jahren 1802 und 1803 besonders in berg- und hüttenmännischer, technologischer und mineralogischer Hinsicht. A. d. Schwed. von *J. G. L. Blumhof,* Marburg 1811, engl. (aus dem Dt.!) von *E. L. Dellow,* hg. von *W. M. Flinn,* Newton Abbot 1973. S. *Maja Hagermann:* Berättelser från utlandet. Svenska tekniker och arbetare på studieresor i Europa och Amerika under 1800-talets senare hälft, Stockholm Royal Institute of Technology library 1981.

[6] Reinhold Rütker Angerstein lebte vom 25. Oktober 1718 (Wikmannshyttan) bis zum 3. Januar 1760 (Stockholm). Seine erste Reise führte ihn nach Spanien, Portugal, Italien, Frankreich, Holland und England. Der Eisenexport nach und über Portugal fand sein besonderes Interesse.

[7] S. *Wolfhard Weber:* Innovationen im frühindustriellen deutschen Bergbau und Hüttenwesen. Friedrich Anton von Heynitz. Göttingen 1976, S. 154; *Schreber* gab die schwedischen Akademieschriften in deutscher Übersetzung heraus. S. hierzu auch: *Wolfhard Weber:* Probleme des Technologietransfers im Europa des 18. Jahrhunderts. Reisen und technologischer Transfer, in: Technologischer Wandel im 18. Jahrhundert, hg. von *U. Troitzsch,* Wolfenbüttel 1981, S. 189—218; Reisen und Quellenbeschreibungen im 18. und 19. Jh. als Quellen der Kulturbeziehungsforschung, Berlin 1980; „Der curieuse Passagier". Deutsche Englandreisende des 18. Jh. als Vermittler kultureller und technologischer Anregungen, Heidelberg 1983.

Kameralisten bestätigt werden. Die von ihm genannte Zahl der Hämmer im Bergischen Land entspricht etwa der bei Schulte[8] *genannten Zahl, wenn man nicht sogar davon ausgehen muß, daß beide letztlich eine gemeinsame Unterlage benutzten.*

Der Bericht, der auch Garn- und Bleicharbeiten des Wuppertales, die dortige Fingerhutherstellung, die Flintenfabrikation in Burg, die Papierherstellung bei Solingen und die Kunstsammlungen in Düsseldorf erwähnt, gibt sich nüchtern, ist aber von Angerstein unterschwellig als eine Erfolgschronik der „Industrie", des Gewerbfleißes, angelegt. Alternde Gewerbe fallen nicht auf, handelnde Personen, Unternehmer oder Arbeiter stehen ganz im Sinne der aufklärerischen technologischen Beschreibung recht stark am Rande der Betrachtung. Zünfte oder Privilegien als Rahmenordnungen bleiben nach Angerstein solange ohne Einfluß auf das Wirtschaftsleben, wie der Absatz über Holland ungestört verläuft. Damit entfernte sich Angerstein zwar von der kameralistischen Lehre ständiger landesherrlicher Eingriffe, begründete aber seine Auffassung, den Amsterdamer Markt gewinnen zu können.

Max Weber könnte bei der zitierwürdigen Bemerkung Pate gestanden haben, die Angerstein über Konfessionszugehörigkeit der Arbeiter und hergestellte Produkte macht: „Der obere Teil von Elberfeld ist katholisch und fabriziert Filzdecken. Im unteren Teil von Elberfeld, der lutherisch ist, befinden sich Gewehrfabriken." Der Bericht Angersteins bestätigt den erheblichen Wandel, welchen Gewerbelandschaften im 18. Jahrhundert in Deutschland erfahren und den sie als Druck auf ihre Nachbarlandschaften ausgeübt haben, hier auf die Roheisengewinnung und den Steinkohlenabbau in der Grafschaft Mark. Die Reckhämmer des Bergischen Landes wurden im Verlauf der zweiten Hälfte des 18. Jahrhunderts in die Grafschaft Mark verlegt, weil dort die nunmehr benutzte Steinkohle kostengünstiger zu haben war. So ist innerhalb von 100 Jahren in den schwedischen Berichten über das Bergische Land aus einem Gebiet mit dem „meisten Eisen" eine sehr differenzierte Gewerbelandschaft geworden, die sich stark unter dem Einfluß des holländischen Marktes entwickelt hat, der ohnehin für die frühindustrielle Entwicklung Westdeutschlands immer noch unterschätzt wird.

Aus dem Reisebericht über die 1758 abgeschlossene Reise „Om Jernvercken Bägge sidor Renströmmen Ifrån Bodensee und Sveitz Till Coblentz" — „Über Bergwerke auf beiden Seiten des Rheines vom Bodensee und der Schweiz bis nach Koblenz" — ist hier das zehnte Kapitel übersetzt und wiedergegeben. Dabei ist die von Beckmann und A. Grabe veranstaltete deutsche Übersetzung[9] *zugrunde gelegt worden. Allerdings sind an Hand der im Riksarkivet Stockholm vorhandenen Reinschrift der Text und die Angaben gegengelesen und an vielen Stellen korrigiert worden. Die in der Veröffentlichung 1926 vorgenommenen Umstellungen des Textes sind hier rückgängig gemacht; der dort fehlende Abschnitt über die Bleiche im Wuppertal ist neu übersetzt und aufgenommen worden.*[10]

---

8 *Fritz Schulte:* Die Entwicklung der gewerblichen Wirtschaft in Rheinland-Westfalen im 18. Jh. Eine wirtschaftsgeschichtliche Untersuchung, Köln 1959.

9 Alter Schwedischer Reisebericht über den Besuch des Bergischen Landes um das Jahr 1750 (Handschriftliche Aufzeichnungen aus dem Schwedischen, Archiv des Jernkontorets, Stockholm), in: Zeitschrift des Vereins für Technik und Industrie, Solingen 1926, S. 33—38.

10 Für die unbürokratische Versorgung mit Mikrofilmen danke ich Frau Birgitta Hedström, Reichsarchiv Stockholm, und Herrn Gunnar Pipping, Technisches Museum Stockholm; für die Übersetzungshilfen Frau Ingrid Herbarth sowie Herrn Dr. Dieter Herbarth, beide Bielefeld.

[Tafel 1.]
Eisenhütten und Hammerkotten des Füstentums Bergisches Land, das unter der Botmäßigkeit der Kurpfalz steht.

	Ortsbezeichnung Flüßchen oder Werksname	Hochöfen	Eisenhämmer	Rohstahlhämmer	Gerbstahlhämmer	Knipphämmer	Schleifmühlen
	Wendenerhütte, Herr Remy	1	—	—	—	—	—
	Ober-Kaltebach	1	—	—	—	—	—
	Unter-Kaltebach	1	—	—	—	—	—
	Aengelhütte	1	—	—	—	—	—
	Agger	3	2	—	—	—	—
	Irreshof	—	1	—	—	3	—
	Weil[1]	1	1	—	—	4	—
	Suler	1	1	—	—	2	—
	Wupper[2]	—	—	—	—	70	31
	Kronenbergerbach	—	—	—	—	5[3]	—
In der Nähe von Remscheid liegend; die Bäche fließen in die Wupper	Moschbach	—	—	—	7	18	10[3a]
	Eringhausen	—	1[4]	—	2[5]	—	—
	Eschbach	—	—	1	2	—	3
	Marschbach	—	—	1	5	—	—
	Burgseestebach	—	—	1	2	—	10[6]
	Mollenbach	—	—	—	4	—	4
	Preyers Mollenbach	—	—	—	7	6	—
	Mollenduherbach	—	—	—	6[7]	—	—
	Hermans Mollenbach	—	2[8]	1	35	—	—
	Gelperbach, Hasenclef	—	2[8]	—	—	5[9]	—
	Leyerbach	—	—	1	4	—	—
	Burgbach	—	1	—	8	—	1[10]
	Möikenbach	—	—	1	4	—	6[11]
	Ybacherbach	—	—	—	2	2	—
	Reinbach	—	—	—	1	2	—
	Lohbacherbach	—	2[12]	—	1	—	1[13]
Nähe v. Solingen Waldorff Kronenberg	Bradbacherbach	—	—	—	—	—	11[14]
	Etterbach	—	—	—	—	—	41[14]
	Winsberger	—	—	—	—	—	16[14]
	Redbacherbach	—	—	—	—	6[15]	—
	Kesseldan	—	—	—	—	—	1[16]

1 Fließt in die Agger.
2 Kommt von Wipperfürth, fließt an Elberfeld, Solingen usw. vorbei und mündet zwei Meilen oberhalb von Köln in den Rhein.
3 Zum Ausschmieden von Klingen, Strohmessern.
3a Zum Ausschmieden von Sägeblättern, Spaten, Pfannenblechen.
4 Zum Ausschmieden von Ankern.
5 Zum Ausrecken von Messerstahl.
6 Doppelte Schleifmühlen.
7 Zum Ausrecken von Messerstahl für Solingen.
8 Amboßschmieden. In den Eisenhämmern werden Schmiedeambosse und Hämmer verfertigt.
9 Sind gleichzeitig Gerbstahl- und Reckhämmer.
10 Für das Bohren von Gewehrläufen.
11 Für Sägeblätter und Schaufeln.
12 Amboßschmieden mit zwei Feuern.
13 Papiermühle.
14 Zum Schleifen von Messern, Klingen, Scheren usw. In jeder Mühle befinden sich sechs Schleifsteine.
15 Für das Ausrecken von Klingen.
16 Pulvermühlen.

[Hier notiert der Berichterstatter, daß an diesen Bächen noch 14 weitere Mahl- (Getreide-) Mühlen und an der Sieg im Oberbergischen noch einige Eisenwerke gelegen hätten, deren Aufstellung ihm aber abhanden gekommen sei.]

[Tafel 2.]
Eisenhütten und Hammerkotten des Füstentums Bergisches Land im Kölnischen und in der Linzer Gegend.

Ortsbezeichnung Flüßchen oder Werksname	Hochöfen	Eisenhämmer	Rohstahlhämmer	Gerbstahlhämmer	Knipphämmer	Schleifmühlen
Asbach	1	1	—	—	2[1]	—
Berghausen	—	—	5	—	1[1]	—
Backenbeck	—	1	—	—	—	—
Runerath	1	1[2]	—	—	—	—

[1] Zum Ausschmieden von Blechen für die Pfannenschmiede in Köln.
[2] Gleichzeitig mit Walz- und Schmiedewerk.

Die oben vermerkten neun Hochöfen mit sechs Hammerwerken im Oberbergischen bedeuten die Eisenerzeugung des Landes; davon erbringen die Eisenerze des Kaltebach etwa 8—10 000 Schiffspfund[11] Eisen. Hinzu kommen noch 2 Hochöfen und 4 Hammerwerke im Kölnischen mit um 5000 Schiffspfund Erzeugung.

Alle übrigen Hammerwerke, die hier verzeichnet sind, darunter 11 Rohstahlhämmer einschließlich der Kölnischen, 86 Gerbstahlhämmer, 125 Eisenreckhämmer sowie 7 Amboßschmieden zur Herstellung von Hämmern, Ambossen, Ankern usw. sind als Manufakturwerkstätten anzusehen, welche ihre Rohstoffe, Stahlkuchen, Roheisen, Rohstahl und grobes Reckeisen aus der Gegend von Schwarzenburg, Wittgenstein, Berleburg, Siegen, Nassau, Asbach, Hachenburg und Köln bekommen, die, wie bereits früher erwähnt, insgesamt unter den Namen Sauerland fallen, dazu noch Rohstahl und etwas Osmund in groben Stangen aus der Grafschaft Mark, insgesamt überschlägig etwa 50—60 000 Schiffspfund, zu einem Drittel Stahl und zu zwei Dritteln Eisen. In der Nähe von Remscheid und Solingen wird ungefähr die Hälfte dieses Eisens meist in gröberen Manufakturen verarbeitet, der Rest, etwa 18 000 Pfund, wird unter kleineren Reckhämmern für „Voyage"-Band[12] und Nieten-Eisen und ähnlichem verbraucht; außerdem 8—9000 Schiffspfund zu allerlei Sorten raffinierten und sortierten Stahles. Alles zusammen wird gleichzeitig mit den übrigen manufakturierten Waren auf dem Landwege nach Duisburg und von da mit der Achse nach Holland, Brabant, Frankreich, England und den beiden Indien sowie auch ein Teil nach Köln, Frankfurt, Leipzig und anderen Orten Deutschlands gesandt.

Was die Hochöfen und Hammerwerke anbetrifft, die im Oberbergischen Land liegen, so gelten für sie die für die Hochöfen und Hammerwerke in Nassau und Siegen gemachten Angaben. Ausgenommen hiervon sind die Erze des Kaltebach, die

[11] 1 Schiffspfund entsprach etwa 160 kg.
[12] Voyage-Eisen oder „Für-die-Reise-gedachtes-Eisen": Es ist etwa 11 Fuß lang, 1 1/2 Zoll breit und 3/8 Zoll dick. Gegenüber dem Stabeisen (15 Fuß lang, gleiche Dicke und Breite) ist Voyage-Eisen jedoch ein- oder zweimal gebogen, damit es auf Tieren transportiert werden kann.

außerordentlich reich sind und 24 „stal“ Eisen[13] auf 170 ehemalige Pfund per „stal“ ergeben bei einem Haufen, der 8000 Pfund wog, was einen Gehalt von 50 Prozent ausmacht.

Bei jeder Gicht wird etwas von dem weißen Stahlstein aufgegeben, der in der Nähe gefunden wird, aber gewöhnlich hochrotbrüchig[14] und kupferhaltig zu sein pflegt.

Die im Wuppertal liegenden Reckhämmer sind Schwanzhämmer, die durch kleinere und größere Zahnräder[15] im Gewicht von etwa 100—200 Pfund angetrieben werden, je nachdem das darunter zum Ausrecken kommende Eisen starke Schläge ohne Springen oder Spalten aushalten kann. Ein Teil der Hämmer dient zum Ausrecken von rundem Nieteneisen oder gröberen Zinken, mit einem oder zwei Gesenken geschlagen, welche mit einem gleichen im Amboß zusammenpassen und lose eingesetzt sind, so daß sie nach Belieben umgelegt und verändert werden können [s. Abb. 1].

Im übrigen haben sie ihre Hämmer und Werkzeuge nach den Sorten eingerichtet, die sie am meisten ausschmieden, nämlich Rohblöcke auf Pfannenbleche, Scheren, Sägeblätter, Klingen, Schlittschuhe, Feilen, Messer usw.

Bei den erwähnten Reckhämmern wird nur Steinkohle verwandt, welche 6 Meilen Weges aus der Grafschaft Mark kommt und die an der Grube 5—6 Stüber[16] je Eimer kostet. Ein Eimer enthält 140 Pfund. In Remscheid bezahlt man dafür 16 bis 20 Stüber durch den Fuhrlohn und den Zoll im Brandenburgischen, der für 8 Eimer = 1 Karre sich auf 15 Stüber beläuft.

An Arbeitslohn werden bezahlt 5, 6 bis 6½ Reichstaler je 1000 Pfund; je nachdem, ob die Arbeit mehr Achtsamkeit erfordert, kann ein Schmiedemeister mit einem Schmiedegesellen und Jungen in der Woche 1500 bis 3000 Pfund ausschmieden. Ein Teil der Schmieden ist mit zwei Feuern versehen, die beide zum Vorschmieden gebraucht werden.

Das grobe Eisen zum Ausrecken wird im Sauerland eingekauft. Es kostet je 1000 Pfund 37 Reichstaler, an Fuhrlohn 2½ Reichstaler, eine Karre Kohlen 2½ Reichstaler, an Arbeitslohn 6 Reichstaler, gleich insgesamt 48 Reichstaler. Hinzu kommt noch Fuhrlohn nach Duisburg für 9 schwedische Meilen und Fracht nach Amsterdam mit je 4 Reichstalern. Wird frei Amsterdam zu 8¾ bis 9 Reichstaler je 100 Pfund bei Annahme von einem Gulden und 14 Stüber je Reichstaler verkauft, so entspricht das 54 Reichstalern, von denen ein geringer Verdienst übrigbleibt, da Gebäude, Reparaturen, Stromabgaben sowie Amboßgelder der Schmiede abzuziehen sind: jährliche Zinsen für die Werksanlage und 60 Reichstalern, Reparaturen mit 40 Rtlr.,

---

[13] Ein „stal“ Eisen hat ein Gewicht von 170 Pfund. 24 stal ergaben eine Ausbeute von ca. 4000 Pfund oder etwa ein Ausbringen von 50% gegenüber der Ausgangsmenge des Erzes.

[14] „Brüchigkeit“ von Eisen bei *Rot*hitze oder in *kalt*em Zustand war eine maßgebliche Qualitätsbestimmung von Eisen im 18. Jahrhundert.

[15] Die Reckhämmer, welche die Stäbe „ausrecken“ mußten, die unter dem Stabhammer entstanden waren, hatten einen raschen Gang. Die Daumen wurden daher nicht als Zapfen in die Welle eingelassen, sondern man zog einen zweiteiligen gußeisernen Ring (Kranz) auf die Welle auf und setzte in ihn stählerne Zapfen ein. Der Reckhammer mit einem Gewicht von ca. 120 kg kam auf immerhin 3 Schläge pro Sekunde!

[16] Zu diesen Maßen s. *G. Huck/J. Reulecke:* Reisen im Bergischen Land um 1800, Neustadt/Aisch 1978, S. 260 f.

Stromabgabe 1 Gulden = 1 Rtlr. 10 Stüber, Amboßgelder für die Schmiede 1—2 oder 3 Louisdor à 5 Rtlr. mit 20—25 Rtlr., insgesamt 126 Rtlr. 10 Stüber.

Bei bis 3/4 Zoll vierkant sowie gröberen und feineren Eisensorten, die für wenig empfindliche Zwecke in Amsterdam zu 8 Gulden je 100 Pfund verkauft werden, bedient man sich des schlechtesten Eisens, das im Sauerland 29—30 Rtlr. kostet. Hieraus werden auch Zinken für Nagelschmiede in der Umgebung von Cronenberg ausgereckt, welche für 1 Bund Eisen von 27 Pfund 1 Rtlr. zahlen, was 37 1/2 Rtlr. je 1000 Pfund ausmacht.

Für Anker wird das beste Eisen genommen. Es werden in der Woche 3000 Pfund ausgereckt oder für 2 Hämmer 8000 Schiffspfund und darüber, wobei die Schmiede an Arbeitslohn 2 Rtlr. je 1000 Pfund bekommen.

Die Amboßschmieden sind von derselben Struktur wie die Hammerschmieden, mit Ausnahme der Herde, von denen einer offen ist, so daß man große Hämmer und Ambosse während der Erwärmung besser hantieren kann. Der zweite Herd ist wie ein Stahlherd eingebaut [s. Abb. 2]. Hierin werden die Stücke erwärmt, die mit der Hand an größere Stücke angeschweißt werden. Hier angefertigte Ambosse wiegen 3 bis 1600 Pfund. Die am meisten gangbaren wiegen 4 bis 500 Pfund. 100 Pfund werden zu 6—6 1/2 Rtlr. verkauft, gebrauchte Ambosse werden mit 3 Rtlr. in Zahlung genommen. Die Fabrikation bei einem solchen Hammer beläuft sich bis auf 200 Schiffspfund täglich, was für 5 Werkstätten 1000 Schiffspfund und darüber ausmacht.

Die Arbeiter werden im Tagelohn entlohnt und bekommen 16—30 Stüber den Tag.

Was die Rohstahlhämmer des Bergischen Landes anbetrifft, so sind sie so eingerichtet wie in der Mark. Sie bedienen sich gleichfalls alten Schrotteisens beim Einschmelzen der Stahlkuchen, die im Sauerland aufgekauft werden. Wie im Sauerland wird Holzkohle beim Stahlschmelzen gebraucht. Diese kostet 2 1/2—3 Rtlr. je Karre, was ungefähr 12—14 Tonnen ausmacht.

Abb. 1: Reckhammer mit auswechselbarem Gesenk (Originalzeichnung Angerstein, fol. 90).

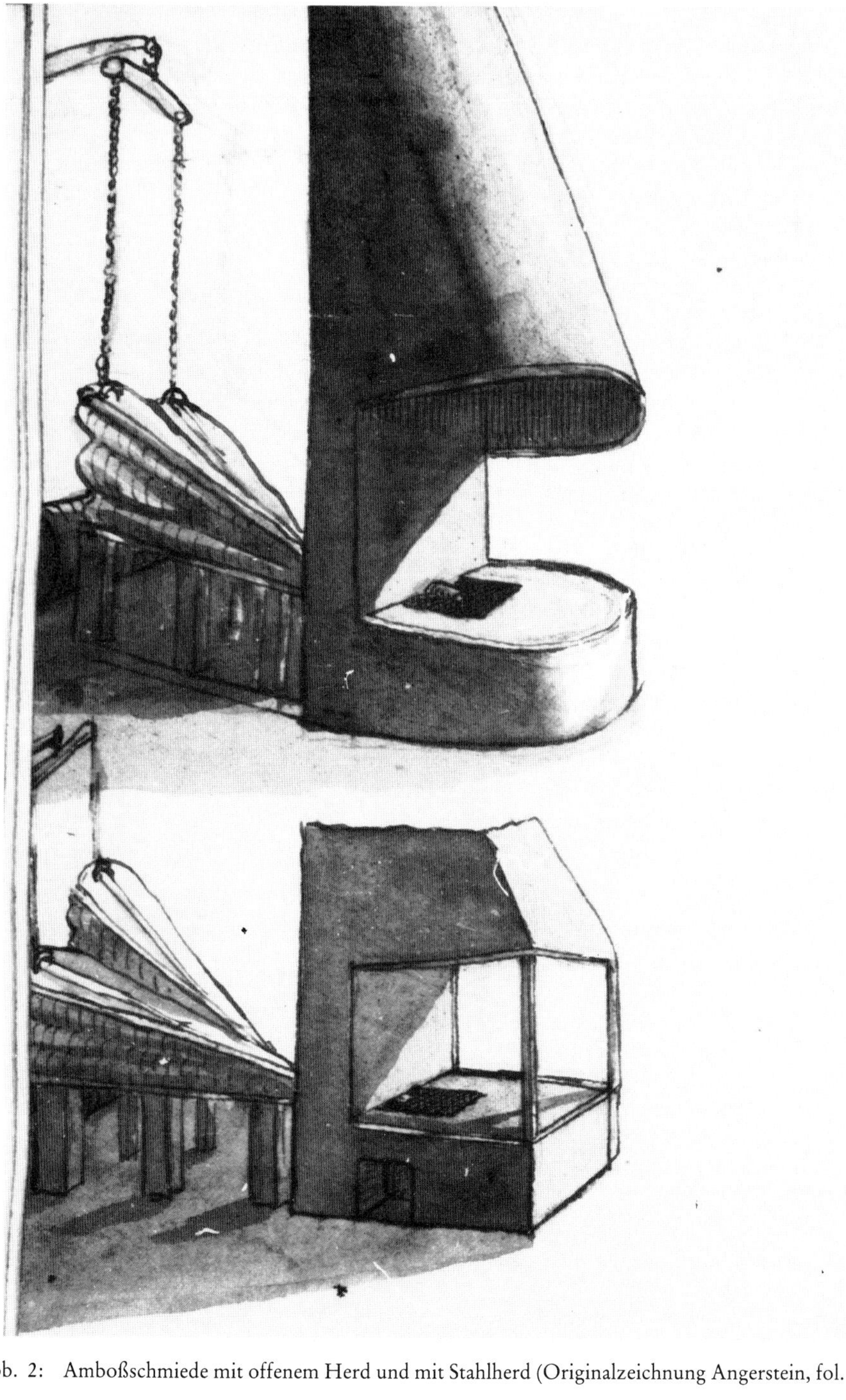

Abb. 2: Amboßschmiede mit offenem Herd und mit Stahlherd (Originalzeichnung Angerstein, fol. 92).

[Tafel 3.]
Im Bergischen Land erzeugte Stahlsorten, die nach Holland verkauft werden, mit den gültigen Preisen.

Stahlsorte	Preis je 100 Pfd. in Gulden
Steyer Stangenstahl[1]	17 – 18
desgl. Marke Vogel mit Kneifzange von 1–2" Breite und 1/2–3/4" Dicke	14 1/2 – 15
desgl. Marke 3 Sporen	19 1/2 – 20
desgl. Marke 3 Sporen	19 – 19 1/2
desgl. Marke 3 Sporen für feine Messerblätter	20 – 23
Stahl in Fässern. Marke Anker	19 1/2
Stahl in Fässern	16 1/2 – 17 1/2
Krampenstahl[2]	21 1/2 – 22 1/2
„Schüstal" und „Korchastal"	21 – 22

[1] Die Bunde enthalten 6 Stangen und wiegen 115 Holländ. Pfd.
[2] Mit einem Eisenloch in der Mitte, wird in England Backstoffstahl genannt und für Taschenmesser gebraucht.

Bei den Gerbstahlhämmern werden stets Steinkohlen verwandt, mit denen sie gleichzeitig eine Muffel oder einen kleinen Ofen im Herd[17] formen, wodurch eine sehr gleichmäßige Erwärmung erzielt wird, wie sich solches mit Holzkohle nicht machen läßt, weil sie leichter zusammenfällt und nicht nur allein die Kontrolle während der Erwärmung verhindert, sondern auch leicht den Stahl verbrennt und ihn der Zähigkeit und Härte beraubt. Den besonderen Gerbprozeß einer jeden Stahlsorte zu beschreiben, würde ebenso schwer wie weitläufig sein, weil die höchste Kunst hierbei in einem guten Auge liegt. Im übrigen ist die Theorie bezüglich der Stahlerzeugung bei den Gelehrten und den Stahlerzeugern selbst so entgegengesetzt, daß es nicht verwunderlich ist, wenn in unserer Zeit viele, die sich mit der Beurteilung des Stahl- und Eisenprozesses befaßten, Zeit und Geld verloren haben, ohne für sich selber oder für andere etwas zu gewinnen.

[Tafel 4.]
Im Bergischen Land erzeugte Stahlsorten, die hauptsächlich nach England verkauft werden, mit den gültigen Preisen.

Stahlsorte	Preis je 100 Pfd. in Gulden
Stahl für Tuchscheren	21 – 22
Stahl für Sägeblätter[1]	20 – 21
Stahl anderer Art für Sägeblätter[2]	19 – 20

[1] In der Mitte 4 1/2" und aufwärts 3 Linien dick, 5 1/2 Ellen lang, an den Enden 2" breit. Aus jedem Stück werden zwei Sägen gefertigt.
[2] In Form von Eisenstangen, 3" breit und 3 1/2 Linien dick, ausgereckt.

[17] Steinkohle ersetzte nicht nur Holzkohle, sondern war auch „besser": Das Eisen wurde unter die hohle, glühende, aus Steinkohlen bestehende Muffel gelegt und hier erhitzt. Dafür mußte die Steinkohle „bakken"; Holzkohle wäre zusammengebrochen und hätte das Eisen nicht gleichmäßig erhitzen können.

Die beiden zuletzt [in Tafel 3] aufgeführten Sorten werden Schlächterstahl [Original: „Butchersteel"] genannt und haben in der Mitte ein Loch wie das vorerwähnte Eisen. Sie sind doppelt so breit und ein wenig dicker und werden gebraucht zu Messern für Schlächter, Schuhmacher, Buchbinder, Sattler, Rahmenmacher, Korbmacher und für Küchen- und Speckmesser usw. Diese Sorten gehen gleichfalls nach England.

Von den [in Tafel 4] aufgeführten Sorten werden jährlich zwischen 15—1800 Schiffspfund nach England exportiert.

Außerdem wird eine Kleinigkeit Stahl hergestellt nur für die Fabriken in der Gegend von Solingen, Remscheid und Cronenberg, der nicht zum Export gelangt, z. B. Stahl für Klingen, Messer, Feilen (ausgereckt auf verschiedene Größen), Schlittschuhe (bestehend halb aus Eisen und halb aus Stahl), Ladestöcke, Scheren, Wagenräder usw. Außerdem gelangen feinere Eisensorten, unter dem Knipphammer[18] ausgereckt, zu den [in Tafel 5] aufgestellten Preisen nach Holland zum Versand.

Alle Waren, welche nach Holland versandt werden, gehen auf dem Landwege bis Duisburg, wofür an Fuhrlohn je 1000 Pfund 4 Rtlr. bezahlt werden. Danach gehen sie mit dem Schiff nach Amsterdam, Rotterdam, Middelburg. Alle ausgeführten Manufakturen bezahlen Zoll an die Landesherren, und zwar für Stahlwaren 2 Stüber, für Stahl 1 Stüber und für Sägen und anderes geschliffenes Gut 3 Stüber je 100 Pfund.

Eigentlich hätte hier die Arbeitsordnung [Original: „arbetsordning"] für jeden Manufakturort zugleich mit den Erzeugerpreisen beigefügt werden müssen. Aber da dieser Bericht eigentlich nur die Herstellung der Rohmaterialien betrifft sowie die gröberen Eisen- und Fassonschmieden, so werde ich diese bei geeigneterer Gelegenheit bringen. Beiläufig will ich nur sagen, daß die Eisen- und Stahlfabriken in diesen Orten mit größtem Erfolg auf zwei verschiedene Arten betrieben werden, nämlich in Solingen und den dazu gehörenden Kirchspielen, welche aus 13 000 lutherischen und katholischen Kommunikanten bestehen, unter der Zunft oder Zunftordnung, wonach die Arbeiter an gewisse, die Manufakturen betreffende Gesetze gebunden sind. Dagegen sind in den Gemeinden Remscheid, Cronenberg, Burg die Einwohner, meistens lutherisch und den weitaus größten Teil der arbeitsgewohnten Personen aus-

[Tafel 5.]

Im Bergischen Land unter dem Knipphammer ausgereckte feinere Eisensorten mit den für den Verkauf nach Holland gültigen Preisen.

Stahlsorte	Preis je 100 Pfd. in Gulden
Osmundeisen, ausgereckt	10
desgl. zu Büchsenblechen ausgereckt, 1 Gulden per 8 Pfd.	12 1/2
Eisen bestimmter Qualitätsstempel	8 1/2 – 9
„Voyage"	8 1/4 – 8 1/2
Nieteisen	8 1/2 – 8 3/4
Bandeisen	9 – 9 1/4
desgl. dünneres	9 3/4
Eisenzinken, rund und halbrund	9 – 10

[18] Ein Knipphammer (Kneip-, Knopperhammer) ist ein Schwanzhammer zum Ausrecken des Stabeisens (s. Anm. 15).

[Tafel 6.]

An den betreffenden Orten des Bergischen Landes vollständig fertiggestellte Eisen- und Stahlwaren unter Angabe der Zahl der Arbeitsstätten, der jährlichen Erzeugung und der Verkaufspreise.[19]

Fertigwaren	Zahl der Meister bzw. Arbeitsstätten	Preis	Jährliche Erzeugung in Schiffspfund an	
			Stahl	Eisen
Anker, „flögor"	2 Hammerschmieden	—	—	800
Große Hämmer und Ambosse für Manufakturwerkstätten	5 Werkstätten	—	150	800
Bajonette	10 Meister	15–18 Stüber je Stück	200	50
blanke und schwarze Wagebalken	—	6 1/2–8 Stüber/Pfd. kleinere nach Stck.	40	80
Flintenhaken	—	—	—	50
Flinten aus Osmundeisen	5 Meister in Burg	10–15 Reichstaler je Stück	2	60
Kaffeemühlen	5 Meister mit 3 Ges.	Nr. 0 19 Stüber „ 1 22 „ „ 2 25 „ „ 3 34 „	—	15
Zirkel	—	—	2	3
Winden [s. Abb. 3]	—	2 1/2 - 7 - 9 Rtlr./Stck.	—	150
„Dengler" für Goldschmiede	—	5 Stüber je Pfd.	—	3
Diamantschleifscheiben 1/2 Elle Durchm.	—	36 holl. Gulden	5	—
Feuerschaufeln, Zangen, Gabeln	—	8–16 Stüber/Stck. 3–4 Rtlr./Dtzd.	—	200
Feuerbecken, Kaffeebr.	—	20–30 Stüber/Stck.	—	50
Feilen	150 Meister	12 1/2 Stüber je Paket kleinere 1 1/2 Pfd./Paket größere 1 3/4 Pfd./Paket	1000	—
Formen für Hämmer und kleine Schmiedeherde	—	6 1/2 Rtlr. 100 Pfd.	—	100
Forken und Heugabeln	—	15 Stüber/Stck.	20	50
Bratroste	—	4 1/2–5 Stüber/Pfd.	—	30
Harpunen und Spieße für Walfischfang 1/2–3/4 Elle	—	21–36 Stüber/Stck.	25	100
Hufeisen	—	1 Rtlr. Pfd.		
Nägel in 3 Sorten	—	1000 Stck. = 9 Pfd. 1 Rtlr. 1000 Stck. = 10 Pfd. 1 Rtlr. 1 1/2 Stüber 1000 Stck. – 11 Pfd. 1 Rtlr. 3 Stüber	—	500
Hufbeschlagwerkzeuge	—	—	5	20
Hämmer und kleinere Zangen	—	7 1/2–8 Stüber/Pfd.	10	30
Kachelöfen und Kochherde für Schiffe	—	100 Pfd. 8 Rtlr. à 6 Tlr. Kupfermünz. 100 Pfd. 6 1/2 Rtlr.	—	500

[19] Die Reihenfolge ergibt sich aus dem schwedischen Alphabet der Warenbezeichnungen.

Fertigwaren	Zahl der Meister bzw. Arbeitsstätten	Preis	Jährliche Erzeugung in Schiffspfund an	
			Stahl	Eisen
Kretzer u. Kugelzieher	—	100 Pfd. 2 Rtlr. 2 Stüber 5 6 Stüber das Paar	5	—
Ketten, kleinere Sorten	—	5 Stüber/Pfd.	—	500
Fleisch-, Band-, Schiffsmesser ½ Elle lang	—	10 Stüber/Stck.	50	50
Dollmaß	—	10 Stüber/Stck.		
Säbel	—	8–10 Stüber/Stck.		
Messer, verschied. kl. Sorten für Indien	500 Meister	6–8 Tlr./Dtzd.	500	1000
Ladesöcke für Gewehre	—	2 ½–3–4 Rtlr./Dtzd.	50	—
Schlösser und Schlüssel	—	20–30 Stüber/Stck.	—	800
Angelhaken, Türgriffe	—	12–14 Stüber/Stck.		
„Lywor", Scheren, Häckselmesser	—	20–36 Rtlr./100 Stck.	300	300
Lampen	—	5½–12 Stüber/Stck.	—	20
Lichtschirme	—	48 Stb.–1½ Rtlr. Dtzd.	—	5
Fischgabeln	—	—	10	40
Bohrer aller Art	45 Meister			
gröbere Nr. 1–4		1 Rtlr./100 Stck.	200	200
feinere Nr. 5–10		1 ½ Rtlr./100 Stck.		
Schlüsselringe	—	—	4	—
Ueberschneidescheren	2 Werkstätten	20 Rtlr./1 Paar = 75–80 Pfd.	40	100
Pfannen	20 Meister	7 Rtlr. 40 Stüb. bis 18 ½ Rtlr. à 6 Pfd. Kupfermünz. Rtlr.	—	800
Bügeleisen mit Bolzen zum Hineinlegen von Kohle	—	15–20 Stüber/Stck.	—	30
Fuchs- u. Wolfsscheren	—	6½–8 Stüber/Pfd.	50	50
Rattenfallen	—	—	—	10
Rollspindeln für Spinnrocken	—	20 Stüber Dtzd.	2	—
Riegel und Verschlüsse für Türen u. Fenster	8 Meister	5½–15 Stüber/Stck.	—	25
Ringe u. Beschläge für Fuhrwagen usw.	—	—	—	50
Scheren gröberer Art	20 Meister, welche aber auch anderen Meistern dieses Handwerk erlauben	je nach Sorte und Nummer	100	400
Schreiner-, Bild- und Steinhauerwerkzeuge: Hobeleisen, Stemmeisen	—	14–24 Stüb./Dtzd. 30–80 Stüb./Dtzd.	500	300

Fertigwaren	Zahl der Meister bzw. Arbeitsstätten	Preis	Jährliche Erzeugung in Schiffspfund an	
			Stahl	Eisen
Schlittschuhe	20 Meister, die auch kl. Sägen anfertigen	10–45 Stüb./Paar	100	90
Schraubstöcke	—	7 1/2–9 Stüb./Pfd.	50	100
Schrauben	—	5 Stüber/Pfd. }	40	—
Schrauben- und Nagelbohrer	—	3–6 Taler/Stck. }		
Schaufelbeschlag	—	—	—	100
kleinere Schaufeln für Schäfer	—	—	2	—
Spaten u. Hacken verschiedener Art	10 Meister	17 1/2–18 Rtlr./100 Pfd., in Holland 15 Stüber/Stck.	150	750
Nägel	500 Schmieden	kleine Nägel per 1000 Stck.		6000
Pferdestriegel	—	—	25	25
Schiffskretzer	—	1–1 1/2 Rtlr./Dtzd.	6	20
Bratspieße	—	—	—	20
Bratspießeinrichtung für holländische Küchen	—	—	—	650
Sägeblätter	50 Meister mit 3–4 Gesellen	—	—	—
Degenklingen versch. Art	100 Meister, welche auch Säbel u. Hirschfänger schmied. 6 Knipphämmer zum Ausrecken. 20 Meister zum Härten. 20 Meister zum Zeichnen und Aetzen der Klingen. 10 Meister zum Vergolden. 400 Meister zum Schleifen der Klingen, Messer und Scheren. Vergoldete Klingen kosten 1 1/2–2–9 Tlr. Kupfermünze/Dtzd.		900	300
Hellebarden	—	—	10	—
Winkelhaken	—	—	6	—
Waffeleisen	8 Schmiede	11 Pfd. 1 Rtlr.	—	60
Wagenfedern	—	—	75	—
Aexte aller Art, Schabeisen Werkzeuge für Gerber, Zuckerrohrmesser usw.	—	nach Nummer u. Größe 5–10 Rtlr. à 6 Taler Kupfermünze/Dtzd.	200	1000

machend, mit der Freiheit versehen, in allen möglichen Eisenmanufakturen zu arbeiten. Die Klingen- und Messerschmiede sind ausgenommen; sie fallen unter die 5 Zünfte oder Gilden, die lange Zeiten zurück in Solingen eingerichtet wurden und die bestehen aus

1. 100 Klingen-Schmiedemeistern,
2. 20 Härte- und 400 Schleifmeistern,
3. 50 Schwertfegern,
4. 50 Meistern für Griffe und Stiele,
5. 500 Messer-Schmiedemeistern.

Hinzu kommen noch Firnismacher und Vergolder, die 32 Meister ausmachen und unter die 4 ersten Zünfte gehören.

Erwähnt sei bei dieser Gelegenheit, daß weder der Zwang noch die Freiheit so groß sind, daß die Manufakturen dadurch Schaden nehmen können, denn in dem ersten Fall ist eine Einschränkung unter gewissen Gesetzen nötig gewesen, nachdem die Manufakturen bis zu einer gewissen Höhe und Fertigkeit gelangten; und zwar einmal, um eine Zersplitterung und eine darauffolgende Bönhaserei [= zunftwidrige Ausübung des Handwerks] zu verhindern und andererseits vorzubeugen, daß ein Absatzmangel an Waren die Arbeiter in derartige Verlegenheiten bringt, welche diese veranlassen könnten, ihren Geburtsort zu verlassen und in andere Länder dasselbe Gewerbe zu verpflanzen, dem Vaterlande und dessen Angehörigen zu großem Schaden und Leid. Trotzdem pflegt das in Solingen zuweilen vorzukommen, obwohl wirksame Verordnungen dagegen erlassen sind und strenge Obhut und Achtung dar-

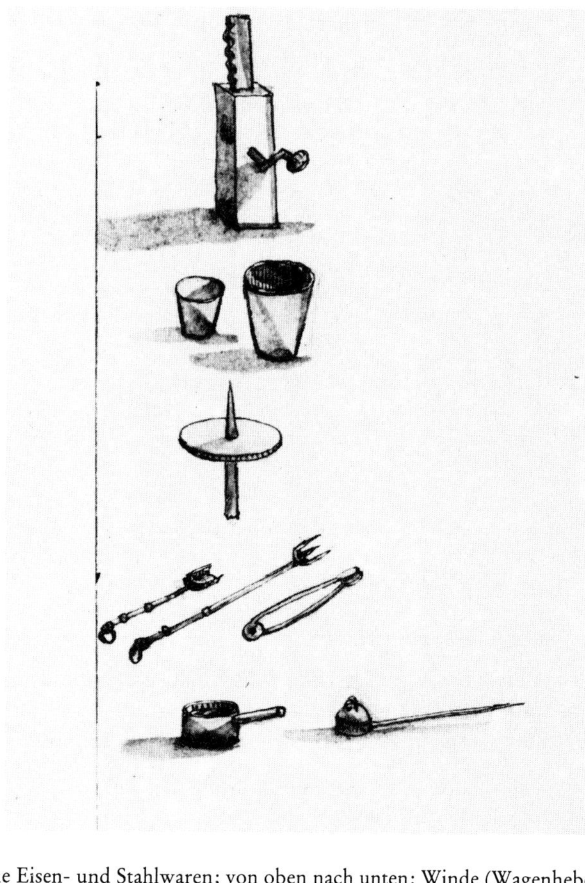

Abb. 3: Bergische Eisen- und Stahlwaren; von oben nach unten: Winde (Wagenheber), Denglerbecher, Diamantenschleifscheibe, Feuerschaufel, -gabel und -zange, Feuerbecken, Kaffeebrenner (Originalzeichnungen Angerstein, fol. 99).

über waltet. So hat man bisher auch verhindern können, daß die Messerfabriken, welche in Frankreich, England, Preußen und auch in Schweden durch Überläufer angelegt wurden, zu einer derartigen Höhe gelangten, um im Preise mit den Solinger Waren zu konkurrieren und diesen durch Export irgendeinen Abbruch zu tun.

Gleichwohl hat die uneingeschränkte Freiheit auf der anderen Seite, welche die Arbeiter in Remscheid genießen, um so weniger Schaden der dortigen Manufaktur zufügen können, als diese in Hinsicht auf ihre glückliche Lage und Nachbarschaft mit Holland noch in einem derartigen Aufstieg ist, daß es niemals an Absatz in deren Waren mangelt, obwohl gewisse Werkstätten mit ihren verschiedenen Hilfsmitteln sehr zahlreich geworden sind. Hierzu hat viel beigetragen, daß die Verkäufer der Manufakturwerkstätten durch ausländische Reisen sich Kenntnis des Absatzes aneigneten und in fremden Sprachen korrespondierten, wodurch sie in Frankreich, Spanien und Portugal ebenso sichere Käufer für ihre Manufakturwaren gewannen, wie Schweden z. B. unfehlbar einen Absatz für sein gutes Stangeneisen besitzt, welches, einmal bekannt geworden, nicht mehr auf den Markt geführt zu werden braucht.

Anmerkung:

Vor 50 Jahren ist in den Wäldern des Bergischen Landes derart Raubbau getrieben worden, daß aus Holzmangel verschiedene Hochöfen, Eisen- und Rohstahlhämmer stillgelegt werden mußten. Seitdem sind die Wälder gut nachgewachsen, so daß wenigstens ein Teil der betroffenen Werke wieder in Betrieb kam, soweit nicht in der Zwischenzeit die erz- und schmelzkundigen Anwohner verschwunden waren, wie dies in der Solinger und Remscheider Gegend der Fall ist, die jetzt ganz der Verarbeitung von Eisen und Stahl obliegt.

Im Oberbergischen Land sind 3 edlere Bergwerke:

Willberg, welches für Kurfürstlich-Pfälzische und Rechnung der Interessenten betrieben wird. Fabriziert werden jährlich 700 [Lot?] Silber, 1300 Zentner Blei und 30 Zentner Kupfer. Hier sind zwei parallele Gänge von weißem Eisenspat, sogenanntem Stahlstein, in einer Mächtigkeit von 3—6 Fuß, welche die edleren Erze führen.

Rupichrat und Ertoff sind Kupfergruben mit 200 Zentner jährlicher Herstellung.

Breybach ist Kurkölnisch und liegt 3 Stunden von Bonn, wird gleichfalls von Interessenten betrieben, welche 300 Zentner Kupfer erzeugen.

In Morten im Bergischen wird Bleiglanz für Töpfer gebrochen, der nach Holland geht.

Persberg Quecksilberwerk hat eine ziemlich geringe Ausbeute.

Bei Kesseldyn sind Pulvermühlen, die Pulver zu 1—1 1/2 Taler Kupfermünze per Pfund verkaufen.

Papiermühlen, welche eine halbe Meile von Solingen liegen, sind mit Walzen, nach holländischer Art eingerichtet. Die Messer, welche am Boden liegen, sind von Messing und in der Walze von Eisen mit starken Ringen an den Enden gut verbunden, so daß sie nicht während des Walzens durch das schnelle Umlaufen einer gewissen Zentrifuge herausgeworfen werden können und Schaden verursachen, wie solches sonst oft vorkommt.

Die gröberen Lumpen werden geröstet, bevor das Walzen vor sich geht, wobei 30 Prozent verloren gehen. Die Lumpen werden nicht allzu klein gewalzt, weil das Papier dadurch brüchig wird.

Gleichfalls ist nötig, die Paste 14 Tage zusammenliegen zu lassen, bevor das letzte Raffinieren geschieht, wobei diese teilweise mit Kalk vermischt wird und zuletzt mit blauer Stärke, was indessen keineswegs überall Gebrauch ist. Für blaues Papier für Zuckerhüte muß die meiste Farbe beim Leimen appliziert werden. Die Papierpreise sind folgende:

Postpapier frei Köln	2 1/2—3 Reichstaler
Einhorn-Papier	2 1/4—2 1/2 Reichstaler
Midlin	2 Reichstaler
Fein Lilie	1 1/2 Reichstaler

(1 Reichstaler = 6 Taler Kupfermünze)

Lennep hat eine Wollmanufaktur. Durch Aufstauen des Regenwassers wird Lehm gesammelt, der sich zum Walken vortrefflich eignet.

Elberfeld ist bekannt durch Garnhandel, Bleichereien, Chiamosen und Bandwebereien sowie durch seinen Handel mit rheinischem Wein.

Zwischen Elberfeld und Barmen sowie Schwelm, ca. 3 Meilen Entfernung, ist das Land an beiden Seiten der Wupper größtenteils nur von Garnbleichereien eingenommen; das Garn wird teils durch Kaufleute aufgekauft und teils in Kommission nach anderen Orten Deutschlands gesandt. Das Bleichen dauert 10 Wochen und beginnt mit 24 stündigem Sieden in Pottasche; danach wird gewaschen und 8 bis 10 Tage gebleicht. Das Garn wird jeden Tag gewendet, zusammengenommen und 5 Stunden in Aschenlauge gewaschen; dies wird alle 24 Stunden wiederholt. N. B. Die Asche wird trocken auf grobes Tuch gelegt, während über das Garn aus dem Waschfaß kochendes Wasser fließt; es wird durch Asche und Garn gefiltert, rinnt aus dem Boden [des Waschfasses] heraus und wird erneut aufgekocht und darübergegossen, solange der Waschvorgang andauert. Zum Schluß wird das Garn 3 Tage in gesäuerte Aschenlauge gelegt, die immer je nach Bedarf verdünnt und aufbewahrt wird. Damit es nicht gärt, werden Nesseln und Erbsenstroh hineingelegt.

In dieser Gegend befinden sich 165 Bleichhütten, welche den ganzen Sommer hindurch beständig arbeiten. Garn, „au dessus de strang", kostet 4 Stüber, und 4 solche Stüber machen 20 holländische Stüber. 1 Ballen Garn enthält 150 Pfund.

Flachsbearbeitung wird in dieser Gegend ebenso wie im Märkischen betrieben, aber nirgends mit dem Fortschritt wie in Flandern und Brabant. Das Trocknen geschieht auf Rasenplätzen.

Die Chiamosen- oder Bettzwillich-Webereien, die Leinengewebe mit Baumwolleinschlag herstellen, sollen aus 1300 Meistern ohne Gesellen mit Lehrjungen bestehen. Die Länge eines Stückes beträgt 100 brabantische Ellen und die Breite 1 3/4, wofür an Weberlohn von 4—6 Reichstaler bezahlt werden und die Elle, enthaltend 4 1/2 Quart schwedisch, zu 19 Stüber verkauft wird.

Ein Strang Baumwollgarn kostet an Spinnerlohn 1 1/2 Stüber. Der Strang enthält 10 Fetz und 1 Fetz 50 Faden. Eine Hand voll oder ein Bund rechnet 40 Strang, die zu einem Reichstaler verkauft werden. Die Bandstühle sind in derselben Weise eingerichtet wie in Haarlem, und es können durch Drehung viele Arten Bänder nacheinander erzeugt werden.

Außer diesen Fabriken sind ferner bei Elberfeld und Barmen 2 Fingerhutmühlen, in denen sowohl von Männern als auch Frauen Fingerhüte von Eisen und Messing auf eine ganz besondere Art hergestellt werden und worüber weiter unter Aachen und Düren zu sprechen sein wird, wo die Fabrikation größer und die Preise geringer sind.

Eisen-Nähringe kosten per Gros 32—34 Stüber.

Die Eisenbleche für Fingerhüte kommen von Olpe und werden per 8 Wagen mit 60 Reichstaler bezahlt. Ein Wagen enthält 110 Pfund. Messing kommt von Iserlohn.

Bei den Flintenfabriken in Burg sind allein fünf Meister für das Schweißen der Läufe; ferner zwei Bohrmühlen, wo es langsam zugeht, weil Angst vor Feuer besteht, wenn man kein Wasser über den Bohrer gießt.

Ein gewöhnlicher Lauf kostet 15—20 Stüber, geriffelte = 3 Reichstaler, gewundene = 10 Reichstaler, damaszierte Läufe = 12—15 Reichstaler. Verarbeitet werden Osmund-Billets, welche von der Mark kommen und 11 Reichstaler per 100 Pfund kosten.

Der obere Teil von Elberfeld ist katholisch und fabriziert Filzdecken. Im unteren Teil von Elberfeld, der lutherisch ist, befinden sich Gewehrfabriken.

Die Wupper fließt hier gleichfalls vorbei. Sie ist reich an Fischen von beträchtlicher Größe, die in Weidenkörben gefangen werden; sie werden zu 24—30 Stüber per Pfund verkauft, man nennt sie Pêche Lutte Ramicke, und versendet sie lastweise nach Köln sowie anderen Plätzen der Umgegend.

Forellen werden gleichfalls gefangen und blau gekocht in der Weise, daß unter Blasen mit einem Püster heißer Essig darüber gegossen wird. Danach werden sie in einer Grütze gesotten, wodurch sie sich länger konservieren und wodurch es ermöglicht wird, sie in der Sommerzeit auf weite Entfernung zu versenden, ohne daß sie verderben. Das Pfund wird mit 12—15 Stüber verkauft.

An Stelle von Hecken werden Flechtzäune aus Weiden benutzt und nach dem Heueinholen sieht man, wie der Nachleser einen großen Rechen hinter sich her zieht [. . .]

Gerd Helbeck

Tagebuchaufzeichnungen Friedrich Christoph Müllers über eine Reise im Jahre 1774

Der Verfasser dieser Aufzeichnungen über eine Reise von Soest in die Niederlande im Jahre 1774 war ein junger Mann von zweiundzwanzig Jahren, der sein Studium an den Universitäten Rinteln und Göttingen zu Ende gebracht hatte und anschließend in Soest ein Jahr lang als Hauslehrer tätig gewesen war. Die Reise, die er am 14. April 1774 antrat, führte ihn, weil er in Düsseldorf die Gemäldegalerie zu sehen wünschte, über „Werll, Unna, Schwelm u(nd) Elverfeld". Die Beschreibung seiner Eindrücke und Erlebnisse, die ihm das dichtbesiedelte und gewerbereiche Wuppertal am 16. und 17. April bot, nimmt in seinem Tagebuch einen verhältnismäßig breiten Raum ein. Sie umfaßt zehn Seiten. Zum Text treten drei Rötelzeichnungen, zwei Ansichten — Gemarke und Elberfeld — und die Darstellung einer Kupferpresse, die er bei einem Elberfelder Buchbinder besichtigte. Der junge Mann konnte weder ahnen noch zuversichtlich hoffen, daß er elf Jahre später das Amt eines zweiten lutherischen Predigers in Schwelm übernähme, um hier, an der bergisch-märkischen Grenze, bis zu seinem Tod im Jahre 1808 sein Leben zu verbringen.

Friedrich Christoph Müller[1], in Allendorf an der Lumda im Hessischen 1751 geboren, war der Sohn des dortigen Pastors und späteren Theologieprofessors Johann Daniel Müller in Rinteln, eines entschiedenen Rationalisten, der in einer Examensschrift versucht hatte, die Unsterblichkeit der Seele mit mathematischen Mitteln aus der Vernunft abzuleiten[2]. Von ihm dürfte der Sohn die aufklärerische Grundhaltung und die Liebe zur Mathematik übernommen haben, und noch 1793 äußerte dieser in einem Brief, daß er „den Grundsätzen der gesunden Vernunft" ergeben sei[3]. In Rinteln und Göttingen betrieb er neben der Theologie, seinem „Brotstudium"[4], mathematische, astronomische und physikalische Studien. Dazu erwarb er Kenntnisse und Fertigkeiten in Griechisch, Hebräisch, Französisch und Englisch, in Geschichte, Naturgeschichte, der Befestigungslehre, im Artilleriewesen, im Zeichnen, Kupferstechen und in der Malerei. Deuten sich hierbei schon seine Begabungen an, so entfaltete er sie seit 1773 in seinen Veröffentlichungen, die den Bogen von der Aufklärungstheolo-

1 Über sein Leben berichten umfassend *Karl Prümer:* Friedrich Christoph Müller, Ein Lebensbild, Dortmund 1890 (Nachdruck in: Westfälische Charakterbilder, Dortmund 1902, S. 61—77), und *Emil Böhmer:* Das Leben des Schwelmer Pfarrers Friedrich Christoph Müller; in: Beiträge zur Heimatkunde der Stadt Schwelm und ihrer Umgebung, Neue Folge, Heft 1, 1951, S. 5—29 und Heft 5, 1955, S. 60—63. Kurzbiographien enthalten der „Westphälische historisch-geographische Nationalkalender", herausgegeben von *Peter Florenz Weddigen,* vom Jahre 1804 (S. 127—129), der „Westphälische Anzeiger" von 1808 (Spalten 753—760, 785—792; Verfasser: *Peter Heinrich Holthaus,* Konrektor in Schwelm), die „Allgemeine Deutsche Biographie", Band 22, 1885, S. 530, und die Vorbemerkungen von *Gerd Helbeck* zur Neuherausgabe von Müllers „Choragraphie von Schwelm" 1789, Gevelsberg 1980, S. IV—VII.

2 *Böhmer* (s. Anm. 1), S. 5.

3 Stadtarchiv Schwelm: Müller, Brief vom 21. 6. 1793 (Abschrift).

4 *Böhmer* (s. Anm. 1), S. 21.

gie über Mathematik, Geometrie, Technik, Physik, Astronomie, Kartenkunde und Kartenentwürfe, Landeskunde, zeichnerische Entwürfe zu Ortsansichten, Kupferstiche gewerblich-technischer Anlagen, Physiognomik, Festungskunde bis zur Pädagogik spannten[5]*. Einer astronomischen Schrift, den „Tafeln der Sonnenhöhen . . .", verdankte er seine Ernennung zum Mitglied der Akademie der Wissenschaften in Berlin. Im „Westfälischen Anzeiger" hob der Naturforscher Johann Friedrich Benzenberg 1806 Müller als den Schöpfer der ersten auf einem Dreiecksnetz beruhenden Karte der Grafschaft Mark hervor. Diese Karte sei, neben der von Le Coq, unstreitig die beste dieser preußischen Provinz*[6]*.*

Zur Publikationstätigkeit trat ein ausgedehnter Briefwechsel mit Freunden und gelehrten Diskussionspartnern im In- und Ausland. Im näheren Umkreis gehörten zu seinen Freunden Mallinckrodt, der Herausgeber des Westfälischen Anzeigers, Weddigen, der Herausgeber des Westfälischen Magazins, der Ründerother Pastor und Mathematiker Johann Leopold Goes, Pfarrer Johann Friedrich Möller in Elsey, der aus Schöller stammende „erste rheinische Liberale" Benzenberg und nicht zuletzt der Schwelmer Vertraute Konrektor Peter Heinrich Holthaus, einer der bedeutendsten Pädagogen der Grafschaft Mark. Reisen, die Müller nach Berlin, zum Rhein und in die Niederlande, nach Sachsen und nach Paris unternahm, boten ihm die Gelegenheit, Beziehungen anzuknüpfen oder zu vertiefen. In Berlin besuchte er den berühmten Kupferstecher Daniel Nikolaus Chodowiecki, in Dresden den Bildnismaler Anton Graff, der die bedeutenden Persönlichkeiten seiner Zeit darstellte. In Leipzig traf Müller mit dem Maler und Bildhauer Adam Friedrich Oeser zusammen, dem Direktor der dortigen Kunstakademie, dessen Einfluß als Lehrer und Anreger auf Winckelmann, Goethe, Mengs und Erdmannsdorf von großer Wirkung war. Mit dem Dichter und Mathematiker Abraham Gotthelf Kästner, seinem Lehrer in Göttingen, verband ihn eine lebenslange Freundschaft. Ihm empfahl er den jungen Benzenberg, der durch Müller seine Neigung zur Mathematik entdeckt hatte[7]*. Am Berliner Hof war der Minister Graf Hertzberg sein Gönner und vertrauter Briefpartner. Dem preußischen König Friedrich Wilhelm II. begegnete er 1788, als jener mit dem Kronprinzen die Grafschaft Mark besuchte und Müller als Sprecher einer Abordnung von Kaufleuten aus Schwelm mit einer Ansprache, einer von ihm entworfenen „Situations Charte vom Fabrickendistrikte im Hochgericht Schwelm" und zwei in Kupfer gestochenen Ansichten den Blick des Königs auf die wirtschaftliche Lage des südwestmärkischen Raumes zu lenken versuchte.*

Weniger bekannt als seine wissenschaftliche Leistung ist Müllers soziale Einsatzbereitschaft, die wir als Kritik des Rationalisten an der absolutistischen Staatsmacht der preußischen Könige zu werten haben. In den Hungerjahren 1795/96 machte er sich zum Verteidiger der „dürftigen Volksklasse" der südlichen Grafschaft Mark, indem er in Briefen an den Minister von Heinitz und den König Überfälle der hun-

---

[5] Ein „Verzeichniß der Schriften und Kunstwerke des Predigers Fr. Chr. Müller" enthält die von *Holthaus* (s. Anm. 1) veröffentlichte Kurzbiographie. Einen großen Teil der von Müller verfaßten Druckschriften und der von ihm angefertigten Zeichnungen, Kupferstiche, Karten und astronomischen Instrumente bewahrt das Stadtarchiv/Museum Haus Martfeld in Schwelm auf.

[6] *Johann Friedrich Benzenberg:* Vaterländische Litterärgeschichte; in: Der Westphälische Anzeiger oder Vaterländisches Archiv zur Beförderung und Verbreitung des Guten und Nützlichen, Band 16 (1806), Spalte 534—535.

[7] Ebd., Spalte 535.

gernden Bevölkerung auf Kornfrachten verteidigte und Abschreckungsmaßnahmen der Regierung als „unnötig" bezeichnete[8]. *Müller sparte auch nicht mit Kritik, wenn es galt, die preußische Merkantilpolitik mit der sich frei entfaltenden bergischen Wirtschaft zu vergleichen. War schon der 1788 dem König überreichte Kupferstich „Aussicht von der Schwelmer Gränze ins Bergische" eine Äußerung des Mißfallens, da er recht anschaulich die Früchte eines von staatlicher Bevormundung unbehinderten Wirtschaftslebens darbot, so unterstrich Müller in seiner 1789 veröffentlichten „Choragraphie von Schwelm" die Gründe für „den Unterschied des Bergischen und Märkischen" und „die Pracht und den Flor des Wupperthals" mit aller Deutlichkeit*[9].

Vielen Reisenden jener Zeit fiel der Unterschied zwischen dem dicht bevölkerten Wuppertal und dem angrenzenden Gogericht Schwelm auf, dessen Siedlungen verstreuter lagen und dem Gebiet ein ländlicheres Gepräge gaben. „Die Industrie des Wupperthals und Remscheids", so schrieb Johann Moritz Schwager 1804[10], *„hat auch hier in Schwelm und dessen Gogerichte noch nicht aufgehört, ob sie gleich hier schon mit mehr Landwirtschaft untermischt ist." Auch Müller bemerkte, als er am 16. April 1774 zum ersten Mal die märkisch-bergische Grenze zwischen Langerfeld und Rittershausen überschritt, diesen Unterschied, und sein Tagebuchtext spiegelt an mehreren Stellen sein Erstaunen über die „so lebhafte Gegend" an der mittleren Wupper wider.*

Es kann nicht verwundern, daß Müller, für technisch-gewerbliche Möglichkeiten empfänglich, sich wißbegierig der Textilfabrikation zuwandte, die dem Wuppertaler Gewerbeleben, auch für Durchreisende unübersehbar, ihren Stempel aufdrückte. Schon in Schwelm besichtigte er eine Bandweberei, in der, wie das Tagebuch offenbart, der Webstuhl, eine weitgehend mechanisch arbeitende Bandmühle, seine Aufmerksamkeit fesselte. Im Wuppertal fand er das Bleichereigewerbe darstellenswert und die Tätigkeit der Kaufleute, deren Wohlstand dem Reisenden in Gestalt „prächtige(r) Häuser" entgegentrat.

Nicht verborgen blieb dem Rationalisten Müller der den Wuppertaler Calvinismus prägende Pietismus mit seinen Neigungen zur Mystik. In Fragen des Glaubens duldsam, besuchte er, der lutherische Theologe, am 17. April in Elberfeld zunächst die katholische Messe und dann den calvinischen Gottesdienst, der seine Kritik herausforderte, da ihn die „mysteriösen Theologischen Förmelger" des Predigers verdrossen, die dem „Spötter des Glaubens Gelegenheit zum Lachen" gäben.

Der Tagebuchtext, in Ausschnitten bereits an anderer Stelle veröffentlicht[11], *ist in einer Sammlung von Aufzeichnungen Müllers über seine Reisen in den Jahren 1773*

---

[8] *Arno Herzig:* Sozialer Protest in Schwelm. Zum Verhalten der Unterschichten im Hungerjahr 1795; in: Beiträge zur Heimatkunde der Stadt Schwelm und ihrer Umgebung, Neue Folge, Heft 33 (1983), S. 14 und 21.

[9] *Friedrich Christoph Müller:* Choragraphie von Schwelm. Anfang und Versuch einer Topographie der Grafschaft Mark 1789, neu herausgegeben von *Gerd Helbeck,* Gevelsberg 1980, S. 78—81.

[10] *Johann Moritz Schwager:* Bemerkungen auf einer Reise durch Westphalen bis an und über den Rhein, Leipzig und Elberfeld 1804, S. 316—317.

[11] Die von *Emil Böhmer* (s. Anm. 1) und *Gerd Helbeck* (Gemarke und Elberfeld im Spiegel eines Reisetagebuches aus dem Jahre 1774; in: Romerike Berge, 25. Jg., 1975, S. 24–29) veröffentlichten Tagebuchauszüge beruhen, da das Original zu jener Zeit nicht zugänglich war, auf einer Abschrift aus dem Besitz eines Müller-Nachkommen, die sich seit etwa 1950 im Stadtarchiv Schwelm befindet. Der in Romerike Berge dargebotene Auszug ist im Hinblick auf den Leserkreis einer „Zeitschrift für Heimatpflege" nicht buchstabengetreu wiedergegeben, sondern unter Wahrung von Stil und Syntax den heutigen Re-

Abb. 4: Blick von der Schwelmer Grenze, die zugleich die Grenze der preußischen Grafschaft Mark war, nach Westen in das Wuppertal; Kupferstich nach einer Zeichnung Friedrich Christoph Müllers aus dem Jahre 1788.

bis 1775 überliefert, die er später zu einem Band vereinigte und mit dem Titel „Reise-Buch" versah. Der im folgenden abgedruckte Tagebuchauszug[12] ist diesem Band entnommen, der sich im Besitz einer Nachfahrin Müllers befindet, die dankenswerterweise eine Abschrift und deren Veröffentlichung gestattete.

Friedrich Christoph Müller (1774)

„Der erste Eintritt ins Bergische ist reizend u[nd] angenehm. Man siehet von einem Hügeldorff Rittershausen genannt herab ins Thal, wo eine erstaunliche Menge zerstreuter Häuser, welche nicht schlecht und meisten

Gemarcke am 16ten Aprill

theils Fabriken, u[nd] Bleichereien sind. Die Bleichplätze sind so gros, daß sie in der Ferne wie kleine Felder aussehen welche ganz weis sind. Überhaupt ist von hier die Strasse auf Elverveld sehr lebendig. Zu beiden Seiten schöne Häuser. Angenehme Aussichten gegen die Berge, in welchen ebenfals hin u[nd] wieder Häuser zerstreuet liegen. Das Dorff Gemarck sieht in der Ferne gut aus, u[nd] könnte ehr eine Stadt vorstellen, als Schwelm oder Schwerte.

Und auch in der Nähe läßt es gut. Die Straßen sind gerade u[nd] breit, die Häusser so schön als sie nur immermehr in einer Stadt sein können. Es wohnen hier viele Kaufleute, u[nd] eine Menge Fabricanten. Alle 3 Religionen haben hier ihren Gottesdienst.

Von hier auf Elvervelt ist die Straße ebenfals zu beiden Seiten mit Häusern, die nicht schlecht gebauet sind besetzet. Man weis kaum wo man ist? — ob auf der Straße? ob in einem Dorff? Ob in der Stadt? Ich kann wohl sagen dass dies der angenehmste Weg sei den ich jemahls gethan habe. Alle Leute sind geschäftig. So wie

Elverfeld am 16ten April

man auf der Aeneper Straße nichts als das Getöse von Eisen Hämmern höret, so höret man hier nichts als das Geraßel der Linne Band Webe Maschinen, u[nd] siehet nichts als Bleichen. Bei einer jeglichen Bleiche ist ein groses Schöpfrad, so durch die Wupper getrieben wird. Durch dieses Rad nun wird sowohl das Kochhauß, worinnen das Garn mit Lauge abgesotten wird, mit Wasser versehen, als auch dasselbe auf die Bleichplätze, welche gegen den Fluß zu abhängig sind gebracht. Das Wasser wird hier in verschiedene Cisternen vertheilet, aus welchen es durch eine lange Schaufel über das BleichGarn ausgesprengt wird. Nichts sieht artiger aus, zumal wenn die Sonne gegen übersteheт. Man glaubt lauter Fontainen zu sehen, denn die Bleicher haben eine besondere Geschicklichkeit, das Wasser hoch und weit zu werfen.

An Elverfeld u[nd] der umliegenden Gegend, kann man recht augenscheinlich sehen, wie unbeschreiblich wichtig u[nd] vortheilhaft die Fabriken für ein Land seien.

geln der Rechtschreibung und Grammatik angeglichen. Der auf das Gebiet des Alt-Kirchspiels Schwelm sich beziehende Tagebuchteil erschien 1983, veröffentlicht von *Maria Sommermeyer,* im 33. Heft der „Beiträge zur Heimatkunde der Stadt Schwelm und ihrer Umgebung" unter dem Titel: Gevelsberg, Schwelm und Barmen im Spiegel eines Reisetagebuches aus dem Jahre 1774.

12 Die Angaben im Quellentext in eckigen Klammern sind Zusätze des Bearbeiters. Ansonsten hält sich der Text vollständig an die Originalvorlage.

Abb. 5: Blick auf Elberfeld; Originalzeichnung Friedrich Christoph Müllers aus seinem Reisetagebuch des Jahres 1774.

Wie unerheblich scheint nicht Linnen Band, u[nd] eine gewisse Art halb wollen, u[nd] linnener Zeuge zu sein — Allein die Verfertigung dieser Waaren, ernähret viele tausend Menschen — Giebt ganz Elverfeld die Nahrung — Macht eine triste Gegend angenehm — Läßt auch die entfernteste Gegenden des Nutzens geniessen, der daraus gezogen wird. Vielleicht sahe man

Elverfeld am 16ten Aprill

in diesem, jetzo so volkreichen Landesstrich ehemals weiter nichts, als die rauschende Wupper, die zwischen unfruchtbaren Gebürgen, u[nd] kahlen FelsenWänden dahinfloß, u[nd] etwan an ihrem Ufer einige elende Wohnungen — Man hätte keinen bessern Einfall haben können, als hier Bleichereien anzulegen. Der starke Fall der Wupper, verstattete eine Menge Schöpfräder u[nd] die an derselben liegende Wiesen die schönsten Bleichplätze — Man ging noch weiter — Man bleichte nicht allein sondern man verarbeitete auch das gebleichte Garn selbsten. Nun entstanden eine Menge von Fabriken. Nun war der Flor des Landes da. Nun ernähren sich, wer weis wie viel Tausende!, vom Spinnen, vom Garn Handel, vom Bleichen, vom Weben, vom Umschlagen, vom Verfahren — Und diese zwar unmittelbar — Vielleicht sind dies noch die Wenigsten — Wievieler Handwerker u[nd] Künstler bedürffen diese nicht wiederum, theils zu ihren Werkzeugen, theils zu ihren Materialien, theils zu ihrer Nothdurft u[nd] Bequemlichkeit, u[nd] theils zu ihrem Vergnügen — Alle diese Leute mit ihren ganzen Familien werden durch die Fabrike ernähret. Besonders grosen Einfluß aber hat sie auf den Kaufmann (deren es hier eine grose Menge gibt). Dieser kann durch sie splendid leben grose Reisen thun, seine Häuser ver-

Elverfeld am 16ten Aprill

zieren, seinen Garten unterhalten. Oft fiel es mir ein wenn ich ihre prächtige Häuser, u[nd] Gärten ansahe „So viel kann der Profit vom Linnenbande ausrichten“ Ja! wie viele Vortheile ziehet der LandesHerr nicht durch die florierende Fabriken! — Accis- Licent- Zoll- Weg- Brücken Geld — mehrere — reichere — geschäftigere Unterthanen — O möchte man doch alle Bäche die in andern Ländern so unnüz zwischen Bergen dahinrauschen, so gut benutzen als hier die Wupper benutzt ist — Wie bald würden die verwelkten, dunkelen Länder wieder aufblühen, u[nd] helle werden? — Aber Arbeitsamkeit!! —— erfinderische geschäftige Köpfe!! —— Vorschuß Gelder!! —— Beifall der Liebhaber des allen!! Wo trifft man das alles an? —— Aber vielleicht ist es auch thöricht zu wünschen, daß aller Orten Fabriken wären! Wo würde denn Absatz sein? —— Wo würde dem Fabrikant das Brodkorn gezogen werden? —— Ich bewundere deswegen auch hier die weisen Veranstaltungen der Vorsehung. Sie hat Ziel gesezt u[nd] zuvor versehen wie lange u[nd] weit die Menschen wohnen solten. In diesen Strich Landes sezte sie Handwerker — in jenen Bauern. Der Graffschaft Mark verlieh sie eine fruchtbare Ebene u[nd] dem Herzogthum Berg hingegen rauhe Berge. Jene gibt diesem das Brodt — u[nd] dieses, jener lauter solche Dinge die im menschlichen Leben nothwendig sind. Dadurch ist beiden geholffen. Wie genau hat doch Gott alle Länder gegeneinander abgewogen. Wie weis er Menschen

Elverfeld am 16ten Aprill

an Menschen zu hefften daß keiner ohne den andern sein kann. Hätte er jeglicher das für sich was er braucht, um gut und bequem zu leben, so würde er nichts nach dem andern fragen! Und welch eine elende Gesellschaft worinnen keine Verbindung u[nd] Geselligkeit ist. Nachdenken — Überlegung — Witz — Dienst — Geflissenheit, Freundschaft, kurz alles würde wegfallen — Der Mensch könnte immerhin in eine Höhle kriechen — u[nd] leben u[nd] sterben wie ein Vieh! — So wichtig sind Fabriken. So wichtig ist in Ansehung Elverfelds die Bleicherei, u[nd] das Linnen Band ——

Ich hätte die Stadt Elverfeld gleich beim Eintritt in dieselbe abgezeichnet, wenn ich sie ehe im Prospect gehabt hätte, bevor ich darinnen war. Ich wuste auch anfänglich nicht ob ich noch auf der angenehmen Straße, oder in einer Vorstadt, oder in der Stadt selbsten war, bis ich endlich bei die Kirchen kam. Elverfeld hat weder Mauern noch Thore, sondern ist mit hohen Bergen umgeben bis an welche die Häuser hinangebauet sind, mitten dadurch fließt die Wupper auf deren Brücken man angenehme u[nd] reizende Aussichten hat. Die Straßen sind hier ziemlich gerad, u[nd] zum Theil breit, doch finden sich auch schlechtere u[nd] dunkle. Die Häuser sind fürtrefflich. Man kann hier recht sehen welchen Nachdruck des Kaufmanns Geld habe. Doch fällt die Ausschmückung ihrer Häuser zuweilen ins Lächerliche.

Elverfeld am 17ten Aprill

Allenthalben soll der Reichthum der Besitzer herfürleuchten. Deswegen sind sie mit so vielen Zierrathen überladen — Wo es nur möglich ist, sind Bas reliefs, Vergulddungen, Sprengwerke et cet[era]. Ich sa ein Haus, dessen Besitzer es nicht genug war daß auf fünf Frontons, der Risalite u[nd] Erker seines Hauses, vergoldete Köpfe sassen — es musten auch noch welche mitten auf das Dach u[nd] d[er]g[leichen] m[ehr]. Der Ort ist sehr volkreich, u[nd] enthält eine Menge Fabricanten, Handwerker u[nd] Künstler. Der grosen Anzahl der Kaufleute, welche hier die Hauptpersonen sind, zu geschweigen.

Man kann sich nicht genug darüber zu verwundern, u[nd] weis es kaum zu begreifen, wie man aus dem stillen, bäurischen Westphalen auf einmal in so eine lebhafte Gegend, u[nd] in eine so prächtige Stadt kommen könne. Ich kam gestern hier frühzeitig an, traff ein vortreffliches Wirthshaus zum Goldenen Adler, wo ich des Abends in Gesellschaft eines artigen munteren Kaufmanns aus Rotterdam speißte, u[nd] übernachtete. Ich besuchte einen Uhrmacher, dieser sagte mir von einem Buchbinder, der eine Kupfer Preße hätte. Ich besah dieselbe, u[nd] sie gefiel mir nicht übel.

Sie bestund aus zwei Cylindern von Messing. Der öbere lag in einer Büchse, die durch eine Schraube konnte gehoben, u[nd] erniedriget werden, u[nd] war auf eine Bank befestiget.

Elverfeld am 17ten Aprill

Ich besuchte die Messe in der catholischen Kirche. Sie ist zwar nicht gros, aber gut gebauet. Die Altäre sind in einem guten Geschmack angegeben, simple Statuen, Säulen, Vasen braun u[nd] vergoldet — —

Hierauf wohnte ich dem reformirten Gottesdienst bei. Die Kirche ist gros, hat aber doch nicht viel besonders. Die Gemeinde muß stark sein, da die Frühpredigt schon ein so zahlreiches Auditorium hatte. Der Prediger hielt einen ziemlich populairen, u[nd] erwecklichen Vortrag, über Math. V, Lasset euer Licht scheinen vor den Leuten p[erge] p[erge]. Möchte er doch die mysteriösen Theologischen Förmelger mehr gespart haben, z[um] E[xempel] innwendiger u[nd] auswendiger Mensch — — der ungebohrne Mensch — Jesus der Herzens Spiegel — — der Belial — der leidige Sündenfall — — Wann wird man endlich aufhören, die erhabene Religion, die uns Gott durch den Weltzusammenhang, u[nd] durch sein geoffenbartes Wort so deutlich vorgetragen hat, in solche abendtheuerliche Worte, die kaum der hundertste Zuhörer, je offt nicht einmal der Prediger verstehet einzuhüllen, und dem Spötter des Glaubens Gelegenheit zum Lachen zu geben? Laß es immerhin sein daß die Bibel selbst dergleichen Redensarten gebrauche — — Welcher Vernünfftiger wird denn wohl glauben daß Völker die verschiedene Sprachen, verschiedenes Clima, Sitten, Gewohnheiten, Zeiten u[nd] s[o] f[ort] haben in ihren Redensarten übereinstimmen

Elverfeld am 17ten Aprill

u[nd] von einander verstanden werden können. Redet deswegen die Bibel von einer paliggenesia, von einem palaio anthropo, u[nd] d[er]g[leichen] so sind dieses Redens Arten die blos jüdisch-griechisch-orientalischen Juden vor 1700 Jahren verständlich sein konnten, nicht aber einem Deutschen in unseren Zeiten, der kein Gelehrter ist, u[nd] sich in jene Zeiten worinnen dergleichen Redens Arten gang u[nd] gäbe waren nicht hineindenken kann. Man predige doch den Inhalt der Bibel, u[nd] nicht ihre antike Wörter u[nd] Redens Arten. Diese sind, u[nd] bleiben dunkel, u[nd] im Ohre des Zuhörers, weil entfernt von Herz und Verstand — jener hingegen ist klar, deutlich, erhaben und erbaulich, — z[um] E[xempel] Es ist ein Gott — Gott verlangt daß wir seinen Endzweck erfüllen sollen. Es ist eine Unsterblichkeit der Seelen. Wir thun nicht das was wir thun sollten. Also kann uns Gott nicht ewig belohnen, wo er es nicht durch einen allgemeinen Erlöser möglich gemacht hätte. Diesen müssen wir also annehmen — u[nd] im übrigen unserm Endzweck so gemäß zu handeln suchen als uns immer möglich ist, so werden wir unserm Schöpfer angenehm, u[nd] ewig glücklich. Ein jeder kann dieses System verstehen. Selbst der Spötter muß es mit Verwunderung betrachten. Verstand u[nd] Herz bekommt das Seinige dabei. Warum wollte man es denn mysterisiren u[nd] dadurch seinen himmlischen Glanz verdunkeln? — —

Elverfeld am 17ten Aprill

Nachdem ich in der reformirten Kirche gewesen war, ging ich wieder in mein Logis, schrieb das vorhergehende, und wartete auf den Anfang des lutherischen Gottesdienstes. Wie dieser erfolgte so besuchte ich auch diese Kirche. Sie ist neu u[nd] schön gebauet, u[nd] vermutlich wird sie auch noch mit einem Thurm gezieret werden, denn der jetige ist sehr simpel.

Die Gemeinde sang ein fürtreffliches Lied, von Paul Gerhard, das von der Vorsehung u[nd] Regierung Gottes handelte. Ich stimmte es voller Andacht mit an, u[nd] wurde durch seine kräftige, u[nd] geistreiche Ausdrücke sehr erbauet u[nd] gerühret. Wie die schönsten lezteren Verse sollten gesungen werden, so kam ein recht gemästeter Prediger auf die Kanzel, fing seinen strohernen Eingang an — — ich hatte bald genug, schlich mich deswegen nahe an die Kirch Thüre, u[nd] schnaps war ich erlöset — — Ich erbauete mich noch einige Zeit an dem schönen Liede, u[nd] ärgerte mich über den Prediger, der es unterbrochen hatte.

Wenn man hinter Elverfeld kommt, so genießt man schöne Aussichten. Die Wupper rauschet in einem grünen Thal hinab. Und die Aussicht auf dieselbe wird nicht mehr wie jenseits, durch die Menge der daran liegenden Häuser u[nd] Fabriken gehindert. Der Weg, welcher ganz neu gemacht ist

Am 17ten Aprill

schleicht sich allmälig Berg an, u[nd] ist zu beiden Seiten mit Buchwald bekränzet. Von hier kann man Elverfeld ganz übersehen, ich trug deswegen kein Bedenken es zu entwerfen. Die größere Kirche ist die reformirte, die mittlere die lutherische, u[nd] die andere die catholische. Es regnete ein wenig. Aber dieses vermehrte nur die Annehmlichkeit der Reise. Man konnte es fast sehen wie der geschäftige Früling die Knospen des Buchbaums entwickelte, u[nd] das Thal an der Wupper grün bekleidete. Man genoß einen frischen u[nd] angenehmen Geruch, u[nd] das nasse Wetter verdoppelte die Stimmen der Frülings Vögel. Es ist gut daß der Postwagen bedekt ist, so kann man das angenehme des Regens genießen, ohne von seinem widrigen betroffen zu werden.

Ohngefähr 2 Stunden von Elverfeld hielt der Postwagen bei einem Wirthshause, die Schöller Heide genannt an. Dieses Hauß ist

Medman am 17ten Aprill

für ein Wirthshauß schön gebauet, u[nd] da es auf einer Höhe liegt, so gewährt es gute Aussichten, theils in das Thal, theils gegen das Dorff Schöller, theils gegen die grünenden Wälder u[nd] Berge. Man trifft auf diesem Wege, der immer bergan u[nd] ab gehet, fast alle Viertel Stunde ein Wirthshaus. Es ist hier eine starke Passage.

Medman, ein Flecken liegt auf halbem Wege von Elverfeld auf Düsseldorff. Ein schlechter Ort. Vor dem Thor sind zwar einige gute Häuser. Der Weg von hier wird unvergleichlich. Größentheils auf der Höhe. Mit einer Aussicht bis nach Cölln. Zwischen Hecken Alleen. Eine Stunde hinter Düsseldorff wird er am aller schönsten, man kommt in die fürtrefflich

Eremitage am 17ten Aprill

ste Plaine von der Welt. Hier hörte ich im Walde leuten. Ich fragte was es bedeutete, u[nd] man sagte mir daß es die Eremiten thäten. Ich verließ daher den Postwagen, u[nd] kletterte den Berg hinauf um diese Abentheuer zu sehen. Ich fand sie just in ihrem Capellchen, einer kniete vor dem Altar, u[nd] der andere, mit etligen andern catholischen Christen, auch weiblichen Geschlechts, etwas weiter zurük. So viel ich aus ihrem Gemurmel verstehen konnte, so sagte der vor dem Altar kniende Jesus Christus, Sohn der Maria Mutter Gottes, ist von dem Tode auferstanden, u[nd] die andern antworteten ihm, ja er ist auferstanden. Dieses wiederholten sie wohl fünfmahl hintereinander. Ich stund in der Capell Thüre, der Eremit nahm mich wahr u[nd] winkte mir näher zu kommen. Ich

Haus Roland am 17ten Aprill

machte ihm aber ein Compliment u[nd] ging weiter Berg an. In der Capelle der Eremiten ist ein vortreffliches Altar Stück, so eine Todes Betrachtung vorstellt. Wie ich oben auf den Gipfel des Bergs kam, so genoß ich für mein Aufklettern die fürtrefflichste Belohnung. Denn so eine Aussicht hatte ich in meinem Leben nicht gesehen. Der Gesichtskreis mochte wohl auf 6 Meilen rund umher reichen. Eine Menge Städte von denen ich aber keine kannte, als Cölln, Düsseldorff, Neuss, u[nd] Kayserswerd. Alles wimmelt von Thürmen. Der Rhein schlängelt sich auf die angenehmste Weise durch dieses ungeheuer große Thal. Man kann alle Schiffe mit ihren Seegeln warnehmen. In der Nähe erblikt man das Closter a la Trappe das nebst noch einem in Frankreich das einzige seiner Art ist. Nahe bei demselben liegt ein angenehmer Alleenweise gepflanzter Lustwald. Grünen-

Düsseldorff am 17ten Aprill

de Wiesen, blühende Felder, prächtige Lust Häuser, die Festungswerke von Düsseldorff, Canäle, Heiden, u[nd] s[o] f[ort]. Alles flößt dem Auge Vergnügen u[nd] Bewunderung ein — Wie ich hier stund, u[nd] dieses prächtige Amphitheater betrachtete, so kamen einige Cavaliers, geistliche Herren u[nd] Dames, um dieser Aussicht ebenfals zu genießen — Sie waren sehr höflich u[nd] ich einem von den Herren sagte, daß mir die hiesige Gegend so wohl gefiele, so invitirte er mich auf sein Land Guth Hauß Roland, welches gleich hinter dem Gehölze lag. Das Hauß ist für ein Landhauß sehr prächtig. Ins besonders verdient der Garten, gesehen zu werden. Er ist treppen, oder absatzweise angelegt, wodurch mancherlei Veränderungen entstehen, u[nd] rings um mit schönen Alleen umgeben. Die mit vielfärbigen Steinen u[nd] Schlacken, geblumte Farbenbete, machen in der Ferne einen artigen Prospekt. Hin u[nd] wieder stehen schöne u[nd] mit Geschmack gewählte Statuen, aus gebrannter Erde.

Von hier gehet eine lange Allee nach Düsseldorff, durch ein schönes mit drei Thurmspitzen geziertes Dorff, Derendorff genannt. Ich hätte gerne das linker Hand liegende Closter a la Trappe, welches nebst noch einem in Frankreich das einzige in seiner Art ist, sehen mögen, woferne nicht die Nacht herbeigeeilt hätte. Die Mönche sollen eine Art Bernhardiner sein, u[nd] sich blos durch ihre HandArbeit ernähren . . .“

Eberhard Illner

Düsseldorf — Solingen — Elberfeld: Ein anonymer Reisebericht aus dem Jahre 1784

Eingerückt in die Rubrik „Auszüge aus Briefen" des vom preußischen Kanzleidirektors in Ellrich (Harz) Leopold Friedrich Günther Goeckingk und des Freiherrn Philipp Antonius von Bibra herausgegebenen „Journal von und für Deutschland"[1] *finden sich die folgenden Eindrücke eines namentlich nicht genannten Reisenden. Seine Aufzeichnungen sind während oder kurz nach seinem Aufenthalt im Bergischen Land entstanden, sicher auch von Anfang an mit der Absicht, einem breiteren Publikum von seinen Beobachtungen Mitteilung zu machen.*

Zu diesem Zweck eignete sich das „Journal von und für Deutschland"[2] *in besonderem Maße: Es war nach englischem Vorbild für die Veröffentlichung eines bunt gemischten Themenkatalogs bestimmt, der von der Mitteilung der Getreidepreise über Theaternachrichten, Preisaufgaben, Ankündigungen aller Art bis zu kleinen Reisebeschreibungen reichte. Auch als sein Promotor Goeckingk über einen Streit mit der kurfürstlich mainzischen Regierung stolperte und auf Weisung des Generaldirektoriums, seiner vorgesetzten Behörde in Berlin, die Redaktion 1784 abgeben mußte, veränderte sich die aufklärerische Zielsetzung des Blattes nicht. Wohl aber gab der Fuldaer Domkapitular und Präsident Freiherr von Bibra, der die Nachfolge Goeckingks antrat, den Topographien, Auszügen aus Briefen und Reisebeschreibungen mehr Gewicht.*

Zwischen 1784 und 1792 erschienen Monat für Monat die Hefte des Journals im Quartformat mit ihren dunkelroten Umschlägen zum Preis von 5 bis 6 Talern pro Jahrgang und erreichten einen beachtlichen Leserkreis: So gehörte das Blatt etwa zum Abonnement der Lesegesellschaften zu Mainz und Bonn, zählte zur Lektüre der Münchner Illuminaten und wurde sogar am Klostertische der Abtei Iburg im Osnabrückischen vorgelesen[3]*. Gerade dieser breite und vor allem aus beiden Konfessionen kommende Zuspruch machte das Besondere des Periodikums aus. So mangelte es weder Goeckingk noch von Bibra an Beiträgen von Korrespondenten aus allen Teilen Deutschlands.*

Dem Inhalt des folgenden Reiseberichts nach scheint der Autor ein juristisch gebildeter, der Aufklärung recht nahestehender Bürger gewesen zu sein, der ebenso kompromißlos Kritik am Schlendrian und an der Bestechlichkeit der Kölner Rats- und Justizbeamten übte wie auch die pietistische Enge und antiaufklärerische Haltung der Prediger in Solingen geißelte. Kulturgeschichtlich interessant sind seine Be-

---

[1] Julius bis December 1784, Ellrich 1784, S. 189—195.

[2] Vgl. *Max Braubach:* Die kirchliche Aufklärung im katholischen Deutschland im Spiegel des „Journal von und für Deutschland" (1784—1792), in: *ders.:* Diplomatie und geistiges Leben im 17. und 18. Jahrhundert, Bonn 1969, S. 563—659.

[3] Ebd., S. 571, Anm. 31.

merkungen über die Bibliothek und die Gemäldesammlung in Düsseldorf, über die Lesegesellschaften in Solingen und Elberfeld[4] *sowie nicht zuletzt als volkskundliche Impression die Beschreibung einer bergischen Kaffeetafel anläßlich einer Kindstaufe.*

anonym (aus dem „Journal von und für Deutschland" 1784)

Den 6ten August reiste ich von Cölln nach Düsseldorf, daß 3 und 1/2 Meile von hier entfernt ist. Auf dem Wege disseits des Rheins kommt man durch die kleinen cöllnischen Örter *Vilingen, Woringen,* das pfälzische Dorf *Dormagen,* wo eine Post ist. Von da kommt man nach *Recklinghausen,* hier fährt man über den Rhein, wo alsdann eine gute Chaussee nach *Düsseldorf* gehet; wo ich um 4 Uhr Nachmittags ankam. Die Stadt ist nicht sehr groß, aber stark bevölkert. Auf dem Markte steht die Statue des Churfürsten *Johann Wilhelm* zu Pferde, die aber den Fehler hat, daß der Schwanz des Pferdes zu lang ist. In dem schönen Schloß-Garten, der dem *Goldstein* seine Existenz zu verdanken hat, wird gewöhnlich Sonntags Mittags in der großen Allee artige Musik, unter dem Zulauf vieler Menschen allerley Standes, gemacht. Auf der einen Seite des Gartens giebt das Jägerhaus einen vortreflichen Prospect. Des andern Tags besah ich die Gemälde-Sammlung. Sie bestehet aus 365 Stücken, und ist in 5 Zimmer abgetheilt.

Im 4ten Zimmer sind die meisten von van der Werf, und das 5te ist ganz mit Rubensschen Stücken besetzt, deren 64 da sind. Am Ende des Zimmers stehet das berühmte jüngste Gericht von 20 Fuß in der Höhe, 15 und 5 Zoll in der Breite. Auf der linken Seite darneben steht sein Portrait nebst seiner zweyten Frau auf einem Blatt. Von Rembrand sind, nebst seinem Bilde, 9 vorhanden; 22 von van der Werf, 24 von van Dyk nebst seinem Portrait, 14 von Luc. Jordano, 8 von Duffert, 7 signirte *Basreliefs a chiaro oscuro* von Polidoro die Caravagio, 5 von Carlo Dolci, 2 von Guido Reni, ferner von Castiglione, Domin. Zanetti, Bellucci, Soldani, Spagnoletto, Sconians, Jordans, Wenix, Durer, Hemskerk, van der Elst, Schalken ec.

Vor einigen Jahren beschenkte die Kaufmannschaft in Solingen die Sammlung mit zwey herrlichen Jagd-Stücken von Feidt, von dem vorher nur eins da war. Man kann einen schönen *Catalogue figuré et raisoné* haben bey Hrn. Professor Brouillat, Inspector der Gallerie, für 6 Carolin. Alle Gemälde sind darinn in Miniatur in Kupfer gestochen; von Mecheln, und Bikasch machten den raisonnirenden Theil, worinn die Verfasser die Länge und Breite angegeben, und die vorzüglichsten Schönheiten zergliedert haben. — Bey der hiesigen Maler-Akademie ist Langenhöfel unter den Professoren der beste. Von der Bildergallerie ging ich in die Churfürstliche Bibliothek, die im Jahr 1770 angefangen worden. Sie mag, wie Herr Bibliothekar Sinznich mir sagte, aus 6000 Bänden bestehen. Das historische und juristische ist das stärkste, Manuscripte, und alte Classiker fehlen ganz. Der Churfürst verwendete schon 9000 Thlr. darauf, und dann muß jeder, der ein geistliches oder politisches Amt erhält, oder befördert wird (die Subaltern-Bedienten an den Collegiis ausgenommen) 14 Reichsthlr., oder ein Buch von dem Werth überreichen. Sie wird wenig genutzt.

---

[4] S. zu den Lesegesellschaften in dieser Zeit allgemein *Otto Dann* (Hg.): Lesegesellschaften und bürgerliche Emanzipation. Ein europäischer Vergleich, München 1981; zu den Lesegesellschaften im Bergischen Land vgl. *Eberhard Illner:* Bürgerliche Organisierung in Elberfeld 1775—1850 (= Bergische Forschungen, Bd. XVIII), Neustadt/Aisch 1982, bes. S. 31 ff.

Ohngefehr eine 1/2 Stunde von hier liegt das Kloster a la Trappe in einer schönen Gegend. Das Kloster, das einen Abt und 40 Mönche ernährt, hat ein weitläufiges Gebiet, wovon ein großer Theil um das Kloster herum mit einer Mauer umgeben ist. Die Brüder verrichten allerley Handarbeit. Sie haben Schreiner, Schmiede, kurz alle nöthigen Handwerker unter sich. Sie besitzen auch eine eigene Fabrik, worinn sie Dosen, Pfeifenköpfe ec. von Papier*maché* verfertigen. Hinter dem Kloster ist ein kleiner zugehöriger Wald, durch welchen ein schöner beschatteter Weg zum so genannten Brünnchen führt.

Daß Proceßsucht im Lande herrschen muß, wie's auch die Erfahrung täglich lehrt, kann man schon aus der einzigen Bemerkung vermuthen: ein Kaufmann sagte mir, daß mancher Procurator (der Schreiber eines Doctors, oder sonst eines Advocaten) in einem Monat 2 bis 3 Ries Papier holen lasse. Dumme Vorurtheile tyrannisiren auch hier noch das Volk. Nur ein Beyspiel. Es ist eine alte Sitte, daß die hiesigen Bürgers-Söhne jährlich ein Vogel-Schießen halten; wer dabey 3 Jahr hinter einander den Preis gewinnt, ist 25 Jahre frey von allen Abgaben. Dieß Jahr war gerade derjenige König, der den Bergrath, der sich selbst entleibt hatte, hinausgeführt hatte, und — aus dieser Ursache wollten alle seine Cammeraden durchaus nicht zugeben, daß er an ihrem Fest ferner Theil nehme. Es kam zum Proceß, der verschiedene Wochen dauerte. Der gute Mensch würde seine bürgerliche Ehre eingebüßt haben, hätte der Magistrat nicht zu seinem Vortheil entschieden; aber dennoch suchten seine dummen Gegner sich dadurch an ihm zu rächen, daß sie die sonst gewöhnlichen Lustbarkeiten und Ceremonien wegließen. — Reformirte und Lutheraner haben hier eine lateinische Schule; diese übertrift jene. — Die französische Frauenzimmer-Pension ist von ganz gewöhnlichem Schlage. Seifen- und Essig-Siederey sind die einzigen Fabriken hier. Die Zucker-Siederey des Hrn. *Jacobi* hat schon längst aufgehört. Die Holländer hinderten den Fortgang derselben durch den allzustarken Impost, den sie auf den rohen Zucker legten. Hier versammlet sich alle 9 Jahre der General-Synodus der reform. Kirchen in den hiesigen Landen, der sonst alle 3 Jahre zu Duisburg gehalten wird.

Von Düsseldorf fuhr ich den 9ten nach *Langerfeld;* und von hier nach *Solingen.* Auf dieser Route liegt das Schloß *Benrath* in einer recht reizenden Gegend, das zum Witwen-Sitz der Churfürstinn von Pfalz gehört. Die Gegend um Solingen ist schon etwas rauh wegen der Berge und der vielen kleinen Waldungen, die meistens Privatpersonen zugehören, und dem Lande sehr nützlich werden könnten, wenn sie forstmässig gehauen würden: aber das fehlt hier ganz. Auf den Feldern siehet man Buchweizen, Roggen, Haber und Weizen. Die Kohlen zum Brennen bekommt das Land aus dem Märkischen; für Solingen allein kann man 150 000 Thlr. rechnen. Die Häuser sind hier fast alle von oben bis an den Boden mit Schiefer bedeckt, so wie die alten mit Holz, das nach Form der Schiefer geschnitten. Kein neu zu erbauendes Haus darf mehr mit Stroh bedeckt werden. Die Kaufleute fangen auch seit einiger Zeit an, sich sehr niedliche Häuser zu bauen. So z. E. bauet Hr. *Göbel* eins, daß 60 000 Fl. kosten soll. Freylich ist das Bauen hier sehr theuer. Solingen mag mit dem Kirchspiel, das viele Höfe in sich begreift, die oft eine ganze Stunde von der Stadt entfernt sind, 10 000 Einwohner haben, die fast alle sich von den Fabriken nähren. Niemand kann Fabrikant oder Kaufmann werden, wenn er nicht aus der Familie der hiesigen Handwerker ist. Einige von diesen, die die Klingen härten, verdienen so viel, daß sie, wenn sie nur einen Morgen arbeiten, des Tages, außer ihrem guten Unterhalt, 3 Thlr.

zurücklegen können; die sie aber auch oft im Spiel wieder verschwenden, oder dem Advocaten für Processe, deren Ausgang die Familie im 3ten Gliede kaum erlebt, oder dem Lotterie-Collecteur aufzuheben geben. Diese beiden Sachen kosten den Leuten erstaunende Summen. Kein Handwerker von den Klingen Schmieden darf außer Landes gehen, nach den uralten Handwerks-Gesetzen; auch nehmen sie keine Fremde auf. Der Schleiffkoten mögen ohngefehr 40 seyn. Eine Stunde von Solingen hat der Kaufmann *Halbach* eine ansehnliche Sensen-Fabrik nach Art der Steuermärkischen eingerichtet. Hier findet man allerley besondere Gebräuche. Bey einer Kindtaufe, die des Mittags geschehen muß, denn man hält es für eine Schande, des Morgens taufen zu lassen, weil da die unehligen Kinder getauft werden, pflegt der Kramherr (so nennt man alsdann den Vater des Kindes) dem Pastor gleich nach der Bewillkommung ein Schüsselchen, worinn Brantewein, Rosinen, weißer Zucker, und klein geschnittener Pfeffer-Kuchen ist, darzureichen, nachdem er es selbst vorher gekostet hat. Hierauf nehmen alle Anwesende, selbst kleine Kinder davon; dann zwischen dem Caffee noch einmal. Sie nennen das *Rümpchesdüeg*. Dann wird viel Gebackenes, weißes Brodt, Butter, Schinken und Reisbrey aufgesetzt; und Gläser mit Brantewein, Zucker, und einer Gabel. Gemeiniglich muß der Prediger bis 7, 8 Uhr da bleiben. Jeder Pathe, deren meistens 4 sind, gibt ihm einen Schilling, und der Vater 1 Fl. Ein jeder von den Gästen muß etwas bezahlen. — Bey der Beerdigung wirft der Pastor mit dem Grabscheid dreymal Erde in's Grab, mit den Worten: du bist Erde — und mußt wieder zur Erde werden — woraus du genommen bist. — Solingen hat 3 reformirte, einen katholischen und einen lutherischen Pastor; einen reform. Rector; ein Armenhaus, und eine Juden-Synagoge; 3 Ärzte. Die Hauptkrankheit in hiesiger Gegend ist meistens Faulfieber. — Seit einiger Zeit ist eine Lesegesellschaft hier, die alle 14 Tage sich versammelt; und aus den Litteraten (die reform. Pastoren ausgenommen) und Kaufleuten besteht. Die Berliner Bibliothek und die übrigen vornehmsten Journale Deutschlands werden da gelesen. — In Absicht der Aufklärung sieht es hier erbärmlich aus. Neulich predigte einer: die gelehrtesten Menschen wären die schlechtesten Christen.

Zu beklagen ists, daß die Prediger so gar sehr eingeschränkt sind, nach verbesserten Einsichten zu unterrichten; theils aus Furcht wegen des hier so fürchterlichen Rufs der Heterodoxie, theils wegen der allzu großen Abhängigkeit von den Gemeinden, auf deren milde Gaben die meisten unter ihnen sich müssen Rechnung machen können, wenn sie ordentlich leben wollen. Weil alle Gemeinden das Wahlrecht haben, so muß der Prediger den Ton anstimmen, der gefällt; und der ist allemal der richtigern Erkenntniß entgegen. Predigen, was man nicht glauben kann, ist also hier das traurige Loos für jeden denkenden Kopf — Buße und Glaube die einzigen Gegenstände, die er bearbeiten darf — mystische Mönchsmoral die einzige Sittenlehre. Man versicherte mich, wenn einer moralische Wahrheiten predigte, so würde man ihm so gleich den Vorwurf machen: er predige nicht christlich — nicht das Evangelium —. Übrigens werden selten die Prediger in einer Gegend von Deutschland von protestantischer Seite so geschätzt werden, wie in den hiesigen. Ich werde mir diesen zum Seelsorger nehmen, ist da so viel, als beym Katholiken, der soll mein Beichtvater seyn. Die Geistlichen vergessen aber auch nicht, ihre Gemeinden in einem sehr feyerlich pathetischen Ton oft zu erinnern: daß sie an Christus statt wären; rufen ihnen zu: höret, was der Herr redet durch mich, seinen Diener. Auch veranlassen sie sonst bisweilen noch allerley gottseliges Spectakel. In Elberfeld mußte vor einem

Viertel-Jahre eine Person, weil sie ins Kindbette gekommen, ohne daß sie vorher den priesterlichen Ehestandssegen erhalten, mit ihrem Kinde auf dem Arm öffentliche Kirchenbuße thun; viele hundert rohe Buben schimpften, schmäheten, stießen und warfen das arme Geschöpf mit Dreck, zur Auferbauung der christlichen Gemeinde. Vor einigen Jahren wurde in Elberfeld ein Winter-Concert angefangen, da mußte die Madam Wüste erst ihre 3 reform. Seelsorger fragen, ob die Musik kein Ärgerniß gebe, und ob es ihr erlaubt sey, sie in ihrem Hause zu halten? — Welch ein Unterschied mag also wohl zwischen der hiesigen Classe, und der Grafschaft Mörs seyn, wo die reform. Geistlichkeit, die eine eigene Synode ausmacht, das Berliner Gesangbuch ohne Widerrede einführte? — Nach dem westphäl. Frieden und dem Religionsreceß ist die Gewalt der Geistlichkeit, der Synoden und Classen fast hierarchisch. Sie haben die völlige Censur, bey deren Ausübung das *brachium seculare* ihnen beystehen muß, ohne daß dieß die Erlaubniß haben soll, das geringste in der Censur zu ändern; dürfen Prediger suspendiren und cassiren, und besitzen alle *jura circa res matrimon,* wobey man nicht einmal an ein weltliches Gericht appelliren kann. Aber in *Praxi* ist das anders; man fängt an, auch hier nach pfälzischer Manier ihre Rechte zu beschneiden.

Den 14ten ging ich zu Fuß von Solingen nach Elberfeld. Die Aussichten auf den Höhen sind vortreflich, aber der Weg fast nicht zu fahren, schlimm zu reiten und zu gehen. Die Elberfelder sollten einmal angehalten werden, denselben zu machen; durch einen Proceß, der sie aber mehr kostete, als der Weg gekostet haben würde, hintertrieben sie es. Hier ist der Mittelpunct aller Bergischen Manufacturen und Fabriken, womit sich im Bergischen und Jülichschen zuverlässig 150 000 Menschen beschäftigen; denn besonders im Bergischen ist fast kein Dorf so klein, wo nicht eine Manufactur oder Fabrik wäre. Die Anzahl der hiesigen Einwohner rechnet man auf 12 000, und die im Kirchspiel auf 20 000. Hier werden oft in einem Jahre 137 000 Centner Garn gebleicht. — Das reformirte Armenhaus hat einen Fond von 100 000 Thlr. und unterhält 50 Personen. Die Lesegesellschaft besteht aus 54 Personen, diese kommen alle 8 Tage zusammen, wo des Abends, nachdem der Geist seine Nahrung eingenommen, durch ein niedliches Soupé auch die körperlichen Bedürfnisse befriedigt werden; überhaupt hält man in diesem Lande, und besonders in Elberfeld, recht sehr viel auf gut Essen und Trinken, obgleich die Lebensmittel in einem ansehnlichen Preise sind. Die Bibliothek der Gesellschaft besteht aus 800 Bänden, und das Haus, das die Gesellschaft mit der hier gewöhnlichen Pracht errichtet hat, kostet 10 000 Thlr. Unter den angesehenen Bürgern und Kaufleuten giebt es sehr viele ledige mannbare Jünglinge und Mädchen; ich fragte nach der Ursache, und man antwortete mir: die Mädchen würden fast wie halbe Nonnen erzogen, die jungen Leute lernten ein ander daher selten recht kennen; die geringste, auch die unschuldigste Lustigkeit eines jungen Mannes rechne man zur Sünde, und werde dadurch leicht anstössig; und dann wäre man auch bey den Heirathen gewohnt, kaufmännisch zu rechnen. Im vorigen Jahre wurde nur eine einzige Heirath in dieser Classe von Leuten geschlossen; wahrhaftig gar kein Verhältniß gegen die Menge. Sonst sind die Kaufleute sehr thätig in ihren Geschäften, verrichten ihre Berufsarbeiten meistentheils selbst, ohne viele Bedienten zu halten. Von Elberfeld nahm ich meinen Rückweg nach Cölln."

Eberhard Illner

Aus Jacob Christian Gottlieb Schaeffers Briefen von einer Reise in den Jahren 1787/88*

Als am 22. Februar 1794 Jakob Christian Gottlieb Schaeffer[1] *seine „Briefe auf einer Reise durch Frankreich, England, Holland und Italien in den Jahren 1787 und 1788 geschrieben“*[2] *„dem Durchlauchtigen Fürsten und Herrn, Herrn Carl Alexander, Erbprinz von Thurn und Taxis etc.“*[3] *widmete, verband er zugleich damit den „... Wunsch, einen möglichen Anlaß zu angenehmen Rückerinnerungen zu geben*[4]*“. Daß die einjährige Kavalierstour, zu der der Erbprinz und sein Bruder Ende Oktober 1787 von Mainz aus aufgebrochen waren, durchaus Stoff dafür abgab, läßt sich aus Schaeffers Observationen und Raisonnements unmittelbar schließen.*

Als kurz vor Abreise in fürstliche Dienste getretener Leibarzt und Hofrat gehörte der 1752 geborene Regensburger „ausübende Arzt“[5] *zum Gefolge der adligen Reisenden. Seine Aufmerksamkeit auf dieser Tour galt nicht so sehr der hochwohlgeborenen, repräsentativen Welt der Salons, sondern eher den sozialen Verhältnissen in den besuchten Ländern. Als Arzt und Wissenschaftler berichtete er in seinen Briefen ausführlich über die verschiedenen Kranken- und Armeneinrichtungen, über wissenschaftliche Institute, Museen und Sammlungen sowie über Begegnungen mit Fachkollegen. Wegen dieser Nachrichten wurde ein Teil der Briefe vom Adressaten, Schaeffers akademischem Freund Philipp Ludwig Wittwer, veröffentlicht*[6]*.*

Kulturgeschichtlich interessant sind seine Schilderungen nationaler Gepflogenheiten, die er vor allem während seiner Aufenthalte in Paris (November 1787—März 1788) und London (April—Juni 1788) kennenlernte. Dabei fiel sein Urteil über die französische Hauptstadt, die sich im Zustand vorrevolutionärer Gärung befand, eindeutig aus: Paris sei

> *„... eine Stadt der drückendsten Armuth und des schwelgerichsten Reichthums, deren Einwohner sich umeinander nicht bekümmern, und sich wechselweise bald die ersinnlichsten Höflichkeiten, bald aber auch die ungeschliffensten Grobheiten sagen und anthun!“*[7]

---

* Unveränderter Nachdruck aus ZBGV, 89. Bd. (1980/81), S. 138—141.

[1] Zu seiner Biographie *August Hirsch* (Hg.): Biographisches Lexikon der hervorragenden Ärzte aller Zeiten und Völker, Bd. 5, Berlin u. Wien 1934², S. 49 f.

[2] 2 Bde., Regensburg bey Montag und Weiß, 1794.

[3] *Schaeffer,* Bd. 1.

[4] Ebd., S. IX.

[5] *Johann Georg Meusel:* Dritter Nachtrag zu der Vierten Ausgabe des Gelehrten Teutschlandes, Lemgo 1788, S. 610.

[6] Archiv für die Geschichte der Arzneikunde in ihrem ganzen Umfange, Heft 1, Nürnberg 1790.

[7] *Schaeffer,* Bd. 1, S. 195.

Dagegen lobte er Land und Leute Großbritanniens und verließ London „. . . ungern, ja mit traurigem, schwerem Herzen"[8], um über die Niederlande und Frankreich nach Italien zu gelangen.

Schaeffer selbst sagte über seine Beobachtungen:

> *„Mit Bewusstseyn aber übetrieb ich Nichts, war nie zum voraus für etwas eingenommen, nie parteyisch, wie die meisten Reisebeschreiber und dermalen alle unsre politischen Journalisten sind; sondern blieb immer der reinen Wahrheit und kalten Beurtheilung getreu."*[9]

Die Reisegruppe der Prinzen von Thurn und Taxis hielt sich Anfang November 1787 im Bergischen Land auf. Rheinabwärts fahrend unternahm sie von Düsseldorf aus einen Abstecher in das gewerbereiche Wuppertal. Kontaktadresse in Elberfeld war der privatisierende Arzt Karl Wilhelm Nose[10]*, der in Augsburg praktiziert hatte, nach einer reichen Heirat ins Wuppertal übergesiedelt war und sich hier ausschließlich geologischen und mineralogischen Studien widmete.*

Wichtig sind Schaeffers Äußerungen über den inneren Zustand der exklusiven Elberfelder „Ersten Lesegesellschaft", die sich nach Jung-Stillings Weggang zusehends von ihrer ursprünglich aufklärerischen Zielsetzung entfernte und im letzten Jahrzehnt des 18. Jahrhunderts zu einem Kasino herabsank, in dem Geschäft und Zerstreuung obenan standen[11]*. Hingegen führen seine Bemerkungen zu den gewerblichen Einrichtungen des Tals nicht über bereits Bekanntes hinaus. Auch wenn Schaeffers Besuch im Wuppertal vor dem Hintergrund seiner Aufenthalte in Paris und London nur Episode bleibt, so vervollständigen seine Notizen unser, im Spiegel von Reiseberichten gewonnenes Bild jener Zeit.*

Jacob Christian Gottlieb Schaeffer (1787/88)

Den 5. Nov. verliessen wir *Cölln.* Die fliegende Brücke über den Rhein brachte uns bald jenseits dieser grossen Stadt, wo wir ihre Länge und halb mondförmige Lage erst recht übersehen konnten. In anderthalb Stunden kamen wir nach der pfälzischen Stadt *Mülheim,* und besahen die dasige blühende Seidenfabrik, deren Besitzer, und, wo ich nicht irre, auch Errichter, Hr. *André,* uns überall mit vieler Gefälligkeit herum führte. Mehr als 1100 Menschen nährt und beschäftigt diese Manufaktur, in welcher Seidenwaaren aller Art, Sammet, Atlas, Taffet usw. in grosser Menge gemacht werden. Die anscheinende Einfachheit der Maschinen, und die Behändigkeit der Arbeiter, machen eben sowohl dem Verstand, als den physischen Kräften und

[8] *Schaeffer,* Bd. 2, S. 88.

[9] *Schaeffer,* Bd. 1, S. XIX.

[10] Zu seiner Biographie *Hirsch,* Bd. 4, S. 385 f.

[11] Über die aufgeklärten Gesellschaften in Elberfeld vgl. die Dissertation von *Eberhard Illner:* Bürgerliche Organisierung in Elberfeld 1775—1850 (= Bd. XVIII der Bergischen Forschungen), Neustadt/Aisch 1982.

Fertigkeiten des Menschen wahre Ehre. Auch Seidenwürmerplantagen hat Hr. *André* seit kurzem, und, wie er mir sagte, mit Vortheil und Gedeihen an diesem Ort angelegt. Den würdigen Prediger der evangelischen Gemeine, Hn. *Burgmann*, der einige Jahre in London als Geistlicher stund, und in *Mülheim*, wie er es auch verdient, allgemein hochgeschäzt wird, lernte ich persönlich kennen.

Von da giengs nach *Düsseldorf*. Von der Galerie daselbst kann ich, da ich nicht Kenner, sondern nur Liebhaber bin, nichts weiter sagen, als dass ich sie sah, und die fünf Säle dieser unschätzbaren Sammlung von Werken der grösten Meister, die jemals malten, mit Entzücken durchwanderte. Die weisen und thörichten Jungfrauen von *Schalcken*, das Sanfte, Hinreissende eines *Dolci* und *van der Werft*, und ein ganzer mit des kühnen *Rubens* Meisterstücken angefüllter Saal zogen mein Augenmerk vorzüglich auf sich. Hn. geheimen Rath *Jacobi*, den Philosophen und Bruder des Dichters, wünschte ich persönlich kennen zu lernen, traf ihn aber nicht an — Ohnweit *Düsseldorf*, sagte man mir, vegetire ein Orden *de la Trappe*, ich fand es aber nicht so; denn die ehrwürdigen Mönche haben einen Praelaten, und sind von der strengern Observanz der Cisterzienser, deren Kleidung sie tragen, und deren Regel sie nachleben. — Von hier aus besuchten wir das zwo Posten von Düsseldorf seitwärts liegende *Elberfeld*. Von diesem durch Fleiss und Manufacturen blühenden Ort, welcher in einem anmuthigen Thal liegt, und meist mit kahlen Felsen und Bergen, auf denen nur hie und da Bäume stehen, umgeben ist, hab ich als Arzt wenig zu sagen. Die dasige Lesegesellschaft ist die gröste und kostbarste, die ich je sah. Sie besteht aus mehr denn siebzig Mitgliedern, welche ein eignes, schön gebautes Haus besitzen. Jedes Mitglied wird durch die Ballotage, in welcher ganz wenige Stimmen ausschliessen, aufgenommen, und erlegt beym Eintritt einige 100 fl. Jeden Tag stehet das Haus den Mitgliedern offen, wöchentlich zweymal aber ist allgemeine Zusammenkunft, wo gegen die gelesenen Bücher andre ausgetheilt werden, und die Gesellschaft Abends speist. D. *Nose* führte uns hier auf. Mir scheint aber dieses Institut mehr ähnliches mit einer Börse, als einer Lesegesellschaft, zu haben; denn da die meisten Mitglieder Kaufleute sind, so werden hier manche Handlungsgeschäfte in Ordnung gebracht. — Die von einem gewissen *Bockmiller* erfundene Schnürriemenmaschine, die vom Wasser getrieben wird, und täglich 30 000 Ellen fertiget — ferner dessen mit einem Haspel versehene Baumwollenmaschine, von welcher sich die aufgetragne Baumwolle auf acht und vierzig Spulen, zugleich vom Wasser getrieben, auffspinnt, und auf dem Haspel in grossen Strängen sich abwindet, macht seinem erfinderischen Geist Ehre. — Die *Linnenspitzenfabrik* der Gebrüder *Engel* in *Barmen*, eine gute Viertelstunde von Elberfeld, auf deren kunstvoll eingerichteten Stühlen die schönsten Modelle von Spitzen, jedes Muster funfzehn bis zwanzigmal von einer Person getrieben, in gleicher Zeit sich selbst wirken, verdienet alle Bewunderung. — Ungern verliess ich diesen betriebsamen Ort, und besonders Freund *Nose*, der im Schoos seiner Familie recht vergnügt lebt, und auf seinem Steckenpferde — Mineralogie — sich weidlich herumtummelt. — Im Zurückfahren giengen wir über *Rattingen*, um die vom Hrn. Commerzienrath *Brügelmann* in *Crawford* errichtete *Baumwollenspinnerey* zu besehen, worin nur Kinder arbeiten, weil durch die, nach einem englischen Modell gemachte, innere kunstvolle Einrichtung der Maschine die Wolle sich selbst spinnt. *Bockmillers* Spinnmaschine schien mir weit einfacher zu seyn, und eben so geschwind und mehr Wolle zu spinnen, ohne so viele Hände zu beschäftigen, als diese englische.

Den 9ten reisten wir von *Düsseldorf* ab, kamen aber erst am Abend des folgenden Tags in *Aachen* an, weil wir, des stürmischen Wetters wegen, nicht gleich über den Rhein setzen, und, der übeln Chausseen wegen, wofür man noch obendrein Weggeld zahlen musste, nicht schnell fahren konnten . . .

Eberhard Illner

Johann Christian Friedrich Bährens' „geographisch-statistische Beschreibung" des Bergischen Landes anläßlich einer Reise im September 1793, 1. Teil

Viele Reiseberichte um 1800 wollten nicht nur „Berichte" im strengen Sinne sein und rein beschreibend ein Bild von den Erfahrungen des Reisenden entwerfen. Sie sind in ihrer Betrachtungsweise und in den Schwerpunkten ihrer Darstellung vielmehr so angelegt, daß sie einen unmittelbaren Vergleich mit dem eigenen Land nahelegen oder erst vor diesem Hintergrund verständlich werden. Zu dieser Gruppe zählt der folgende Bericht[1] *des Predigers, Arztes und Pädagogen Dr. Johann Christian Friedrich Bährens*[2] *aus Schwerte. Bährens hatte im September 1793 vom Märkischen aus eine Reise „in die Rheingegend und das Bergische" unternommen, war aber über Köln nicht hinausgekommen. In seiner Betrachtungsweise ging er in erster Linie von hergebrachten, heimischen Überlegungen wie der Frage aus, inwieweit ein Boden landwirtschaftlich nutzbar sei und welche Rolle der „Landmann" im Wirtschaftsgefüge einer Region spiele. Es verwundert deshalb nicht, wenn er dann unter diesen Gesichtspunkten Gewerbe und Industrie im Bergischen Land nur überblickhaft darzustellen vermag oder die „vortreffliche Handelsfreiheit" allein den Wohlstand des Landes begründen läßt. Diese Interpretation erfolgte wohl zu dem Zweck, um indirekt die vergleichsweise hemmende preußische Kameralpolitik in der Mark zu kritisieren*[3].

Ihm ging es auch mehr darum, das Kirchen- und Schulsystem im Herzogtum Berg kennenzulernen. Dies geschah nicht nur aus dem Bemühen heraus, eine Hebung des Bildungsstandes und der sozialen Zustände herbeizuführen, sondern es kam vor allem darauf an, gebildeten und aufgeklärten Bürgern in Westfalen den Blick zu weiten und die Vorstellung zu vermitteln, inmitten einer fortschrittlichen Entwicklung zu stehen und selbst auch Anstrengungen in diese Richtung zu unternehmen, denn in weiten Teilen Westfalens, vor allem in den geistlichen Territorien, hatte die Aufklärung einen schweren Stand gegenüber kirchlich-traditioneller Bodenständigkeit, und es galt, ihren Anhängern dort Mut zu machen.

---

[1] Abgedruckt unter dem Titel „Geographisch-statistische Beschreibung der Grafsch. Märkischen Dörfer Valbert und Rönsahl, imgleichen der freien Reichsstadt Köln am Rhein, der Bergischen Städte Wipperfürth, Mühlheim, Düsseldorf und Sohlingen, und einiger kleinerer Oerter", in: Neues fortgesetztes Westphälisches Magazin zur Geographie, Historie und Statistik. Des ersten Bandes erstes Stück, Wesel, in der Röderschen Buchhandlung 1798. Der zweite Teil des Reiseberichts, der sich auf die dem Reiseverlauf nach erste Hälfte der Reise bezieht, erschien wenig später an anderer Stelle. S. den folgenden Beitrag von *Frank Berger* im vorliegenden Band!

[2] Vgl. *Georg Christoph Hamberger/Johann Georg Meusel:* Das gelehrte Teutschland oder Lexikon der jetzt lebenden teutschen Schriftsteller, Bd. IX, Nachdruck Hildesheim 1966, S. 47 f.

[3] S. zu diesem Argument, das besonders auch bei Georg Forster zu etwa der gleichen Zeit auftaucht, den 1. Band der „Reisen im Bergischen Land", S. 16.

Zu diesem kleinen Kreis von aufgeklärten Gebildeten, die über Westfalen hinaus Bekanntheit erlangt haben, gehörte der Bielefelder Lehrer und Publizist Peter Florenz Weddigen[4]*, dessen Lebensaufgabe die Herausgabe einer westfälischen Zeitschrift geworden ist. Sein Ziel einerseits Wissenswertes über Westfalen im Sinne einer „historisch-geographisch-statistischen Beschreibung" mitzuteilen, andererseits auch die Kenntnis um fremde Verhältnisse in seiner Heimat zu erhöhen, ließen ihn zwischen 1784 und 1806 wiederholt den Versuch unternehmen, ein „Westfälisches Magazin" herauszubringen.*

Bezieher dieser Zeitschrift waren überwiegend Pfarrer, Lehrer, Beamte, Kaufleute und Offiziere aus Bielefeld, Minden und Münster, während Weddigens Journal in den Bistümern Münster und Paderborn nur wenig Verbreitung fand. Neben eigenen Beiträgen vor allem über pädagogische Themen konnte er viele Gelehrte — unter anderem Justus Möser und den bekannten Pfarrer Johann Moritz Schwager[5] *— für eine Mitarbeit gewinnen. Wenn auch das Projekt mehrfach wegen finanzieller Schwierigkeiten von der Einstellung bedroht war, so fanden auf der anderen Seite Weddigens Journale bei den Rezensenten eine gute Aufnahme. Er wurde durch den König von Preußen mit der Verleihung der silbernen und goldenen Medaille für Wissenschaft und Kunst belohnt.*

Johann Christian Friedrich Bährens, 1. Teil (1793)

Gegend von Düsseldorf bis Sohlingen

Der von Düsseldorf nach Sohlingen führende Chaußenweg ist schlechter als der von Köln nach Düsseldorf. Die Geleise sind tief eingefahren und die Wölbung nebst den Steinen fehlt gänzlich.

Der Boden ist hier allenthalben sehr ergiebig und man wendet besonders in diesen Gegenden allen Fleis an, um jeden Vortheil, den er gewähren kann, von ihm zu genießen. Das Getreide so wie Obst, Butter und Käse kann der Landmann für baares Geld gleich verkaufen. Was ist also natürlicher, als daß er Ackerbau und Viehzucht möglichst verbeßert? Die zahlreiche Kaufmannschaft im Bergischen hat durch ihren ausgebreiteten Handel offenbar den Geldumlauf unter den producirenden Menschen sowohl, als denen, die für die Hervorbringung der Lebensbedürfniße arbeiten müßen, ganz außerordentlich vermehrt; dadurch wird ein Land im Ganzen wohlhabend und der Nationalreichthum vermehrt.

Zwei Stunden von Düsseldorf ist das kurfürstl. Lustschloß Benrath. Der Bau wurde im Jahr 1756 angefangen und hat mit den Wasserleitungen, Kaskaden, Gärten, der innern Einrichtung und dem Ameublement 650 000 Rthlr. gekostet. Der Schloßplatz ist sehr geräumig und hat ein mit einem eisernen Geländer eingefaßtes Baßin. Vor der Hauptthüre stehen in regelmäßigen Entfernungen verschiedene Statüen in Lebensgröße und über der Thüre stehen vier große ausgehauene Löwen, so wie über der Thüre in einer beträchtlichen Höhe eine Uhr mit dem Gott der Zeit angebracht ist. Inwendig hat dieses Gebäude das Gepräge der geschmackvollsten Baukunst und

[4] Vgl. *Ernst Kirchhoff:* Peter Florenz Weddigen als westfälischer Publizist, Diss. Münster 1923.
[5] S. zu Schwager „Reisen im Bergischen Land", Bd. 1, S. 91 ff.

ein Ameublement, worin Kunst, Geschmack und Kostbarkeit vereinigt sind. Gegen das Ästhetische desselben dürfte der Kenner indessen noch manches einzuwenden haben.

Der daran stoßende Schloßgarten hat viel Ähnlichkeit mit dem Düsseldorfer Hofgarten.

Der Distrikt vom Schloße Benrath bis an den Kreuzweg, mithin den Rhein hinauf behält zum Theil immer einen gleichartigen fruchtbaren Boden. Vom Kreuzwege nach Sohlingen nimmt man eine allmählige Veränderung wahr, bis man endlich wie mit einem male einen steinigten mit Leimen und Schwererde gemischten Boden antrift. So wie der Boden schlechter wird, so hört die größere Kultur desselben auf und nun wird alles Thätigkeit und Leben in der geschäftigen Fabrikgegend. Hier hört man Papier- Öl- und Mahlmühlen, Hämmer, und Raffinirwerke schlagen und die Gewässer zwischen den Gebirgen dahinrauschen, welche den unansehnlichen Hütten zueilen, in welchen menschliche Kunst den Stahl zur Kostbarkeit des Silbers veredelt.

Sohlingen

Hat ungefähr 350 Häuser. Der Magistrat besteht aus einem Burgermeister und 4 Rathsherren. Die Straßen haben ein schlechtes Pflaster und sind unrein. Die Lebhaftigkeit und Thätigkeit im Fabrikfache ist darin unbeschreiblich. Schleifwerke und Schmieden, worinnen Degen, Säbel, Messer, Scheeren und ähnliche Werkzeuge ver-

Abb. 6: Straßenszene am Mühlenplätzchen in Solingen im frühen 19. Jahrhundert, Ortseingang der Stadt von Norden. Die Windmühle wurde bis 1856 betrieben, seit 1818 privat, vorher städtisch, und 1860 abgerissen.

fertigt werden, befinden sich in einem kleinen Distrikt in einer so unglaublichen Menge, daß keine Gelegenheit, kein Gefälle unbenuzt gelaßen ist. Die dortigen Fabrikprodukte, besonders die Schwerdter gehen in die ganze Welt, besonders zu den Russen, Türken, Spaniern, Dänen, Italiänern u. a. Nationen. Jedoch haben die Fabriken im Ganzen durch den gegenwärtigen Franzosenkrieg gelitten.

Die Feuervergoldung der Sohlinger Schwerdtschmiede ist bis auf diesen Tag für Ausländer ein Geheimniß gewesen und die Krünitzische Encyklopädie erzählt, wie unglücklich die Versuche damit in Berlin abliefen. Und gleichwohl hat diese Kunst ein gewöhnlicher Schmid in Sohlingen erfunden.

Die dortigen Schleifwerke erreichen einen so hohen Grad von Vollkommenheit, daß man ihre Arbeit und Politur von der englischen nicht mehr zu unterscheiden im Stande ist.

Das Stahlhärten ist seit dem ersten Etablissement der Sohlinger Fabriken von jedem Kunstverständigen als meisterhaft geschäzt worden und man hat mehr als einmal vermuthet, daß dazu ein besonders Wasser zubereitet und gebraucht würde; welches allerdings seine Richtigkeit hat.

Der Umfang der Fabrikwerke von Sohlingen läßt sich aus folgender Angabe beurtheilen. Das Amt Sohlingen hat nemlich, eine mir nicht völlig bekannte Menge Reckhämmer; 1 Papiermühle; 2 Pulvermühlen; wenigstens gegen 18 Schleifkotten; 1 Kupferhütte; 1 Kupferhammer; 3 Lohmühlen; 4 Ölmühlen; und eine Walkmühle bei der Burg.

Übrigens hat Sohlingen 3 Kirchen; eine katholische, deren Geistliche Minoriten sind; eine reformirte, welche 2 Prediger und eine lutherische, welche einen Prediger, nemlich den in der Mathematik und Naturkunde erfahrnen Hrn. Löch, hat. Dieser würdige Geistliche hat schon seit 30 Jahren seine meteorologischen Bemerkungen aufgeschrieben und außer einer sehr vortreflichen Bibliothek auch ein Naturalienkabinet angelegt. Das leztere ist zwar erst ein Anfang; indessen findet man doch schon eine gute Anzahl verschiedener Metallstufen, viele Mineralien, Versteinerungen, einige Thierarten und besonders afrikanische in Spiritus aufbewahrte Schlangen.

Die Burg

Liegt eine Stunde von Sohlingen und wird in die obere und untere eingetheilt. Ihren Nahmen hat sie von dem Schloße oder der Burg der ehemaligen Herzoge.

Die lutherische Kirche hat einen Prediger und die katholische hat Weltgeistliche.

Die Maltheser haben daselbst sehr angesehene Besitzungen. Das Schloß hat jezt nur einen Verwalter.

Die dortigen Manufakturen erstrecken sich besonders auf den sehr ansehnlichen Deckenhandel. Man verfertigt jährlich wenigstens 24 000 Stück und zieht dadurch ein Kapital von 20 000 Rthlr. ins Land.

Die Lage ist übrigens nicht angenehm. Rund umher hat die untere Burg Berge um sich und deswegen viel Ähnlichkeit mit Altena in der Grafschaft Mark. Solche Gegenden scheinen indessen dem Kunstfleiße vorzüglich angemeßen zu seyn.

Etwas über Schulanstalten und die Geistlichkeit des Herzogthums Berg

Bemerkungen über die Ursachen eines mangelhaften Unterrichts der Jugend haben sich im Bergischen dem Beobachter wohl eben so natürlich aufgedrungen, als es in den wenigsten Ländern schwer ist, die Quellen davon aufzufinden.

Das Herzogthum Berg hat eine sehr geringe Anzahl großer Dörfer; aber viele tausend zum Theil einzeln liegende Häuser. So wie nun schon dadurch die Anlegung einer gemeinschaftlichen Dorfschule ungemein erschwert wird, so sehr wird auch die Landjugend von den Schulbesuchen durch das Viehhüten abgehalten, weil fast jeder Grundeigenthümer seinen eigenen Hirten hält und dazu seine Kinder gebraucht. Der Landjugend ist demnach zur Schule nur allein der Winter übrig und auch dann geht es langsam her, weil wegen der Entfernung die Kinder bei Kälte und übler Witterung die Schule nicht besuchen können. Ein beträchtlicher Theil der Jugend nimmt außerdem noch Theil an den Manufakturen und Fabriken, und unterstüzt die Eltern in ihrem Verdienst.

Von Seiten der Lehrer ist gleichfals noch viel zu wünschen übrig, weil hier so wenig als in der Grafsch. Mark ein Schulmeisterseminarium errichtet ist, mithin die Jugend in einer nur geringen, ihr zum Unterricht bestimmten Zeit, bei unzweckmäßigen Lehrmethoden offenbar vernachläßigt wird.

Für die katholischen Landschulen hat der Kurfürst im Jahr 1773 einen jährlichen Fond von 12 000 Rthlr. angewiesen, eine Schulkommißion niedergesezt und durch Sachverständige Männer schon vieles geleistet. Da man noch jezt fleißig daran arbeitet, so darf davon viel Gutes erwartet werden.

Die höhern oder sogenannten lateinischen Schulen können von einer verschiedenen Seite betrachtet werden. Im allgemeinen sind sie dem gegenwärtigen Zustande des Landes nicht angemeßen: indem nur Kaufleute ihre Kinder zu solchen Schulen schicken konnten, es aber nicht thun, weil der künftige Kaufmann mit der lateinischen Sprache eben nicht viel ausrichtet. Was ist also natürlicher, als daß die lateinischen Schulen in einem schlechten Zustande seyn müßen? Das ist aber den Lehrern gewiß nicht zuzuschreiben: denn es hat immer hie und da sehr verdiente Schulmänner gehabt und hat deren noch. So wurde z. B. der Rector der Lenneper Schule, Hr. Gierig, der als Philologe dem gelehrten Publikum sehr rühmlich bekannt ist, als Profeßor nach Dortmund berufen. Die Nahmen Schrader und Tewaag sind noch in geneigtem Andenken. In Düsseldorf lebt ein würdiger Rector, Hr. Reiz, im Stillen, ist aber dem Kenner von Seiten seiner Geschicklichkeit, und besonders als ein Exeget der ersten Größe bekannt. —

Die bergische Geistlichkeit zeigt unter sich viele aufgeklärte, würdige Männer.

Ein zeitlicher Inspector Ministerii ist im Bergischen nichts mehr als der Geschäftsführer der Geistlichkeit; allein Anmaßungen, Willkührlichkeiten und Superiorität gesteht man ihm so wenig zu, daß bei solchen Äußerungen gleich eine der Arroganz gefährliche Motion zur Sprache käme. Jeder Geistliche ist demnach völlig frei und unabhängig von dem jedesmaligen Inspector. Er macht nach Gutfinden Anordnungen in der Liturgie, z. B. beim Vater Unser, beim Segen, beim h. Abendmahl usw., ohne den Inspector zu fragen. Bei dem in Vorschlag gebrachten und herausgegebenen Katechismus (s. oben Düsseldorf) behielt sich jeder Prediger vor, denselben nach Gefallen gebrauchen oder einen andern, oder seinen eigenen an dessen Stelle setzen zu dürfen.

Das Kanditaten-Examen ist ziemlich zweckmäßig; es erstreckt sich über die meisten Wissenschaften und Kenntniße, welche bei einem Volkslehrer gesucht werden. Die Synode zeichnet sich durch reelle Beschäftigungen aus und läßt sich die Beherzigung des erhabenen Zwecks zur Beförderung und Verbreitung wahrer Religionskenntniße und Gottesverehrung sehr angelegen seyn.

Über Bevölkerung, Landeswohlstand und Handlung des Herzogthums Berg

Nach der genauen Angabe des Hrn. Wasserbaumeister Wiebcking enthält das Bergische einen Flächeninhalt von $54^{64}/_{51}$ Quadratmeilen. Darauf befinden sich 261 504 Seelen; mithin auf jeder Quadratmeile 4770 Menschen. Diese ungemein starke Bevölkerung entspringt unstreitig aus dem allgemeinen Landeswohlstande. Wie wäre es sonst möglich, daß ein Land von einem so geringen Flächeninhalte in 20 Jahren 47 000 Seelen gewönne und in 50 Jahren 9000 neue Häuser erbaute? Der ungemeine Landeswohlstand würde indessen ohne jene vortrefliche Handelsfreiheit nicht möglich seyn, welche der bergische Kaufmann uneingeschränkt genießt. Seit 1740 wurde in den Gegenden von Wipperfürth, Hückeswagen, Born, Wermelskirchen — das Baumwollenspinnen angefangen und nachdem sich schon lange davon viele hundert Menschen ernährt hatten, so entstanden die Siamoisenfabriken, wodurch die Volksmenge in diesen Gegenden so erstaunend zunahm, daß blos Wipperfürth binnen 20 Jahren 900 Menschen gewann.

Wenn ein betriebsamer Kunstfleiß sich erst zu regen anfängt, so wird sein Wirkungskreis, immer ausgebreiteter. Die Siamoisenfabriken halfen durch das merkantilische Raffinement die Tuchfabriken in Lennep emporbringen; vor 50 Jahren existirten daselbst nur noch wenige Stühle; jezt hat es deren 110. So ging es mit den Bleichen bei Elberfeld und Gemark, deren jezt gegen 150 sind. Die Lind- und Bandmanufakturen, die Floret-Strumpf- und Deckenfabriken, das beträchtliche Eisenkommerz der Remscheider, welches nach Spanien, Portugal, Indien, Amerika — geht, die Seidenmanufakturen zu Mülheim, die Eßig- Seifen und Tobaksfabriken, die Spinnmaschinen u. dgl. bringen dem Lande durch die einträgliche Beschäftigung seiner Einwohner einen Wohlstand, den man unglaublich findet, wenn man sich nicht näher davon überzeugt. Allein man kann sich auch einen Begriff von Handelsfreiheit dieses Landes machen, wenn man bedenkt, daß eins der größten Handelshäuser jährlich nur 26 Rthlr. Abgaben zu entrichten hat. Das Land hat nicht etwa Kapitalisten von 100 000 Rthlr., sondern Millionairs.

Ob nun gleich ein so blühendes Land, welches gegen 60 000 Menschen direkte von Manufakturen und Fabriken ernähret, fast den möglichsten Grad seiner Prosperität erreicht hat: so steht demselben doch in dem schon angemerkten Holzmangel ein nicht unbedeutender Verlust für Fabriken und Ökonomie bevor, wenn nicht bald auf eine durchgreifende Art diesem Mangel abgeholfen wird. Wie sehr wäre es also zu wünschen, daß man die Vorschläge des Kommißionsrath Möller (s. s. 5. ökonomische Abhandl. Lippst. 1792. 8. m. R.) allgemein beherzigte und — ausführte!

Frank Berger

Johann Christian Friedrich Bährens' Bericht aus dem Jahre 1793, 2. Teil: „Reisebemerkungen historisch — topographisch — statistischen Inhalts“ über das Bergische Land

Obwohl der folgende Reisebericht ohne Verfasserangabe erschienen ist[1]*, kann mit an Sicherheit grenzender Wahrscheinlichkeit davon ausgegangen werden, daß es sich hierbei um den im Weddigenschen neuen „Westphälischen Magazin“ von 1798 nicht mehr abgedruckten zweiten Teil des Reiseberichts von Bährens über seine Reise des Jahres 1793 handelt, zumal eine einleitende Anmerkung folgendermaßen lautet: „Diese Bemerkungen sind auf einer im Jahr 1793 von mir gemachten Reise niedergeschrieben. Wesentliche Veränderungen, ausser denen, die der Krieg hervorbrachte, sind nicht vorgegangen. — Oerter und Gegenden, von welchen ich schon im Westphäl. Magazin des Hrn. M. Weddigen Nachricht gegeben habe, sind hier billig weggeblieben.“ Der Reisende kam von Osten aus dem Kölnischen Westfalen und passierte bei Valbert am Ebbegebirge die Grenze zur preußischen Grafschaft Mark; von dort aus führte ihn sein Weg über Meinerzhagen nach Rönsahl, einem unmittelbar am östlichen Rand des Bergischen Landes gelegenen Ort. Ferner teilt uns Bährens mit, daß er dabei jene Karte der Grafschaft Mark als Orientierungsmittel benutzte, die von Friedrich Christoph Müller, dem Pastor der lutherischen Gemeinde Schwelms, wenige Jahre zuvor entworfen und publiziert worden war — übrigens eine Karte, die auch von vielen anderen Reisenden des ausgehenden 18. und beginnenden 19. Jahrhunderts als qualitativ besonders wertvolle Reisehilfe angesehen wurde, u. a. von Justus Gruner, dem nachmaligen preußischen Generalgouverneur der Rheinlande*[2]*.*

Das Bergische Land wurde in ost-westlicher Richtung durchquert, wobei der Verfasser mit besonderer Aufmerksamkeit das Oberbergische, vor allem die Orte Wipperfürth und Hückeswagen, besuchte und beschrieb. Eher kursorisch behandelt er

[1] Das Original erschien im „Magazin für Westphalen“ 1797, S. 258—270 und S. 512—520. Diese Zeitschrift wurde von 1797 bis 1799 unter der Federführung von *M. Weddigen* und *A. Mallinckrodt* in Dortmund herausgegeben. Ihr publizistischer Vorgänger war das „Westphälische Magazin zur Geographie, Historie und Statistik“, das zwischen 1784 und 1788 von Peter Florenz Weddigen redigiert worden war (*H. Rothert:* Peter Florenz Weddigen, 1758—1809. In: Westfälische Lebensbilder 3, 1943, S. 34—43). Zu Bährens s. den Kommentar zum vorhergehenden Bericht, S. 43 f., im vorliegenden Band.

[2] Justus Gruner rühmte den „verdienstvollen Prediger Müller“, weil er „sich um jeden die Grafschaft Mark Bereisenden durch eine treffliche Karte dieser Provinz verdient gemacht hat“ (zit. nach *Gerd Helbeck:* Gemarke und Elberfeld im Spiegel eines Reisetagebuchs aus dem Jahre 1774, in: Romerike Berge 25, 1975, S. 25). Friedrich Christoph Müller fertigte von dieser Karte der Grafschaft Mark, die auch Teile des Bergischen Landes dokumentiert, seinen ersten Entwurf 1775 an; die zweite Fassung von 1789/90, die 1791 publiziert wurde, fand weite Verbreitung. Zu Friedrich Christoph Müller vgl. auch den Beitrag von *Gerd Helbeck* im vorliegenden Band, S. 23—27.

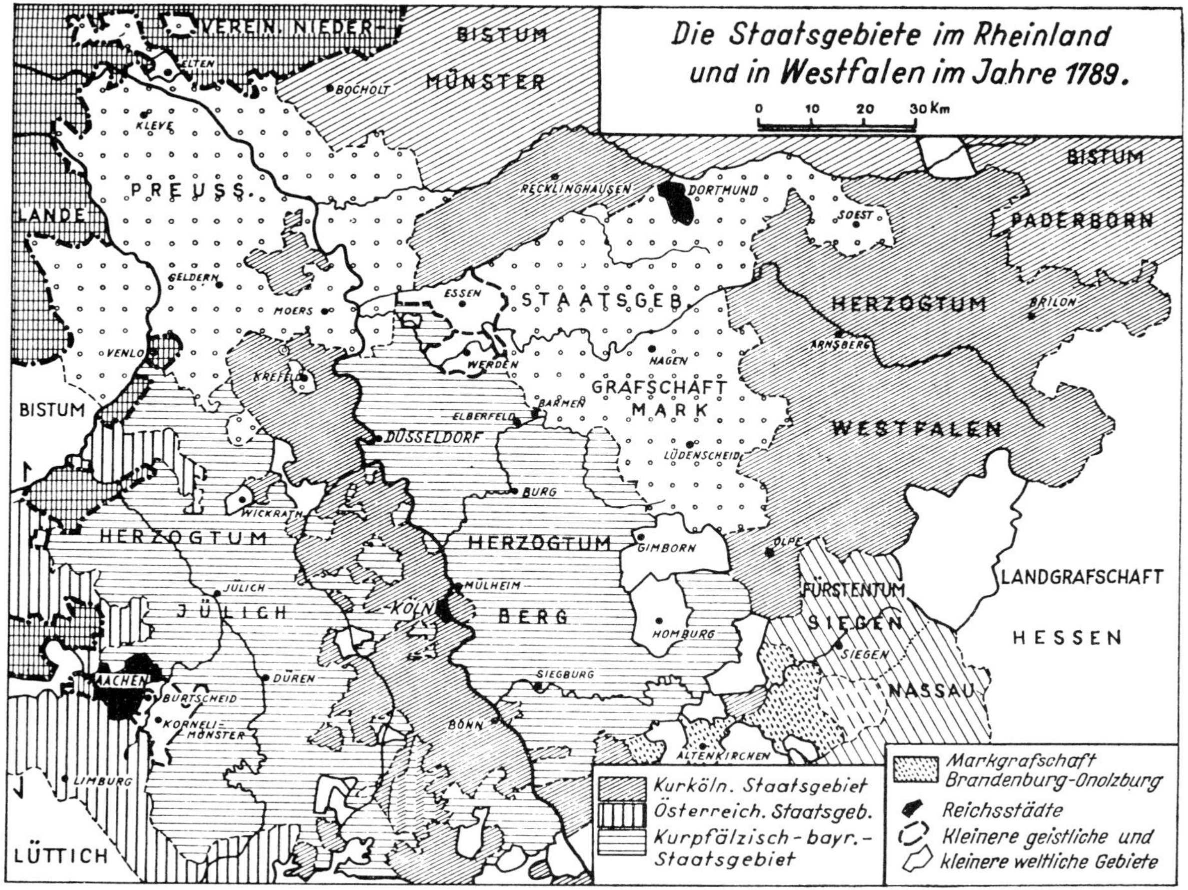

Abb. 7: Territoriale Gliederung im rheinisch-westfälischen Raum im Jahre 1789.

dagegen die sich daran anschließende Wegstrecke über Wermelskirchen bis nach Mülheim am Rhein, seiner letzten Reisestation innerhalb des Bergischen Landes.

Von der hier skizzierten Reise bis zur Niederschrift der auf ihr gemachten Erfahrungen in der literarischen Form der vorliegenden „Reisebemerkungen" vergingen mindestens drei Jahre. In der Zwischenzeit hat sich Bährens möglicherweise noch einmal im Bergischen aufgehalten, was der Tatsache zu entnehmen ist, daß er in seinem Bericht zwar die Stadt Wipperfürth des Jahres 1793 beschreibt, gleichzeitig jedoch die Ergänzung „welche seitdem bekanntlich abgebrannt ist" hinzufügt und wenig später die wiederaufgebauten Häuser als „ungleich geschmackvoller als zuvor" beurteilt. Das diesen Beobachtungen des Reiseautors zugrunde liegende Ereignis war der Brand Wipperfürths am 3. September 1795, von dem nur wenige Häuser verschont blieben[3]*. Für eine eventuelle zweite Reise durchs Bergische Land wäre somit das Jahr 1796 anzusetzen.*

Darüber hinaus ist dem nachfolgenden Reisebericht indirekt zu entnehmen, daß das Transportmittel der Reise der Wagen war: Wäre der Reisende zu Fuß oder zu Pferd unterwegs gewesen, hätte er sicherlich nicht den Umweg über Wermelskirchen nach Mülheim gemacht, nur um anschließend die Chaussée benutzen zu können[4]*. Daß er die Entfernungen zwischen einzelnen Orten in Fußstunden angab, steht zur vorangegangenen Feststellung keineswegs im Widerspruch, vielmehr ist zu berücksichtigen, daß die Fußstunde gegen Ende des 18. Jahrhunderts die allgemein gebräuchliche Maßeinheit für kleinere Entfernungsangaben war.*

Besondere Erwähnung verdient die Plastizität der Darstellungsweise, mit der Bährens seine subjektiv und unmittelbar erfahrenen Erlebnisse und Beobachtungen wiedergibt und vermittelt, so etwa wenn er in seiner Beschreibung Wipperfürths feststellt: „Innerhalb der Stadt ist es sehr unreinlich und das Pflaster zum Theil mit Koth bedeckt. Die Gerber trocknen ihre Felle in der Stadt, wovon ein häßlicher Geruch entsteht"[5]*. Diese und ähnliche Textpassagen schildern einerseits die Alltagswirklichkeit in einer kleinen Stadt des Bergischen Landes, andererseits belegen sie gerade wegen der sich in ihnen widerspiegelnden Subjektivität in überzeugender Weise, daß der Verfasser die Reise selbst unternommen hat und bei der Niederschrift seiner Reiseerfahrungen keine Informationen aus zweiter Hand literarisch verarbeitete. Da er sich als Fremder im Bergischen Land bewegte, werden die „Eigenarten" und „Gewohnheiten" der bergischen Bevölkerung von ihm mit einer gewissen Distanziertheit zur Kenntnis genommen.*

Bährens' besondere Aufmerksamkeit galt der gewerblichen Entwicklung, der Lage der Landwirtschaft und darüber hinaus dem Bildungswesen. Für kirchliche oder religiöse Angelegenheiten hat er sich dagegen weniger interessiert; Kirchen waren für ihn ausschließlich von kunsthistorischem Wert. Religion schätzte er nur insofern, als sie die gewerbliche Entwicklung zumindest nicht behinderte (bzw. seiner

---

[3] S. hierzu *Frank Berger/Uwe Beckmann:* „Wenn jemals eine Stadt Erbarmen und milde Unterstützung verdienet . . ." — Der Brand Wipperfürths im Jahre 1795, in: *Frank Berger/Burkhard Dietz/Klaus M. Hofmann* (Hg.): Neues Bergisches Jahrbuch. Das Bergische Land in Gegenwart und Geschichte 1 (1983/84), S. 41—56.

[4] Zu dieser und anderen möglichen Reiserouten sowie zur Qualität der Straßen und Wege vgl. die Karte von H. M. Wesermann aus dem Jahr 1813 (Nachdruck in: *Walter Hostert:* Historische Landkarten, Iserlohn 1982, S. 91; s. auch S. 137).

[5] Zit. nach S. 55 der Textvorlage.

Ansicht nach nicht behindern durfte) und der Volksbildung durch die Gründung und Erhaltung von Bibliotheken nützte. In der allgemeinen Bildung sah der Reisende die Grundlage des geistigen und wirtschaftlichen Fortschritts[6]. *Bei jeder Station seiner Reise widmete er dem Schulwesen seine besondere Aufmerksamkeit; sah er dann seine pädagogischen Vorstellungen durch einen Lehrer vertreten, so kennzeichnete er dessen Arbeit mit den Attributen gut, fleißig und geschickt. Dies galt überraschenderweise auch für das Wipperfürther Klostergymnasium*[7], *während er dagegen der Mülheimer Lateinschule die Existenzberechtigung absprach, da „man in Handelsstädten alte Sprachen als etwas sehr überflüssiges ansieht"*[8]. *Auf dem Gebiet der Landwirtschaft richtete der Reisende sein Augenmerk insbesondere auf die Methoden der agrarischen Produktivitätssteigerung, etwa auf die Einführung der Stallfütterung in Rönsahl und auf die Vorzüge des Ochsenpflügens*[9].

Die gewerbliche Entwicklung im Gebiet der oberen Wupper zeigte gegen Ende des 18. Jahrhunderts ein eher ambivalentes Bild der Blüte und des Niedergangs der Gewerbe[10]. *Die Infrastruktur dieses Raumes war in ihrer Grundlage schon im späten Mittelalter angelegt und ausgebaut; es gab günstige natürliche Voraussetzungen in Form von Flüssen, Bächen und Wäldern. Politisch gesehen förderte die faktische Gewerbefreiheit, das Fehlen von Hörigkeitsverhältnissen und das relativ geringe Stadt-Land Gefälle die wirtschaftliche Entwicklung*[11]. *Als nach der Französischen Revolution in zunehmenden Maße die konkurrierenden englischen Textilprodukte von den westeuropäischen Absatzmärkten verdrängt und den bergischen Unternehmer-Kaufleuten — bis auf vorübergehende Einfuhrbeschränkungen im ersten Jahrzehnt des 19. Jahrhunderts — die französischen Märkte geöffnet wurden, setzte in der bergischen Textilwirtschaft ein Boom ein, der „eine Steigerung der bereits seit den frühen 1780er Jahren anhaltenden Expansion zu sein schien"*[12]. *Für die ländlichen Gegenden im Bereich der oberen Wupper um Wipperfürth und Rönsahl war dabei von besonderer Bedeutung, daß diese wirtschaftliche Dynamik für sie nicht ohne Folgen blieb*[13], *wie aus den Aufzeichnungen von Bährens zu entnehmen ist. So wird in der nachfol-*

---

[6] Zum Problem des Fortschrittsoptimismus in Reiseberichten vgl. auch *Jürgen Reulecke:* Das Abbild einer neuen Zeit: Das Bergische Land um 1800 in Reiseberichten. In: *Gerhard Huck/Jürgen Reulecke* (Hg.): Reisen im Bergischen Land I, S. 22 f.

[7] Anders beurteilte der Landpastor Johann Moritz Schwager diese Schule, insbesondere die Qualität des dortigen Lateinunterrichts (vgl. hierzu die „Bemerkungen" des Landpastors Johann Moritz Schwager auf einer Reise durchs Bergische 1802, in: Reisen im Bergischen Land I, S. 102).

[8] Zit. nach S. 60 der Textvorlage

[9] Vgl. S. 54 und S. 58 der Textvorlage.

[10] *Burkhard Dietz:* Im Zeichen des Mittelalters: Aufstieg und Niedergang des Tuchgewerbes in Wipperfürth 1462—1803, in: ZBGV, Bd. 90 (1982/83), S. 46—83.

[11] S. hierzu *Jürgen Reulecke:* Nachzügler und Pioniere zugleich: Das Bergische Land und der Beginn der Industrialisierung in Deutschland, in: *Sidney Pollard* (Hg.): Region und Industrialisierung. Studien zur Rolle der Region in der Wirtschaftsgeschichte der letzten zwei Jahrhunderte, Göttingen 1980, bes. S. 53—58, wo die besonderen Bedingungen der frühen industriellen Entwicklung des Bergischen Landes erläutert werden.

[12] *Herbert Kisch:* Die Auswirkungen der Französischen Revolution auf die niederrheinischen Textilgewerbe: Einige Bemerkungen über wirtschaftliche Entwicklung und sozialen Wandel, in: *ders.:* Die hausindustriellen Textilgewerbe am Niederrhein vor der industriellen Revolution. Von der ursprünglichen zur kapitalistischen Akkumulation, Göttingen 1981, S. 324.

[13] *Herbert Kisch* (ebd., S. 325) führt diese auffallende Gewerbeverlagerung vor allem auf den rapiden Anstieg der Arbeitskosten in der Textilwirtschaft Barmens und Elberfelds zurück.

genden Reisebeschreibung von den gutgehenden Tuch- und Hutfabriken im Wipperfürther Raum und von der regen Tuch- und Siamoisenproduktion um Hückeswagen berichtet; nach Ansicht des Reisenden blieben 1793 vor Wermelskirchen sogar die Äcker unbestellt, weil fast die gesamte Bevölkerung in den Fabriken arbeitete und sie mit dem Baumwollspinnen ein besseres Einkommen erzielte als in der Landwirtschaft. Als Energieträger hatte das Textilgewerbe die gleichmäßig wasserführende Wupper zur Verfügung. Dagegen waren die metallverarbeitenden Gewerbe darüber hinaus noch auf Holzkohle angewiesen. Nach Jahrhunderten nahezu regelmäßigen Betriebs litten die Hämmer an der oberen Wupper, wie der Reisende 1793 feststellte, unter akutem Holzmangel. Diese krisenhafte Entwicklung hatte im angrenzenden Märkischen schon wesentlich früher eingesetzt[14]. *Dabei fiel der durch Energiemangel bedingte Rückgang der Metallgewerbe im Bergischen Land gegen Ende des 18. Jahrhunderts genau in eine Phase erhöhter Nachfrage, der man etwa im Schwarzenbergischen — dem Amt Gimborn-Neustadt — durch die Einfuhr von Kohle zu entsprechen versuchte.*

Insgesamt gesehen bestätigt und erläutert der nachfolgende Reisebericht als zeitgenössische Momentaufnahme die innerregionale Verlagerung der Textilgewerbe aus den bisherigen Zentren der vor- und frühindustriellen Agglomeration, den Wupperstädten Barmen und Elberfeld, in das gewerbliche Hinterland des Oberbergischen. Damit stehen Bährens' „Reisebemerkungen historisch — topographisch — statistischen Inhalts" gewissermaßen am Schnittpunkt zweier gegenläufiger wirtschaftsgeographischer Entwicklungsprozesse: zum einen an der vom 16. bis zum späten 18. Jahrhundert festzustellenden räumlichen Verlagerung der vorindustriellen Produktion im Bergischen Land von Süden nach Norden, die sich im 19. Jahrhundert über das Ruhrgebiet bis hin zur Emscherzone fortsetzte[15]*; zum anderen dokumentieren sie aber auch die auf rein ökonomische Interessen zurückzuführende Reintegration des nunmehr zum gewerblichen Hinterland gewordenen Oberbergischen durch die sich herausbildende Industriemetropole Barmen/Elberfeld und ihre Unternehmer.*

Johann Christian Friedrich Bährens (1793)

Rönsahl

Dieses Dorf liegt von Meinertshagen 2 Stunden westwärts. Es hat 30 Häuser und 3 Bauerschaften, die Dorfbauerschaft, Lörbauerschaft und die Beurhauser Bauerschaft. Es hat 7 Pulvermühlen: an der Wupper, an der Bahlenbrücke, an der Kierspe, und an der Becke (woselbst aber wegen Wassermangel nicht immer gearbeitet werden kann). Ferner besitzt dieses Dorf einen Osemundhammer an der Lingse nebst dem Raffinirhammer, einen Raffinirhammer an der Kierspe, und einen Stahlhammer auf Bergischen Boden, wovon aber der Besitzer im Märkischen beerbt ist.

[14] Vgl. hierzu S. 54 und S. 55 der Textvorlage.

[15] *Otto Quelle:* Industriegeographie der Rheinlande, Bonn 1926, S. 25—43. Die Karte S. 107 verdeutlicht in anschaulicher Weise die vorangegangenen Ausführungen.

Die Rönsahl- und Kierspewässer treiben zwey Mahlmühlen. Das Dorf ernährt sich von der Krämerey, Bäckerey und Wirthschaft. Es hat 4 Krämer und 5 Bäcker.

In der dortigen *Mädchenschule* unterrichten Mutter und ihre Töchter junge Frauenzimmer im Nähen und weiblichen Arbeiten. Auch die deutsche Schule hat einen geschickten Mann.

Der Ort hat viele Passage, besonders gehen alle Kohlen hindurch, welche ins Schwarzenbergische und Homburgische gefahren werden. Ob nun gleich die Wege daselbst sehr elend sind, so haben die dortigen Wirthe doch ansehnlichen Zuspruch.

Vorzeiten hatte Rönsahl, so wie Meinertshagen, seinen eigenen Richter. Sehr unrichtig wird also auf der Charte des Hrn. Predigers *Müller* Rönsahl mit zum Gericht Meinertshagen gerechnet.*)

Die den Hrn. Gebrüdern *Voswinkel* zugehörige Bleiche wird wegen des schlechten Handels nach Brabant nicht betrieben.

Künstler hat dieses Dorf nicht, ausser einem geschickten *Pantaleonmacher*, Namens Peter Küster, dessen Geschicklichkeit in seinen Instrumenten sichtbar ist.

Das dortige Wernscheidgebirge, welches von der Bergischen Grenze ins Schwarzenbergische (jetzt dem Grafen *von Wallmoden* gehörig) hinaufsteigt, hat an seinem Fusse eine *mineralische Quelle*, wovon in von Steinens Geschichte mehreres vorkommt.

Um das Dorf herum ist sehr gutes Haberland. Wiesen und Thäler geben gutes Gras; man zieht so viele Früchte als nöthig ist, sich mit dem benöthigten *gemengten* d. i. aus Roggen und Haber gemischten, Brode zu unterhalten.

An der Seite von Rönsahl liegt ein Pulverthurm, worüber vor 60 Jahren ein kostbarer Proceß geführt worden: indem der Kaufmann *Pauli* in Köln darauf eine Pulverniederlage behaupten wollte, welchen er aber verlohr. Jetzt ist dieser Thurm die Wohnung eines Schneiders.

Die dortigen Weiden hat man seit 6 Jahren zu Fettweiden zu nutzen angefangen, welches noch immer mehr nachgeahmt und vortheilhaft betrieben wird.

Auch führte man hie und da die *Stallfütterung* ein. Es würde mit diesem segnenden Unternehmen den besten Fortgang gehabt haben, wenn nicht die im Süderlande herrschende Gewohnheit, das Vieh gleich nach Michaelis gemeinschaftlich auf Felder, Kleekämpe, und Wiesen weiden zu laßen, solches verhindert hätte. Der dortige würdige Herr Prediger *Heuser* hat unstreitig das schätzbare Verdienst, seine Gemeine auf eine kluge und überzeugende Art auf die Vortheile und einträgliche Benutzungsart ihres Bodens aufmerksam gemacht zu haben, und so wie dieser Mann durch seine moralische Bearbeitung seine Gemeine sichtbar gebessert hat, so sehr verdankt man ihm die Verbreitung geprüfter und ausführbarer ökonomischer Grundsätze.

Rönsahl hatte sonst sehr viel *Holz;* aber zum Behuf der Pulverfässer ist das meiste verlohren gegangen. Der verstorbene Hr. Prediger Heuser hat an der musterhaften Kultur seiner Pastoratgehölze ein Beispiel gegeben, wie man das Holz erhalten und doch gebrauchen könne. Diesem Beispiel sind mehrere gefolgt, und es sieht seitdem um die Gehölze viel besser aus.

Die kleinen um Rönsahl befindlichen Gewässer sind: die Rönsahl, Kierspe, Becke, Lingse, Lörbach, Haarbecke, Wupper und Wiebecke, welche zum Theil alle

*) Der Hr. Verf. sagt, daß R. *vorzeiten* seinen eigenen Richter gehabt, also jetzt nicht mehr habe, und scheint daher der dem Hrn. Pred. Müller gemachte Vorwurf nicht gegründet zu seyn. A. d. H.

fischreich sind. Ueber die Wupper haben die Herren *Cramer* vier fahrende Brücken angelegt.

In kurzem sind 3 Pulvermühlen gesprungen, wovon die letzte ins Bergische gehörte.

In Rücksicht der Gewerbe zeichnet sich übrigens Rönsahl nicht sehr aus: Es hat 4 Leinenweber und einige Butterhändler und Viehhändler, welche nach Gießen und Hochheim zu Markte ziehen. Die ehemaligen Gewerbe sind zum Theil eingegangen, und die noch in Betrieb gesetzt werden konnten, sind mit zu vielen Schwierigkeiten verbunden. So ist z. B. ehedem Kalk gebrannt worden; der Kalkstein liegt aber jetzt zu tief, als daß er mit Nutzen gefördert werden könnte. Beym Ohl wurde ein Versuch gemacht, welchen man aber wieder aufgeben mußte. Auch hatte man vorzeiten viele Eisenhütten, und noch vor 15 Jahren trieb man einen Schacht, man konnte aber den Eisenstein, wie ehedem in Halver, nicht ohne Zusatz schmelzen. Das Baumwollenspinnen ist bey dem größten Theil der Einwohner eine Hauptbeschäftigung; jedoch findet solche nur im Winter statt; dagegen sammelt man des Sommers den sogenannten *Faulbaum* (Frangula), welcher durch Klopfen von der Rinde befreyt und an die Pulvermühlen abgeliefert wird. Ein fleissiger Arbeiter kann daran einen Taglohn von 20 Stübern haben.

Das dortige Weinlager hat zwar seinen Keller zu Mülheim am Rhein, jedoch zu Versendungen den immer nöthigen Vorrath. –

Das nahe beym Pastorathause angelegte Bienenhaus ist eins der sehenswürdigsten und sehr geschmackvoll angelegt.

Wipperfürth

Diese Stadt (welche seitdem bekanntlich abgebrannt ist) liegt an der Wupper, und hat ungefähr 250 Häuser, welche nicht unregelmäßig, obgleich nicht städtisch gebauet sind (die bis jetzt neu erbauten sind ungleich geschmackvoller). Um die Stadt geht eine Mauer, und sie gewährt von der Seite, wo man von Rönsahl herkommt, eine sehr angenehme Ansicht.

Das Franziskanerkloster, welches südlich der Stadt auf einer Anhöhe liegt, hat 30 Mönche. Bibliotheken hat dieses Kloster nicht, als etwa eine, in welcher sich die Patres befinden. Die katholischen Geistlichen haben indessen schöne Handbibliotheken. Die Klosterkirche ist sehr schön und hat einen vortrefflichen Altar. Ueber der Gartenthür des Klosters steht die Jahrszahl 1666.

Das katholische Gymnasium *Maria-Seraphicum* ist in 5 Klassen getheilt, und hat geschickte, fleissige Lehrer.

Der dortige Magistrat besteht aus einem jährlich neu zu wählenden Bürgermeister, welcher Sitz und Stimme auf dem Landtage hat, nebst sieben Schöffen.

Unter den Fabriken sind die Tuchfabriken, deren 15 gezählt werden, und die Hutfabriken, deren eben so viele seyn mögen, die merkwürdigsten. Ausserdem sind die Gerbereyen in Roth und Weiß sehr ansehnlich; es sind deren ungefähr 20 in eigenen Geschäften. Sowohl die Hüte, als das Tuch und Leder der Stadt Wipperfürth sind beliebt, ob sich gleich die Fabriken noch nicht eben durch wesentliche Kunstverbesserungen auszeichnen und die Hüte denen, welche z. B. jetzt in Bremen verfertigt werden, nicht ganz an Güte gleich kommen.

Der Wupperfluß treibt in der Gegend der Stadt einige Loh- und 3 Walk- nebst 3 Mahlmühlen, welche letztere jährlich 5000 Rthlr. in Pacht aufbringen und auf 12 Jahre verpachtet werden.

Der allgemeine Holzmangel zeigt auch hier seine, den Fabriken so nachtheiligen, Wirkungen, indem viele Rohstahlhammer sehr schlecht betrieben werden. Eine einspännige Karre Holz kostet 2 Rthlr.

In der Nachbarschaft der Stadt sind zwey Kupferbergwerke, die im vorigen Jahrhundert schon im Betrieb gewesen sind, und unstreitig noch wohl in die Zeiten vor der Erfindung des Pulvers zurückgehen, indem man nicht undeutlich wahrnimmt, daß man die Kupferminer durch grosse Feuer gesprengt habe. Eins von diesen Werken liefert jährlich gegen 60000 Pfund reines Kupfer.

Innerhalb der Stadt ist es sehr unreinlich und das Pflaster zum Theil mit Koth bedeckt. Die Gerber trocknen ihre Felle in der Stadt, wovon ein häßlicher Geruch entsteht.

Die katholische Pfarrkirche auf dem Markte liegt nordwärts der Stadt, und hat 7 Thürme, daher sie *ad septem turres* genannt wird. Inwendig ist der alte Geschmack der Baukunst eben so kenntlich, als man es von dem äussern Anblick erwartet.

Die lutherische, in den Jahren 1790–91 angefangene Pfarrkirche liegt gleichfalls auf dem Markte und ist ziemlich gut angelegt, obgleich der Bau noch nicht vollendet ist. Auffallend ist es, daß man das Chor nicht nach Osten, sondern nach – *Norden* angelegt hat.

Südlich der Stadt ist eine vortreffliche Quelle, auch welcher man vor etwa 200 Jahren, vermittelst steinerner Röhren, das Waßer in die Stadt gebracht, und in verschiedene Fontainen geleitet hat.

Hückeswagen

Die Freiheit Hückeswagen liegt 2 Stunden von Wipperfürth etwas nördlich.

Ueber den Ursprung des Namens liegt in der ältern Landessprache der Grund zu einer sehr wahrscheinlichen Vermuthung, daß nemlich der Ort von einem gewissen *Heukes* benannt worden sey, der daselbst vermuthlich seinen Hof angelegt hatte: denn noch jetzt sagt man daselbst *Heukeshofen.* Der hochdeutsche Sprachgebrauch hat daraus Hückeshofen und Hückeswagen gemacht.

Die Häuser, deren man 260 zählet, sind nach gewöhnlichem Schlage gebauet und ziemlich brauchbar eingerichtet. Jährlich werden neue gebauet, die man zum Theil alle schön nennen kann.

Die reformirte Kirche hat 2 Prediger. Die Katholiken bedienten sich vormals der reformirten Kirche; nachdem diese aber in der Schloßkapelle ihren Gottesdienst zu halten angefangen haben, so bedienen sie sich nur noch mit den Reformirten des Kirchhofs gemeinschaftlich, weshalb die katholischen Leichen auch von den Reformirten beläutet werden mußen.

Zur Errichtung einer lutherischen Gemeine ist schon im Jahr 1624 der Grund gelegt, wo sich einige in Privathäusern zum lutherischen Gottesdienste vereinigten. Der erste lutherische, von diesen gewählte Prediger war *Franz Strube,* welcher auch durch ein Kurfürstliches *Placitum* bestätigt wurde. Nachher kam *Vogt* und *Wever* zu dieser Gemeine, welche aber nachher, wegen vieler Mishelligkeiten, worüber die

Vogtischen Nachrichten ausführliche und aktenmässige Auskunft geben, keinen öffentlichen Lehrer hatte, bis man im Jahr 1784–85 neue Anstalten dazu machte.

Diese gelangen über alle Erwartung, welches wohl unstreitig darin seinen Grund hat, daß die vielen Siamoisenfabrikanten aus dem Dünn, Wermelskirchen und andern benachbarten Höfen keinen Ort in der Nähe hatten, zu welchem sie sich hätten halten können. Man errichtete also im Jahr 1786 eine hölzerne Kirche oder sogenannte Tente, und der neu berufene dortige Prediger, Hr. M. *Reche* hielt daselbst am 2ten May 1786 den ersten Gottesdienst in der neuen Kirche. Es ist auffallend, daß die Intoleranz, oder wie man es sonst nennen will, sich die Erlaubniß, Gott zu verehren, noch so theuer bezahlen läßt: denn wirklich hat die neue Gemeine zu Hückeswagen dafür 2000 Rthlr. bezahlen müßen.

Die Freiheit hat mit Bornefeld einen gemeinschaftlichen Richter und Gerichtschreiber. Der *von Nagel* zu Listringhausen bey Meinertshagen ist Amtmann zu Hückeswagen. Der Kirchsprengel besteht aus 5 Korporationen, nemlich, aus der Freyheit, 2) der grossen Honschaft, 3) der Berghauser-Honschaft, 4) der Herdingfelder und 5) der Lühdorfer-Honschaft. Eine Honschaft ist eine Art von Corpus oder Innung, was anderswo Bauerschaft genannt wird. Jede Honschaft hat ihren Schöffen (anderswo Vorsteher), welche von der Obrigkeit aus den Landleuten gewählt werden, auch bei jedem Gericht zugegen sind und – ihre Diäten bekommen.

Der durchfliessende Wupperstrohm setzt in Hückeswagen, so wie durch das ganze Bergische Land, alles in rastlose, merkantilische Thätigkeit. Der Tuch- und Siamoisenhandel ist so stark und blühend, daß es fast an Spinnern fehlt. Wäre die Wolle nur nicht so theuer, so würde noch mehr dadurch gewonnen werden.

Man zählt wenigstens an 100 Weberstühle, welche feines und etwas gröberes Tuch verfertigen, welches theils für Hückeswagen, teils für Lennep fabricirt wird. Auch sind 3 Blaufärbereyen vorhanden.

Eine Anekdote aus dem Charakter der Hückeswager ist bemerkenswerth, besonders weil sie ein Beweis von der Stimmung der heutigen Denkungsart ist. In Hückeswagen wimmelt es, so wie überall im Bergischen, von einer Menge Procuratoren, Notarien und anderm Völkchen, welche weidlich darauf ausgehen, die Leute schier zu prellen und sehr meisterhaft auf zwey Schultern zu tragen. Diese drangen nun darauf, daß die gemeinen Bürger die Nachtwachen verrichten sollten, unterdeßen daß die Reichen losgespielt worden waren, oder durch diese Helfershelfer dafür bezahlt hatten. Zuletzt war die Zahl derer, die diese Wachen verrichten mußten, so klein, daß man sich laut darüber beklagte. Es kam zu einem allgemeinen, an Wuth gränzenden Unwillen, und man sprach von Freiheit und Gleichheit. Um nun einen förmlichen Ausbruch zu verhüten, hat man den gerechten Forderungen der Bürger nachgegeben und *jeder* muß der Regel nach *selbst* wachen, wobei es von der Diskretion der Kommüne abhängt, ob man Prediger, Richter u. a. Standespersonen davon entbinden, oder andere Personen an ihre Stelle annehmen will.

Allgemeine Anmerkungen über Land- und Lebensart und Produkte der Gegend von Hückeswagen bis Mülheim am Rhein.

Von Hückeswagen bis Wermelskirchen ist der Landbau sehr unbedeutend, weil man sich in dieser Gegend nur den Fabriken widmet, und den Boden blos beyläufig so weit bearbeitet, daß man das Allerunentbehrlichste von ihm erhält.

Wermelskirchen, welches 2 Stunden von Hückeswagen entfernt ist, und zwey Kirchen, eine lutherische und eine katholische, hat, macht in der Wegestrecke nach Mülheim gleichsam die Gränze der Fabriköorter. Der Ort selbst ist voller Siamoisenfabriken und hat etwa 200 ziemlich gut, obgleich nicht regelmäßig gebauter, Häuser.

Etwa 2 Stunden von Wermelskirchen näher dem Rhein zu, fängt der Boden an, sich merklich zu verändern. Was bisher noch steinigter Sandgrund war, das wird nun eine mit feinem Sand gemischte Schwererde, welche ganze Striche Mergel- und Kleyerde in sich führet. Das Terrain wird eben und der Horizont erweitert sich zu weiten Aussichten. Hie und da bemerkt man einen weniger fruchtbaren Leimboden. Viele Landesbewohner gehen dort in hölzernen Schuhen und leinenen Kitteln, die noch geringern aber barfuß.

Das Land ist im Ganzen nicht sehr ergiebig; das beste muß alle 5 Jahre, das Schlechtere noch öfterer, gedüngt werden. Der Kleebau ist nicht sehr häufig und der Landmann ist von seinem Vortheil noch gar zu wenig überzeugt. Nach dem Roggen säet man gleich Haber, alsdenn Gerste und demnächst pflanzt man Kartoffeln. In vielen Gegenden wird mit gutem Erfolg *Hirse* gesäet, ein Getraide, welches überhaupt auf einem mittelmäßigen Boden schon gut fortkommt.

In der Gegend vom Schlehbusch und Dünnwald ist das Holz sehr rar; die Landleute brennen hier Steinkohlen, welche man von Mülheim an der Ruhr bezieht.

Die Bauart der Bauernhäuser ist über alle Beschreibung elend; die Gebäude sind klein, mit hölzernen Wänden, die mit Leimen ausgefüllt und nicht einmal getüncht sind. Hie und da findet man ein Ziegeldach, meist aber Strohdächer. Die Erziehung der Jugend ist äusserst schlecht und die Unwissenheit über alle Beschreibung groß.

Nachahmungswürdig ist das in diesen Gegenden gewöhnliche *Pflügen mit Ochsen.* Der Ochs zieht am Joche und geht ohne Führer so regelmäßig vor dem Pfluge, als bey uns das Pferd. Dadurch gewinnt der Landmann unstreitig sehr viel. Er erspart am Haber, und kann von einem schon ziemlich lange gebrauchten Ochsen dennoch alles nutzen. Der von Hückeswagen bis Mülheim am Rhein angelegte Chausseeweg 9227 Rheinl. Ruthen lang, welcher 83,000 Rthlr. gekostet hat, ist in sehr schlechtem Zustande, unstreitig deswegen, weil die Fuhrleute nur immer ein Geleise halten, wodurch die Wölbung und Abdachung zerstört wird. Von den Abzugsgräben ist so wenig mehr zu sehen, daß man glauben sollte, es wären keine vorhanden gewesen. Dabey fehlt es auch wohl hie an den nöthigen Steinen: denn an manchen Orten ist der ganze Strassenbau nichts mehr, als eine gewöhnliche Planierarbeit.

Der ganze Chausseebau beträgt im Bergischen 28 Meilen. Vor ungefähr 26 Jahren hat man damit den Anfang gemacht, und die Aemter haben davon die Kosten bestritten; nur einiges hat die Hofkammer bauen lassen. Diese Aemter erheben auch das Barriergeld; einige auf 32 Jahre, andere so lange, bis die Kosten wieder heraus sind.

Die Sitten der Landesbewohner sind etwas rauh, doch aber gefällig und gegen Fremde mistrauisch.

Mülheim am Rhein

Diese Stadt hat ungefähr 400 wohlgebaute, meist prachtvolle Häuser, und etwa 24000 Einwohner. Die Strassen sind alle gepflastert und werden sehr reinlich gehalten.

Im Februar 1784 richtete der verheerende Eisgang des ausgetretenen Rheins daselbst viele Verwüstungen an und nahm eine grosse Anzahl Häuser, nebst der lutherischen Pfarrkirche, weg.

Die weggetriebenen und beschädigten Häuser sind alle wieder erbaut und auch die lutherische Kirche ist, obwohl an einem andern Orte, sehr geschmackvoll wieder hergestellt. Sie hat ungefähr die Figur eines Achtecks, oben mit einer schönen Kuppel und dem Symbol der Religion, Glaube, Liebe und Hoffnung, versehen. Der Thurm ist noch nicht angebracht, weil der alte Thurm noch steht und die neue Kirche Schulden hat. Die in der Kirche von dem berühmten Orgelmacher *Kleine* zu Freckhausen in der Grafschaft Walmoden-Gimborn erbaute Orgel besteht aus 32 Registern und thut, wegen ihrer vortreflichen Bauart eben so viel Wirkung aufs Auge, als sie durch ihre innere Güte von der Geschicklichkeit ihres Meisters zeuget. Sie steht seit 3 (jetzt 7) Jahren und hat das Eigenthümliche, daß bey einem sanften Fingerdruck nur das Positiv, bey einem stärkern aber alles übrige mitgespielt wird, wodurch die Gemeine bey einem Irrthum in der Melodie augenblicklich zurecht gewiesen werden kann. Der Kirchhof ist *außerhalb* der Stadt; und statt dessen blühen um die Kirche schöne Weinstöcke und ein schöner Garten. Am meisten hat bey der Ueberschwemmung der Kaufmann Hr. Andre gelitten; zum Glück, daß er den Verlust weniger als jeder andre empfinden konnte. Man bestimmt sein Vermögen nach Millionen. Den Umfang seiner Seidenfabrik, worin Seidentücher, Taffent, Band und Sammet verfertigt werden, ist so groß, daß ihm täglich gegen 200 Personen arbeiten. Auch läßt er dabey die Färberey selbst besorgen. Das Färbehaus hat 16 Kessel, welche durch verschiedene Feuer sehr vortheilhaft geheizt werden, nebst Blauküpen. Das dicht daran befindliche Spulhaus ist über einem kleinen Bache angelegt, welcher die Farbenschärfe gleich wieder wegnimmt.

Die Gummianstalt besteht aus einem grossen Zimmer, welches mehrere lange Rahmentische hat, die mit Drahtstiften besetzt sind. Auf diese Tische wird die Seide ausgespannt, mit einem nassen Gummischwamm allenthalben angenetzt und ein vierrädriges eisernes Kohlbecken darunter hergefahren, worauf die Seide gleich trocknet.

Das *Glanderwerk* besteht aus einer 6 Zoll dicken, 10 Fuß langen und 2 Fuß breiten Marmorplatte, worauf ein sehr schwerer, unten mit polirtem Kupfer belegter und mit Gewicht schwer belasteter Balken auf Walzen angebracht und durch Kammräder vermittelst eines Schwengels durch ein Pferd oder Menschen dergestalt bewegt wird, daß die Walzen regelmäßig von einer Seite zur andern rollen, und auf solche Art die Seide glätten, um ihr die möglichstschönste Appretur zu geben.

Auf den Fabrikzimmern bemerkte ich, daß der Webestuhl auf die gewöhnliche Art in Kontremärschen ging und das Zugwerk vor dem Zeugweberstuhle nichts besonders hatte. –

Von den beyden, dem Hrn. Andre zugehörigen Weinkellern enthält der erste und gröste in 2 langen Reihen 113 Stückfässer; der kleinere 62. Noch keinen Keller sah ich, der so sehr vor denen dem Wein so schädlichen Winden gesichert gewesen wäre, als diese.

Der grosse Andre'sche Garten enthält ein ausgemauertes, ovales Bassin zur Sammlung des Regenwassers beym Seidenfärben. Es ist aufs niedlichste mit Statüen geschmückt, welche die Kunst und die Jahrszeiten symbolisch vorstellen.

Das vortrefflich angelegte Wohnhaus des Hrn. Andre ist nach den besten Regeln der Baukunst aufgeführt. Der dabey befindliche Garten ist mit vielen Vasen, Statüen, Sinnbildern der Kunst ec. geziert und die kleinern Eremitagen verwandeln die Kunst plötzlich in eine angenehm überraschende Natur.

Die *lateinische Schule* in Mülheim ist sehr unbedeutend, welches ausser andern Ursachen auch wohl darin seinen Grund hat, daß man in Handelsstädten alte Sprachen als etwas sehr überflüssiges ansieht. Dagegen ist das *Handlungsinstitut* des Hrn. *Ising* in desto besserm Flor. Es besteht gegenwärtig aus 36 Zöglingen, wovon der Direkteur selbst 24 in seinem Hause und in Pension hält. Die Stiftung geschah im Jahr 1788. Jeder Pensionaire muß jährlich 150 Rthlr. für Essen, Trinken und Logis bezahlen und beym Eintritt 1/2 Dutzend neuer Servietten, 1 silbernen Löffel, 2 Paar Bettlaken, 2 Paar weisse Kissenzüge und 6 Handtücher mitbringen. Dabey bezahlt er 2 Rthlr. an die Domestiken, 3 1/2 Rthlr. monatlich an den Direkteur für Unterricht im Deutschen, Holländischen, Französischen, Schreiben, Rechnen, Geographie, Briefstil und einfaches Buchhalten. Wer außerdem bey andern Unterricht nimmt, der gibt monatlich für's Reiten 1 Karolin, fürs Englische 2Rthlr., fürs Italiänische 2 Rthlr. für Musik 2 Rthlr., fürs Zeichnen 1 Rthlr., und fürs Tanzen 1 Rthlr. – Die Ferien dürfen nicht abgekürzt d. i. nicht zu kurz eingerichtet werden und das Neujahrsgeschenk ist ohnehin ausgenommen. Im Durchschnitt wird täglich 5 Stunden Unterricht ertheilt.

Eine nachahmungswürdige Einrichtung bey diesem Institut ist es, daß von Woche zu Woche das sittliche oder unsittliche, das fleißige oder nachläßige Betragen jedem Zögling nicht nur auf einem besondern Conduitenzettel mitgetheilt, sondern auch in ein besonderes Konduitenbuch unbestechlich eingetragen wird, dergestalt, daß dieses Buch bey jeder Nachfrage den Eltern, Vormündern, oder solchen, die sich um ein gewisses Subjekt entweder erkundigen oder dasselbe gebrauchen wollen, vorgelegt wird. Der allgemeine Conduiten-*Inhalt* d. i. das auf die gute, böse oder mittelmäßige Weise ausfallende *Resultat* wird den Abgehenden zuletzt *ins Zeugniß gesetzt.* Wem also sein künftiges Glück keine gleichgültige Sache ist, der muß durch diese Einrichtung zu einem vernünftigen und fleißigen Betragen gleichsam gezwungen werden. Dabey ist Hr. Ising auch gerade der Mann, der die wesentlichsten Eigenschaften eines Erziehers in sich vereinigt und welcher eben so pünktlich und gewissenhaft als regelmäßig seinen Posten wahrnimmt und in seinem Umgange Lebhaftigkeit, Gewandheit und Ernst vereinigt.

Auch das Töchterinstitut, worin eine Gouvernante mit ihren Töchtern arbeitet, hat das Verdienst, junge Frauenzimmer zu künftigen guten Müttern, und geschickten Wirthinnen zu bilden.

Rolf Becker

„Maschinen und Menschenhände" – ein Bericht des Wieners Felix Franz Hofstäter(?) über die Mechanisierung des Textilgewerbes im Wuppertal (1793)

Im ersten Band des „Magazin(s) der Kunst und Litteratur" für die Monate „Jäner, Februar, März 1793", einer in Wien vierteljährlich erscheinenden Zeitschrift im Stil der Moralischen Wochenschriften der Aufklärung, findet sich im Abschnitt „Jäner" der Bericht eines anonymen Autors unter dem Titel „Maschinen und Menschenhände". In dieser Arbeit setzt sich der Autor mit dem von ihm zu Anfang skizzierten Vorurteil auseinander, Maschinen dienten nur der „Privatsucht" des „Fabrikanten". Unser Anonymus versucht dagegen — ganz im Sinne des deutschen Kameralismus — nachzuweisen, daß Maschinen als Produkt „mechanischer Künste" eben nicht menschliche Arbeitskraft verdrängen, sondern Arbeitsplätze schaffen und so dem „allgemeinen Wohl" des Landes dienen.

Überraschend taucht eines der Schlagwörter des deutschen Kameralismus zum Ende des 18. Jahrhunderts, die „Industrie"[1]*, im vorliegenden Aufsatz nur ein einziges Mal auf und findet sich dann außerdem noch in einer Wortzusammensetzung, nämlich als „Fabrikindustrie". Der Autor benutzt diesen Begriff ungewöhnlich früh (am Ende des 18. Jahrhunderts wohlgemerkt!) zur Charakterisierung einer bestimmten Produktionsweise, nämlich der Massenproduktion von Gütern mittels Maschinen.*

Diese Problemkreise werden im vorliegenden Reisebericht am Beispiel der Orte Elberfeld und Gemarke abgehandelt. Der anonyme Autor muß, wie aus dem Text hervorgeht, das Wuppertal etwa fünf Jahre vor der Niederschrift seiner Schilderung, also um 1787/88, bereist haben. Dabei waren für ihn, und der Verfasser steht hier stellvertretend für eine ganze Reihe weiterer Reisender seiner Zeit, die Textilfabrikation und ihre Maschinen im Wuppertal Sehenswürdigkeiten ersten Ranges. Wie in mehreren Reiseberichten der 80er Jahre des 18. Jahrhunderts finden auch im vorliegenden der Riementisch und die Baumwollmaschine des Barmer Maschinenbauers Johann Gottfried Bockmühl hervorragende Erwähnung. Überhaupt scheint die Fabrikation der sogenannten Barmer Artikel den Autor besonders beeindruckt zu haben, denn er beschreibt verschiedene Maschinen bis in kleinste Einzelheiten; besonders erwähnt er in diesem Zusammenhang die „neuen" Bandstühle mit 40 Gängen. Wahrscheinlich sah er aber in Elberfeld und Gemarke, wie er auch im Text andeutet, nur einige wenige Stühle mit maximal 24 Gängen, während man ihm vielleicht bei der Besichtigung einzelner Maschinen und Fabrikationsstätten von größeren Stühlen berichtete. Nur am Rande sei noch darauf hingewiesen, daß der Autor im Rahmen der von ihm vorrangig behandelten Mechanisierungsproblematik zwar auch soziale

[1] Vgl. zur Entwicklung des Begriffs „Industrie" die Arbeit von *Focko Eulen:* Vom Gewerbefleiß zur Industrie. Ein Beitrag zur Wirtschaftsgeschichte des 18. Jahrhunderts, Berlin 1967, bes. S. 28—60.

Begleiterscheinungen der frühen Industrialisierungsphase, wie ein Emporschnellen der Bodenpreise und eine enorme Verteuerung der Lebensmittel, beobachtet und erwähnt, deren Stellenwert aber nicht erkennt bzw. zu diesem Zeitpunkt und aus der Position des Durchreisenden, der ansonsten mit der Problematik der Industrialisierung noch nicht in Berührung gekommen ist, auch nicht erkennen kann. So kommt er zu einer durchaus positiven Bewertung der allgemeinen Teuerung, die für ihn durch menschlichen Erfindergeist, d. h. letztlich durch erhöhte Warenproduktion wieder ausgeglichen werden kann.

Aus mehreren Formulierungen des Reiseberichts geht wohl eindeutig hervor, daß es sich bei dem Verfasser keinesfalls um Abraham Frowein gehandelt haben kann, dem die Stadtbibliothek Wuppertal für eine im Zweiten Weltkrieg verbrannte maschinenschriftliche Kopie des Textes bei der Katalogisierung im Jahre 1938 die Autorenschaft zuschrieb[2].

Der erste Jahrgang der „Magazin(s) der Kunst und Litteratur" gibt weder einen Herausgeber noch Autoren der einzelnen Beiträge an. Aufgrund seiner anderweitigen Geschäftsbeziehungen mit dem Verleger des ersten Jahrgangs, Mathias Andreas Schmidt, läßt sich jedoch vermuten, daß der seit dem zweiten Jahrgang als Herausgeber fungierende Felix Franz Hofstäter auch bereits den ersten Jahrgang herausgegeben oder doch zumindest daran gearbeitet hat, ohne als Herausgeber genannt zu werden. Im übrigen kann es für das Genre der aufklärerischen Wochen- und Monatsschriften zum Ende des 18. Jahrhunderts als durchaus üblich angesehen werden, daß der Herausgeber einer solchen Zeitschrift einen großen Teil der Beiträge schon allein aus Kostengründen selbst verfaßte. Hinzu kommt, daß einiges aus der Biographie Felix Franz Hofstäters für seine Verfasserschaft des Berichts „Maschinen und Menschenhände" spricht[3].

Hofstäter wurde am 4. 10. 1741 in Wien geboren, trat 1756 in den Jesuitenorden ein und wurde nach dem Studium der „schönen Wissenschaften" in Raab sowie der Philosophie, der „morgenländischen Sprachen" und der Mathematik in Wien zunächst Lehrer für Grammatik in Linz und danach für Rhetorik in Passau. Nach der Aufhebung des Jesuitenordens 1773 wurde er als Lehrer an die k. u. k. Ritterakademie in Wien berufen und vertrat dort die Fächer „schöne Wissenschaften", bildende Künste und Geschichte. Nach der Auflösung der Akademie im Jahre 1783 war er als freier Schriftsteller in Wien tätig und begleitete dann von 1786 bis 1788 den jungen Fürsten Karl Lichtenstein als Hofmeister auf die Universität nach Göttingen. Nach Abschluß der Studien seines Schützlings erfolgte im Jahre 1788, also zur Zeit des Wuppertalbesuchs unseres anonymen Autors, die Heimreise nach Wien, wobei ein Besuch der „Rheingegenden" zur weiteren Belehrung des jungen Fürsten Lichtenstein in Hofstäters Biographie[4] *ausdrückliche Erwähnung findet. Von Wien aus begaben sich Lichtenstein und Hofstäter alsbald auf eine Reise nach Italien, in deren Verlauf Lichtenstein plötzlich verstarb. Nach Wien zurückgekehrt, fand Hofstäter nach weiteren Jahren der Tätigkeit als Schriftsteller schließlich ab 1795 wieder eine Anstellung im Staatsdienst, zunächst bei der Universitätsbibliothek Wien, später als Schuldirek-*

[2] Invent.-Nr. 3417/1938.

[3] Zur Biographie Hofstäters vgl. *Theodor Jakob Heinrich Czikann:* Die lebenden Schriftsteller Mährens, Brünn 1812, S. 75 ff.

[4] Vgl. Anm. 3.

tor. 1806 verlieh ihm die verwitwete Fürstin Lichtenstein, die Mutter seines ehemaligen Schützlings, wegen seiner Verdienste um die Familie die einträgliche Pfarre zu Großtajax im Kreis Znaym und zugleich die Stelle als insulirter Probst zu Tomaj in Ungarn. Hofstäter verstarb am 22. 8. 1814 zu Großtajax.

Hohen Bekanntheitsgrad erlangte Hofstäter zu seiner Zeit durch einen im Stil der Auseinandersetzung Lessing-Goeze geführten literarischen Streit mit dem Wiener Josef Schreyvogel, der aber insbesondere Schreyvogel und — wegen seiner obscuranten Haltung in diesem Streit — nicht etwa dem Exjesuiten Hofstäter literarische Ehren einbrachte[5]. Das besondere Interesse Hofstäters galt neben der Kunst offensichtlich auch der Naturwissenschaft und Technik, wie seine Veröffentlichungen zeigen[6]. Die vorgebrachten Gründe machen die Autorenschaft Felix Franz Hofstäters an dem hier wiedergegebenen Reisebericht „Maschinen und Menschenhände" also wohl recht wahrscheinlich.

Anonym (vermutlich Felix Franz Hofstäter) 1793

Maschinen und Menschenhände

Die Klagen, welche von jeher wider das Maschinenwesen in Fabriken erhoben worden sind, haben hier und da in so fern durchgedrungen, daß auch weise Staaten auf den Einfall geriethen, der Privatsucht wider das allgemeine Wohl durch Verordnungen Schranken zu ziehen. Sie stützten sich auf den Grundsatz, daß zwar Maschinen dem Eigennutz der Fabrikeigenthümer, aber Menschenhände dem ganzen Lande vortheilhafter sind. Seit sich die Meinung festgesetzt hat, daß das Glück eines Landes auf der Menge seiner Bewohner ruht, scheint wohl auch beym ersten Anblicke nichts natürlicher zu seyn. Durch Eine Maschine wird oft so viel verfertiget, als kaum zehn Menschen zu Stande bringen können; es scheint also nichts richtiger, als daß Menschen durch Maschinen verdrängt, das Land entvölkert, und der Wohlstand desselben in dem Maße herab gesetzt werde, in welchem der Eigennutz des Fabrikanten

[5] Zu Schreyvogel und zu seinem Streit mit Hofstäter vgl. *Eduard Castle:* Artikel: Josef Schreyvogel, in: Allgemeine deutsche Biographie, Bd. 54, Leipzig 1908, S. 186—216. Die hier skizzierte obscurante Einstellung Hofstäters kann lediglich auf einen Vergleich mit dem Jakobiner-Sympathisanten Schreyvogel bezogen sein. Anders wäre die Herausgabe einer aufklärerischen Zeitschrift durch Hofstäter kaum denkbar.

[6] Neben den auf die Auseinandersetzung mit Schreyvogel bezogenen und um 1793/94 erschienenen Schriften waren als Veröffentlichungen Hofstäters insbesondere zu ermitteln:

— Die Luftschiffahrt, eine alte Sache aus den Schriften unserer Ahnen, in: *v. Gemmingen* (Hg.): Magazin für Wissenschaft und Literatur, Bd. I, Teil 1, Wien 1784. In dieser typisch aufklärerischen Schrift, die sich gegen den Aberglauben weiter Kreise der Bevölkerung bezüglich der ersten Ballonfahrtexperimente besonders in Frankreich richtet, versucht H., die Kenntnis der physikalischen Grundlagen der Luftschiffahrt seit dem Altertum nachzuweisen und sie dem Leser auf verständliche Art zu erklären. Die Gebrüder Montgolfier hatten gerade ein Jahr zuvor, nämlich 1783, mit ihren Heißluftballons großes Aufsehen erregt.

— Nachrichten von Kunstsachen in Italien, 2 Bde, Wien 1792. Hier handelt es sich um einen Reisebericht in Briefform über Kunstdenkmäler in Italien. In einem einleitenden Kapitel entwickelt H. seine „Übersicht der Künste", wobei auch die mechanischen Künste ihren Platz finden.

— Altdeutsche Gedichte aus den Zeiten der Tafelrunde. Aus Handschriften der k. u. k. Hofbibliothek in die heutige Sprache übertragen, 2 Teile, Wien 1811.

befördert wird. Mit derley Vorstellungen von Menschenliebe und allgemeiner Fürsorge schmeicheln sich Staaten, deren Fabrikwesen in jeder Rücksicht noch sehr zurück ist, und scheinen ihr Auge vor dem blühenden Wohlstand derjenigen zu schließen, die ihre Macht und ihren Reichthum wohlbestellten Fabriken und das Wachsthum ihrer Fabriken den künstlichen Maschinen zu danken haben.

Ich könnte vor allen hier England nennen. Es zieht bereits seit langem durch Handlung und Fabriken die Schätze aller Nationen an sich. Niemand, der daselbst die vortreffliche Einrichtung und den großen Umfang der Fabriken gesehen hat, kann die Wohlthat der Maschinen verkennen; ihnen verdankt England, daß seine Fabriken noch bestehen, daß sie vorzüglich blühen, daß ihre Erzeugnisse abgesetzt, daß sie gesucht werden. Wer die hohen Preise der Lebensmittel in England kennt, wird leicht einsehn, daß die englischen Fabrikwaaren in Concurrenz mit andern des hohen Preises wegen nicht bestehen können, wenn nicht die wohlthätigen Maschinen dem Übel gesteuert hätten; Englands Fabriken wären, ungeachtet der Ausfuhrsprämien, gefallen, die Zuflüsse des Nazionalreichthums allmählig versiegt, und hundert tausend Hände, die jetzt gesucht werden, würden ohne die wohlthätigen Maschinen vergebens nach Arbeit fragen.

Allein man beredet sich leicht, daß dasjenige, so anders wo unsern Grundsätzen und unsern Gewohnheiten zuwider blüht, seinen Grund in besondern Eigenheiten und Verfassungen eines Landes hat, welche es hindern, sogleich die Anwendung auf uns zu machen, die wir in einer ganz verschiedenen Lage sind. Ich hoffe aber mehr Wirkung von einem Beyspiele, so aus Deutschland selbst gehohlt, einem alten Vorurtheile durch neue Ereignisse näher zu Leibe geht. Ich verstehe eine Rheingegend, die sich beynahe in unsern Tagen durch Fabriken empor geschwungen hat. Ihr Wohlstand und ihre Bevölkerung ist ganz ein Werk der Maschinen, und zugleich ein deutlicher Beweis, daß Maschinen nicht nur die Hände der Menschen nicht verdrängen, sondern auch herbey rufen, oder was einerley ist, daß sie in eben demselben Maße das allgemeine Wohl des Landes empor heben, in welchem sie den Eigennutz des speculierenden Fabrikanten befriedigen.

Wer die Gegend von Gemark und Elverfeld unweit Düsseldorf vor etwa dreyßig Jahren gesehen hat, und jetzt sieht, muß von dieser Wahrheit überzeugt seyn. Elverfeld zählt bey 1200 Häuser und faßt 16 000 Einwohner; denn es sind keine gemeinen Feuerstellen, die wie gewöhnlich nur 5 Einwohner enthalten, sondern es sind weitläuftige Gebäude, Fabriken, Waarenlager und geräumige Wohnungen. Gemark, oder am Barmen genannt, besteht aus 1500 Häusern und schließt eine Zahl von 9000 Einwohnern in sich.

Das merkwürdigste in Rücksicht auf die Frage, die wir aufgestellt haben, ist, daß dieser Ort vor 50 Jahren gar nicht, vor 30 Jahren kaum noch stand; das mehreste, so hier zu sehen ist, kam erst durch Fabriken hinzu, und die Fabriken, was uns eigentlich angeht, haben ihren Wohlstand, ihre Aufnahme künstlichen Maschinen zu danken. Ich sehe also diesen neu erschaffenen Ort als einen redenden Beweis an, daß unbesonnene Menschenfreunde irre gehen, wenn sie Maschinen aus dem Grunde verwerfen, weil sie Menschen das Brot entziehn. Hier fanden es neun tausend Menschen, deren kaum 100 von einer Arbeit leben könnten, die nur erst Maschinen so erheblich, als sie dermahlen ist, gemacht haben. Herrlicher konnten sich Maschinen wohl schwerlich an einem Vorurtheile rächen, das sie unter dem Vorwande verdrängen wollte, als ob von ihnen arbeitsame Menschenhände verdrängt würden. Vielmehr ergibt sich das Gegentheil. Eben darum, weil hier die Fabriken von Maschinen belebt werden, finden einige tausend Menschen Leben und Arbeit. Man nehme den Fabriken heute ihre Maschinen ab, und morgen sind die tausende brotlos, die Producte verschwinden mit den Maschinen, und die Gegend wird wiederum zu einer menschenleeren Wiese.

Wie sonderbar dieß auch scheinen mag, so gewiß ist es doch, und auf die Natur der Maschinen gegründet. Ich will nur einige derselben umständlicher erwähnen, um meinen Leser in den Stand zu setzen, den scheinbaren Widerspruch selbst zu lösen, daß Menschenhände durch Maschinen einerseits verdrängt, andererseits weit zahlreicher herbey gerufen werden.

Da die Fabriken in Barmen meist sich mit Bändern und Spitzen aus Garne beschäftigen, und die Bänder mit verschiedenen Zeichnungen versehen sind, so gibt es in dieser letzteren Rücksicht zwey sonderbare Maschinen. Die eine enthält ein eigenes Uhrwerk, so in einer langen, senkrecht aufstehenden Holzkiste versperrt ist. Dieses Uhrwerk gibt die Zeichnung, und vertritt die Stelle des Desseinmachers so wohl, als desjenigen, der die Fäden des Desseins bey der Ausarbeitung desselben anzieht und hinab drückt. Es ist in der That eine künstliche Maschine, die außenher in ein Triebwerk greift; das Triebwerk greift sodann in einen Holzbogen, der mit gleich weit entfernten Eisenstiften versehen ist: zwischen zwey Eisenstiften hängt eine bewegliche Eisenstange herab, und jede Eisenstange endiget sich an einer Reihe Fäden, die nach der Vorschrift oder nach dem Bedürfnisse des Desseins ein Mahl gehoben, ein ander Mahl von den übrigen Fädenreihen getrennt werden soll. Nun wird dieser Holzbogen von zwey gegen einander stehenden Hebeln geschoben, daß bald diese bald jene Stange in die Mitte der ganzen Maschine zu stehen kommt: dann steigt von unten tactmäßig eine eiserne Zange auf, greift jedes Mahl in die mittlere Eisenstange, zieht dieselbe herab, und trennt hiermit die Fäden nach dem Erfordernisse der Zeichnung.

Die andere Maschine, welche für Börtchen mit eingewirkten Blumen taugt, besteht in einer großen Walze, die beständig wie auf einem Orgelwerke getrieben wird. Anstatt der kleinen Stiftchen sind hier Holzstücke nach Erforderniß des Desseins angebracht; diese drücken auf kleine Walzen, und die Walzen greifen in hölzerne Hebel ein, die unten, wie Pedale bey Orgeln, angebracht sind. So wie der Hebel abwärts gedrückt wird, zieht er den Eisendraht mit sich, welcher daran fest gemacht ist, und oben in die Spiegel greift, durch deren Senkung oder Hebung die eine Fädenreihe getrennt, die andere mit den übrigen vereiniget wird.

Nun zielen beyde Maschinen dahin, daß die kleine Garnspule, welche horizontal in einer ovalen Einfassung beweglich ist, und in ewiger Unruhe bald links, bald rechts geschoben wird, durch zwey getrennte Fädenreihen durchläuft und ihren Faden, welcher den übrigen Bindung und Dessein gibt, zurück läßt. Ein Hebel, der in die äußersten Enden der Spulen greift, übrigens aber, wie diese, horizontal nebenher liegt, wird beständig von einer Menschenhand senkrecht hinab und wieder hinauf getrieben. Dadurch erhalten alle Spulen in ununterbrochener Bewegung einen Schritt links und sogleich wieder zurück einen Schritt rechts; auf diese Art schieben sie sich in größter Geschwindigkeit durch die getrennten Fädenreihen, und lassen ihre Fäden zurück.

Man siehet es leicht ein, daß so eine Maschine viele Vorzüge auch vor emsigen Menschenhänden haben muß. Denn es kommt hier nicht nur die Mühe des Desseinmachers und die beschwerliche Arbeit des Desseinziehers in Ersparung, sondern es können auch zu gleicher Zeit zwölf Börtchen oder Spitzen mit der größten Geschwindigkeit verfertiget werden, indem die Arbeit durch nichts gehemmt werden kann, als wenn etwa die Fäden der Spule entzwey rissen. Allein was das merkwürdigste ist, so wird die ganze Maschine nur von einer einzigen Menschenhand getrieben; von einer Hand, die gewiß nicht die geschickteste seyn muß, indem ihre ganze Verrichtung darin besteht, den Haupthebel beständig niederzudrücken und wieder empor zu heben.

Eine andere sehr artige Maschine, die ein Schmid in Elverfeld seit kurzem erst erfunden hat, ist von eben derselben Art in Rücksicht auf Menschenhände, sie verdrängt sie unmittelbar, um sie mittelbarer Weise desto zahlreicher heran zu rufen. Ihre Bestimmung ist, durch Zuthun eines einzigen Menschen, der Schnürriemen so viel zu machen, als man von zwölf fleißigen und geschickten Menschen kaum erwarten kann. Da dieß ohne eine zirkelmäßige Bewegung der Spulen nicht geschehen kann, so hat diese Maschine den Nahmen einer *Drehmaschine,* oder wie andere wollen, einer *Tanzmaschine* erhalten. Es werden nähmlich eilf oder zwölf Spulen, von verschiedentlich gefärbten Fäden, so tactmäßig durch einander gedreht, daß sie einen ordentlichen Reihentanz vorstellen, und den ganzen krummen Weg durchmessen, indeß sie ihre Fäden auslassen, die sich in Schnürriemen verbinden.

Sonderbar ist es, daß man auch hier, wo doch nicht nur der Wohlstand, sondern selbst die Entstehung des Ortes für die Wohlthat der Maschinen spricht, auf den Erfinder dieser Drehmaschine geschmäht hat. Man kann nicht läugnen, daß gleich Anfangs manche Arbeiter brotlos wurden, und es ist billig, für diese Art Leute mit Menschenliebe zu sorgen, bis sie anderswo ihr Unterkommen gefunden haben; aber der wenigen wegen die Wohlthat der Maschinen aufgeben, wäre ungerecht und dem Ganzen nachtheilig, denn dieselbe Maschine, welche jetzt zehen das Brot nimmt, gibt es bald hunderten reichlich.

Hätte der Erfinder dieser Tanzmaschine seine Erfindung auf einen andern Boden übertragen, so würde der Wohlstand von Elverfeld und Gemark merklich herab gesunken seyn. Der ergiebige Handel mit Schnürriemen würde Gemark verlassen, und eine weit größere Anzahl der Arbeiter ohne Rettung brotlos gemacht haben; denn was vorhin mit einem Louisd'or bezahlt wurde, gilt nun zwey Reichsthaler; ein Abstand, der deutlich zeigt, daß es Gemark ohne diese Maschine mit irgend einer andern Fabrik, die den Vortheil derselben benutzen wollte, nimmermehr aufnehmen könnte.

Hierin, denke ich, liegt die Auflösung des Räthsels. Maschinen geben den Vortheil, daß die Waare in ihrem Preise fällt. Ich will hierbey nicht ein Mahl an den Gewinn des Publicums denken, das alsdann wohlfeiler kauft; denn dieser Vortheil liegt in unserer gegenwärtigen Frage nicht, sondern ich beschränke mich ganz auf den Wohlstand der Fabrik und auf die Anzahl derjenigen, welche der Fabrik ihre Hände vermiethet haben.

Man sollte nicht denken, daß so geringfügige Artikel, als Schnürriemen, Bänder, Börtchen und Spitzen von Garne sind, einen reichlichen Absatz nicht nur in Deutschland, sondern auch in Italien, in Frankreich, in Spanien, in Portugall gefunden haben. Ich mache hierüber zwey sehr natürliche Bemerkungen; die erste nähmlich, daß nur der überaus große und reiche Absatz einer übrigens geringen Waare Gemark und Elverfeld mit Wohlstand gesegnet, und vielen tausend Menschen Brot gegeben hat; die andere, daß dieser segenreiche Absatz das eigentliche Werk künstlicher Maschinen ist; denn nur durch Maschinen konnte es dahin gebracht werden, daß Waaren von so geringer Bedeutung, die man mit Menschenhänden in jedem Lande verfertigen kann, des Transportes ungeachtet, in Portugall wohlfeiler zu stehen kommen, als wenn man sie in Portugall selbst durch Menschenhände verfertigen wollte.

Diese zwey Bemerkungen führen uns auf den richtigen Schluß, daß der blühende Wohlstand und die Aufrechterhaltung der Fabriken in Gemark und Elverfeld ganz auf den künstlichen Maschinen beruht, welche eben darum, weil sie Menschenhände verdrängen, die Waarenpreise so tief herab stimmen, daß ein so reicher Absatz, als außerdem ganz unmöglich wäre, Statt haben kann, und eben darum, weil sie den Absatz vergrößert haben, anstatt Einer verdrängten Menschenhand tausend andere Beschäftigen.

Man sieht dieß in Gemark und Elverfeld um so deutlicher ein, je höher seit Jahren die Preise der Lebensmittel gestiegen sind; denn da mit der sichtbaren Aufnahme des Gewerbes auch die Volksmenge herangewachsen ist, da die fetten Wiesen umher, welche in den vorigen Zeiten ein zahlreiches Vieh genährt haben, nunmehr keine andere Bestimmung haben, als zu Garnbleichen zu dienen, und auch in dieser Rücksicht mit übertriebenen Summen bezahlt werden müssen, so ist es in Ansehung der Lebensmittel eine natürliche Folge, nicht nur, daß ihr Werth merklich steigen mußte, sondern, daß er auch in Zukunft in eben demselben Maße, in welchem die Fabriken ihren Wohlstand vermehren, noch immer steigen werde.

Durch diese Umstände sehen sich die Fabrikanten in die Nothwendigkeit gesetzt, unaufhörlich dahin zu raffinieren, daß sie den Preis ihrer Waaren eben so tief durch Maschinen wieder herab setzen, als ihn die steigenden Lebensmittel hinauf treiben würden, das einzige Mittel, sich bey ihrem blühenden Wohlstande zu erhalten, indem nun einerseits die Arbeiter höheren Lohn als vorhin verlangen, andererseits aber bey dem Absatze der Waaren an keine Erhöhung der Preise zu denken ist, wenn man nicht Gefahr laufen will, die reichen Zuflüsse auf einmahl nach andern Fabriken abgeleitet zu sehen. So hatte man ehemahls Maschinen, die zwölf Bänder zugleich verfertigten; man vergrößerte sie bis auf vier und zwanzig, und nun gibt es deren, die vierzig Bänder auf einmahl hervor bringen.

Die Maschine für Schnürriemen, deren ich eine in Gemark und zwey in Elverfeld gesehen habe, bringt in vier und zwanzig Stunden vier und zwanzig tausend Ellen hervor. Jede Maschine wird nur durch eine Magd bedient, deren ganze Beschäftigung hierin besteht, daß sie genau in Acht nimmt, ob nicht irgend ein Faden der tanzenden Spulen entzwey gerissen sey; geschieht dieß, so läßt sie einen Theil der Maschine stille stehn, bindet den Faden wieder an, und setzt auch diesen Theil wieder in Bewegung. Beydes geht leicht und schnell vor sich. Es ist leicht zu begreifen, daß Raffinirungen dieser Art von Zeit zu Zeit nothwendig sind, wenn anders die Waare, deren Preise meist fest gesetzt sind, dem Steigen der Lebensmittel die Wage halten soll.

Erfinderische Köpfe können daher nicht reichlich genug belohnt, nicht sorgfältig genug aufgemuntert werden. Eben derselbe Schmid von Elverfeld, dem die Tanzmaschine ihr Daseyn dankt, arbeitete, als ich in Elverfeld war (es sind nun fünf Jahre vorüber) an einer andern Maschine, die damahls beynahe schon fertig stand. Sie hat die Bestimmung, auch zur Spinnung der Baumwolle die Menschenhand entbehrlich zu machen. Eigentlich waren noch damahls zwey Maschinen, die eine, wodurch die

Baumwolle gekämmt, die andere wodurch sie gesponnen wurde. Die erste ist sehr einfach, und besteht nur aus zwey Walzen, die mit feinen Eisenstiften versehen sind. Nun wird die gekämmte Wolle mittelst eines Streichers auf eine andere Walze dergestalt übertragen, daß sie zwischen den Eisenstiften zu liegen kommt. An dieser Walze ist diejenige Maschine festgemacht, welche eigentlich der gegenwärtigen Erfindung Ehre macht. Sie besteht aus einer Menge wagrecht liegender Spulen, an denen die gesponnenen Fäden aufgewunden werden. Alles dieses war damahls bereits im fertigen Stande. Nur sann er noch darauf, wie die beyden Maschinen, die kämmende nähmlich und die spinnende dergestalt vereiniget werden können, daß keine Menschenhand nöthig wäre, die Baumwolle von der einen Maschine auf die andere zu übertragen und aufzustreichen. Ob ihm sein Anschlag bis jetzt gelungen sey, kann ich nicht sagen; aber es gab schon damahls der Menschenfreunde, welche dafür hielten, daß Menschen, die nach Brot stehn, dem Erfinder wenig Dank wissen werden. So sehr ich auch geneigt bin, dem Menschengefühle Gehör zu geben, so konnte ich dennoch in ihre Klagen nicht einstimmen. Bis derley Maschinen allgemeiner oder auch nur merklich ausgedehnt würden, dürften arbeitsame Hände immer Gelegenheit finden, die Beschäftigung, wozu sie nun entbehrlich wären, mit irgend einer andern, wohl eben so vortheilhaften, zu vertauschen. Inzwischen sehe ich einen neuen blühenden Wohlstand der Fabriken, die aus Baumwolle Waaren verfertigen, sehe tausend Hände aufs neue beschäftiget, sehe den Segen des Landes, wo Maschinen dieser Art Industrie und Handel beleben.

Ich begreife wohl, daß meine Gründe, die ich hier zur Empfehlung der Maschinen angeführt habe, sehr geschwächt werden dürften, wenn wir annehmen wollten, daß die Fabrikindustrie alle Länder in gleichem Grade beseelte; denn in diesem Falle würden sich die Fabriken nur auf die Bedürfnisse ihres Landes beschränken müssen, und von Maschinen keinen neuen Zuwachs eines ausgebreiteten Handels erwarten können. Allein wir sind von diesem Falle noch allzuweit entfernt, als daß es klug wäre, unsere Maßregeln nach demselben einzurichten. Es scheint beynahe, daß er schlechterdings unmöglich sey, wenn wir nicht nur auf die Eigenheiten verschiedener Nationen, sondern auch auf den Boden verschiedener Länder, und auf die Eigenheiten ihrer Producte Rücksicht nehmen. Aber wir wollen uns mit Möglichkeiten nicht abgeben; die Geschichte kann uns nichts aufweisen, was diesen Fall erwarten ließe, oder die Trägheit der Fabriken entschuldigen könnte, die unbesorgt, durch künstliche Maschinen die fest gesetzten Preise ihrer Waaren mit den steigenden Preisen der Lebensmittel in ein Gleichgewicht zu setzen, in die Nothwendigkeit gerathen, entweder durch schlechtere Waare oder durch höhere Preise ihren unfehlbaren Sturz sich selbst zu bereiten. Das Publicum wird gekränkt, und die Unthätigkeit der Fabriken mit Bankerotten bestraft.

Hätte sich Gemark und Elverfeld in die Erwartung dieses möglichen oder unmöglichen Falles gesetzt, die Hände in den Schooß gelegt, oder sich beschränkt, den kleinen Bezirk umher mit Bändern und Spitzen zu versehen, so wäre die schöne Strecke, die nun einer ansehnlichen Stadt gleicht, noch immer ein Aufenthalt des Viehes, hier und da mit elenden Hütten unterbrochen, zwanzig tausend würden dabey kein Brot finden, die jetzt Reichthum und Unterhalt gefunden haben, und wir hätten nun ein Beyspiel weniger, daß Menschenhände durch künstliche Maschinen nicht sowohl verdrängt, als heran gezogen werden.

Ich machte mir die Lust, diesen schönen Anblick von dem Garten des Herrn Wuppermann zu genießen, eben desjenigen, der in Gesellschaft des Herrn Müller die künstliche Drehmaschine in seine Fabrik aufgenommen hat. Dieser Garten ist aus einem Felsen mit unglaublicher Mühe entstanden. Der Fleiß des Eigenthümers brachte es dahin, daß der öde, meist felsigte Berg in einen der seltensten Gärten umgeschaffen wurde. Er hat sechs bis sieben Etagen, alle mit Steinwänden wider den Einsturz gesichert. Auf den drey untersten erheben sich Fontanen und auf der sechsten ein niedliches Häuschen, von dem man zur siebenten kommt, wo sich noch die größte Ebene darbiethet, aber eine Ebene, die aus dem unebensten Berg und Gesteine entstanden ist. Von diesem Garten nun übersieht man das ganze Gemark, das sich leicht auf eine Stunde erstreckt, das arbeitsame Thal, die Berge hier und da mit Häusern besetzt, die schönen Waldungen, den krummen Bach, der so vielen Händen Arbeit gibt, die geschäftigen Bleichen, die geräumigen Waarenlager und ausgedehnten Fabrikgebäude. Ein Menschenfreund dankt bey diesem Anblicke den künstlichen Maschinen, die so viel Segen über diese holde Strecke ausgeschüttet haben.

Emil Dösseler
(mit einem Nachtrag der Herausgeber)

Friedrich August von Erdmannsdorffs wirtschaftskundliche Studienreise im Jahre 1798 ins Oberbergische

Vom 29. Mai bis zum 10. Juni 1798 unternahm der preußische Beamte Friedrich August von Erdmannsdorff (1771—1827), Assessor bei der Kriegs- und Domänenkammer zu Hamm, im Auftrage des Oberkammerpräsidenten Frhr. vom Stein eine wirtschaftskundliche Studienreise, die ihn zunächst durch die Grafschaft Mark, dann in das Nassau-Siegensche und schließlich in die Herrschaft Gimborn-Neustadt und das Herzogtum Berg führte. Erfreulicherweise sind uns seine Beobachtungen in Form eines Tagebuchs erhalten, aus dem im folgenden die Aufzeichnungen über die damals noch reichsunmittelbare Herrschaft Gimborn-Neustadt und den von ihm besuchten Ostrand des Herzogtums Berg, d. h. Engelskirchen, Wipperfürth und Radevormwald, abgedruckt werden[1].

Friedrich August von Erdmannsdorff[2] stammte aus kursächsischem Uradel, fühlte sich aber so vom friderizianischen Preußen angezogen, daß er wie sein bedeutender Landsmann und Zeitgenosse Friedrich Anton von Heynitz[3] in den Dienst des preußischen Königs trat. Vermutlich war er ein Sohn Friedrich Wilhelms von Erdmannsdorff (1736—1800), der ein Reisebegleiter des Fürsten Leopold von Anhalt-Dessau war, sich als Architekt und Erbauer von Wörlitz einen Namen gemacht hat und als auswärtiges Ehrenmitglied der Berliner Akademie der Künste berufen wurde. Fried-

---

[1] Der folgende Reisebericht ist bereits einmal im Düsseldorfer Jahrbuch, Bd. 49 (1959), S. 256—259, abgedruckt worden. Die Herausgeber danken Herrn *Dr. Weidenhaupt*, dem Schriftführer des Düsseldorfer Jahrbuchs, für die freundliche Genehmigung zum Wiederabdruck. Das Original des Tagebuchs befindet sich im Deutschen Zentralarchiv Merseburg, Bestände des ehem. Preuß. Geh. Staatsarchiv, Generaldirektorium, Techn. Deputation, Titel 1, Nr. 19, f. 64 b, 68 a—71 a. Die vorhergehenden Abschnitte über die Reise durch die Grafschaft Mark (Kirchspiel Meinerzhagen) und das Herzogtum Westfalen (Gebiet des Kreises Olpe) hat der *Verfasser* in der Zeitschrift „Der Märker", Jg. 1958, Nr. 10, S. 320, und in den „Heimatstimmen aus dem Kreis Olpe", Jg. 1958, 32. Folge, Nr. 3, S. 1663—1666, veröffentlicht. *Wilhelm Güthling* veröffentlichte den Teil des Berichts über das Siegerland, die Saynschen Hütten und den Freien Grund in der Zeitschrift Siegerland, Bd. 36 (1959), Heft 3, S. 83—96.

[2] Zur Person von Erdmannsdorffs siehe neben dem Handbuch für den Kgl. Preuß. Hof und Staat, Jg. 1796 ff., vor allem Staatsarchiv Münster, Kriegs- und Domänenkammer Hamm, Nr. 27 und 31, außerdem die Nachlässe Ludwig von Vinckes und G. von Rombergs (Präfekt des Ruhr-Dept.) zu den Beziehungen zwischen von Vincke und von Erdmannsdorff. Das Nordrh. Westf. Staatsarchiv Münster und seine Bestände, Bd. 3: *Manfred Wolf* (Hg.), Nachlässe aus Politik und Verwaltung, 1982, S. 113—134: Nachlaß Ludwig von Vincke, S. 117 (Briefe mit von Erdmannsdorff ca. 1810—1816), S. 100: Nachlaß Gisbert v. Romberg betr. v. Vincke. Weiterhin die von *Erich Botzenhardt* und *Walther Hubatsch* hg. Stein-Edition: Briefe und amtliche Berichte, darin in Bd. 1, S. 573 und S. 610, Urteile Steins über von Erdmannsdorff. Vgl. auch das Register in Bd. 10, bearb. von *Werner John* und *Gertrud Hedler-Stieper.*

[3] S. zu Heynitz *Wolfhard Weber:* Innovationen im frühindustriellen deutschen Bergbau und Hüttenwesen. Friedrich Anton von Heynitz, Göttingen 1976.

rich August war um 1790 auf dem berühmten Pädagogium zu Halle/Saale ausgebildet worden. In der Nachfolge August Hermann Franckes, der dieses Institut als Heimstätte des Pietismus gegründet hatte, war unter Leitung des begeisterten Kantianers August Hermann Niemeyer[4]*, der zugleich auch Theologie und Pädagogik an der Universität Halle lehrte, der Geist der Aufklärung im Pädagogium eingekehrt. In Halle fand Friedrich August von Erdmannsdorff wohl eine erste Beziehung zu seiner späteren Wirkungsstätte in Westfalen, denn einer seiner Mitschüler war Ludwig von Vincke, der nachmalige westfälische Oberpräsident, der das Pädagogium von 1788 bis 1792 besucht hat*[5]*. Mit 24 Jahren soll von Erdmannsdorff bereits im Jahre 1795 Kammerassessor zunächst in Berlin, zwei Jahre später bei der Kriegs- und Domänenkammer zu Hamm gewesen sein, wo er dann im Jahre 1800 zum Kriegs- und Domänenrat ernannt wurde. Der Frhr. vom Stein, seit 1793 Präsident dieser mit der Klevischen vereinigten Kammer, bescheinigte ihm 1802 einen sehr braven Charakter, Verstand, Gutmütigkeit und Fleiß, als er ihn für eine Kommission vorschlug, die den Zustand der an Preußen gefallenen Städte des ehemaligen Hochstifts Münster untersuchen sollte*[6]*. Allerdings hat von Erdmannsdorff diese Aufgabe dann wohl doch nicht übernommen, weil die 1803 vorgelegten Berichte über das Münsterland von dem Kriegs- und Domänenrat Ribbentrop und dem Commissarius Kurlbaum, beide westfälischer Herkunft, stammen. Sie waren offenbar vom „genius loci" begünstigt worden. Aber von Erdmannsdorff hatte inzwischen andere wichtige Aufgaben übernommen: Von 1798 bis 1806 wird er als Auswärtiges Mitglied der technischen Deputation im Manufaktur- und Commerzkollegium des Berliner Generaldirektoriums (Finanzdepartement) erwähnt, 1805/06 neben dem Westfalen Ludwig von Vincke, der damals Kammerpräsident in Münster war*[7]*. 1803 fungiert er als Mitglied der Forst- und Baukommission der Kriegs- und Domänenkammer Hamm. Dort war er noch bis zum Mai 1808 tätig, als die Kammer bereits zu einer Behörde des französischen Satellitenstaates Großherzogtum Berg geworden war, doch entschied er sich unter dem Eindruck der Katastrophe des preußischen Staates im Krieg gegen Napoleon schließlich doch für eine Position im ostelbischen Restpreußen. 1809 wurde er Präsident der Oberamtsregierung (= Regierungspräsident) in Glogau, ab 1810 in Liegnitz, 1815 bis 1822 im rheinischen Kleve, dann wieder bis zu seinem Tode 1827 in Liegnitz. Sein Wirken wurde, ähnlich wie bei anderen verdienten höheren preußischen Beamten, mit Ordensverleihungen belohnt; so erhielt er z. B. um 1820 den Roten Adler-Orden III. Klasse.*

Die bemerkenswerten Schwerpunkte seines Berichts über seine Studienreise im Jahre 1798 sind die Angaben über die Forstkultur und den Bergbau sowie die Metallverarbeitung. Ausführlich würdigt er in seinen Bemerkungen über das Siegerland z. B. die Haubergwirtschaft mit ihrem Ackerbau auf der Rodung des Niederwaldes. Möglicherweise rühren seine forstlichen Neigungen vom Waldbesitz seiner Eltern in Sachsen her. Sehr stark ist sein Interesse aber auch am industriellen Fortschritt, vor al-

[4] S. zu *Niemeyer* im vorliegenden Band S. 93—96.

[5] Zu von Vinckes Aufenthalt auf dem Pädagogium s. *Ernst von Bodelschwingh:* Leben des Ober-Präsidenten Freiherrn von Vincke. Nach seinen Tagebüchern bearbeitet, 1. Theil, Berlin 1853. Außerdem *Siegfried Bahne:* Die Freiherren Ludwig und Georg von Vincke im Vormärz, Dortmund 1975, S. 10.

[6] S. dazu die in Anm. 2 angegebenen Materialien im Staatsarchiv Münster und die Hinweise in der Stein-Ausgabe, Bd. 1.

[7] Ebd.

lem an den Werken im Olper Land und im Siegerland und hier besonders an den Hütten um Müsen, der Urzelle des westdeutschen Eisenbergbaus. Auch dies war vielleicht eine Folge seiner Herkunft: Das Gebirge der sächsischen Heimat seiner Familie führte nicht zu Unrecht den Namen Erzgebirge; dort befand sich in Freiberg die älteste deutsche Bergakademie, wo im 18. Jahrhundert u. a. das russische Universalgenie Lomonossow studiert hat. Und nicht zufällig war der aus Sachsen stammende preußische Minister von Heynitz einer der großen Förderer des Bergbaus[8].

Nachtrag der Herausgeber

Was von Erdmannsdorff über den Bergbau im Amte Ründeroth mitteilt, hat übrigens sechs Jahre später ein anderer Beobachter, der märkische Fabrikenkommissar Friedrich August Alexander Eversmann, bereits erheblich pessimistischer beschrieben[9]*: „Der Eisenbergbau ist unbeträchtlich; was davon umgeht, befindet sich im*

Abb. 8: Schloß Homburg im Oberbergischen in der ersten Hälfte des 19. Jahrhunderts. Die Herrschaft Homburg, bis zur napoleonischen Zeit im Besitz der Sayn-Wittgensteiner Grafen, lag wie eine Insel im bergischen Territorium, ehe sie 1815 an Preußen kam. Seit dem 13. Jahrhundert wurde hier wie im benachbarten Raum um Ründeroth nach Eisen gegraben.

---

[8] S. dazu bes. Kapitel C. in dem in Anm. 3 genannten Buch: „Heynitz als Außenseiter in sächsischen Diensten", S. 116 ff.

[9] Die folgenden Zitate entstammen dem Buche von *Friedrich August Alexander Eversmann:* Die Eisen- und Stahl-Erzeugung auf Wasserwerken zwischen Lahn und Lippe und in den vorliegenden französischen Departements, Dortmund 1804. Zu Eversmann s. die Dissertation von *Hans Breil:* Friedrich August Alexander Eversmann und die industriell-technologische Entwicklung vornehmlich in Preußen von 1780 bis zum Ausgang der napoleonischen Ära, Hamburg 1977.

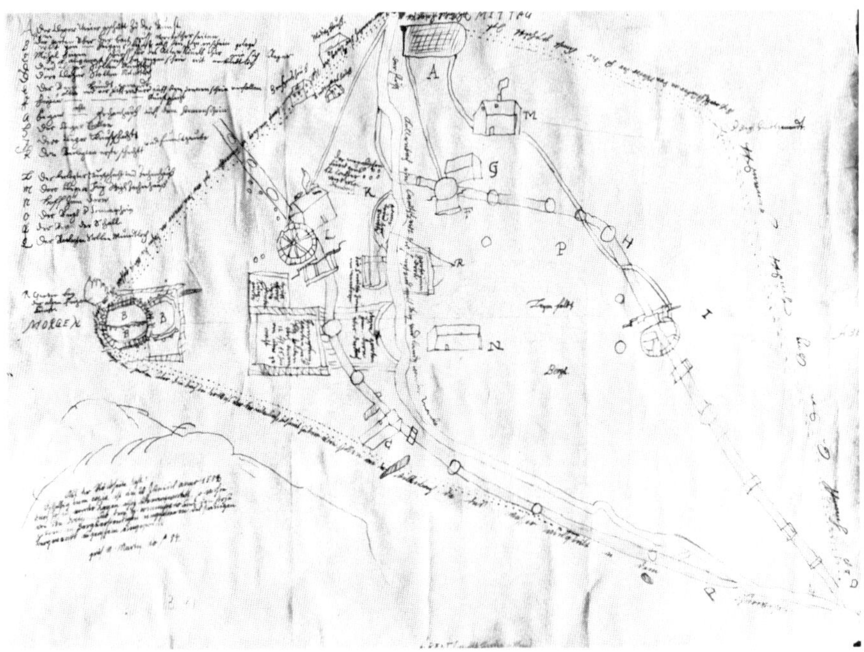

Abb. 9: Alter Lageplan der „Wasserkunst", Stollen und Hütten am Kaltenbach, eine halbe Stunde südlich Ründeroths an der Homburgischen Grenze. Das Kaltenbacher Bergbau- und Hüttengebiet befand sich teils auf bergischem, teils auf gimborn-neustädtischem Territorium, was in der frühen Neuzeit zu vielen Auseinandersetzungen führte.

Kirchspiel Ründeroth; dies ist überall durchwühlt, und wo man nur hin sieht, findet man die Oberfläche mit Halden und alten Pingen besäet, die fast durchgehends Spuren von Eisen- und Bleyerzen führen; allein nichts ist von Bedeutung." (S. 320) Die von Erdmannsdorff genannten drei Eisenhütten erwähnt auch Eversmann, doch teilt er mit, die Oesinghauser und Niederkaltenbacher Hütte ständen aus Mangel an Materialien seit Jahren still; nur die Hütte zu Ründeroth arbeite noch und sehe den Siegenschen Hütten ähnlich, „nämlich ein Dorf kleiner Kohlenschoppen um sich her". (S. 321) Auch sie habe Probleme mit dem Erzmaterial, müsse es ebenso wie die Kohle von außerhalb beschaffen und sei daher „fast gänzlich von Ausländern abhängig". Allerdings stelle sie gutes Eisen her. Über die Engelskirchener Hütte im oberbergischen Amt Steinbach schreibt er, sie liege „an der Leppe bey ihrem Ausfluß in die Acher" (Agger) und sei eine „Kirchspiels Hütte, an der sich kein anderer, als dortige Eingesessene, betheiligen kann. Die Kirche und Schule zu Engelskirchen wird daraus unterhalten, und zwar in der Art, daß der Hüttenzins von den Stämmen, so von den ersten Besitzern zum Behuf der Gemeinde abgegeben werden, ihr zufließt, und überdem noch der Ertrag des Wascheisens nach Abzug der Reparaturkosten". (S. 378)

Den einzigen Punkt, an dem nach Eversmann der Eisenbergbau im Oberbergischen überhaupt noch von einiger Bedeutung war, hat von Erdmannsdorff wohl nicht besucht. Gemeint ist „Kauerts Bergwerk" bei Oberkaltenbach, mit dessen Erzen die zum Kirchspiel Engelskirchen gehörende Oberkaltenbacher Hütte, eine halbe Stunde von Ründeroth entfernt, betrieben wurde. Auch diese Hütte habe zunächst die Familie Kauert allein besessen, „es hat sich aber das Ganze, zu dem auch die Grube gehört, durch erbschaftliche Vertheilung und Veräußerung bis auf 45 Stämme zersplittert". (S. 375) Insgesamt kommt Eversmann zu der Einschätzung, das kleine Ländchen Gimborn-Neustadt habe wie Homburg zwar eine Menge an Werken, aber ein beträchtlicher Teil der Hütten und Hammerwerke verfalle, und das benachbarte Herzogtum Berg produziere so wenig eigene Rohstoffe — „etwas Holzkohle ausgenommen" —, daß es „in allen seinen Materialien von seinen Nachbarn abhängig" sei. (S. 16 f.) Sein niederschmetterndes Urteil lautet, angesichts solcher Verhältnisse sei das Oberbergische „die ödeste und traurigste Gegend auf der ganzen Charte". (S. 369) Viele seiner Bewohner seien deshalb gezwungen, als Saisonarbeiter ihren Unterhalt anderswo zu verdienen, „so daß man überall in den niederrheinisch-westfälischen Gegenden Mauerleute aus dem Lande findet." (S. 320) Hier deutet sich bereits jene innerregionale Aufgabenteilung an, die in den folgenden Jahrzehnten beim schnellen Ausbau der Wupperstädte unter dem Einfluß der frühen Industrialisierung noch an Bedeutung gewinnen sollte.[10]

Friedrich August von Erdmannsdorff (1798)

„Den 8. Juni (1798). Rückreise von Siegen über Olpe in das Neustädt-Gimbornsche: Ich hatte mir vorgenommen, meine Rückreise in die Grafschaft Marck durch das Neustädt-Gimbornsche zu nehmen, welches an der südlichen Spitze ersterer Provinz liegt und von dem ich gehört hatte, daß die Holzcultur in demselben vorzüglich seyn solte. Von Siegen hätte ich in wenig Stunden links über die Gebürge in jenem Ländchen seyn können, alleyn teils die steinigen Wege, welche ich für meinen nicht daran gewöhnten Gaul fürchtete, teils weil ich auf der Hinreise zu Olpe mich nicht gehörig umsehen können, bestimmten mich, die Chaussee wie auf der Hinreise zu halten . . ."

[Es folgt zunächst die Schilderung eines Kupferbergwerks, einer Kupferhütte und von Blechhämmern im Raume Olpe.]

„Den 9. Juni: Reise durch das Neustadt-Gimbornsche. Heute durchstrich ich die kleine *Grafschaft Neustadt-Gimborn* — von der ich gehört hatte, daß eine besonders gute Holzcultur in derselben sey — von dem seiner Handlung halber in dasiger Gegend berühmten Flecken Gummersbach bis Engelskirchen im Oberbergischen. Bekanntlich ist diese kleine Grafschaft ein Amt der Grafschaft Marck gewesen und zu Anfang des letzten Jahrhunderts (1630) von dem Churfürsten Georg (Wilhelm v. Brandenburg) an seinen treulosen Minister, nachherigen Fürsten von Schwarzenburg, verschenket worden. Dessen Nachkommen haben dieselbe vor ohngefehr 10 Jaren an den Feldmarschal Grafen von Walmoden zu Hannover verkaufet. Es ist dies

[10] S. dazu *Jürgen Reulecke:* Nachzügler und Pionier zugleich: das Bergische Land und der Beginn der Industrialisierung in Deutschland, in: *Sidney Pollard* (Hg.): Region und Industrialisierung, Göttingen 1980, S. 52—68. Zur oberbergischen Wirtschaft insgesamt s. *Emil Dösseler:* Die oberbergische Wirtschaft und soziale Struktur bis zum Beginn des 19. Jahrhunderts, in: ZBGV, 84. Bd. (1968/69), S. 49—158, mit ausführlichen statistischen Angaben.

Abb. 10: Gummersbach in den 1860er Jahren mit einer Reihe von Ansichten oberbergischer Fabrikanlagen, neben Gummersbach in Niederseßmar, Dümmlinghausen, Derschlag, Vollmerhausen u. a.

ein dürftiges Ländchen, welches bei weitem nicht so viel an Getreide erbauet, als es bedarf. Ein Beweiß hirvon ist, daß ein großer Theil der Landeseingesessenen den ganzen Sommer als Tagelöhner in der Grafschaft Marck und den angränzenden industriösen Ländern arbeiten. Das sparsam in ihren rauhen Gebürgen sich findende Eisen und dessen Fabrication macht deren Hauptnahrungszweig aus.

Die *Holzcultur* der Grafschaft ist sich nicht in allen Kirchspielen gleich, aber noch weniger die Production. Im Kirchspiel Wiednest, Lubbershausen, Gummersbach und Rundorade benutzt man das Laubholz zu Kohlholz, im Kirchspiel Muhlenbach dagegen ist die schädliche Benutzung auf Stubholz. Alle Gemeinheiten sind geteilt, jeder Grundeigentümer hat seinen angewiesenen Bergdistrict, über dessen Benutzung er vollkommen Herr ist. Nach den gesetzlichen Vorschriften gehören zu jedem Hofe dreyerley Waldarten. Ein District wird als Schlagholz benutzet und gewönlich im 13. Jar — da es meist Birken sind — abgetrieben; zweytens sollen besondere Hochberge seyn zur Benutzung des Rasens für den mangelnden Dünger, und drittens werden die Buchen und Eichen als Hochwald benutzet, zum Laubsammeln als Streu und zum Stubholz für den Brand angewandt. So vorzüglich auch diese gesetzliche Disposition ist und so nothwendig sie auch in dem südlichen angrenzenden Theile der Grafschaft Marck wäre, so wenig wird sie doch im Neustädtschen von den Unterthanen befolget, da es völlig an obrigkeitlicher Aufsicht fehlet.

Eisenfabrication: Eisenstein findet sich hauptsächlich in dem Amte Runderad, jedoch soll der Bergbau daselbst noch großer Verbesserungen fähig seyn. Hochöfen gibt es drey in dieser kleinen Grafschaft zu Runderad, Oesinghausen und Niederkaltenbach, deren Einrichtung völlig der der oben beschriebenen Sayn'schen gleich ist. Die Hauptquelle des Neustaedtischen Gewerbes lieget in der gröbern Eisenfabrication, welche sich mit zwey Gegenständen vorzüglich und fast nur alleyn beschäftiget. Einmal in Verarbeitung des von den Nachbarn angekauften Roheisens zu Stabeisen und Rohstahl auf 13 Rohfeuern und zweytens auf einer ser großen Menge Bandeisenhämmern.

Diesen Morgen besah ich annoch zu *Engelskirchen,* einem an der Neustaedtischen und bergischen Grenze belegenen Dorfe, den Hochofen, der größtentheils von Neustaedtischen Gewercken betrieben wird. Er hat seinen Eisenstein teils gleich in der Nähe, in nicht beträchtlicher Tiefe, teils zieht er denselben aus dem benachbarten Homburgischen. Die Höhe dieses Ofens war 20' (Fuß) und sein Product ist sehr gut, wird dahero auch zu Osemund in der Grafschaft Marck verschmiedet.

Von Engelskirchen, welches in einem engen romantischen Thale an der Acher liegt, fürte mich mein Weg nach *Wipperfoerd* über hohe und steile Berge, von denen ich das Oberbergische übersehen konnte. Ich überzeugte mich, daß dieser größte Theil des Herzogthums Berg, teils von der Natur ser wenig begünstiget worden, teils durch die Industrie noch weniger angebauet ist. Der ganze große Strich von der Acher bis an die äußerste südliche Grenze nähret sich nur durch den Eisenbergbau, der schlecht im Betrieb seyn soll und durch einige rohere metallische Fabrication. Der Theil von der Acher bis an die Wupper, durch die ich die ersten 3 Stunden heut kam, ist gleichfalls ser rauh, und die einzelne Bewohner nähren sich nur durch das Spinnen für die *Tuchfabriken* zu Wupperfoerd. Nur allein die 5 Stunden die Wupper hinunter von letzterer Stadt bis Elberfeld ist der Hauptsitz der bergischen Industrie — sowie die schmale Rheinebene der bei weitem nicht für den Bedarf ausreichenden Production.

Mein Weg fürte mich nur eine Stunde in dem überaus cultivirten Wupperthale von Wupperfoerd aus, sodann schlug ich mich rechts nach der märckischen Grenze und kam durch das Städtchen *Radevormwalde.* Beyde letztere und das dicht dabey belegene *Hückeswagen* verbreiten durch die Fabrication von Schafwolle ungemein viele Nahrung in der dasigen Gegend, sowie ein gleiches weiter die Wupper hinunter in den dreyen Oertern *Lennep, Gemarck* und *Elberfeld* durch die *Baumwollen-* und *Leinenfabriquen* und *Bleichereyen* geschiehet.

Soviel ich bemerken konnte, ist die *Holzcultur* im Bergischen noch ser weit zurück. Das Schlagholz wird schon zum Teil mit dem 10. Jare abgetrieben, und das Vieh geht ohne Schonungen darin. Die Grenze der Grafschaft Marck zeichnet sich hier ser vorteilhaft aus. Es wohnen hier an den kleinen Gebirgsbächen eine Menge begüterter Hammerbesitzer, denen bey der Markentheilung größere Holzflächen zugefallen sind und die ihr eigener Vortheil zu einer besseren Holzcultur führet.

v. Erdmannsdorff".

Holger Becker

Französische Industriespionage in der bergischen Kleineisenindustrie: Ein Reisebericht von Unternehmern aus dem Mosel-Departement (1802/03)

I

Eine der Grundvoraussetzungen für den in der zweiten Hälfte des 18. Jahrhunderts von England ausgehenden und im Verlaufe des 19. Jahrhunderts sich über den europäischen Kontinent ausbreitenden wirtschaftlichen und gesellschaftlichen Umstrukturierungsprozeß im Zuge der Industrialisierung bildeten zweifellos technologische Innovationen und die damit verbundenen Wandlungen des Produktionsablaufs. Neben den von dem englischen Wirtschaftshistoriker Peter Mathias hervorgehobenen Faktoren „Wissenschaft" und „Kapital" als unverzichtbare Grundlagen bahnbrechender Erfindungen[1] muß das Erkenntnisinteresse auch der Frage nach dem Verbreitungsmechanismus technologischen Knowhows zwischen den unterschiedlichen Regionen und Ländern am Beginn des Industriezeitalters gelten, zumal zu berücksichtigen ist, daß die Technikgeschichte mittlerweile durch umfangreiches Quellenstudium das Phänomen der Parallelerfindung in verschiedenen Regionen als einen Ausnahmefall betrachtet, da zeitliche und regionale Differenzierungen bei der Anwendung bestimmter Erfindungen zu konstatieren waren[2].

Das Problem des sogenannten „Technologietransfers" ist bei der Erforschung des industriellen Durchbruchs und dessen zeitlicher Fixierung auch von größerer Bedeutung als die Suche nach dem Ursprung von Basisinnovationen[3], die ihre Anfänge zum größten Teil ohnehin in England genommen haben[4]. Man denke in diesem Zusammenhang nur an die Weiterentwicklung der technischen Nutzung der Dampfkraft durch James Watt oder an die Konstrukteure bedeutender Textilmaschinen wie Hargreave, Arkwright und Cartwright[5].

---

1 *Peter Mathias:* Wer entfesselte Prometheus? Naturwissenschaft und technischer Wandel von 1600—1800, in: *Rudolf Braun* u. a. (Hg.): Industrielle Revolution. Wirtschaftliche Aspekte, Köln/Berlin 1972, S. 121—138, hier S. 122.

2 Siehe *Ulrich Troitzsch:* Technologietransfer im 19. und 20. Jahrhundert. Einleitung, in: Technikgeschichte 50 (1983), S. 178.

3 Siehe dazu die Arbeit von *Karl-Heinz Ludwig:* Zur Problematik des technikgeschichtlichen Erstbelegs im Mittelalter, in: Technikgeschichte 49 (1982), S. 267—278.

4 Einen instruktiven Überblick über die technischen Neuerungen als Kern der Industrialisierung bietet *Friedrich-Wilhelm Henning:* Die Industrialisierung in Deutschland 1800—1914, Paderborn [5]1979, S. 114 ff. Zur industriellen Entwicklung Englands vgl. *Phyllis Deane:* Die industrielle Revolution in Großbritannien 1700—1880, in: *Carlo M. Cipolla* (Hg.): Die Entwicklung der industriellen Gesellschaft (= Europäische Wirtschaftsgeschichte, Bd. 4; dt. Ausgabe hrsg. v. *Knut Borchardt*), Stuttgart/New York 1977, S. 1—42.

5 Die Arbeit von *Hans-Joachim Braun:* Technologische Beziehungen zwischen Deutschland und England von der Mitte des 17. bis zum Ausgang des 18. Jahrhunderts, Düsseldorf 1974, versucht erstmalig „die übliche Vorstellung von der ‚Einbahnstraße' technologischen Transfers" (S. 11) von England nach Deutschland zu korrigieren.

Die moderne Transferforschung unterscheidet innerhalb des horizontalen Technologietransfers, worunter die „Übertragung von Wissen und Produktionskenntnissen einer Region in die andere“ verstanden wird[6], *drei Hauptformen: Zum einen erfolgt ein Transfer von hochentwickelten Industrieländern in extrem unterentwickelte Länder der dritten Welt und in sogenannte Schwellenländer. Zum anderen erfolgt ein Austausch von Technologien zwischen den Staaten unterschiedlicher Wirtschaftsordnung, was auch als „intersystemarer Technologietransfer“ bezeichnet wird. Zum dritten transferieren Industrieländer mit gleicher Wirtschaftsordnung und annähernd gleichem technologischen Standard untereinander ihre innovatorischen Erkenntnisse*[7].

Es liegt auf der Hand, daß der Austausch bzw. der einseitig ausgerichtete Transfer technologischer Innovationen, vor allem im Hinblick auf den militärischen Sektor und seit kurzer Zeit auch im Bereich der Mikroelektronik als dem Katalysator einer neuen industriellen Revolution nicht ausschließlich auf gegenseitigem Einverständnis beruht, was besonders für den „intersystemaren Technologietransfer“ evident ist. Das demzufolge weltweit zu beobachtende Phänomen der Industriespionage als Mittel zur Adaption technischer Neuerungen kann jedoch nicht als ein typisches Charakteristikum des 20. Jahrhunderts im allgemeinen und des seit rund 40 Jahren andauernden Ost-West-Konflikts im besonderen interpretiert werden, wobei zu betonen ist, daß sich hinter dem negativ besetzten Begriff „Industriespionage“ nicht unbedingt eine illegale Art der Informationsbeschaffung verbirgt.

Während man für die vorabsolutistische Zeit von einem „wildwüchsigen“, eher auf Zufälligkeiten und individuellen Reisetätigkeiten basierendem Technologietransfer sprechen kann[8], *kristallisierte sich im Zeitalter merkantilistischer Fürstenstaaten, schwerpunktmäßig im 18. Jahrhundert, zunehmend eine staatlich gelenkte, zumindest eine von staatlicher Seite unterstützte Transferaktivität heraus, was vor allem in Bezug auf Preußen als Bestandteil staatlicher Gewerbeförderungsmaßnahmen verstanden werden muß. Motor einer entstehenden Transferpolitik, die in Preußen eng mit dem Namen Friedrich Anton von Heynitz, dem langjährigen Leiter des 1768 eingerichteten Berg- und Hüttendepartements, verbunden ist*[9] *und in frühindustrieller Zeit einen Höhepunkt erfuhr*[10], *war das Ziel der absolutistischen Fürsten, durch Adaption neuartiger ausländischer Herstellungspraktiken, schwerpunktmäßig auf dem Gebiet der Luxusproduktion, das technologische Niveau des eigenen Landes und damit die Konkurrenzfähigkeit auf den europäischen und außereuropäischen Märkten zu heben*[11].

Einer der Pioniere auf dem Gebiet der vorsätzlich durchgeführten, aber noch nicht staatlich sanktionierten Industriespionage war zweifellos der Österreicher Johann Emanuel Fischer von Erlach, der sich zu Beginn der 20er Jahre des 18. Jahrhun-

---

6 *Troitzsch:* Technologietransfer (s. Anm. 2), S. 178.

7 Ebd.

8 Ebd., S. 180.

9 Siehe *Wolfhard Weber:* Preußische Transferpolitik 1780 bis 1820, in: Technikgeschichte 50 (1983), S. 181—196; hier S. 182.

10 Siehe die zeitliche Eingrenzung des genannten Aufsatzes von *Wolfhard Weber* (Anm. 9); vgl. *ders.:* Industriespionage als technologischer Transfer in der Frühindustrialisierung Deutschlands, in: Technikgeschichte 42 (1975), S. 287—305.

11 *Troitzsch:* Technologietransfer (s. Anm. 2), S. 180.

derts zu Studienzwecken für ein Jahr in England aufhielt[12]. *Dort interessierte er sich vor allem für die 1712 von Thomas Newcomen entwickelte atmosphärische Dampfmaschine, die 1722 auf Fischers Initiative hin in Wien erstmalig auf dem europäischen Kontinent nachgebaut wurde*[13]. *Um hinter die Konstruktionsgeheimnisse dieser Maschine zu kommen, soll sich Fischer mit einfacher Arbeiterkleidung getarnt haben*[14]. *Auf diese Art und Weise gelangte während des 18. Jahrhunderts ein breiter Informationsstrom über ökonomisch-technologische Veränderungen, vornehmlich aus England, in den deutschen Raum.*

In den 1720er Jahren läßt sich im übrigen auch eine Veränderung in der Reisemotivation des deutschen Adels feststellen. Zwar hielten die herkömmlichen Bildungsreisen weiterhin an, doch interessierten sich adlige Reisende zunehmend für materielle Merkwürdigkeiten, was mit den Interessen des aufgeklärten Bürgertums korrespondierte[15]. *Industriespionage läßt sich darüber hinaus auch hinter der traditionellen Wanderung der Handwerker vermuten, wobei jedoch zu berücksichtigen ist, daß jene Art zu reisen zur regulären Handwerkerausbildung gehörte und nicht das „eindeutige Element der Projektgerichtetheit" aufwies*[16].

Vor seiner Übernahme der Leitung des preußischen Berg- und Hüttendepartements lernte Friedrich Anton von Heynitz[17] *in der Mitte der 70er Jahre des 18. Jahrhunderts in England die Wattsche Dampfmaschine als Pumpmaschine kennen und wurde in Paris mit den französischen Bemühungen konfrontiert, diese Maschine nach Frankreich zu transferieren*[18]. *Zwei französische Ingenieure versuchten, die Konstruktion der Dampfmaschine in der Firma Boulton & Watt auszuspionieren. Der Versuch mißlang zwar, weil sie bei ihrem Vorhaben von Boulton persönlich entdeckt wurden, doch wies dieser die beiden Franzosen in den komplizierten Aufbau der Maschine ein und bot den Auftraggebern der Spione ein Exemplar zum Kauf an. Gleichzeitig spielte er diesen Fall in der internationalen Presse zur Abschreckung von Industriespionen hoch*[19]. *Dessen ungeachtet bemühte sich Heynitz nach der 1777 erfolgten Übernahme der Leitung des Berg- und Hüttendepartements, nach französischem Vorbild die Einfuhr der Dampfmaschine in die preußische Wirtschaft zu forcieren*[20].

In den folgenden Jahren schickte er zahlreiche Bergbauspezialisten und Ingenieure mit eindeutigen Spionage- und Kontaktaufträgen nach England, um das Konstruktionsgeheimnis der Wattschen Dampfmaschine zu ergründen. Nur wenige Monate nach seinem Amtsantritt begaben sich der märkische Bergrat Waitz von Eschen und der Ingenieur Karl Friedrich Bückling nach England, wo sie bei der Firma Boulton & Watt in Birmingham vier Dampfmaschinen in Auftrag gaben. Der Kaufvertrag kam zwar aufgrund des von Boulton geforderten vierzehnjährigen Exklusivprivilegs der Dampfmaschinenlieferungen für den gesamten preußischen Staat nicht zustande, doch hatte der als Waitzens Sohn vorgestellte Bückling Gelegenheit, bei der

[12] Siehe *Weber:* Industriespionage (s. Anm. 10), S. 289.
[13] Ebd., S. 289 f.
[14] Siehe *D. Hoffmann:* Die frühesten Berichte über die erste Dampfmaschine auf dem europäischen Kontinent, in: Technikgeschichte 41 (1974), S. 118—131.
[15] *Weber:* Industriespionage (s. Anm. 10), S. 292.
[16] Ebd.
[17] Zu v. Heynitz siehe auch die Arbeit von *Wolfhard Weber:* Innovationen im frühindustriellen Bergbau- und Hüttenwesen. Friedrich Anton von Heynitz, Göttingen 1976.
[18] *Weber:* Transferpolitik (s. Anm. 9), S. 182; vgl. *ders.:* Industriespionage (s. Anm. 10), S. 294.
[19] *Weber:* Industriespionage (s. Anm. 10), S. 294.
[20] *Weber:* Transferpolitik (s. Anm. 9), S. 182.

Besichtigung einer arbeitenden Dampfmaschine umfangreiche Skizzen und Notizen zu machen[21]*. Da aber der Nachbau der Maschine in Preußen mißlang, sandte Heynitz 1782 seinen Vetter Klaus Friedrich von Reden zusammen mit einem Fachmann nach England. Von Reden war Hannoveraner und konnte sich demzufolge bei Boulton als Untertan König Georgs III. vorstellen*[22]*.*

In den Jahren 1782/83 hielt sich Johann Theodor Fischer auf Veranlassung von Heynitz zu Spionagezwecken in den Industriezentren Mittelenglands auf, um die dortigen Textil- und Metallfabriken zu inspizieren und ausführliche technologische Beschreibungen auf diplomatischem Wege nach Berlin zu senden[23]*. Es würde zu weit führen, die Aktivitäten des Berg- und Hüttendepartements auf dem Gebiet der gezielten Industriespionage noch eingehender zu beleuchten. Die genannten Aufsätze von* Wolfhard Weber[24] *bieten aufgrund ihrer Ausführlichkeit einen hervorragenden Überblick über die Transfermechanismen des preußischen Staates auf technologischem Sektor.*

Es liegt auf der Hand, daß sich England als Vorreiter der industriellen Entwicklung in der zweiten Hälfte des 18. Jahrhunderts gegen technologische Spionage zu schützen versuchte, um sich langfristig gegen die zunehmende, von englischen Basisinnovationen profitierende Konkurrenz kontinentaleuropäischer Staaten auf den Weltmärkten zu behaupten. So wurden seit 1750 wiederholt Ausfuhrverbote für englische Textilmaschinen erlassen: 1750 für Wollmaschinen, 1774 für Maschinen zur Seidenherstellung und 1781 aus dem Baumwoll- und Leinengewerbe. Im Jahre 1785 wurde der Export von Werkzeugen und Maschinen aus dem Metall- und Hüttenwesen untersagt[25]*. Ein Jahr später verbot Matthew Boulton rigoros allen Besuchern den Zutritt zu seiner Firma in Birmingham*[26]*. 1802 schlossen sich die Unternehmer in allen bedeutenden englischen Industriestädten diesem Verbot an*[27]*. Die englischen Firmen waren jedoch nicht die einzigen Objekte der Spionageaktivitäten ausländischer Interessenten, wie auch die Deutschen nicht als einziges Volk auf die Spionagereise als Mittel zur Informationsbeschaffung über basisinnovatorische Erkenntnisse zurückgriffen. Vor allem das napoleonische Frankreich interessierte sich für Technologie und Produktionsweise in den deutschen Zentren hoher gewerblicher Verdichtung, zu denen besonders Oberschlesien*[28] *und das Bergische Land zu Beginn des 19. Jahrhunderts gehörten.*

II

Im Jahre 1803 erstattete vor dem Bergwerksrat der Republik Frankreich in Paris eine Gruppe von Hütten- und Hammerwerksbesitzern aus Dillingen, einem Ort innerhalb des Mosel-Departements, Bericht über den Stand des Kleineisengewerbes

---

21 *Weber:* Industriespionage (s. Anm. 10), S. 295.

22 Ebd., S. 297.

23 Ebd., S. 298.

24 Siehe Anm. 9 und 10.

25 Siehe zu dieser Thematik die Arbeit von *Werner Kroker:* Wege zur Verbreitung technologischer Kenntnisse zwischen England und Deutschland in der 2. Hälfte des 18. Jahrhunderts, Berlin 1971, S. 91—99, hier S. 92.

26 Ebd., S. 94.

27 Ebd., S. 93 f.

28 Siehe *J. F. Daubuisson:* Notice sur la Fonderie de Fer de Gleiwitz dans la Haute-Silésie, in: Journal des Mines, Bd. 2, 1803.

und des Handels im Bergischen Land[29]*. Durch den im Februar 1801 zwischen Frankreich und dem Deutschen Reich geschlossenen Frieden von Lunéville war die französische Ostgrenze bis zum Rhein ausgedehnt worden*[30]*, so daß die bereits von den Franzosen errichteten rheinischen Departements Roer, Rhein-Mosel, Saar und Donnersberg zum französischen Reichsgebiet gehörten. Dem Bericht der Dillinger „Entrepreneurs", die namentlich im nachfolgenden Bericht nicht genannt sind, ist zwar nicht zu entnehmen, ob ihre Erkenntnisse über das Kleineisengewerbe des Bergischen Landes auf eine dorthin unternommene Reise zurückzuführen sind, doch kann man mit einiger Sicherheit sogar von einer staatlich sanktionierten Spionagereise ausgehen. Hierfür spricht zum einen die Berichterstattung vor dem höchsten staatlichen Gremium auf dem Gebiet des Berg- und Hüttenwesens, dem „Conseil des Mines" in Paris. Zum anderen muß ein Dillinger Projekt in diesem Zusammenhang berücksichtigt werden, dessen Planung und Durchführung möglicherweise nach dem Vertrag von Lunéville verstärkt von staatlicher Seite betrieben wurde: die Errichtung eines Betriebes zur Herstellung von Kleineisenprodukten.*

Die napoleonische Wirtschaftspolitik verfolgte das Ziel, durch die Förderung jeder gewerblichen und industriellen Unternehmung, die Wohlstand und damit finanziellen Nutzen versprach, die Konkurrenzfähigkeit der französischen Wirtschaft zu heben und Frankreich von Importen unabhängig zu machen[31]*. Voraussetzung hierfür waren natürlich umfangreiche Informationen über technologische Innovationen bzw. über erfolgreiche Produktionsweisen, die Frankreich von der ausländischen Wirtschaft übernehmen konnte. Von daher gesehen kann man sich leichter die Entstehungsgeschichte des vorliegenden Berichtes und die Gründe für eine Spionagereise von französischen Kleineisengewerbetreibenden ins Bergische Land als dem Zentrum mitteleuropäischer Kleineisenfabrikation erklären*[32]*.*

Die Art und Weise der Informationsbeschaffung wird im vorliegenden Bericht nicht näher beleuchtet, so daß man sich bezüglich der Frage, ob die Interessenten durch geheime Maßnahmen wie Arbeitssuche ohne Preisgabe der wahren Identität oder aber durch Besichtigung der gewerblichen Anlagen und freizügige Gespräche mit ihren Besitzern an die gewünschten Informationen gekommen sind, im Bereich der Spekulation bewegt. Die Subtilität der Aussagen über die Anzahl der verschiedenen Betriebe, ihre Produktionsweise, die Höhe der Produktionskosten und die unterschiedlichen Tätigkeitsbereiche beim Produktionsablauf deuten jedoch auf einen längeren, möglicherweise höchst detailliert geplanten Aufenthalt der Dillinger Spezialisten im Bergischen Land hin.

Der Bericht beginnt mit allgemein gehaltenen Aussagen über die Größe und Bevölkerungszahl des bereisten Gebietes. Er weist auf die relative Bedeutungslosigkeit der Landwirtschaft hin und hebt die gewerbliche Tätigkeit als tragende Säule der

29 Auszüge dieses Vortrages sind abgedruckt unter dem Titel „Extrait d'un Mémoire sur le Commerce du Pays de Berg" im Journal des Mines, Paris, Vol. 13, Nr. 78, An. XI (1803), S. 457—465.

30 Zur territorialen Entwicklung der linksrheinischen Gebiete nach 1789 siehe allgemein die Ausführungen von *Max Braubach:* Vom Westfälischen Frieden bis zum Wiener Kongreß (1648—1815), in: *Franz Petri/Georg Droege* (Hg.): Rheinische Geschichte, Bd. 2, Düsseldorf 1976, S. 219—365, bes. S. 322 ff.

31 Ebd., S. 338.

32 Zur Vorreiterrolle des Bergischen Landes in der deutschen Frühindustrialisierung siehe die Arbeit von *Jürgen Reulecke:* Nachzügler und Pionier zugleich: das Bergische Land und der Beginn der Industrialisierung in Deutschland, in: *Sidney Pollard* (Hg.): Region und Industrialisierung. Studien zur Rolle der Region in der Wirtschaftsgeschichte der letzten zwei Jahrhunderte (= Kritische Studien zur Geschichtswissenschaft Bd. 42), Göttingen 1980, S. 52—68.

bergischen Wirtschaft hervor, durch die die sehr hohe Bevölkerungsdichte maßgeblich verursacht wurde. Bei den Ausführungen über die gewerblichen Anlagen konzentriert sich der Bericht aus verständlichen Gründen auf den Metallbereich im allgemeinen und auf das Solinger Kleineisengewerbe im besonderen. Darüber hinaus widmet er sich sehr detailliert dem Verfahren zur Raffinier- und Reckstahlgewinnung und gibt einen Einblick in den personellen Aufbau eines Betriebes zur Herstellung von Sensen mit durchschnittlich 80 000 jährlich produzierten Exemplaren. Das beschriebene günstige Verhältnis von Selbstkosten- und Verkaufspreis im Bereich der Sensenproduktion läßt die Verfasser des Berichtes zu der Erkenntnis kommen, daß die Übernahme der Produktionsweise bergischer Sensen in Frankreich erfolgen sollte.

Aufgrund der sehr detaillierten Aussagen zu Produktionsabläufen, zur Struktur des Arbeitskräftebedarfs in der Metallverarbeitung sowie zu Produktionskosten und Gewinnspannen dürfte der vorliegende Reisebericht[33] *in wirtschafts- und technikgeschichtlicher Hinsicht eine besonders wichtige Quelle für die Zeit der bergischen Frühindustrialisierung darstellen.*

Abb. 11: Blick auf Solingen von Nord-Nordwesten um 1850: in der Mitte die reformierte Stadtkirche (erbaut 1737), links daneben die lutherische Kirche (1782) und neben der Windmühle die katholische St. Clemens-Kirche (1827).

[33] Die folgende, vom Bearbeiter selbst angefertigte Übersetzung des Textes hält sich in Wortwahl und Satzbau sehr streng an das französische Original aus dem Jahre 1803 (s. Anm. 29). Das Alter der Quelle macht jedoch auch die Schwierigkeiten der Übersetzungsarbeit offenkundig. Der im französischen Original mit „Dilling" angegebene Herkunftsort der „Industriespione" ließ sich trotz intensiver Nachforschungen innerhalb des genannten Departements nicht auffinden. Die herangezogenen Atlanten weisen lediglich einen Ort namens „Dillingen" auf, so daß diese Ortsbezeichnung in der Übersetzung verwendet worden ist. Bei dem Längenmaß „Meile" muß man höchstwahrscheinlich von der französischen Landmeile ausgehen, deren Länge umgerechnet rund 4500 Meter betrug. Bei der teilweise auftretenden Undurchsichtigkeit der syntaktischen Konstruktionen und damit verbundener obsoleter Wortwahl mußte der Verfasser auf das Mittel der sinngemäßen Übersetzung zurückgreifen.

Unternehmer aus dem Mosel-Departement (1802/03)

Auszug aus einem Bericht über die Wirtschaft des Bergischen Landes, im Rat für das Berg- und Hüttenwesen vorgetragen von Hütten- und Hammerwerksbesitzern aus Dillingen*

Handel und Betriebe im Bergischen Land
Zur Herstellung von Stahl, Sensen und Sägen

Das Bergische Land, dessen größte Ausdehnung 28 mal 10 Meilen beträgt, ist voll von unzugänglichen und unfruchtbaren Bergen, die nur von kleinen Bächen durchzogen werden. Angesichts der Verbindungsschwierigkeiten kann die Versorgung der Bevölkerung nur durch Lastträger erfolgen. Das Holz ist dort übermäßig teuer und selten, ebenso wie die Steinkohle. Gleichwohl es sich um eine sehr ungünstige Situation handelt und wenn auch die Natur dem Bergischen Land alles verweigert hat, sieht man dort doch die schönsten Betriebe zur Herstellung von Stahl, Sensen und Kleineisenwaren jeglicher Art, deren Existenz nur einem bewunderungswürdigen Gewerbefleiß zu verdanken ist.

Die Konkurrenz unter den Fabrikanten wie unter den Arbeitern ist derselbe; alle arbeiten miteinander um die Wette. Sie kennen nicht die Eifersüchteleien des Handwerks; alle haben das gleiche Recht auf den Schutz des Landesherrn, der mit jedem fertigen Produkt besondere Rechte verbindet; und es sind dieser Schutz und diese Ermutigungen für das Gewerbe, denen eine immense Bevölkerung verpflichtet ist in einem Land, wo die Trockenheit des Bodens seinen Bewohnern mehr als zwei Drittel des Getreides verweigert, das zu ihrem Lebensunterhalt notwendig wäre.

Im Jahre 1790 umfaßte die Bevölkerung 261 504 Einwohner. Sie ist innerhalb eines Zeitraumes von 50 Jahren auf diese Stärke angewachsen. Sie beläuft sich im Jahre 1800 auf nur 220 000, da der Krieg die Arbeiter zu starker Auswanderung veranlaßt hatte. Diese letzte Zahl, verglichen mit der Fläche des Landes, ergibt 4770 Einwohner pro Quadratmeile. Diese Dichte findet sich nur in wenigen Ländern Europas. Das Bergische Land kann als einziger großer Betrieb betrachtet werden, dessen Handel sich auf alle Teile der Welt erstreckt: auf Deutschland, Portugal, Spanien, Dänemark, Rußland, Holland und Fankreich. Der jährliche Ertrag der bergischen Erzeugnisse beläuft sich auf 15 Mio. Reichstaler, von denen erwiesenermaßen ein Drittel reiner Gewinn ist, an dem sich diese kleine Gegend alljährlich bereichert. Es existieren im Bergischen Land 40 Einrichtungen zur Herstellung von Rohstahl; 47 für die erste Raffinierung, 150 Schmiedehämmer für die zweite Raffinierung; 137 Hämmer, um den Stahl in die verschiedenen Größen zu schmieden, die den Qualitätsunterschied ausmachen; acht Werkstätten für die Herstellung der Ambosse und

* Man beschäftigt sich seit einigen Jahren damit, in Dillingen (in der Nähe von Sarre-Libre, im Mosel-Departement) einen dezentralisierten Betrieb zur Herstellung von Kleineisenprodukten zu errichten. Dieser hat eine sehr gute Lage zur Belieferung mit Gußeisen, Stahl, Steinkohle und Holz. Er besteht aus mehreren Rohstahl- und Reckhämmern, Schleifkotten und anderen Werkstätten, die zur Verarbeitung von Eisen und Stahl und zur Herstellung verschiedener Gegenstände aus dem Kleineisengewerbe und des Grobschmiedehandwerks bestimmt sind. Man hat schon damit begonnen, Schraubstöcke, Ambosse, Schaufeln, Spaten, Sägen aller Art, Sensen usw. herzustellen. Alles weist darauf hin, daß dieser große Betrieb überlegen mit der Konkurrenz der ausländischen Fabriken Schritt halten wird. A. B.

Hornambosse; neun für die Herstellung der Sensen, wobei die unbedeutendste der Werkstätten 40 000 Stück pro Jahr herstellt und mehrere das Doppelte dieser Menge produzieren; fünf Hochöfen und acht Schmieden zur Herstellung des Eisens; vier Kupfergießereien; sechs Einrichtungen, die dazu bestimmt sind, das Kupfer für den Handelsgebrauch zu veredeln; drei Blei- und Silbergießereien; 163 Schleifkotten; 13 Papierfabriken; 72 Ölmühlen; 35 Mühlen, um die Gerberlohe zu zerstoßen, und 20 Walkmühlen. Alle diese Einrichtungen arbeiten mit Hilfe des Wassers als Energieträger.

Das Solinger Unternehmen zur Herstellung von Klingen ist das bedeutendste von allen; es beschäftigt eine unendliche Anzahl von Arbeitern im ganzen Land; es umfaßt alles, was aus Eisen, Stahl und Kupfer herzustellen möglich ist, sowohl für Kriegs- als auch für rein gewerbliche Zwecke. Es hat mehr als 4000 verschiedene Produktionsartikel, die sich pro Jahr auf ein Herstellungsgewicht von 10 647 karen** belaufen, für die es 267 033 ainser*** Steinkohle verbraucht, für die es jeweils 40 Sols bezahlt; 230 karen Holzkohle, für die es jeweils 36 Livres bezahlt. Es beschäftigt 11 500 Arbeiter, und sein jährlicher Gewinn beläuft sich auf 1 201 000 Taler.

Die bergischen Betriebe beschäftigen 18 127 Arbeiter, und der Verkauf ihrer jährlich hergestellten Produkte erzielt einen Reingewinn von 1 759 250 Talern.

Stahlwerke

Die notwendigen Rohstoffe der Betriebe des Bergischen Landes sind Eisen und Stahl.

Die Umwandlung des Gußeisens in Stahl geschieht in Schmelztiegeln, deren Ausmaße im allgemeinen den Erfolg der Umwandlung entscheiden. Das ständige Hinzufügen von Holzkohle während des Vorganges ist unentbehrlich; das in der Verschmelzung befindliche Material muß ständig vor Luft geschützt und immer wieder mit Schlacke und Holzkohle bedeckt werden. Zwei Blasebalge, die durch Wasserkraft angetrieben werden, liefern die notwendige Luft, um die Glut aufrechtzuerhalten, die Schmelze zu reinigen und in Stahl umzuwandeln. Die Hauptaufgabe des Arbeiters besteht darin, den Düsen seiner Blasebalge die richtige Richtung zu geben. Das Wichtige ist, daß die Luft durch die Ausrichtung der Düsen, während sie aus den Blasebalgen entweicht, gleichmäßig im ganzen Raum des Tiegels zirkuliert, damit alle Stellen des Materials damit durchsetzt werden.

Am Ende von fünf bis sechs Arbeitsstunden, nachdem der Arbeiter ungefähr 240 Pfund Guß- und Alteisen verbraucht hat und ungefähr 400 Pfund Holzkohle, erhält er aus der Verschmelzung eine Stahlmasse mit einem Gewicht von ungefähr 140 Pfund.

Er trägt die Masse unter den Hammer; sie wird dort in vier ungefähr gleich große Stücke geteilt. Dies ist dann eigentlich der natürliche Stahl aus der Schmelze, das heißt der Rohstahl, der, nachdem er zu 17 bis 18 viereckigen Stäben ausgereckt worden ist, zur Raffinierung übergeht.

** Ein karen wiegt 1600 Pfund.
*** Ein ainser wiegt 150 Pfund.

Abb. 12: Illustration zu einem Artikel über die Solinger „Schwertarbeiter" aus der Zeitschrift „Illustrierte Welt", vermutlich in den 1870er Jahren.

Raffinierstahl

Der Raffiniermeister reckt all diese Stäbe zu Platten von gleicher Länge und Dicke aus; wie sie unter dem Reckhammer hervorkommen, wirft er sie ins Wasser, um sie zu härten und um die Qualität vom Schaden zu unterscheiden; er macht davon unterschiedliche Posten, und je nachdem, welche Stahlsorte man von ihm verlangt, stellt er davon Pakete und Bündel zusammen.

Die wichtigste Fähigkeit des Raffineurs besteht darin, die Bündel gut zusammenzustellen und vor allem die Platten gut zu den Stahlsorten zu verschmelzen, die für den vorgesehenen Gebrauch angemessen sind. Diese Zusammenstellung muß sehr genau überlegt sein; man wird leicht deren Bedeutung verstehen, wenn man bedenkt, daß ein Stahlbündel aus 20 bis 25 Platten besteht und 30 bis 35 Pfund wiegt. Nachdem es in einem Steinkohlenfeuer mit sehr hoher Temperatur verschmiedet worden ist, wird es zu viereckigen Stäben ausgereckt und wieder zusammengefaltet, um von neuem zu einer Platte ausgewalzt und zu anderen Bündeln zusammengetragen zu werden, um sich dort einer neuen Zusammenstellung zu unterziehen. All diese Raffinierstahlbündel sind das Ergebnis von 60, 80, ja sogar 160 aufeinanderliegenden Platten.

Stahlsorten

Folgende Raffinierstahlsorten benötigt man täglich im Handel
- sogenannten Steiermark-Stahl (für die Grobschmiede)
- sogenannten Ungarn-Stahl
- sogenannten Karmeliter-Stahl
- sogenannten „Etoffe du Pont"-Stahl (für die Messerfabrikation)
- Stahl für Federungen an Wagen und ähnlichem
- Stahl für Feilen
- sogenannten „Zwei-und-Drei-Markierungs"-Stahl, brauchbar für die Klingenherstellung: Er wird so genannt, weil er zwei- und sogar dreimal raffiniert ist, was ihm große Konsistenz gibt, notwendige Eigenschaften der Materialien zur Sensenherstellung, die vor allem frei von Fehlern, Rissen und Sprüngen sein müssen. Man trifft die Wahl der besten Rohstähle.

Kunst der Sensenherstellung

Die Sensenherstellung mit Steiermark-Stahl bildet die bedeutendste Wirtschaftsbranche des Bergischen Landes****. Der Arbeiter, von dem im wesentlichen der Erfolg dieser Fabrikationsrichtung abhängt, ist der Raffiniermeister; die Qualität, die der Stahl verlangt oder, um es besser zu sagen, die gute Zusammensetzung des Materials, verlangt besondere Kenntnisse. Im allgemeinen erfordern alle Aufbereitungen, denen sich die Sense unterzieht, eine sehr gewissenhafte Überwachung, um ein gutes Fabrikat zu erzielen, und vor allem intelligente Arbeiter.

**** In einer der folgenden Ausgaben werden wir die Beschreibung eines ebenso einfachen wie bequemen Werkzeugs veröffentlichen, dessen man sich in den Betrieben des Bergischen Landes bedient, um einen Stahl- oder Eisenbarren in Teile gleichen oder beliebigen Gewichts zu zerteilen. A. B.

Betrieb, in dem man 80 000 Sensen pro Jahr herstellt

Im folgenden wird ein kompletter Betrieb zusammengestellt, in dem jährlich 80 000 Sensen hergestellt werden. Er besteht gewöhnlich aus:

	Arbeiter Meister	Arbeiter Gesellen
1 Schmiedehammer mit zwei Feuerstellen, um den Stahl zu raffinieren; mit	1	2
1 Schmiedehammer und eine Feuerstelle, um die Sensen roh zu bearbeiten.	1	1
2 Schmiedehämmer und zwei Feuerstellen, um die Sense in die Länge zu ziehen und ihr die rechte Form zu geben.	2	2
	4	5

	Arbeiter Meister	Arbeiter Gesellen
Übertrag:	4	5
3 Hämmer, um die Sensen zu schmieden, mit einer doppelten Feuerstelle, wobei einer der Blasebälge drei Abzweigungen hat.		
Nach dieser Aufbereitung geht die Sense durch die Hände folgender Arbeiter:		
— ein „aussetzer“	1	-
— zwei „austrücker“	2	2
— zwei „klipperer“	2	-
ein „haerter“	1	-
— ein „anblaser“	1	-
— ein „schrift aussetzer“	1	-
— ein „schleiffer“	1	-
— zwei „schraeber“	-	2
	13	9

Insgesamt 5 Hämmer, 6 Feuerstellen und 22 Arbeiter — 13 Meister und 9 Gesellen.

Selbstkostenpreis von 100 Stück

Die folgende Tabelle verdeutlicht, daß die Fabrikanten des Bergischen Landes eine Gewinnspanne von rund 50% aus dem Verkauf der Sensen haben.

Selbstkostenpreis und Verkaufspreis von 100 Sensen

Arbeitskräfte

	fr.	cent.	
Schmiedemeister	3	75	
Ausrecker	2	-	
„aussetzer“	-	50	
„austrücker“	2	-	
„schrift aussetzer“	-	50	11fr. 50 cent
„haerter“	1	20	
„schleiffer“	-	75	
Beschneider	-	40	
„anblaser“	-	40	

	fr.	cent.	
Übertrag:	11	50	
„écureurs“ und „grateurs“	-	40	
Glätter	2	50	17 fr. 50 cent
„redresseur“	1	50	
Packer und andere kleine Kosten	1	-	
Rohstoffe und andere Kosten			
150 Pfund Stahl zu 8 Sous			
(für 100 Sensen zu 30 Zoll)	60	-	
notwendige Steinkohle	5	-	72 fr. 50 cent
Härtemittel	2	50	
Unterhaltskosten des Betriebes	5	-	

Selbstkostenpreis für 100 Sensen	90 fr.
Durchschnittlicher Verkaufspreis im Bergischen Land	135 fr.
Gewinn bei 100 verkauften Sensen	45 fr.

Preisvergleich zwischen Frankreich und dem Bergischen Land

Das, was gerade über Selbstkosten- und Verkaufspreis der Sensen im Bergischen Land gesagt worden ist, beweist doch wohl ausreichend, wie wichtig es wäre, in Frankreich diese Art der Herstellung einzuführen.

In mehreren unserer Departements sind die Preise für Rohstoffe und Arbeitskräfte sehr viel geringer als im Bergischen Land. Das Eisen von erster Qualität kostet dort nicht mehr als 20 fr. pro 100 Pfund; es kostet demgegenüber 25 fr. im Bergischen Land.

Stahl	40 fr.	48 fr. (Berg. Land)
Steinkohle	50 cent.	2 fr. (Berg. Land)
Arbeitstag	1 fr. 50 cent.	2 fr. (Berg. Land)

Sägen und Grobschmiedewaren

Die Herstellung von Sägen aus Stahl und Eisen im Bergischen Land ist noch verbreiteter als die der Sensen und ebenso lukrativ für den Hersteller; sie entzieht unserer Handelsbilanz jährlich mehrere Millionen; nach den Sensen ist sie der interessanteste Artikel und muß ebenfalls die Aufmerksamkeit der Regierung auf sich ziehen. Die Werkzeuge des Zimmermanns, Tischlers, Drechslers, Stellmachers usw. lassen sich auch mit großem wirtschaftlichen Nutzen herstellen. Das Schleifen der Feilen, die Herstellung landwirtschaftlicher Geräte und grobgeschmiedeter Gegenstände zum Schiffsbau weisen viel Gewinn auf und sind von erstrangigem Nutzen.

Burkhard Dietz

August Hermann Niemeyers Erinnerungen an eine Reise durchs Wuppertal im Jahre 1806

Die Erinnerungen August Hermann Niemeyers[1] *an eine Reise durchs Wuppertal im Jahre 1806 sind jenem Typus von Reisebericht zuzuordnen, der die sozialen Begleit- und Folgeerscheinungen des im letzten Drittel des 18. Jahrhunderts einsetzenden technisch-ökonomischen Modernisierungsprozesses, die sozialen „Konsequenzen" der sich abzeichnenden Industrialisierung, nicht mehr außer acht läßt*[2]*, etwa die zunehmende Ausbeutung von Kinderarbeitern, die Monotonisierung des Produktionsprozesses, die Verelendung der Unterschichten sowie die wirtschaftliche und soziale Abhängigkeit der Arbeiterschaft vor allem in den exportorientierten Gewerbezweigen der Textilindustrie vom konjunkturellen Wirtschaftsablauf*[3]*. Insbesondere Niemeyers kritische Grundhaltung, aber auch sein sozialer Erfahrungshorizont, ließen ihn nicht in jenen ungetrübten Fortschrittsoptimismus verfallen, von dem andere Reiseberichte aus dieser Zeit geprägt sind und die sich durch eine geradezu naive Verherrlichung der materiellen Errungenschaften des „Industrie- und Maschinenzeitalters" auszeichnen. Allerdings muß bei Niemeyers Reisebericht und seiner Interpretation berücksichtigt werden, daß rund 17 Jahre vergingen, bevor Niemeyer seine Reiseerlebnisse aus dem Jahre 1806 niederschrieb und veröffentlichte*[4]*. Gewiß hatten sich in dieser Zeit — zusätzlich angeregt durch die allmählich einsetzende öffentliche Diskussion etwa um die soziale Problematik der Kinderarbeit*[5] *— einige von Niemeyers Beurteilungskriterien für seine aus der Erinnerung geschöpfte Reisebeschreibung verändert. Nichtsdestoweniger weist aber Niemeyers äußerst realistische und von Subjektivität getragene Darstellung darauf hin, mit welcher Nachdrücklichkeit sich ihm die Grundzüge der genannten sozialen und wirtschaftlichen Probleme bereits 1806 eingeprägt hatten.*

---

1 Die vorliegende Einleitung zu August Hermann Niemeyers Reisebericht ist die wesentlich gekürzte und veränderte Fassung meines Beitrags: Reisen im Bergischen Land um 1800. Ein Nachtrag: Die „Beobachtungen" August Hermann Niemeyers im Wuppertal aus dem Jahre 1806, in: ZBGV 89 (1980/81), S. 122—137. Hier auch weiterführende Literaturhinweise.

2 S. hierzu Friedrich Perthes' Besuch im Wuppertal und in Ehringhausen 1816 und 1829, in: *Gerhard Huck/Jürgen Reulecke* (Hg.): . . . und reges Leben ist überall sichtbar! Reisen im Bergischen Land um 1800 (= Bergische Forschungen, Bd. XV), Neustadt a. d. Aisch 1978, S. 213—217. Vgl. auch den Reisebericht von Adolf Diesterweg im vorliegenden Band, S. 137—143.

3 Vgl. hierzu *Wolfgang Köllmann:* Industrielle Unterschichten im Bergischen Land und im Ruhrgebiet in der Früh- und Hochindustrialisierung, in: *Hans Mommsen/Winfried Schulze* (Hg.): Vom Elend der Handarbeit. Probleme historischer Unterschichtenforschung, Stuttgart 1981, S. 319—333; *Wolfram Fischer:* Soziale Unterschichten im Zeitalter der Frühindustrialisierung, in: *ders.:* Wirtschaft und Gesellschaft im Zeitalter der Industrialisierung. Aufsätze — Studien — Vorträge, Göttingen 1972, S. 242—257.

4 *August Hermann Niemeyer:* Beobachtungen auf einer Reise durch einen Theil von Westphalen und Holland (= Bd. III der Gesamtausgabe von Niemeyers Reiseberichten mit dem Titel: Beobachtungen auf Reisen in und außer Deutschland, 5 Bde., Halle 1820—1826), Halle 1823, S. 238—250, S. 361—364.

5 *Arno Herzig:* Kinderarbeit in Deutschland in Manufaktur und Protofabrik (1750—1850), in: Archiv für Sozialgeschichte 23 (1983), S. 311—375.

Als August Hermann Niemeyer (1754—1828) den vorliegenden Reisebericht veröffentlichte, war er bereits durch zahlreiche wissenschaftliche Arbeiten und sein außergewöhnliches Engagement auf dem Gebiet des Erziehungs- und Unterrichtswesens weit über die Grenzen seines engeren Wirkungskreises an der Universität Halle und den Franckeschen Erziehungsanstalten als bedeutender Gelehrter bekannt[6]*. Seine akademische Laufbahn konnte Niemeyer schon in relativ jungen Jahren erfolgreich beginnen, nicht nur auf der Grundlage seiner akademischen Leistungen, die allgemein Anerkennung fanden, sondern auch wegen seiner Abstammung, die den Nachfahren aus einer traditionsreichen evangelischen Predigerfamilie des Halleschen Pietismus und den Urenkel August Hermann Franckes privilegierte*[7]*. 1771 nahm Niemeyer das Studium an der Martin-Luther-Universität in Halle auf, wo er hauptsächlich theologischen, aber — als Verehrer von Lessing, Kloppstock und Kant — auch philosophischen und literarischen Interessen nachging. Schon sechs Jahre später, Niemeyer hatte inzwischen mit einer philosophischen Arbeit über Homer promoviert, wurde er in den akademischen Lehrkörper der Universität aufgenommen und hielt zunächst verschiedene Vorlesungen ab, so unter anderem über die Auslegung antiker Klassiker, von denen er auch zweckmäßige Ausgaben für den Schulgebrauch herausgab. 1784 wurde Niemeyer in Anerkennung seiner wissenschaftlichen Leistungen*[8] *zum ordentlichen Professor der Theologie und zum Inspektor des königlichen Pädagogiums ernannt; ein Jahr später berief man ihn in das Direktorium der Franckeschen Lehranstalten, 1799 wurde er ihr leitender Direktor. Im Jahre 1804 erhielt Niemeyer als „Wirklicher Oberkonsistorial- und Schulrat“ Sitz und Stimme im Ministerium für Unterrichtsangelegenheiten, wodurch ihm ein gewisser Einfluß auf das Erziehungswesen ganz Preußens eingeräumt wurde. Entscheidend für diese „Karriere“ war nicht zuletzt das Vertrauensverhältnis zwischen Niemeyer und König Friedrich Wilhelm III. von Preußen, der ihn immer wieder unterstützte, auszeichnete und damit indirekt protegierte*[9]*.*

---

[6] Die biographischen Angaben basieren im wesentlichen auf: *Karl Menne:* August Hermann Niemeyer. Sein Leben und Wirken, Halle 1928; *Binder:* Art. August Hermann Niemeyer, in: Allgemeine Deutsche Biographie, Bd. 23, Leipzig 1886, S. 677—679; *Hans-Hermann Groothoff/Ulrich Herrmann* (Hg.): A. H. Niemeyer — Grundsätze der Erziehung und des Unterrichts . . . (Nachdruck der Originalausgabe von 1796), S. 383—389.

[7] A. H. Francke (1663—1727), der 1695 die nach ihm benannten Erziehungsanstalten in Halle gründete (später mit Waisenhaus, Armenschule, Pädagogium; angegliedert: Buchhandlung, Verlag, Druckerei, Bibelanstalt, Ostindische Missionsgesellschaft). Die Franckeschen Stiftungen bildeten den Mittelpunkt des Halleschen Pietismus und hatten wesentlichen Einfluß auf die Entwicklung des Erziehungswesens in Deutschland (Lehrerseminare; die Einbeziehung mathematischer und naturwissenschaftlicher Ausbildung führte im Ansatz zur Entwicklung der Realschule). Vgl. hierzu *W. Oschlies:* Die Arbeits- und Berufspädagogik August Hermann Franckes, Witten 1969; *Carl Hinrichs:* Der Hallesche Pietismus als politisch-soziale Reformbewegung des 18. Jahrhunderts, in: Moderne Preußische Geschichte 1648—1947, hg. v. *Otto Büsch* u. *Wolfgang Neugebauer*, Bd. 3, Berlin/New York 1981, S. 1294—1306.

[8] Aufgrund der inzwischen erfolgten Publikation seines theologischen Hauptwerks, der „Charakteristik der Bibel“ (5 Bde., Halle 1775—1782) war Niemeyer bereits seit 1779 außerordentlicher Professor der Theologie. Eine ausführliche Bibliographie von Niemeyers Schriften sowie eine Würdigung seiner pädagogischen Werke geben *H.-H. Groothoff/U. Herrmann* (s. Anm. 6), S. 389—399, 402—440; zu Niemeyers Stellung an der Universität Halle vgl. *Albrecht Timm:* Die Universität Halle-Wittenberg. Herrschaft und Wissenschaft im Spiegel ihrer Geschichte, Frankfurt a. M. 1960, S. 53, 64 ff.

[9] *H.-H. Groothoff/U. Herrmann* (s. Anm. 6), S. 386 f.

Dem hervorragenden wissenschaftlichen und gesellschaftlichen Ansehen, das Niemeyer zeit seines Lebens genoß, wurde insbesondere 1807 und 1808 Rechnung getragen, als man ihn darum bat, zwei Ämter zu übernehmen, für die besonders hohe Qualifikationen vorausgesetzt wurden: Zunächst erhielt Niemeyer im Auftrag des preußischen Königs einen Ruf an die noch im Aufbau befindliche Universität Berlin, an der er den Lehrstuhl für evangelische Theologie übernehmen sollte[10]*. Und schließlich wurde ihm im Januar 1808 vom Minister Freiherr vom Stein die Leitung des „geistlichen und Schuldepartements", gewissermaßen des Kultusministeriums von Preußen, angetragen, jenes Amtes, das wenig später Wilhelm von Humboldt bekleidete*[11]*. Doch Niemeyer lehnte beide Angebote ab, weil er nicht dazu bereit war, seine vielfältigen Lehr- und Verwaltungstätigkeiten in Halle aufzugeben*[12]*.*

Als August Hermann Niemeyer im Sommer 1806 begann, die Vorbereitungen für seine zweimonatige Reise durch Holland, die niederrheinischen Gebiete und Westfalen zu treffen, fühlte man sich in Preußen offenbar durch die siegreichen napoleonischen Heere nur wenig gefährdet, denn man hatte auf eine diesbezügliche Anfrage Niemeyers beim preußischen Militär gegen eine Auslandsreise nichts einzuwenden[13]*. Über Münster und Kleve reiste Niemeyer nach Holland und von dort über Krefeld und Düsseldorf nach Elberfeld und Barmen. Noch vor dem Wuppertal besuchte Niemeyer — wie Goethe 1774*[14] *— Haus Pempelfort, den ehemaligen Wohnsitz seines Freundes Friedrich Heinrich Jacobi. Doch für Niemeyer drängte die Zeit, so daß er nicht einmal mehr so gute Bekannte, wie die Familie des Remscheider Kaufmanns Josua Hasenclever, persönlich aufsuchen konnte*[15]*. Kurz nachdem Niemeyer das Wuppertal mit einem „herrlichen Rückblick auf die gesegnete Landschaft" verlassen hatte, erhielt er die Nachricht von der Besetzung Preußens durch Napoleon. Wegen politischer Protestdemonstrationen der Studenten war die Universität Halle geschlossen worden. Doch dem ‚geistlichen Diplomaten' gelang es trotz wiederholter Schwierigkeiten, den Lehrbetrieb der Hochschule mit nur kurzen Unterbrechungen aufrecht zu erhalten*[16]*.*

Nach der französischen Besatzungszeit wurde Niemeyer in seinen Ämtern bestätigt: Bis zum Jahre 1816, als er zum „beständigen Beauftragten des hohen Departements für Unterrichtsangelegenheiten" ernannt wurde, übte Niemeyer das Amt des

---

[10] *Dietz* (s. Anm. 1), S. 129 (Anm. 35).

[11] Ebd. (Anm. 36).

[12] *Karl Menne* (s. Anm. 6), S. 75.

[13] Ebd., S. 51; zu Niemeyers Reise durch Westfalen vgl. *Franz Flaskamp:* August Hermann Niemeyers Westfalenreise 1806, in: Archiv für Kulturgeschichte 47 (1965), S. 321—337.

[14] S. hierzu: Goethes Besuch bei Jacobi und Jung-Stilling im Sommer 1774, in: *Gerhard Huck/Jürgen Reulecke* (s. Anm. 2), S. 45—47.

[15] Josua Hasenclever war 1799 selbst Schüler von Niemeyer am Pädagogium in Halle gewesen und ließ sich hinsichtlich der Erziehung seines Sohnes Hermann Hasenclever beraten (vgl. hierzu: Josua Hasenclever, ein bergischer Kaufmann, in: *August Lomberg:* Bergische Männer, Elberfeld 1921, S. 139; *Adolf Hasenclever:* Aus Josua Hasenclevers Briefwechsel mit dem Staatsrat G. H. L. Nicolovius in Berlin, in: ZBGV 39, 1906, S. 59 f.).

[16] 1807 wurde Niemeyer zusammen mit anderen Honoratioren der Stadt Halle nach Frankreich deportiert (s. hierzu Niemeyers „Beobachtungen auf einer Deportationsreise durch Frankreich im Jahr 1807", Bd. IV u. V. der Gesamtausgabe, Halle 1824—1826); 1808 Wiedereröffnung der Universität und Ernennung Niemeyers zum Kanzler der Hochschule durch König Jérôme; 1813 wurde Niemeyer seiner Ämter enthoben; seit Okt. 1813 (Völkerschlacht bei Leipzig) Wiederherstellung des Zustandes von 1808 (*Binder*, s. Anm. 6, S. 677).

Rektors und bis 1817 auch das des Kanzlers der Universität Halle aus[17]*. Die für ihn wichtigsten Aufgabenbereiche, seine Lehrtätigkeit und die Leitung der Franckeschen Bildungsanstalten, behielt Niemeyer jedoch bis zum Ende seines Lebens bei. Noch wenige Wochen vor seinem Tod, am 7. Juli 1828, hatte der inzwischen 73jährige mit mehreren Lehrveranstaltungen das neue Semester begonnen und sich dabei jener respektvollen Beliebtheit erfreut, die ihm vom Beginn seiner akademischen Laufbahn an entgegengebracht worden war*[18].

*

Der im folgenden abgedruckte Text ist aus Bd. III der „Beobachtungen auf einer Reise durch einen Theil von Westphalen und Holland" (s. Anm. 4), S. 238—250 sowie S. 361—364 entnommen und enthält die Passagen über das Bergische Land in ungekürzter und sprachlich unveränderter Form.

August Hermann Niemeyer (1806)

Das Herzogthum Berg
Elberfelde

Hätten wir doch in diesem herrlichen Lande, in welchem man recht augenscheinlich überzeugt wird, daß *Arbeit nicht Fluch,* sondern *Segen* ist, länger verweilen, und so manche Orte die wir vorüberreisen mußten, wie *Remscheid, Lennep, Solingen* selbst besuchen können, um frühere schöne Verbindungen mit vormaligen Zöglingen, in den Familien *Hasenclever, Wülfing, Moll* und *Henke* wieder anzuknüpfen. Aber nun beschränkte uns der Drang der Umstände auf die größete und vorzüglich interessante Fabrikstadt und ihre nächsten Umgebungen.

Gleich bey dem Eintritt in das *Bergische* erklärt sich dem Reisenden der *Name* des Landes. Der Weg geht über Berge und Thäler, wie in unsern Harzgegenden, wiewohl in einem andern Charakter. Die Höhen öffnen zum Theil weitere Aussichten, und der Wechsel der frischen Wiesen, mit kleinen wohlgepflegten Gärten und den, je weiter man kommt, sich mehrenden Wohnungen der Fabrikarbeiter, bringt Mannichfaltigkeit in die Umgebung.

Die Natur hat allerdings viel für das *Bergische* Land, diesen glücklichen Theil Westphalens, gethan. Aber der Fleiß, anfangs hier, wie überall Erzeugniß der Noth, hat auch jeden Wink der Natur aufgefaßt und recht eigentlich, was in ihr irgend verborgen lag, zu entdecken und zu benutzen gewußt. Im Schooße der mit großen Waldungen bedeckten Gebirge, liegen die reichhaltigsten Mineralien, Kupfer, Eisen, Bley, Steinkohlen. Wo das Land sich ebnet, ist der Boden für den Kornbau, für Obst- und Gemüsebau, wie für Viehzucht höchst ergiebig. So theilen die Bewohner ihre Thätigkeit zwischen Ackerbau und Fabrikarbeit. Glücklicher und gesunder leben unstreitig die, welche, zwar auch im Schweiße des Angesichts, aber doch unter Gottes schönem Himmel und in freyer Luft den Boden bauen, und den Segen der Arbeit ihrer Hände in stetem Wechsel aufblühen und reifen sehen, indeß ihre Brüder

[17] *H.-H. Groothoff/U. Herrmann* (s. Anm. 6), S. 388.
[18] *Menne* (s. Anm. 6), S. 11—33, 86—91.

der Weberstuhl und die Wollbereitung einen Tag wie den andern, in enge Stuben oder in die drückende Luft großer Arbeitssäle bannt, wo ein ewiges Einerley sie umgiebt. Indeß sind alle schon zufrieden, wenn nur die Erndte Segen bringt, und der Handel der Hände Arbeit fördert und lohnt.

Dieß war indeß nicht immer der Fall. Es hat Zeiten gegeben, wo auch hier die schweren Jahre, durch welche Deutschland, während so vieler politischen Umwälzungen gegangen ist, sehr hart gedrückt und die Armuth oft bis zur Verzweiflung gebracht haben. Denn bey der geringsten Stockung der Fabriken, welche in solchen Zeiten nicht ausbleiben konnten, wurden sogleich viele Hunderte brodtlos, und die Wohlthätigkeit blieb ihre einzige Zuflucht. Unter der Pfalzbayerschen Regierung hatte man sich wohl befunden. Die französische Uebermacht erweckte bald bange Besorgnisse. Die *Joachim-Muratsche* Regierung war in dem Jahre unsers Dortseyns eben erst eingetreten, und man schwankte zwischen Fürchten und Hoffen. Sie war bekanntlich von kurzer Dauer. Daß ein großer Theil des Herzogthums, nach der großen Katastrophe im Jahr 1814, *Preußen* anheim gefallen ist, darf es gewiß nicht bereuen. Es erfreut sich einer vorzüglichen Fürsorge der Regierung*, und eines neuerwachten physischen und geistigen Lebens**.

Es war schon Abend als wir ankamen. Seit kurzem gab, eben nicht zur Freude vieler wohldenkenden Einwohner, die Düsseldorfsche Schauspielergesellschaft auch hier Vorstellungen. Eine ungleich angenehmere und lehrreichere Unterhaltung fanden wir an der Gasttafel. Ein sehr unterrichteter Kaufmann, Herr *Platzhof*, ein benachbarter sehr würdiger und kenntnißreicher Prediger, Herr *Nohl,* und der gefällige Factor einer hiesigen Fabrik, Herr *Seidel,* an den wir adressirt waren, bildeten einen angenehmen Kreis, und das Gespräch bereitete uns auf das eigne Anschauen des Orts und seiner Merkwürdigkeiten vor, das für den folgenden Morgen verabredet ward.

Elberfelde, ein deutsches *Saardam,* vereinigt die mannichfaltigsten Zweige der Industrie. Unter diesen sind die Spitzen-, Leinwand-, Baumwollen-, Band- und die — Zeuge aus Leinen- und Wollengarn liefernden — Siamoisenfabriken, wohl die bedeutendsten, da man nach den neuesten statistischen Angaben allein an 4200 Weber-

---

* Eine sehr genaue statistische Uebersicht, des *Kreises Elberfeld,* welche das obige bestätigt, liefert die Beylage zum 16ten Stück der Allgem. Preußischen Staats-Zeitung vom Jahr 1823.

** Das *Herzogthum Berg* ist seit ein Paar Jahrhunderten durch die mannichfaltigsten Regierungswechsel gegangen. Im Anfang des 17ten Jahrhunderts bildete es unter dem Herzog *Johann III.* jenen Staat, der *Jülich, Cleve, Berg,* die Grafschaft *Mark* und *Ravensberg* umfaßte. Nach langem Erbfolgestreit fielen *Jülich* und *Berg* an das *Kurpfälzische* (nachmalige *Pfalzbayersche*) Haus, und die Grafschaft *Mark* und *Ravensberg* an *Brandenburg.* Nach den *Lüneviller* Frieden (1801) und der Abtretung des linken Rheinufers, ging *Jülich* für Pfalzbayern verloren. Im J. 1806 ward auch das ganze übrige Herzogthum *Berg* gegen *Ansbach* von Bayern an Frankreich abgetreten, und am 15ten May 1806 *Joachim Murat* zum souverainen Großherzog von *Berg* ernannt, auch nach dem *Tilsitter* Frieden, die Grafschaft *Mark* und *Teklenburg* etc. zu dem *Bergischen* geschlagen. Als 1808 *Murat* König von Neapel ward, erklärte *Napoleon* seinen *Neffen,* den ältesten Sohn des Königs von Holland zum Großherzog, unter vormundschaftlicher Regierung. Doch ward 1810 ein Theil der Länder mit Frankreich vereinigt. Seit dem J. 1814 fiel der größte Theil des Herzogthums dem preußischen Staat zu und bildet hauptsächlich den Regierungsbezirk *Düsseldorf.* Welchen Einfluß so mancherley Wechsel der Regierungen und Regenten auf Land und Einwohner haben müsse, ist schwer zu berechnen. Aber sie sind ein merkwürdiger Beytrag zu der Geschichte unsrer Zeit. Möge die Vorsehung das itzt wieder glückliche und ruhige Land vor ähnlichen Erfahrungen bewahren!

stühle zählte*. Die Morgenstunden wurden dem Besuch einiger Fabrikhäuser gewidmet. Ich muß auch hier die Beschreibung des Einzelnen, da wir ohnehin nur den allerkleinsten Theil sehen konnten, gewerbkundigen Reisenden überlassen. Uns gab besonders die unbeschreibliche Thätigkeit und Betriebsamkeit, zu welcher selbst die kleinsten Kinder, wär es auch nur zum Auflesen der Flocken, gewöhnt werden, zu manchen Betrachtungen Anlaß. Ein rechter Ameisenfleiß begegnete uns auf jedem Schritte. Man versicherte uns, daß Fünfjährige schon täglich einige Groschen verdienen könnten. Dabey war es doch schwer, sich des Gedankens zu erwehren, wie ganz unverhältnißmäßig der Gewinn der reichen Inhaber dieser großen Arbeitshäuser, gegen den kärglichen Lohn derer sey, auf welche die Last der Arbeit liegt. Man wird auch zweifelhaft, ob es möglich sey, daß der Geist dieser von Morgen bis in die Nacht arbeitenden Classe, die fast ganz mit den Dreh- und Spinnmaschinen in eine Linie tritt, bey dem immer wiederkehrenden Mechanismus noch Kraft behalten könne, Ideen zu erzeugen und an innerer Bildung fortzuschreiten. Doch dieser Gedanke drängt sich bey den Fabrikarbeitern in allen Ländern auf, und man kommt dabey in Versuchung, die unglaublichen Fortschritte des Maschinenwesens, das so viele Menschenkräfte erspart, aber auch so vielen Menschenhänden das Brodt zu rauben scheint, für kein so großes Uebel, wie es manchen erscheint, zu halten, wenn es nur an andern Arten der Beschäftigungen, vor allen der natürlichsten, dem Land- und Ackerbau nicht fehlte und so viel noch unbebauter Boden, der Tausende von Menschen nähren könnte, urbar gemacht würde.

Uebrigens wird in *Elberfelde* auch der Geist der Kinder nicht ganz vernachlässigt. Möchten nur alle Inhaber von Fabriken denken wie die Gebrüder *Engels;* errichteten sie nur wie diese neben ihren Fabrikhäusern noch Schulhäuser, in welchen, besonders durch Lehrer, wie wir in Hrn. *Wilberg* kennen lernten, für ihre Kinder durch Unterricht gesorgt, und der Gewinnsucht solcher Eltern, denen die Kinder nicht genug erwerben können, gesteuert würde. Die preußische Regierung hat auch von dieser Seite, durch Vermehrung und Verbesserung der Schulen und Schullehrer, schon sehr segenreich gewirkt.

Da bey aller Gelegenheit zum Brodterwerb, doch die Zahl der Armen, noch immer — wie an allen Fabrikorten, sobald Stockungen eintreten — sehr groß ist, so hat man es auch an Fürsorge für sie nicht fehlen lassen. Wir sahen hier zum ersten Mal eine wohlfeilnährende *Suppenanstalt,* ganz nach dem Plan des Grafen *von Rumford,* dessen Name unter den Wohlthätigsten unsrer Zeitgenossen auch nicht vergessen werden darf**. Man war in dem Technischen der Zubereitung, der Benutzung der

---

* Im Kreise *Elberfelde,* welcher nicht mehr als *sechs Quadratmeilen* umfaßt, bestehen diesen Augenblick — außer *einer* Alaunsiederey, *einer* Fabrik für Eisen- und Stahlwaaren, *einer* für chemische Präparate, — 83 für Baumwollenwaaren, 93 Färbereyen, 10 Baumwollspinnereyen, 71 Garnbleichen, 56 Linnen-, Garn-, Band- und Spitzenfabriken, 36 Seidenfabriken, 3 Wollentuch-, 3 Wollenband-, 2 Peitschen-, 2 Papier-, 3 Sammt-, 2 Hut- und 11 Messingfabriken; 4 Essigbrauereyen, 6 Lohgerbereyen, 2 Seifen-, 4 Vitriolsiedereyen, welche im Ganzen an 40 000 Menschen in und außerhalb dem Kreise beschäftigen. Jene 6 Quadratmeilen bewohnen, nach der letzten Zählung, 76 053 Menschen, von welchen allein auf die beyden Fabrikstädte *Elberfeld* und *Barmen* 44 026 kommen — 42 000 Weberstühle in *Steins* geogr. Lexicon sind wohl ein Druckfehler?

** Ich machte im J.1807 seine persönliche Bekanntschaft in *Paris,* und werde im 4ten Theil auf ihn zurückkommen (gemeint sind Niemeyers „Beobachtungen auf einer Deportationsreise durch Frankreich im Jahre 1807", vgl. Anm. 16, B.D.).

Abb. 13: Elberfeld im Jahre 1805 von Westen; im Vordergrund der sogenannte Ochsenkamp. Die beiden Häuser rechts im Bild befinden sich ungefähr an der Stelle des heutigen Robert-Daum-Platzes.

Abb. 14: Elberfeld von der Kluse aus um 1810 nach einem kolorierten Stich in der Art Bleulers; rechts im Bild ausgedehnte Bleichwiesen, wo sich heute das Elberfelder Schauspielhaus befindet, außerdem ein Schöpfrad zur Heranführung des Wupperwassers zum Bleichen.

Dampfröhren, durch welche das Gemüse mit großer Ersparung des Feuermaterials, und in weit kürzerer Zeit zubereitet wird, und in ähnlichen Vorrichtungen schon sehr weit gekommen, und die ärmere Classe war gegen die Wohlthat einer so gesunden und nährenden Kost nicht so undankbar, als in vielen Orten Deutschlands der Fall gewesen ist.

Unstreitig gewährt dem Fremden der Totaleindruck der Stadt, ihre Lage, ihre immer zunehmende Ausdehnung im *Barmenthal,* wodurch schon mehrere andere Orte, wie *Gemark* und *Wupperfelde,* als Glieder einer langen Kette mit ihr verbunden sind, besonders bey schöner Witterung, den reichsten Genuß. Wenn, wer vor 60 bis 80 Jahren diese Gegend bewohnt hat, wiederkehren und sehen könnte, was seitdem entstanden ist — wenn er den kleinen Wupperfluß, von seiner Quelle an durch alle diese reichen Anlagen und Besitzungen begleiten, und wahrnehmen könnte, wie das, was damals kaum zu werden und sich zu regen begonnen hatte, itzt hundert- und tausendfach vermehrt ist, — er würde sich spät von seinem Erstaunen erholen können. Wir machten in den Nachmittags- und Abendstunden, in der Begleitung der neuen uns bald sehr werth gewordenen Bekannten, den trefflichen Weg von *Elberfeld* bis *Wupperfeld.* Ein schmales Thal wird von einem höchst mahlerischen Landgebirge umgränzt. Die *Wupper,* mehr einem breiten, klaren und raschen Bache ähnlich, durchströmt es. Sie ist die eigentliche Mutter und Nährerin dieser ganzen Gegend. Hier die Fluren und Wiesen bewässernd, dort große und kleine Mühlräder treibend, die Maschinenwerke belebend, dann in kleinere Arme verbreitet über die Bleichen rieselnd, verliert sie sich zuletzt in dem großen vaterländischen Rheinstrom. Man könnte sie einem vielfach segenreichen Menschenleben vergleichen, das, auch verronnen, überall Spuren zurückläßt, bis es endlich das Meer der Ewigkeit aufnimmt.

Wohin das Auge sich wendet, erblickt es mehrere Stunden lang, zwar geschmackvoll doch ohne Künsteley erbaute, Wohlstand im Innern versprechende, meistentheils massive Häuser. Zwischen diesen liegen Gärten Bleichplätze, Oekonomiegebäude, bunt aber nicht grell angestrichene Gartenhäuser, alles reinlich gehalten, zierlich doch einfach. Man wird oft an Holland erinnert. *Elberfeld* selbst ist mehr stadtmäßig aber unregelmäßig gebaut. Von der Höhe des *Harmoniegebäudes* übersieht man nur einen Theil, da die Berge, durch welche sich hierhin und dorthin die Straßen ziehen, die Ansichten hemmen. Das angränzende *Gemark* möchte man eher mit einem englischen Park vergleichen. Fast am lieblichsten wird das Thal bey *Wupperfelde.* Die ganz unbeschreiblich reiche Landschaft übersieht man, zumal in der Abendbeleuchtung, am schönsten, von einem hohen zwischen beyden Orten gelegenen *Belvedere.*

Von unsern Begleitern, den Herrn *Platzhof* und *Nohl,* zu denen sich auch der ehrwürdige schon sehr bejahrte lutherische Prediger *Rauschenbusch**, und sein durch mehrere geistvolle Schriften bekannter Sohn, der in der Nähe Prediger war, gesellt hatten, war auf dem langen Wege, den nur die einbrechende Dunkelheit endigte, viel zu hören und zu lernen.

* Itzt Prediger zu *Altena,* Verfasser der *Auserlesenen biblischen Historien* und des *„Handbuchs bey dem Gebrauch jenes Schulbuchs“* (bis itzt 2 Theile, 1820 und 1822). Dieß möchte ich, wegen der geistvollen Behandlung, und vieler neuen Ansichten der so oft gemißhandelten biblischen Geschichte, jedem Prediger und Schullehrer empfehlen.

Zunächst fiel das Gespräch auf so manche merkwürdige religiöse Bewegungen und Erscheinungen alter und neuer Zeit, in dem Herzogthum *Berg* und der Umgegend. Die Bemerkung ist nicht neu, daß gewisse Arten der Beschäftigungen und Gewerbe, namentlich auch sitzende Lebensarten, wie die der Schuster, der Weber und ähnlicher Fabrikarbeiter, jener Beschaulichkeit, die sich in religiösen Speculationen und Phantasieen verliert, sehr leicht Nahrung geben. Kein Wunder denn, daß gerade in einem Lande, wo diese Lebensweisen vorherrschend sind, wo überdieß die Gelegenheit zum Verdienst, Menschen aus allen Ländern, und Mitglieder der verschiedensten Kirchengemeinschaften herbeyzog und an einander schloß, sich auch das innere religiöse Leben oft ganz eigenthümlich, und zum Theil höchst wunderbar gestaltete. Man zeigte uns von fern das Städtchen *Ronsdorf.* Im J. 1730 stand hier ein *einziges* Haus. Ein überaus thätiger, gescheyter und arbeitsamer, aber durch Lesung vieler fanatischer Schriften, von der Idee des herannahenden tausendjährigen Reichs, bis zur höchsten Schwärmerey ergriffener Mann, *Elias Eller,* anfangs Bandfabrikant in *Elberfeld,* wirkte durch die Kraft und, wie es oft geht, gerade durch manchen Unsinn in seinen apokalyptisch-prophetischen Reden auf eine Menge Menschen so gewaltig, daß, da er ein neues Jerusalem, in welchem nichts Unreines wohnen sollte anzulegen versprach, an dreyßig reiche Kaufleute und Menschen von allen Gattungen sich anschlossen, dort ansiedelten, lange Zeit als *neue Propheten* ihr Wesen trieben, eine Kirche erbauten, Begünstigungen und Freyheiten von der Regierung erhielten, und den Stifter dieser Secte, so wie dessen junge Frau, die erwünschte Nachfolgerin einer älteren, beynah vergötterten. Wenn späterhin die Obrigkeit jenem Unwesen, welches D. *Jung* in seinem *Theobald** mit den grellsten — doch, wie er heilig versichert — in keinem Stück übertriebenen Farben und Zügen, geschildert hat, ein Ende machte, so ist doch die Wirkung dieses verirrten religiösen Enthusiasmus, in der Gründung und dem Bestehen eines neuen Fabrikortes, dessen erster Bürgermeister *Eller* war, geblieben. Statt *eines Bauerhofs* stehen itzt 310 Häuser da, worin Seiden-, Band-, Leinwand- und Eisenfabriken blühen, und über *zweytausend* Einwohner leben.

Neben solchen und ähnlichen Verirrungen, ist der ernste religiöse Sinn um so achtungswürdiger, welcher sich in den *Bergischen* und *Märkischen* Ländern länger als in manchen andern Gegenden erhalten, und, auch bey der größten Verschiedenheit der theoretischen Ansichten der Lehre, auf die so verschieden organisierten Menschen gleich wohlthätig gewirkt hat. — Wie sehr die Erhaltung und Nährung desselben das Verdienst vieler sehr würdigen Prediger dieser Gegend ist, bestätigte die Unterhaltung mit unsren eben genannten wackern Begleitern. Wie wohl befindet man sich doch in der Gesellschaft echt religiöser Menschen, so lange keines Meinung die Meinung des Andern beherrschen, aber auch eben so wenig aus falscher Gefälligkeit oder schüchterner Zurückhaltung, die eigene Ueberzeugung verbergen oder verschleyern will.

Nur der späte Abend konnte unser Gespräch trennen. Auch manche wehmüthige Erinnerung hatte es geweckt. Der ältere *Rauschenbusch,* welcher seitdem im J. 1812 seine Laufbahn vollendet hat, war ein vertrauter akademischer Freund meines einzi-

---

* *Theobald* oder die Schwärmer, eine wahre Geschichte von *Heinrich Stilling.* Frankf. und Leipzig 1783. 2 Theile. Der Verfasser verschweigt die Namen der Hauptpersonen. Diese, so wie das Nähere über diese *Ronsdorfer* Secte findet man in der Beyl. Nr. XI.

gen mir zu früh entrissenen Bruders, in welchem ich selbst mit dem *Bruder* auch den ersten und treuesten meiner *Freunde* verloren hatte. Wir gedachten seiner, wie man der Gerechten gedenkt, die zum Frieden gekommen sind. Auch hier noch ein Mal öffentlich dieses durchaus redlichen, mit seiner Zeit vorsichtig aber unermüdet fortschreitenden Mannes, und treuen Hirten seiner Gemeinde zu gedenken und seine Asche zu segnen, ist mir Bedürfniß und Religion des Herzens. Die ihn gekannt, werden mir zeugen, daß mein Urtheil keine Parteylichkeit leitete*.

Sobald man das romantische *Wupperthal* verlassen hat, so steigt die Straße allmählig höher und höher, und man gewinnt dadurch noch einen herrlichen Rückblick auf die gesegnete Landschaft. Dann erweitert sich der Weg. Bey der steten Abwechslung möchte man ihn lieber verlängern als verkürzen. Von allen Seiten ist reges Leben; bald Reihen von Fabrikhäusern, dann wieder schöne Naturpartieen; bald ein lautes, Arbeit und Betriebsamkeit verkündendes Geräusch von Eisenhämmern, Mühlen und Weberstühlen, ab- und zufahrenden Wagen und Karren mit rohen oder fertigen Producten des Erwerbfleißes; bald wieder eine wohlthuende Stille. Man versäume nicht, bey *Göbelsberg* den Weg zu Fuß zu machen. Zu meiner Freude traf ich hier den sehr würdigen und noch itzt thätig fortwirkenden Geistlichen, Hrn. *Hasenclever,* und genoß in seiner Begleitung, und von ihm über die Einzelheiten der Umgebung, die Höhen, die Thäler, die Ruinen alter Bergschlösser noch mehr belehrt, alles doppelt. In der nächsten preußischen, zwar kleinen, aber durch Garnbleichen und Manufakturen wohlhabenden Stadt Schwelm, konnten wir nicht verweilen, fanden aber wieder in dem Rector Hrn. *Keßler* einen freundlichen Begleiter nach *Hagen* wo wir Mittags eintrafen . . .

Im Anhang zu Bd. III, S. 361—364, findet sich noch folgender Nachtrag, der sich auf S. 101 (S. 248 des Originals) bezieht:

In der *Mosheimschen* Kirchengeschichte, fortgesetzt von J. R. *Schlegel,* 6. Bd., findet man folgenden Bericht von der *Ronsdorfer* Secte, welcher jedoch in einzelnen Zügen von der *Jungschen* Erzählung im *Theobald* abweicht.

Der Urheber dieser Secte war *Elias Eller,* zuerst ein Bandfabrikant zu *Elberfeld,* hernach Bürgermeister des — vornehmlich auf seinen Betrieb erbaueten — Städtchens *Ronsdorf* in dem Herzogthum *Berg* — ein feuriger Bauernsohn, von großem Hang zum Wunderbaren und zur Schwärmerey, dessen Kopf durch das Lesen der Schriften von *Jacob Böhm, Pordage, Leade, der Berlenburger* Bibel, der *geistlichen Fama,* und besonders der *Apokalypse* in Unordnung gebracht war. Er heiratete zuerst eine Witwe, mit welcher er ein ansehnliches Vermögen bekam. Er fing aber bald an, seine Frau des Umgangs mit dem Teufel zu beschuldigen. Weil sie schwächlich wurde, so nahm er *Anna von Buchel,* eine Beckerstochter, zu sich, die von ihm mit schärmerischen Ideen erfüllt war, und bestimmte sie neben der Seinigen, die er für die *Babylonische* Hure erklärte, zur Ehefrau. Die erste nannte er *Vasti,* die andere *Esther,* ließ sich auch nach dem Tode der Ersteren mit der *Esther* trauen, nannte sie die *Zionsmutter,* sich aber den *Zionsvater,* weil von ihnen das Reich Gottes ausgehn

* *David Gottlieb Niemeyer,* Oberprediger zu *Glaucha,* an eben der Kirche, an welcher einst unser Aeltervater, A. H. *Franke* stand, und sein großes Werk begann; Verfasser der *Bibliothek für Prediger* und mehrerer andern Schriften. Er war 1745 geb. und starb 1788.

sollte. (Nach *Jung* erwartete man, da sie schwanger ward, einen neuen Weltheiland. Doch starb das Kind. So hätten wir hier eine zweyte *Southcott*, von der im zweyten Theil dieser Schrift S. 93 ff. geredet ist.) Diese schwärmerische Komödie begünstigte der reformirte Prediger zu Düsseldorf, Wülfing, der hernach nach Ronsdorf berufen wurde, nebst einigen andern Geistlichen. Man gab vor, die *Esther* werde von dem heiligen Geiste getrieben, sie sey das apokalyptische Weib mit der Sonne bekleidet; seine mit ihr gezeugten vier Kinder seyen von Gott unmittelbar gezeugt — und *Eller* selbst sey der *Edle* Luc. 19, 12. ein andrer Serubabel, und ein untrüglicher Ausleger der Schrift, in dessen Namen und durch welchen allein Gott Gebete erhöre. Auch der äußerliche Aufzug Ellers und seiner Frau war diesem Vorgehen gemäß. Des Abendmahls enthielten sich seine Anhänger ein ganzes Jahr lang, und gaben vor, das Brodt und der Wein, die sie bey Ellers Mahlzeiten aus seinen Händen empfingen, seyen weit kräftiger. Dagegen aber hielten sie Liebesmahle, bey welchen sehr schändliche Dinge vorgegangen seyn sollen. Seine Anhänger, die er durch seine Schrift unter dem Titel Hirtentasche, durch mündlichen Umgang und Briefe zu vermehren wußte, waren in drey Classen und Grade eingetheilt; die von der ersten Classe hießen die im Vorhofe, die zweyte Classe hießen die an der Schwelle oder Standespersonen, und die dritte Classe die in den Tempel Gehörige oder Geschenkte. Es ist zu verwundern, daß diese wüste Schwärmerey, die von 1726 an bis 1749 getrieben wurde, unentdeckt blieb, bis endlich ein gewesener Candidat, der eine Zeitlang Kaufmannschaft zu Ronsdorf getrieben hatte, *Joh. Werner Knevels,* die Sache bey der Synode zu *Wald* anzeigte; da denn von dem Consistorium zu *Elberfeld* und hernach auch von verschiedenen reformirten Synoden Untersuchungen angestellt, und die, welche an der Secte Theil genommen hatten, von der Gemeinschaft der reformirten Kirche ausgeschlossen wurden. Da die *Ronsdorfer* alles für feindselige Erdichtungen ausgaben: so wurde eine Königlich preußische und kurpfälzische Commission niedergesetzt, welche urtheilte, die Wahrheit der meisten Anklagen erhelle aus den Acten, die Ronsdorfer seyen mit Recht durch die Synode von Bergen von der Kirchengemeinschaft ausgeschlossen worden, und auch ohne Bezeugung wahrer Reue über ihre Irrthümer und Laster nicht wieder aufzunehmen; und der Spruch der Commission wurde auch 1754 von dem Könige von Preußen bestätiget. Nach dem 1750 erfolgten Tode *Ellers* entstand ein Streit zwischen *Wülfing* und dem andern Ronsdorfischen Prediger *Schleyermacher.* Dieß verursachte, daß viele von dieser Gesellschaft abtraten. *Wülfing* bekam endlich eine Stelle in dem Zuchthause zu Düsseldorf; da dann die ganze Rotte endlich sich zerstreute, und der Rest der Gemeinde den *Ellerschen* Irrtümern feyerlich entsagte.

Man vergleiche über den Gegenstand: Acta H. E. B. XIV. S. 903 ff. B. XVII. S. 906. — Gräuel der Verwüstung an heil. Stätte, oder die Geheimnisse der Bosheit der Ronsdorfischen Secte. Frankf. und Leipzig 1751. & *Joh. Werner Knevels* entdecktes Geheimniß der Bosheit der Ellerianischen Secte zu Ronsdorf. Marb. 1751, &.

D. Jung in seinem Theobald oder die Schwärmer (Th. 2. S. 13 ff.) beschreibt ihre Geschichte unter dem Namen der *Kollerischen* Secte, hat aber — setzt *Schlegel* hinzu — vermuthlich bey einigen Umständen sich der Freyheit eines Dichters bedient; wenigstens ist von vielen Nebenumständen nichts in den gedruckten Acten enthalten.

Burkhard Dietz

Wilhelm Christian Müllers Besuch von „seltenen Fabriken und mechanischen Kunstwerken" (1819)

Die folgende Reisebeschreibung Wilhelm Christian Müllers nimmt gemeinsam mit dem Bericht Felix Franz Hofstäters über die Mechanisierung des Textilgewerbes im Wuppertal (1793) in der vorliegenden Quellensammlung insofern eine Sonderstellung ein, als ein wesentlicher Teil des Textinhalts aus der Beschreibung technischer Funktionsabläufe von Textilmaschinen besteht — solcher Textilmaschinen, wie sie im Jahre 1819 in Barmen/Elberfeld gebräuchlich waren. Dabei weisen die wenigen bekannten biographischen Daten den Autor dieses Reiseberichts als ausgesprochenen Geisteswissenschaftler aus: Wilhelm Christian Müller wurde 1752 zu Unterkahn im Meiningischen (zwischen Thüringer Wald und Rhön) geboren und war seit den 1770er Jahren als Philologielehrer an der Domschule zu Bremen tätig[1]. *Seit 1776 veröffentlichte Müller mehrere unterrichtsorientierte pädagogische und philologische Schriften, italienische und französische Grammatiken und Sprachlehren sowie 1824 einen zweibändigen Bericht über eine Reise nach Italien*[2]. *Im Frühling des Jahres 1819 brach er in Begleitung einiger Freunde von Bremen aus zu einer Reise durch Deutschland in die Schweiz auf, wobei ihn sein Weg unter anderem auch über Hagen und Schwelm ins Wuppertal führte. Mit den bei vielen Reisenden der damaligen Zeit üblichen Empfehlungsschreiben ausgestattet*[3], *wurde Wilhelm Christian Müller von Fabrikanten freundlich aufgenommen und zur Besichtigung der „höchst listig erfunden(en) Maschinen" und „mechanischen Kunstwerke" durch die Fabriken geführt*[4].

Von seiten der Technikgeschichte wurde bereits mehrfach auf den besonderen Quellenwert der Reiseliteratur hingewiesen, wenngleich einschränkend hinzugefügt wurde, daß nur in seltenen Fällen „reichhaltigere Hinweise auf Wirtschaft und Technik" aus dieser Quellengattung gewonnen werden könnten[5]. *Diese Einschränkung kann aber nur insofern als berechtigt angesehen werden, als der regionalspezifische Aussagewert von Reiseberichten bisher kaum überprüft wurde, sondern man sich hauptsächlich auf Fragestellungen des europäischen Technologietransfers im Zeitalter*

---

1 Die biographischen Angaben basieren auf *Hamberger/Meusel:* Das gelehrte Teutschland oder Lexikon der jetzt lebenden teutschen Schriftsteller, Bd. 5, Lemgo [5]1797 (Nachdruck 1965), S. 348.

2 Zu den Veröffentlichungen Wilhelm Christian Müllers s. *Hamberger/Meusel,* a.a.O. und *Christian Gottlob Kayser (Hg.):* Vollständiges Bücher-Lexikon, Bd. 3, Leipzig 1835 (Nachdruck 1961), S. 177.

3 Wie aus dem nachfolgenden Text hervorgeht, erhielt Müller die Empfehlungsschreiben für Barmen/Elberfeld von Philipp Adam Storck (1780—1822), der 1810 Direktor der Hagener Handelsschule und anschließend (seit 1817) als Professor an der Handelsschule in Bremen tätig war (*Hamberger/Meusel:* a.a.O., Bd. 20, Leipzig [5]1825, S. 658).

4 Müllers erster Besuch, über den er irrtümlicherweise im Zusammenhang mit Elberfeld berichtet, galt der bedeutenden Tuchfabrik Christian Molls in Hagen, in der 1819 bereits 160 Arbeiter beschäftigt waren (*Ernst Voye:* Geschichte der Industrie im Märkischen Sauerland, Bd. I: Kreis Hagen, Hagen 1908, S. 121 ff.). Der nachfolgende Quellenabdruck wurde um diese Textpassage gekürzt.

5 *Albrecht Timm:* Einführung in die Technikgeschichte, Berlin/New York 1972, S. 21; *Karl Graf v. Klinckowstroem:* Von alten Reisebeschreibungen, in: Deutsche Technik 3 (1935), S. 154 ff.

der frühen Industrialisierung konzentrierte[6]. *Von zentraler Bedeutung war hierbei stets die Frage, wann und unter welchen Bedingungen der Beginn der „industriellen Revolution", die Durchsetzung des Fabriksystems*[7], *in Deutschland vollzogen worden sei. Wirtschaftshistorische Untersuchungen, zum Teil aber auch die historische Innovationsforschung, kamen dabei jedoch vielfach aus dem Schatten der Watt'schen Dampfmaschine nicht heraus, während gleichzeitig die Bedeutung des Wasserrads als Kraftmaschine in einer zentralisierten Produktionsstätte, der Fabrik, weitgehend außer acht gelassen wurde. Neuere englische und auch deutsche Forschungen nehmen dagegen an*[8], *„daß die Anfänge des Fabriksystems namentlich in der Textilindustrie nicht mit der Dampfmaschine, sondern mit dem, aufgrund theoretischer Berechnungen und durch verbesserte Metall- und Holzverarbeitung ebenfalls leistungsfähiger gemachten traditionellen Wasserrad verbunden war"*[9]. *Vor diesem Hintergrund gewinnt der Reisebericht Wilhelm Christian Müllers eine nicht nur regionalhistorische, sondern durch die Vorreiterrolle des Bergischen Landes im preußisch-deutschen Industrialisierungsprozeß auch eine übergreifende historische Bedeutung*[10]. *Indem Wilhelm Christian Müller die durch Wasserkraft angetriebenen Spinnmaschinen in dreistöckigen Fabrikgebäuden, die Bandwebstühle usw. mit seinen geringen Vorkenntnissen über mechanische Funktionsabläufe zu beschreiben versucht, liefert er doch eine der frühesten Technikbeschreibungen aus dem Wuppertal*[11] *und zugleich einen konkreten Hinweis darauf, daß das Fabriksystem — hier ganz im Sinne Wolfram Fischers als konstitutives Element für die sich durchsetzende Industrialisierung verstanden — als Produktionsform in der Textilindustrie des Wuppertals möglicherweise*

[6] Vgl. hierzu *Hans-Joachim Braun:* Technologische Beziehungen zwischen Deutschland und England. Von der Mitte des 17. bis zum Ausgang des 18. Jahrhunderts, Düsseldorf 1974; *Werner Kroker:* Wege zur Verbreitung technologischer Kenntnisse zwischen England und Deutschland in der zweiten Hälfte des 18. Jahrhunderts, Berlin 1971; *Wolfhard Weber:* Industriespionage als technologischer Transfer in der Frühindustrialisierung Deutschlands, in: Technikgeschichte 42 (1975), S. 287—305.

[7] *Dietrich Hilger:* „Fabrik", in: Geschichtliche Grundbegriffe. Historisches Lexikon zur politisch-sozialen Sprache in Deutschland, hg. v. *Otto Brunner, Werner Conze* u. *Reinhart Koselleck,* Bd. 2, Stuttgart 1975, S. 238 ff.; *Hermann Freudenberger:* Die Struktur der frühindustriellen Fabrik im Umriß, in: *Wolfram Fischer* (Hg.): Wirtschafts- und sozialgeschichtliche Probleme der frühen Industrialisierung, Berlin 1968, S. 413—433.

[8] *G. N. v. Tunzelmann:* Steam Power and British Industrialization to 1860, Oxford 1978, S. 159; *R. J. Forbes:* Power to 1850, in: A History of Technology, hg. v. *Charles Singer* u. a., Bd. 4, Oxford 1965, S. 156; *P. N. Wilson: Water Power and Industrial Revolution, in: Water Power 6 (1954), S. 311.*

[9] *Akos Paulinyi:* Kraftmaschine und Arbeitsmaschine. Zum Problem der Basisinnovationen in der Industriellen Revolution, in: Technikgeschichte 45 (1978), S. 179.

[10] Zur Vorreiterrolle des Bergischen Landes im preußisch-deutschen Industrialisierungsprozeß vgl. insbesondere *Jürgen Reulecke:* Nachzügler und Pionier zugleich: das Bergische Land und der Beginn der Industrialisierung in Deutschland, in: *Sidney Pollard* (Hg.): Region und Industrialisierung. Studien zur Rolle der Region in der Wirtschaftsgeschichte der letzten zwei Jahrhunderte, Göttingen 1980, S. 52—68; *Herbert Kisch:* Vom Monopol zum Laissez-Faire: das frühe Wachstum der Textilgewerbe im Wuppertal, in: *ders.:* Die hausindustriellen Textilgewerbe am Niederrhein vor der industriellen Revolution, Göttingen 1981, S. 162—257.

[11] Als weitere in technik- und sozialgeschichtlicher Hinsicht aussagekräftige Quelle vgl. *Arnold Esch:* Pietismus und Frühindustrialisierung. Die Lebenserinnerungen des Mechanicus Arnold Volkenborn (1852), (= Nachrichten der Akademie der Wissenschaften in Göttingen I. Philologisch-historische Klasse, Jg. 1978, Nr. 3), Göttingen 1978.

bereits vor der Einführung der Dampfmaschine (1821) voll entwickelt war[12]*: Kraft- und Arbeitsmaschinen wurden bereits zentral, das heißt in einem Gebäude, zur Produktion eingesetzt. So berichtet Wilhelm Christian Müller beispielsweise über die Tuchfabrik des aus Lennep stammenden Christian Moll in Hagen: „3 Mühlräder treiben alle Maschienen vom Spinnen, Weben, Walken, bis zum Scheeren der Tücher. Ein Gang (= Transmissionsriemen, B. D.) treibt im untern Geschoß eines langen Gebäudes 16, und im oberen 10 Tuchscheeren"*[13].

Die von Wilhelm Christian Müller bei der Beschreibung der Maschinen verwandte Sprache spiegelt eine ambivalente, noch weitgehend unentschiedene Einstellung gegenüber den Errungenschaften des „Maschinenzeitalters" wider[14]*. Einerseits werden die „mechanischen Kunstwerke", wie die Maschinen und Apparate zunächst bezeichnet wurden, als geniale Erfindungen und als „allgemein nützliche Gewerke" beurteilt. Andererseits wird aber auch die dämonisierende Wirkung der Maschinen ausgedrückt, die einer Mischung aus empfundener Ohnmacht und Furcht vor den sich weitgehend ohne menschliche Eingriffe vollziehenden mechanischen Arbeitsabläufen entsprang: „Wenn man . . . nur wenige Menschen zwischendurchgehen und hier und da eingreifen sieht, und diese ungeheure und regelmäßige Bewegung in tausendfältigen Getrieben rollen, pfeiffen, rauschen und poltern hört: so überfällt den Zuschauer ein Schauder, als vor Gespenstern, die alle unsichtbar arbeiten"*[15].

*

Der folgende Reisebericht über das Wuppertal des Jahres 1819 ist in leicht gekürzter und sprachlich unveränderter Form Wilhelm Christian Müllers umfangreicher Schrift „Flug von der Nordsee zum Montblank" entnommen[16].

Wilhelm Christian Müller (1819)

Am lieblichsten Frühlingsmorgen verließen wir also mit Sonnenaufgang das Städtchen Unna. Schönere Scenen nahmen uns auf. Die Pflanzenwelt war durch einen milden Regen nach 3 Monaten Trockenheit erquickt. Doch hatte der Gebirgsnebel schon hier früher die Stelle des Regens vertreten. Hohen Rocken in der Blüthe, Waizen in Ähren, blühende Äpfelbäume, Büsche voll Nachtigallen, blumigte Thäler voll heller Bäche, die ganze junge Natur im Brautschmuck begrüßte uns in der Nähe der Berglande.

---

[12] Vgl. *Wolfgang Hoth:* Die ersten Dampfmaschinen im Bergischen Land, in: Technikgeschichte 47 (1980), S. 365—392, bes. S. 385.

[13] Zit. aus Müllers Reisebericht (s. Anm. 16), S. 26 der Originalvorlage.

[14] Vgl. hierzu auch *Martin Henkel/Rolf Taubert:* Maschinenstürmer. Ein Kapitel aus der Sozialgeschichte des technischen Fortschritts, Frankfurt a. M. 1979.

[15] Zit. aus Müllers Reisebericht (s. Anm. 16), S. 27 der Originalvorlage.

[16] *Wilhelm Christian Müller:* Flug von der Nordsee zum Montblank durch Westphalen, Niederrhein, Schwaben, die Schweiz; über Baiern, Franken, Niedersachsen zurück, 2 Teile, Altona 1821, S. 22—34. Die Datierung der Reise auf den Frühling des Jahres 1819 ist durch die am Ende des Berichts erwähnte, nur wenige Wochen zurückliegende Ermordung des Dichters August von Kotzebue am 23. 3. 1819 belegt.

Mitten auf denselben kamen wir an das angenehm liegende Badeörtchen *Schwelm* mit dem blutrothen Wasser* im aufgeschwemmten, eisenhaltigen Lehmboden. Nach einem frugalen Frühstück, im Posthause, kamen wir bald mit guten Pferden in das enge romantische *Wupperthal* hinab. An den steilen Ufern dieses rauschenden Waldbachs, zwischen schroffen Steinbrüchen und lieblichen Wiesen, mit stets beweglichen Wasserrädern, haben Gewerbsfleiß und Wohlhabenheit ihre Wohnungen aufgeschlagen. Und so erfreulich es ist, in dem fetten Lande vor und unten an den *Bergen* im reichen Segen der herrlichsten Getraidefelder, die lachendsten Aussichten über Wälder, wechselnde Hügelgelände und fröhliche Matten zu genießen; so erfreulich ist es nun, jenseits der Bergscheide, zwischen den steilen Felswänden und waldigen Schluchten der Berge, die ununterbrochenen, lustigaussehenden, grauen Häuserreihen, mit den schwarzen Schindeldächern und grünen Fensterladen zu sehn, z. B. in Rittershausen, Wupperfeld etc. Die schnell stürzende *Wupper* ist die Quelle des Reichthums. Durchs ganze Thal schimmern die hellglänzenden Garn- und Zeugbleichereien hervor, die Schöpfräder zu dem Bleicherwasser, die sprützenden Bleicherinnen, und die Walk-, Spinn- und Zwirnmühlen beleben das Ufer der aneinanderstoßenden Kolonien von *Barmen* und Elberfeld.

Elberfeld [. . .]

Hier war alles noch in größerer Bewegung, weil Messe, oder 10tägiger Jahrmarkt war, wo auch Trommler und Springer ihr lärmendes Wesen trieben, und die herzugeströmten Landleute erlustigten. Elberfeld, wie alle heute passirten Örter, zeigen im Äußern einen hohen Wohlstand; doch hörten wir lauter Klagen über Stockung des Handels, über Mangel an Käufern, über Mauth, Zölle und hohe Abgaben. Man müsse sich beschränken, hieß es. Das Schauspielhaus war in ein Magazin verwandelt. Dagegen hatten sich die Mitglieder des Museums mit der Loge vereint, ein neues herrliches Gebäude nach einem großen Styl aufzuführen. Das vordere Gebäude ist 120 und die Flügel 100 Fuß lang. Der Fronton ruht auf 6 kanelirten Säulen von 18 Fuß Umfang. Im Äußern der Flügel hat man mehr auf das innere Bedürfniß, als auf äußere Symmetrie gesehn, welches eine Verstimmung des symmetrischen Gefühls erweckt. Auffallend war mir, daß man hier für Freimaurer-Zusammenkünfte jezt erst große äußerliche Anstalten macht, zu einer Zeit, wo der höhere und reinere Zweck des Maurerordens erreicht, wo sein inneres Leben abgestorben, und ihr Verein nur Anlaß zu äußerer Form und hauptsächlich zur Geselligkeit geworden ist; und da in unserer geistigeren Zeit, jeder *edlere* und *gesittete* Mann schon ein *wahrer Maurer* seyn muß. Doch — der Verein der Edleren ist auch etwas Gutes. Wenn das Gebäude nicht in hoffnungsvollen Zeiten projektirt und begonnen wäre, so glaub' ich, fing man es jezt nicht an.

Von den vielen und seltenen Fabriken und mechanischen Kunstwerken im Bergischen, will ich nur zweier mit wenigen Worten gedenken. Solche verwickelte und höchst listig erfundene Maschienen zur Erreichung großer und manchfaltiger Zwecke, muß man lange betrachten, und ihr Wirken und Ineinandergreifen genau beobachten, um sie zu verstehen und zu beschreiben. Doch um nur einen oberfläch-

---

* Das Eisen oxidiert sich im Kochen.

lichen Begriff von solchen allgemein nützlichen Gewerken anzudeuten, will ich nur mit zwei Worten der Tuchfabrik des genialischen Hrn. Christian *Moll* in mehreren neuen Gebäuden des reizend gelegenen Städtchens Hagen gedenken [. . .]

Noch Etwas von Fabriken

In Elberfeld besahen wir nur eine kleine Spinnmühle, deren es mehrere giebt. Hier ist wieder eine neue wunderbare Welt zu betrachten. Dieses verwickelte, von Engländern erfundene Maschienenwesen ist in Deutschland auch sehr verbessert worden. Wir betrachteten die Arbeit vom Anbeginn an. Auf dem Boden prügelten Knaben, auf elastischen Unterlagen, mit schwanken Stöckchen die rohe gewaschene Wolle, um sie von den gebliebenen Unreinigkeiten zu befreien und aufzulockern. Dann kömmt sie in den *Wolf*, so heißt ein Kasten, worin eine Walze mit durchgreifenden Haken mit Händen bewegt wird. Die hierin noch feiner zerzauste Wolle kömmt auf die von einer Mühle bewegten Kratzmaschienen, aus denen sie als locker zusammenhängende filzige *Watten* hervorrückt. Diese Watten werden in andere Kasten durch mehrere Walzen, welche gleich den gemeinen Kartetschen mit Drathäkchen besetzt sind, und sich gegenseitig bewegen, bearbeitet, so daß die kleineren Walzen die Wolle von den größeren theilweise abnehmen, in Löckchen bilden, und in einen Korb herauswerfen. Diese Löckchen werden nun an die Spindeln gedrückt, wo sie in lose Stremel gedehnt, gedreht, gleichsam in dicke Fäden, von der Dicke einer Federspule, auseinander gezogen werden. Diese werden nun an feineren Spindeln zu dünneren Fäden gezogen, gedreht — und so zum dritten-, vierten-, fünftenmal, bis sie zur Feinheit eines Haars gediehen sind, und so eben, genau und gleich, wie sie keines Menschen freie Hand zu spinnen vermag. Nur wenige Menschen bieten ihre Hände dabei; aber sie dürfen nicht einen Augenblick von der Arbeit absehen, denn es ist alles so mathematisch und ökonomisch nach Verhältniß der Wirkung und der Kraft berechnet, daß ein kleines Mädchen die aus der Maschiene gefallene Löckchen im Korbe nur an 10 Spindeln anhängen kann. Diese feiner ausgedehnten Fäden, welche zugleich auf Rollen gewickelt sind, werden von einem älteren geschickteren Mädchen auf das Spinngestell der zweiten Stuffe gebracht — hier sind 20 Fäden in Arbeit; die Spindeln der feiner ausgedehnten Fäden kommen zu 30 auf den 3ten Grad etc., so daß immer mehr Fäden aufgesetzt und feiner gesponnen werden. Zwischen 2 solcher Abtheilungen schaut ein Mädchen schnell mit Falkenblick über die Reihen der Fäden, um die abgerissenen schnell wieder anzuknüpfen. Das fertig gesponnene Garn wickeln andere auf Gebünde; und die Weisen oder Haspeln werden durch Bänder auch von der allgemeinen Kraft der Wasserräder, wie alle übrigen in einandergreifenden Räder, Getriebe, Drillinge, durch alle 3 Stockwerke hinauf bewegt. Das genau abgewogene Garn, welches seiner Gleichheit wegen auch immer von gleicher Länge und Gewicht ist, wird in Pakete zusammengelegt, gepreßt, maschienenmäßig gepackt und mit Bindfaden umschnürt etc. Keine Hand darf hier zu viel und müßig, keine zu wenig und mangelnd seyn. Alle Kräfte des Wasserrades und aller Getriebe stehen in Harmonie und Gleichgewicht mit den dabei angewandten Menschenkräften.

Die dritte erstaunenswürdige Maschiene ist der Bandweberstuhl. Eine Taschenuhr ist ein einfaches Werk gegen eine solche Maschiene, welche im Gehen ist. Sie kommt mir noch verwickelter und zauberischer vor, als der Strumpfweberstuhl. Es ist dem Nichtmechaniker kaum möglich sie zu fassen, sie mag stille stehn oder in Bewegung seyn. Man bedenke dessen Wirkung, daß auf Einem Stuhl, Ein Weber 30 Bänder von verschiedenen Farben, Façons und Feinheiten zugleich webt. Nach Verhältniß des feineren Einschlags wird ein Band schneller gewirkt als das andere. Ein Weber kann in Einem Tage 30 Ellen — also in allem 900 Ellen weben, von breitern Bändern aber nur 15 — 20 fach — auch nur 10 bis 20 Ellen — und von Sammetbändern nur 5 Ellen. — Seidenes *Sammetband* erfordert so viel Mühe und Handhabung, daß es immer sehr theuer werden muß. Es ist schon von den Engländern eine Aufgabe gewesen, es wohlfeiler durch Menschenhände zu machen, oder durch Maschienen die bisherige freie Bearbeitung zu ersetzen; weil die gewebten Schlingen aufgeschnitten werden müssen. Die Engländer weben die Sammetbänder, wie Sammet, mit Zwischenräumen und schneiden sie hernach in Streifen; dann haben sie aber keine Ränder, sind also keine Bänder, welche halten. — Man hat in Elberfeld einen Versuch gemacht, baumwollene Sammetbänder zu weben; — die Einrichtung ist aber noch ein Geheimniß.

Man denke sich beim Sammetweben einen doppelten Aufzug, a) einen schwarzen von starken linnen Garn, der die Basis wird, und b) einen farbigen seidenen losen, der die Schlingen oder Maschen giebt. Indem die farbigen 6fachen Seidenfaden oben sind, wird ein Messingdraht zwischen gelegt, welcher beim Niedertreten des seidenen Aufzugs von diesem umschlungen wird. Wenn 3 solcher Drähte eingewebt sind, so wird der erste durch die obenliegenden Fäden mit einem scharfen Messerchen aufgeschnitten; damit aber dies geschwind, sicher und doch maschienenmäßig geschehe, haben die Messingdrähte eine feine obenliegende Rinne oder Hohlkelchen, in welcher die Lanzette hinfahren kann. Die Arbeit geht langsam. Der fertige Sammet wird am Ende über glühende Messingwalzen geebnet.

Von diesen todtlebendigen Maschienen will ich nur noch die kleinere, aus freier Hand bewegte Schnürmaschiene anführen. Auf einem Gestell werden durch eine gekröpfte Kurbel 13 aufrechtstehende, mit Fäden umwickelte Spindeln, bewegt. Diese laufen so in- und durcheinander, daß sie lebendigen Puppen gleichen, welche wie die Tänzer einer Quadrille, sich künstlich verschlingen und wieder entwirren, daß es als eine lächerlich tanzende Bewegung erscheint.

Edle Menschen

Der Mensch ist indessen immer das herrlichste auf Erden — und wenn alle Wunder und Schönheiten der Natur und der Kunst im Winterschlaf versunken und die Rosen verblichen sind, und die Stürme über Stoppelfelder sausen, und der blaue Himmel hinter düsterem Gewölk verhüllt ist, und aus der Einbildung die lachendsten Gefilde verschwinden, und die Kunstwerke kein Interesse mehr gewähren — dann sind die einzelnen, dem Herzen nahegerückten Menschen, die neugefundenen verwandten Geister, die schönen in Engelgestalten und die weisen im Götterglanze noch in frischer Erinnerung — und ihre Blicke und ihre Reden erquicken noch spät die entferntesten Lebensgenossen, und den Erinnernden noch im Tode, noch im Himmel.

Da man auf Reisen höher gespannt von der Freude über die Gegenstände begeisterter ist, also auch genialischer, als im bürgerlichen, prosaischen Seyn: so giebt man Geistigeres und drückt sich edler, poetischer aus. So erscheint man der neuen Bekanntschaft interessanter. Man spricht besser und weckt im belebteren neuen Gönner Edleres, Schöneres, Interessanteres. — Das lebendigere Wort macht einen tieferen Eindruck, der gewechselte eingetauschte, schönere Gedanke gräbt sich tiefer ein, und wuchert im neuen Boden zu edler Frucht. Und — „giebt es wohl ein höheres Interesse, sagt Platon, als wenn Jemand glaubt, durch den Umgang mit einem Manne ein besserer Mensch zu werden?"

Darum suche ich überall wenigsten mit *Einem* interessanten Menschen in Verbindung zu kommen. Fehlen mir Empfehlungen so frage ich nach ausgezeichneten *humanen* Leuten, und es fehlte mir noch nie in der Aufsuchung — und selten, daß mir die aufgefundenen nicht warm und herzlich dankten und mich zu längerem Bleiben einluden.

Unter solche ausgezeichnete Menschen gehört in Elberfeld der Inhaber einer großen Bandfabrik Herr P. und sein Kompagnon Herr H. Beide gebildete Männer haben edle Frauen aus Bremen. In ihrer Gesellschaft machten wir einen reizenden Spatziergang in einem neu angelegten hohen Garten. Hier wurde bey freundlicher Umgebung und Aussicht in den heitern Abendhimmel Thee genossen, und über die Vergangenheit und Zukunft gemüthlich geschwatzt.

Die zufällig mitgebrachte Bremer Zeitung, welche Görres hochgeistige Gedanken und prophetische Warnung eines Jeremias an Weltregenten über Kotzebues Ermordung enthielt, wurde mit allgemeiner Theilnahme vorgelesen — und, da auch der Redakteur der dortigen Zeitung gegenwärtig war, welcher bald darauf Arrest bekam, zur öffentlichen Mittheilung behalten. Bey frölicher Umkreisung eines großväterlichen Humpen, angefüllt mit Firnewein und aromatischen Maikräutern — *Maitrank* — wurde auf Deutschlands Wohl — und Bremens — und aller Gutgesinnten von München bis Berlin, und aller Ehrlichredenden am Rhein, wie in den Schweizerbergen — getrunken, gescherzt und gelacht.

Burkhard Dietz

Carl Julius Webers Reise durch die „weite große Fabrik“ des Bergischen Landes (1821)

Ausgedehnte Reisen hatten den Schriftsteller und Privatgelehrten Carl Julius Weber schon durch ganz Westeuropa geführt, als er im Jahre 1821 die „industriöseste Provinz“ Deutschlands, die preußische Provinz Jülich-Cleve-Berg mit der Industrieregion des Bergischen Landes besuchte[1]. *Carl Julius Weber (1767—1832), der zum Zeitpunkt seiner Reise Abgeordneter der württembergischen Ständekammer in Stuttgart war, gilt heute als bedeutender Feuilletonist der deutschen Vormärzliteratur*[2], *denn der von der Aufklärungsphilosophie beeinflußte Verfasser vielgelesener skeptischer und antiromantischer Werke nahm häufig in satirisch-kritischer Weise Bezug auf die gesellschaftlichen Verhältnisse im Deutschland seiner Zeit*[3]. *Nach einem weitgehend erfolglosen Studium der Rechtswissenschaften, Statistik und Literaturgeschichte in Erlangen und Göttingen hatte Carl Julius Weber bis 1804 zunächst als Hauslehrer, Privatsekretär und Reisebegleiter bei verschiedenen Adligen im württembergischen Raum gearbeitet. Anschließend ermöglichte es ihm die materielle Unterstützung von Verwandten, sich als Privatgelehrter ganz seiner literarischen Tätigkeit zuzuwenden, aus der ein ausgesprochen umfangreiches, insgesamt dreißigbändiges Werk hervorging*[4]. *Während seine Werke gerade wegen ihrer satirisch-kritischen Inhalte von weiten Kreisen des Leserpublikums seiner Zeit geschätzt wurden, trafen sie bei der ‚offiziellen‘ wissenschaftlichen Fachwelt, die weitgehend den kulturellen und moralischen Kategorien des deutschen Biedermeier verhaftet blieb, auf bedeutend weniger Zustimmung, ja teilweise scharfe Kritik. So urteilte etwa ein zeitgenössischer Germanist über Webers Schriften: „Sein Witz ist aber oft zu derb, sein Humor oft zu sinnlich; beides schadet daher dem Gesamteindrucke und noch mehr der Wirkung seiner Schriften“*[5].

Nach der Überlieferung seines Biographen soll sich Carl Julius Weber schon in jungen Jahren intensiv mit der Lektüre von Reisebeschreibungen beschäftigt haben,

1 Der im folgenden abgedruckte Reisebericht ist entnommen aus *Carl Julius Weber:* Deutschland oder Briefe eines in Deutschland reisenden Deutschen, Bd. IV, Stuttgart (1828) ²1834 (= Carl Julius Weber's sämmtliche Werke, Bd. VII), S. 786—790.

2 Zu Webers litrarischem Wirken als Feuilletonist vgl. *Wilmont Haacke:* Handbuch des Feuilletons, Bd. I, Emsdetten 1951, S. 26; *Tony Kellen:* Aus der Geschichte des Feuilletons, Essen 1909, und *Rudolf von Gottschall:* Die deutsche Nationalliteratur des neunzehnten Jahrhunderts. Literar-historisch und kritisch dargestellt, Bd. I, Breslau ⁶1891, S. 177—211.

3 Vgl. dazu *Ernst Ludwig:* Die ästhetischen Anschauungen in Webers „Demokrit“, (Nachdr.) Amsterdam 1968.

4 *Carl Julius Weber:* Sämmtliche Werke, 30 Bde., Stuttgart 1834—45. Zur Biographie Webers vgl. *Max Mendheim:* Art. Karl Julius Weber, in: Allgemeine Deutsche Biographie, Bd. 41, Leipzig 1896, S. 334—339.

5 Zit. nach *O. L. B. Wolff:* Art. Karl Julius Weber, in: Encyclopädie der deutschen Nationalliteratur oder biographisch-kritisches Lexicon der deutschen Dichter und Prosaisten seit den frühesten Zeiten, bearb. u. hrsg. v. *O. L. B. Wolff*, Bd. 7, Leipzig 1842, S. 473.

„deren er soviel las, als er nur irgend habhaft werden konnte“[6]. *Als Weber dann vier Jahrzehnte später mit der Ausarbeitung seiner eigenen Reisetagebücher beschäftigt war, um die vierbändige Ausgabe seiner „Briefe eines in Deutschland reisenden Deutschen“ fertigzustellen, verglich er seine Notizen sorgfältig mit den Reisebeschreibungen, die er in seiner nahezu 11 000 Bände umfassenden Privatbibliothek angesammelt hatte*[7]. *So konnte Weber seine subjektiven Reiseerfahrungen noch pointierter herausstellen, als dies bei anderen Reiseautoren der Fall war, denn als Gegner der traditionellen Apodemik, mit der den gebildeten Ständen bis zum frühen 19. Jahrhundert präzise Anleitungen zur „Kunst des Reisens“ und zum Verfassen von Reisebeschreibungen vermittelt wurden*[8], *lehnte Weber auch in literarischer Hinsicht jede Gleichförmigkeit entschieden ab. Ähnlich wie sich die Autoren der „großen“ Reiseliteratur — von Georg Forster bis Heinrich Heine — in kritisch-ironischer Weise von jenem Typ des Reiseberichts abzusetzen versuchten, der von keiner Inspiration getragen war, sondern eher eine penible Tatsachensammlung darstellte*[9], *spottete Carl Julius Weber über die „ansteckende Reise-Epidemie“ jener Zeit, in der Reisen nach den gesetzmäßigen Vorschriften der Apodemik durchgeführt wurden und die eine Fülle gleichförmiger Reisebeschreibungen hervorbrachte*[10]:

„Im letzten Viertel des vorigen Jahrhunderts schien man aber auf einem andern Extrem zu schweben. Fürsten verließen ihre Throne, der Adel reiste zum Beschluß seiner Erziehung, viele Tausend aus bloßem Hang zu Zerstreuungen, und man konnte sogleich sehen, ob sie von Paris, London oder Rom kamen? Erzieher und Philanthropen reisten mit ihren Zöglingen, Gelehrte machten Exkursionen, und ließen solche drucken, um wieder zu ihren Auslagen zu kommen; so bekamen wir Reisende auf — *Subscription* und *Pränumeration! Reisebeschreibungen* und *Romane* kämpften mit einander um den Vorrang in der Lesewelt, so, daß zuletzt Leser und Verleger — kopfscheu wurden. Keiner der Reisenden dachte daran zuvor in *Anticyra* zu weilen, sie flogen umher wie Störche und *klapperten!* An die Stellen dieser Reisen scheinen jetzt die Verfasser der Büchlein *Rom, London, Paris, Madrid wie es ist, Wien, Berlin, Hamburg wie es ist, Neapel, Venedig, Stambul wie es ist* etc. treten zu wollen! *Bloße schreibende* Reisende, die nichts bewegen als ihre fünf Finger — sind unter allen Reisenden die erbärmlichsten. Um das Reisen ist es eine schöne Sache, noch schöner, wenn man durch die Beschreibung der Reise *neues Reisegeld* sich holt — aber das *Leben* nutzt sich ab, wie der *Geist des Schriftstellers,* und das *Reisen* ist leichter als das *Reisebeschreiben!*

Man begnügte sich nicht mehr mit dem schlichten Worte *Reisen* — sondern es gab *Briefe, Darstellungen, Gemälde, Ansichten, Aussichten, Blicke, Promenaden, Wanderungen, Ausflüge, Durchflüge, Querflüge, Frühlings-, Sommer-, Herbst-* und *Winterreisen, Kreuzzüge, Streifereien.* Wir bekamen malerische und empfindsame,

[6] *Mendheim* (s. Anm. 4), S. 334.
[7] Ebd., S. 338.
[8] Ausführlich dazu *Justin Stagl:* Die Apodemik oder „Reisekunst“ als Methodik der Sozialforschung vom Humanismus bis zur Aufklärung, in: *Mohammed Rassem/Justin Stagl* (Hg.): Statistik und Staatsbeschreibung in der Neuzeit vornehmlich im 16.—18. Jahrhundert, Paderborn 1980, S. 131—202.
[9] Vgl. z. B. *Ludwig Uhlig:* Georg Forster, Tübingen 1965, S. 234.
[10] Die folgenden spöttischen Bemerkungen Webers sind dem 34. Brief „Über das Reisen und Lob desselben“ entnommen (*Carl Julius Weber:* Deutschland . . ., a.a.O., S. 806—829, Zit. S. 812 f.).

botanische, mineralogische, literarische Reisen, Adler schrieb eine *biblische* Reise, und *Hön* ein iter juridicum. Die pedantische *Apodemik* oder *Kunst zu reisen* belehrte die Reisenden ganz systematisch nach den *Ständen*, und wir wollen Gott danken, daß nicht *Reisen nach allen Ständen* nachfolgten . . .“

Das Bergische Land, das Carl Julius Weber im Hinblick auf seine wirtschaftliche Bedeutung als „das deutsche Manchester, Birmingham, Sheffield und Newcastle“ bezeichnete[11]*, bildete das industrielle Zentrum der zu dieser Zeit noch existierenden preußischen Provinz Jülich-Cleve-Berg, aus der dann 1822 mit der Provinz Niederrhein die preußische Westprovinz Rheinland gebildet wurde*[12]*. In seinem nur recht kurzen Reisebericht charakterisiert Carl Julius Weber die bergische Industrieregion darüber hinaus als eine „weite große Fabrik“, die „unstreitig die industriöseste Provinz“ Deutschlands sei und die gemeinsam mit Westfalen eine zukunftsträchtige „neue Welt“ darstelle*[13]*. Die von Carl Julius Weber angesprochene Gründung der Rheinisch-Westindischen Kompagnie im März 1821 ging auf die Initiative des Elberfelder Kaufmanns Johann Jakob Aders zurück*[14]*. Diese Aktiengesellschaft zum „Zwecke der Ausfuhr vaterländischer Kunst- und Naturprodukte“ sollte den bergischen Exportgewerben nach der Absatzkrise der napoleonischen Zeit und der 1813/14 einsetzenden drückenden Konkurrenz mit billigen englischen Textilprodukten neue Absatzmärkte in Übersee erschließen*[15]*. Die Gründung der Rheinisch-Westindischen Kompagnie war also weniger — wie Weber meint — „ein ächtes deutsches National-Institut“, sondern zunächst nur ein Versuch, die tiefgreifende Wirtschaftskrise der bergischen Exportgewerbe in den ersten Jahrzehnten des 19. Jahrhunderts zu überwinden und wieder an das „phänomenale“ Wirtschaftswachstum des 18. Jahrhunderts anzuknüpfen*[16].

*

Der im folgenden abgedruckte Text ist aus Bd. IV von Carl Julius Webers Schrift „Deutschland oder Briefe eines in Deutschland reisenden Deutschen“ (s. Anm. 1) in ungekürzter und sprachlich unveränderter Form entnommen.

---

[11] Zit. nach S. 789 der Vorlage (s. Anm. 1).

[12] Zur territorialen Neuordnung der Rheinlande nach den napoleonischen Kriegen vgl. *Max Braubach:* Vom Westfälischen Frieden bis zum Wiener Kongreß (1648—1815), in: Rheinische Geschichte, Bd. 2, hg. v. *Franz Petri/Georg Droege*, Düsseldorf 1976, S. 349 ff., und *Wolfgang Köllmann:* Bevölkerungsentwicklung im Industriezeitalter. Erster Teil, in: Raum und Politik, hg. v. *Walter Först*, Köln/Berlin 1977, S. 11.

[13] Vgl. S. 787 der Vorlage (s. Anm. 1).

[14] *Otto Schell:* Jakob Aders, in: ZBGV 43 (1910), S. 61—87.

[15] S. hierzu *Hans-Joachim Oehm:* Die Rheinisch-Westindische Kompagnie (= Bergische Forschungen, Bd. 7), Neustadt a. d. Aisch 1968, und auch *Adolf Hasenclever:* Neue Mitteilungen zur Geschichte der Rheinisch-Westindischen Kompagnie, in: ZBGV 49 (1916), S. 108—142.

[16] Grundlegend dazu *Herbert Kisch:* Vom Monopol zum Laissez-Faire: Das frühe Wachstum der Textilgewerbe im Wuppertal, in: *ders.:* Die hausindustriellen Textilgewerbe am Niederrhein vor der industriellen Revolution. Von der ursprünglichen zur kapitalistischen Akkumulation, Göttingen 1981, S. 162—257.

Von Düsseldorf nach Elberfeld (6 Stunden) liegt seitwärts *Mettmann,* die *Neandershöhle,* die keine Höhle, sondern ein allerliebstes Felsenthälchen ist, wo die Düssel über Felsen hinwegrauschend einen artigen Wasserfall bildet. Es sind mehrere Höhlen, mehr über als unter der Erde, Rector Neander von Düsseldorf pflegte hier, den Schulstaub abschüttelnd, seine *geistlichen Lieder* zu dichten, soll sich aber doch auch in der eigentlichen Neandershöhle ein halbes Jahr verborgen gehalten haben — wegen der *schwarzen Brüder.* Düsseldorf war nur kurze Zeit Hauptstadt des Napoleonischen Großherzogthums Berg, und da *Murat* Theater-König von Neapel wurde, und der Kronprinz von Holland noch unmündig war, so sahe es bloß den Proconsul Röderer! Es verschwand wie *Westphalen,* und die Marschälle Napoleons waren zum Glück der Welt nicht die Marschälle Alexanders, und wer hätte *„den Würdigsten"* herausfinden wollen? „Ihre Eroberungen sind *härter* als die meinigen", sagte Napoleon zu Canova, und dieser erwiederte: „vielleicht sogar daurender!"

Mit Cöln haben wir schon die Preußische Provinz *Niederrhein* = 288 QMeilen mit einer Million Menschen, die in drei Regierungsbezirke getheilt ist, Coblenz, Trier und Achen — verlassen, wohl die fruchtbarste, volkreichste und schönste Provinz der Monarchie, wenn wir Hundsrücken und Eifel abrechnen; sie hat Getraide und Wein im Ueberfluß, die Bezirke von Aachen und Trier sind reich an Eisen-, Blei- und Steinkohlengruben, wichtiger als die schlesischen, und was läßt sich nicht erwarten, wenn eine aufgeklärtere *Religion* die Industrie mehr begünstigen, und die weise preußische Regierung durch *Unterrichts-Anstalten* unter die Arme greifen wird, denn diese waren früher traurig, und unter Frankreich so gut — als gar keine. — Hier zu Düsseldorf sind wir in der Provinz *Jülich, Berg, Cleve,* die größtentheils am rechten Ufer liegt — 160 QMeilen mit einer Million Seelen, in drei Regierungsbezirke getheilet: *Düsseldorf, Cöln* und *Cleve.* Diese Provinz, vorzüglich Berg, ist eine weite große Fabrik, und unstreitig die industriöseste Provinz des Vaterlandes, daher hier auch die *Idee der Rheinischen Westindischen Compagnie* entstand. Die Ehre gebührt dem Kaufmann *Aders* zu Elberfeld — ein ächtes deutsches *National-Institut,* dem ich das Glück der alten *Hanse* wünsche. Hier in *Rheinpreußen* und *Westphalen* siehet die künftige Generation eine *neue Welt,* wenn Preußen seiner alten Maxime getreu bleibt. In Altpreußen entstanden die wesentlichsten Länderverbesserungen durch *Männer ohne Ahnen* — der *Adel* siehet mehr auf solche, welche seinen Stand oder den König bereichern, — ich erwarte Gleiches in Neupreußen — nur muß man hier nicht vergessen, dem *heiligen Alten — die Hände zu binden.* Die Füße mögen Thoren so lange küssen bis sie — *weggeküßt* sind, oder ihnen selbst davor *eckelt!*

Das *Wupper-* oder *Wipperthal* ist interessant durch Natur, noch interessanter aber durch Kunstfleiß. Hier lebten vor 200 Jahren keine 1000 Menschen, und jetzt auf einer Strecke von zwei Stunden gegen 40 000. Die Häuser von *Elberfeld* und *Barmen,* das eigentlich aus vier Orten besteht: Gemarke, Wupperfeld, Ritterhausen und Heckingshausen, sind nur durch *Garnbleichen* unterbrochen, wo ein besseres *Weißmachen* getrieben wird, als in der verkehrten Menschenwelt; es ist so viel als das *Hirschberger* Thal, wenn auch nicht so reitzend, und mehr als Erzgebirge. Sie verarbeiten Seide, Baumwolle, Linnen, und die türkische Rothfärberei ist ein so wichtiger Nahrungszweig, als Band und Schnüre; auch Mobilien-Fabriken sind von Bedeu-

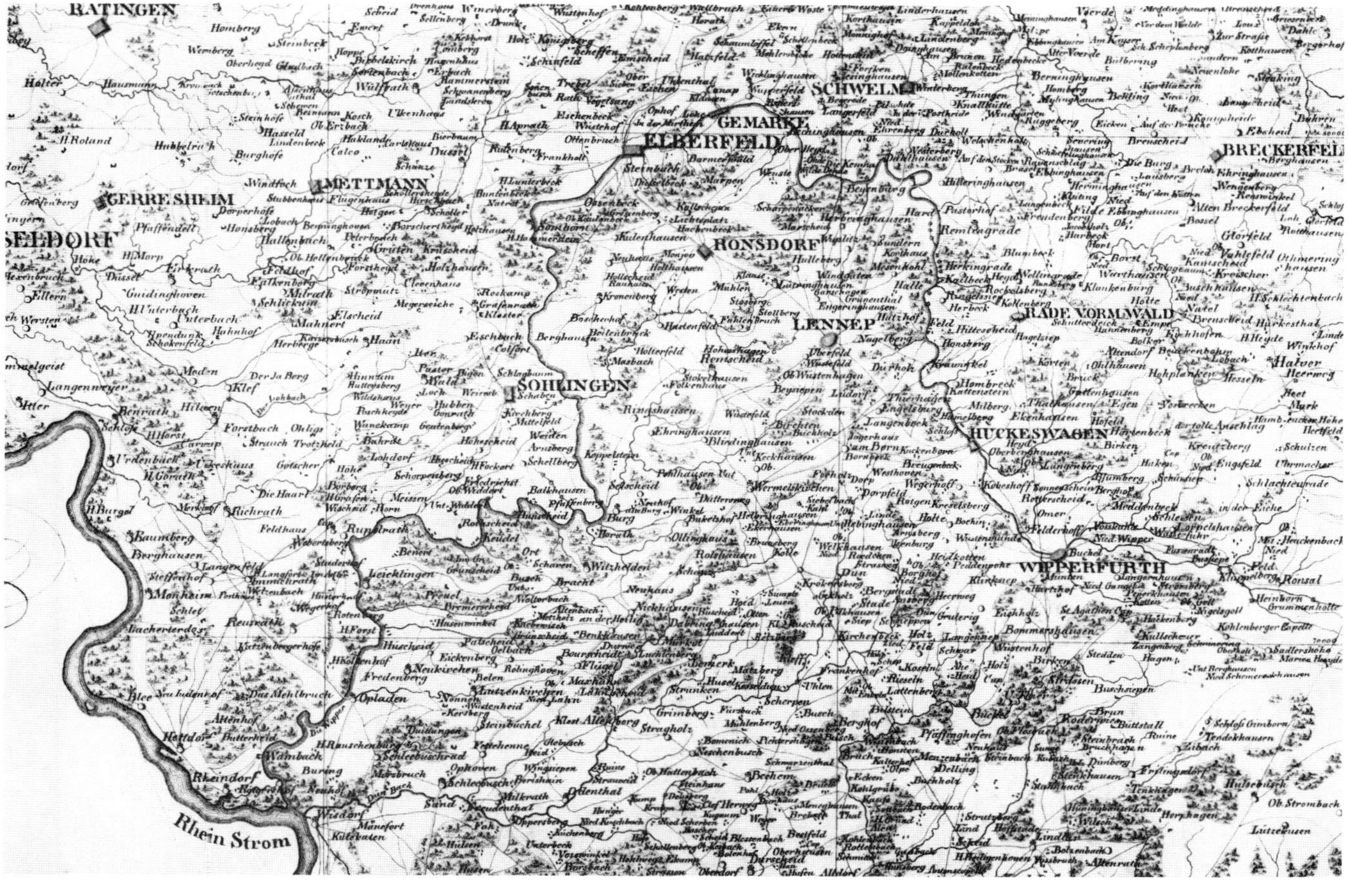

Abb. 15: Ausschnitt aus einer 1821 in Schwelm gedruckten „Charte von den Herzogthümern Berg und Westphalen". Die vor allem auf Wermelskirchen zulaufenden Linien verweisen auf die topographische Landesvermessung mit Hilfe von trigonometrischen Punkten.

Abb. 16: Spinnereibetrieb der Firma C. H. & A. Bauendahl in Dahlhausen bei Lennep an der Wupper in den 1840er Jahren – ein Beispiel dafür, wie man auf der Suche nach billiger Antriebskraft Teile der Fabrikation aus Lennep an die Wupper auslagerte, ehe dann verstärkt die Dampfkraft eingesetzt werden konnte.

tung. Ob noch kein Industrie-Genie hier an die *Asbest-Leinwand* der Alten gedacht hat? *Solingen,* Wipper abwärts, ist die Fabrik des Mars, das allein für eine Million Gulden Eisen und Stahl verarbeitet, manche Damascenerklinge ist mit der Montirung schon mit 100 Thalern bezahlt worden — *Remscheid* liefert Sensen, Sägen, Feilen, Schlösser, Scheeren, Schlittschuhe, und von den 18 in und um Remscheid fließenden Bächen ist jedes Plätzchen benutzt zu Mühlen und Hämmern, überall Blasebälge die Stellvertreter der Lunge — und überall holländische Reinlichkeit. *Lennep* liefert feine Tücher, *Altenna* Eisen- und Stahldrath, Wipperfeld Hüte etc. Selbst der Flecken *Hückeswagen* hat sich zu einer blühenden Fabrik erhoben in Tüchern-, Stahl- und Eisenwaren. Ganz *Berg* ist nur Eine Fabrik, man kann auf die Geviertmeile 5000 Seelen zählen, und gewiß kommen vier Millionen Thaler jährlich ins Land, so nachtheilig auch die Revolution auf den Absatz gewirkt hat — hier ist das deutsche Manchester, Birmigham, Sheffield und Newcastle, wo wahrer *Ameisenfleiß* herrschet, und schon 5—6jährige Kinder ihr Brod verdienen. Das *Eisen* läßt sich noch mehr veredlen, als der *Flachs,* Ein Pf. Eisen à 6 kr. wird zu *Stahl,* woraus 80 000 *Spiralfedern* werden, und der 6 kr. werthe Stoff erhebt sich zu einem Werthe von 1/2 Million Gulden! *Politisch* hat selbst *Gold* wenig Werth — ohne *Stahl,* und Preußen verdienen lauter Klingen von Solingen! Das *Eisen* ist die nützlichste aller Erfindungen: Tubal Cain verdiente den ersten Altar — und Millionen Menschen im Staate sind in diesem Punkte unwissender als die Wilden, denen alles feil ist für einen — *Nagel.* Selbst *das,* was andern oft ihr ganzes Vermögen aufzehret! *Geburtshelfer* ausgenommen:

> Quas bona pars hominum muliebri condit in antro,
> Ex illo Demas eruit unus opes![17]

[17] Die Übersetzung des Distichons lautet etwa: „Was da ein Gutteil der Menschen zeugt im weiblichen Schoß, einzig der Demas bringt diesen Reichtum ans Licht!" Unklar ist — neben der Herkunft des Verses — die Bedeutung von „Demas"; möglicherweise ist „Deimos", ein Begleiter des Kriegsgottes Ares, gemeint, eher aber wohl der „Demos", die Volksgemeinde.

Auf der reizenden *Emper-* (Empor-)*straße* hinter Heckingshausen kommt man nach *Schwelm* (drei Stunden) mit einem bekannten Gesundbrunnen, und 3/4 Stunden davon ist die merkwürdige Höhle, *Kuhle* genannt, die gehörig untersucht vielleicht einst noch berühmter werden dürfte — noch hat man ihr Ende nicht gefunden. In dem gewerbsamen *Schwelm* wird ein *Kupferstichpapier* verfertigt, das dem von Auvergne gleich steht, von wo man es sonst, wie auch aus der Schweiz zu beziehen pflegte. Nach *Schwelm* muß man nur an Sonn- und Feiertagen gehen, und sich nicht daran stoßen, daß der beste Gasthof *im Sack* heißt. Gesundbrunnen bekommen den Gesunden stets wohl, und wenn es nur mit *unserm* Sack gut steht, so mag der Gasthof heißen wie er will, jeder Gasthof leeret, wo nicht den *Sack*, doch die *Tasche!*

Hinter Hagen, bei Limpurg, Iserlohe und Altenna an der Lenne wird die Gegend verdammt rauh — es sind die Stappelplätze der Eisenwaaren — wir sind an der Gränze des *Sauerlandes*, das ein Südländer Mühe hat von *Süterlande* abzuleiten — aber das schöne Wupperthal lasse ich mir gefallen. Die kleine Wupper treibt gewiß tausend Räder — alle Hände arbeiten, vom Kreuzerband bis zur feinsten Spitze — Mann und Weib, Greis und Kind, Knecht und Magd arbeitet und das Schönste? mit dieser Thätigkeit und mit diesem Speculationsgeiste stehet gesellige Freude, Bildung, Geschmack an Wissenschaft und Kunst, und prunklose Gastfreiheit im Bunde — was man oft in den größten Handelsstädten vermißt. In diesem interessanten Wupperthal stört keine *höhere Welt* den Genuß vernünftiger Freiheit, geselliger Gleichheit und frohen Lebens!

Holger Becker

Christian Gottlieb Daniel Steins Bericht über das Bergische Land anläßlich seiner Reise „nach den vorzüglichsten Hauptstädten von Mittel-Europa" (1823)

Der Autor des folgenden Reiseberichtes aus dem Jahre 1823 ist der geographische Schriftsteller Christian Gottlieb Daniel Stein. Im Jahre 1771 in Leipzig als Sohn eines Kaufmanns geboren, studierte er ab 1789 an der dortigen Universität Theologie, Philologie und Geschichte[1]*. Aufgrund seiner materiellen Verhältnisse — sein Vater war früh verstorben, und seine Mutter erarbeitete das zur Durchführung des Studiums notwendige Geld — versuchte Stein erfolgreich nach abgeschlossener Promotion über Plutarchs „De puerorum educatione" im Jahre 1793, durch Publikationen für einen breiteren Leserkreis sein regelmäßiges, aber nur sehr geringes Einkommen, das er ab 1794 als „Collaborator am Berlinisch-Kölnischen Gymnasium", ab 1802 als Professor dieses Lehrinstituts erhielt, zu erhöhen.*

Neben literarischen Versuchen auf pädagogischem, philologischem und historischem Gebiet erlangte Stein aber vor allem durch seine zahlreichen geographischen Werke einen großen Bekanntheitsgrad. So erschien im Jahre 1808 sein zweibändiges „Handbuch der Geographie", ein Jahr später ein „Lehrbuch der Geographie des Preußischen Staates" und zwischen 1812 und 1816 in mehreren Auflagen ein „Schulatlas". Eine Berufung zum Professor der historischen Hilfswissenschaften in Leipzig erfolgte nicht, obwohl Stein vorgeschlagen worden war. Die große Zahl seiner Veröffentlichungen hinterließ bei Fachgelehrten wohl eher den Eindruck einer Fleißarbeit. Stein starb im Jahre 1830 neunundfünfzigjährig in Berlin.

Besondere Beachtung verdient sein siebenbändiges Werk „Reisen nach den vorzüglichsten Hauptstädten von Mittel-Europa", das in den 1820er Jahren erschien. Unter „Hauptstädten" verstand Stein aber nicht nur die Verwaltungsmittelpunkte der 39 Staaten des Deutschen Bundes, sondern ebenso kulturelle Zentren und Gebiete mit hoher gewerblicher, bzw. industrieller Verdichtung, Gegenden von herausragender landschaftlicher Schönheit oder kunsthistorischer Besonderheit.

Im Sommer des Jahres 1823 unternahm Stein eine „Reise über den Harz nach Cassel, Frankfurt, Mainz, Coblenz, Trier, Cöln, Düsseldorf und durch Westphalen"[2]*. Einige dieser Städte, wie Kassel, Frankfurt und Köln besuchte Stein in den darauffolgenden Jahren mehrere Male, worauf er im Jahre 1827 seine Reiseeindrücke veröffentlichte. Uns sollen in diesem Zusammenhang Steins Ausführungen über das Bergische Land, speziell über die Wupperstädte Barmen und Elberfeld interessieren*[3]*, die oftmals am Beginn des Industriezeitalters in Reiseberichten beschrieben worden sind.*

---

[1] Sämtliche biographische Hinweise basieren auf *F. Ratzel,* Christian Gottlieb Daniel Stein, in: Allgemeine Deutsche Biographie, Bd. 35, Leipzig 1893, S. 605 f.

[2] Siehe dazu die Vorrede Steins zu dem gleichnamigen Reisebericht (Reisen nach den vorzüglichsten Hauptstädten von Mittel-Europa. Eine Schilderung der Länder und Städte, ihrer Bewohner, Naturschönheiten, Sehenswürdigkeiten, usw., Bd. 2, Leipzig 1827, S. V f.).

[3] Ebd., S. 221—230.

Steins Eindrücke von den Gewerbezentren des Wuppertals sind im wesentlichen mit jenen identisch, die rund zwanzig Jahre zuvor der Jurist und Nationalökonom Justus Gruner nach einer Reise durch das Herzogtum Berg und das westfälische Territorium in einem Bericht festgehalten hat[4]. *Beide bewundern den einzigartigen gewerblichen Reichtum dieser Region und heben ihre romantische Lage hervor. Doch während Gruner „noch ganz im Stil der Empfindsamkeit“*[5] *ein stark subjektiv geprägtes geographisch-räumliches Bild des Wuppertals entwickelt, handelt es sich bei Steins Reisebericht eher um eine topographisch-statistische Beschreibung, die in erster Linie von quantitativen Aussagen getragen wird. Bei der Lektüre dieser Quelle gewinnt man den Eindruck, daß dem Verfasser die Verwaltungsberichte der beiden Städte als Vorlage gedient haben könnten, denen möglicherweise das umfangreiche Zahlenmaterial entnommen wurde. Von daher gesehen bieten vor allem die genaue Auflistung der handwerklich und gewerblich Tätigen, die Anzahl der Mühlen und Textilmaschinen, die Produktions- und Umsatzzahlen, die Höhe der Arbeitslöhne sowie das städtische Steueraufkommen und die Armenversorgung Informationen von großer wirtschafts- und sozialhistorischer Bedeutung. Was die längerfristige Wirkung angeht, so ist jedoch von einer weitgehenden wissenschaftlichen Bedeutungslosigkeit der geographischen Werke Steins auszugehen, die nach Ansicht seines Biographen „in der Wissenschaft (. . .) keine Spur gelassen“ haben*[6].

Christian Gottlieb Daniel Stein (1823)

Von Düsseldorf nach Elberfeld	4
Schwelm	1 1/2
Hagen	2 1/2
Brüninghausen	2
Unna	2
Werl	2
Soest	2
Lippstadt	3
Wiedenbrück	2 1/2
Bielefeld	3 1/4
	24 3/4 Meilen.

[4] *Justus Gruner:* Meine Wallfahrt zur Ruhe und Hoffnung oder Schilderung des sittlichen und bürgerlichen Zustandes Westphalens am Ende des achtzehnten Jahrhunderts, 2 Bde., Frankfurt/Main 1802/03. Gruners Ausführungen zu Elberfeld und Barmen sowie zum Herzogtum Berg sind, von *Gerhard Huck* ediert und mit einer Einleitung versehen, wieder abgedruckt in *Gerhard Huck/Jürgen Reulecke* (Hg.): . . . und reges Leben ist überall sichtbar! Reisen im Bergischen Land um 1800 (= Bergische Forschungen, Bd. XV), Neustadt a. d. Aisch 1978, S. 131—145.

[5] So *Gerhard Huck*, ebd., S. 133.

[6] *F. Ratzel:* Christian Gottlieb Daniel Stein, in: Allgemeine Deutsche Biographie (s. Anm. 1), S. 606.

Auf dem sehr angenehmen, zwischen Berg und Thal abwechselnden Wege nach Elberfeld berührt man das Städtchen *Mettman* mit 1610 Einwohnern, Kirchen von den 3 vorzüglichsten christlichen Parteien in Teutschland, Tuch-, Siamoisen-, Baumwoll-, Stahlfabriken. In der Nähe ist die *Neanderhöhle,* in der ein Kirchthurm Platz hat, und wo der geistliche Liederdichter Joach. Neander, damals Rector zu Düsseldorf, seine Lobgesänge auf die Natur und mehrere geistliche Lieder gedichtet hat; das enge Felsenthal Gestein, durch das die Düssel, von 300 Fuß hohen Kalkfelsen umgeben, schäumt, und ein Wasserfall.

Die Stadt *Elberfeld* gehört zu den gewerbreichsten und blühendsten in der ganzen preußischen Monarchie. Sie liegt an der Wipper oder Wupper, die hier 200 Fuß höher ist, als bei ihrer Mündung in den Rhein unterhalb Opladen, hat wegen ihrer romantischen Lage an und zwischen Bergen wenig breite und lange Straßen und an 27 000 Einwohner, worunter über 21 000 Evangelische, an 5000 Katholiken, auch Mennoniten, Juden etc. sind. Die Stadt hat ein Gymnasium, eine Gewerbschule, eine Gesellschaft der Wissenschaften, Bibelgesellschaft, wipperthaler Tractatengesellschaft, das Gemälde- und Kupferstichkabinet des Hrn. G. Siebel, die schöniansche Lesebibliothek etc. Merkwürdig und in seiner Art einzig erschien vor Kurzem ein Kunstblatt im größten Folio Format, nach einer meistens gelungenen Zeichnung von Schütz und von dem durch viele mit lobenswürdigem Fleiß und großer Zierlichkeit verfertigte Blätter, bekannten Kupferstecher Brückner in Leipzig mit 18monatlichem Fleiße gearbeitet. Es stellt die *dermalige Geistlichkeit des Wupperthals* dar. An einem mit einer Gruppe von Birken umgebenen Obelisk, in dessen Spitze das Kreuz angebracht ist, erblickt man 12 Bildnisse der Prediger dieses in jeder Hinsicht ausgezeichneten Thales in 3 Reihen geordnet. Der Obelisk ruht auf 3 Stufen, über denen das Altartuch liegt, auf dem Bibel, Abendmahlskelch und Palmzweig sich befinden. Unter jedem der sehr ähnlichen Miniaturportraits in Octogonen liest man den Namen und unten an dem Denkmal auch den Ort, wo jeder Geistliche angestellt ist. Der Glanz, der aus den den Kelch umgebenden Strahlen hervorgeht, setzt unten in volles Licht den Obelisk, dessen Bildnisse mehr und mehr in sanfte Schatten gestellt sind, wodurch das ganze Denkmal eine schöne Abstufung in seinen Tönen erhalten hat.

Mit der Burgemeisterei hatte die Stadt 1822 81 Bäcker mit 50 Gehülfen, 50 Schlächter mit 11 Geh., 3 Seifensieder, 7 Gerber mit 18 Geh., 106 Schuhmacher mit 141 Geh., 6 Handschuhmacher mit 4 Geh., 4 Riemer mit 9 Geh., 2 Seiler mit 4 Geh., 91 Schneider mit 177 Geh., 3 Posamentirer, 13 Putzmacher, 6 Hutmacher mit 7 Geh., 10 Zimmerleute mit 6 Geh., 94 Tischler mit 203 Geh., 5 Stellmacher mit 4 Geh., 22 Böttcher mit 12 Geh., 12 Drechsler, 4 Bürstenbinder, 1 Korbmacher, 28 Maurer mit 43 Geh., 4 Glaser, 22 Zimmer- und Schildmaler, 12 Grobschmiede mit 16 Geh., 66 Schlosser mit 40 Geh., 10 Kupferschmiede mit 6 Geh., 5 Rothgießer mit 2 Geh., 7 Zinngießer mit 18 Geh., 8 Klempner mit 9 Geh., 4 Mechanici, 8 Uhrmacher mit 4 Geh., 13 Gold- und Silberarbeiter mit 19 Geh., 2 Stein- und Petschaftschneider, 3 Buchdrucker mit 6 Pressen, 16 Buchbinder, 1 Ziegelei, 2 Kalkbrennereien, 1 Wassermühle mit 3 Gängen, 1 Wind- und 2 Lohmühlen; 1418 Webstühle in Seide, 695 in Baumwolle, 7 in Leinen, 22 in Strumpf, in Band mit 3028 Gängen; 38 Schwarz- und Schönfärber mit 82 Geh., 162 Handelshäuser auf Comtoiren, 3 Buch- und Kunsthandlungen, 2 Handlungen mit Materialien, 14 mit Ausschnitt-, 3 mit Eisen-, Stahl etc., 8 mit anderen Waaren; 76 Krämer, 125 Victualienhändler, 18 herumziehende Krämer; 6 Fuhrleute mit 19 Pferden, 7 Gasthöfe, 15 Krüge und Ausspan-

Abb. 17: Bildnisse der evangelischen Prediger des Wuppertals im Jahre 1822. „Den Freunden und Verehrern dieser würdigen Männer" gewidmetes Gedenkblatt; abgebildet sind (von links, jeweils von oben nach unten): D. Kamp, G. D. Krummacher, W. Heuser und A. Hülsmann; J. B. Bartels, A. H. Nourney, W. Leipoldt und C. W. Snethlage; M. Kroll, C. A. Döring, F. F. Gräber und I. F. E. Sander.

nungen, 2 Speise- und 63 Schenkwirthe; 73 männliche Dienstboten zur persönlichen Bequemlichkeit, 112 zum Betrieb der Landwirthschaft etc., 1057 weibliche Dienstboten zur persönlichen Bequemlichkeit, 210 zum Betrieb der Landwirthschaft etc.

Die Fabrikation der Zwirnspitzen liefert jährlich für 150 000 Thaler; der Arbeitslohn der Seidenarbeiter beträgt jährlich über 200 000 Thaler; in 45 Siamoisenfabriken werden auf 3600 Stühlen 2600 Ballen Baumwolle und 6640 Centner Garn verarbeitet und damit über 44 000 Gulden an Weber- und Spinnerlohn verdient; die Bettzeugfabrik liefert auf 280 Stühlen aus 28 000 Bund Garn 29 000 Bettzüge; eine Schnürenmaschine von 52 Gängen kann in 1 Stunde mit 2 Personen Hülfe 1000 Ellen schaffen; die Compositionsfabrik verfertigt Tischgeräthe aus einem zusammengesetzten, silberähnlichen Metall und aus dem mit Firniß überzogenen Zinn; dazu die Bleichen etc.

Nach „*Brünings* (Bürgermeisters in Elberfeld) Stadt Elberfeld Ereignisse 1821" beträgt der wöchentliche Umsatz auf dem Markte ungefähr 7000 Thaler berg. Das Stand- und Marktgeld war 1822/1823 zu 1222 Thaler berg. verpachtet. Die Zahl der Fremden belief sich auf 8150. An Grund-, Klassen-, Gewerb- und Paraphensteuern entrichtete die Stadt dem Staate 47 566 Thaler 2 Gr. 6 Pf., die Communalsteuer betrug 15 233 Thaler 18 Gr. 5 Pf. Für Einquartierung, Fourage und Verpflegungskosten aus den J. 1814/1815 erhielt die Stadt vom Staat 12 989 Thaler 20 Gr. 7 Pf., womit einige städtische Schulden bezahlt wurden; der Rest, 9647 Thaler 19 Gr. 3 Pf., sollte zum Bau eines neuen Rathhauses verwendet werden*. Der Beitrag zu der allgemeinen Feuerversicherungsanstalt belief sich für 1820 auf 1294 Thaler 1 Gr. 1 Pf. Das Versicherungsquantum von 3 115 280 Thalern berg. ward 1821 um 106 430 Thaler vermehrt. Die Stadtkanzlei erhielt 2637 Rescripte, Verfügungen und Schreiben, expedirte 3207 Berichte, Verfügungen und Briefe, und fertigte 1780 Urkunden, Scheine und Zeugnisse aus; zu öffentlichen Vergnügungen, als für Tanzmusik, Concerte, Musikgesellschaften, Vogelschießen, Carrousselspiel, Kunstreiter, Seiltänzer, Feuerwerke etc. wurden 276 Erlaubnißscheine gegeben.

Elberfeld ist der Sitz der rheinisch-westindischen Compagnie, die 1826 eine Waaren-Ausfuhr von 1 354 700 Thalern an Werth gehabt hat, seit ihrer Entstehung im Jahre 1821 für 5 378 700 Thaler, wozu Preußen aus den Rheinprovinzen, der Grafschaft Mark und Westphalen 1 417 754, Ostpreußen, Schlesien und Sachsen 1 844 320, das Königreich und die Herzogthümer Sachsen 981 650, Hanover und die Wesergegenden 141 950, Baiern 187 950, Würtemberg 29 650, Kurhessen 64 030, Rheinhessen 33 140, Baden 20 250, Braunschweig 2100, Dänemark und Holstein 30 460, die freien Städte Teutschlands 64 959, die Schweiz 109 100 und die Niederlande 338 977 Thaler beitrugen. Die Gesellschaft hat zwar im Jahre 1826 einen Verlust von 61 468 Thalern gehabt, aber doch im März 1827 ihre regelmäßigen Zinsen bezahlt und noch 30 000 Thaler, die eine Dividende von 2 p. C. geben würden, als Reservefonds zurückgelegt. Auch ist hier der Sitz des teutsch-mexicanischen Minenvereins und einer Feuer- und Lebensversicherungsanstalt. Die Gesellschaft zur Straßenbeleuchtung mit mastrichter Refractionslaternen, deren Licht zwar mit dem Gas-

* Zu dem Bau des neuen Rathhauses ist ein Anschlag von 75 000 Thalern gemacht worden. Die Baustelle ist für 28 000 Thaler erkauft; auf derselben steht die katholische Kirche, die abgebrochen und an einem andern Orte neu aufgeführt werden soll. Die Baumittel zum Bau des Rathhauses bestehen in einem zu diesem Zweck bestimmten Capital, in dem zu verkaufenden jetzigen Rathhause und in Stadtobligationen.

lichte nicht zu vergleichen, aber doch besser und blendender als das der gewöhnlichen Laternen ist, wird im nächsten Winter die Beleuchtung von 50 Städten beginnen, und hat angeblich Aussichten, mit 150 Städten zu contrahiren. So hat z. B. Rostock mit dieser Stadterleuchtungsgesellschaft auf 12 Jahre einen Contract zur Erleuchtung der Stadt mit diesen Laternen abgeschlossen, die von Eisenplatten verfertigt sind, und statt der gewöhnlichen Glasscheiben große, mit Spiritus und Wasser angefüllte Linsen haben.

Die *Armenanstalten* kosteten 1822 22 308 Thaler; 1294 Arme erhielten das ganze Jahr hindurch Unterstützung, 900 Arzenei und Bekleidung; 360 Kinder genossen die Freischule. Wohlthätig wirken in derselben Hinsicht die Sparkasse, die von ihrer Gründung im August 1822 bis September 1826 einen reinen Gewinn von 2202 Thaler hatte; die 1821 gegründete Leihanstalt, die bis Ende September 1822 auf 7693 Pfänder 46 660 Thaler 34½ Stbr. berg. vorgeschossen hatte, von denen 4709 Pfänder zum Betrag von 21 472 Thaler 58¾ Stbr. eingelöst wurden, so daß 2984 Pfänder blieben, auf die der Vorschuß 25 187 Thaler betrug; das Bürgerkrankenhaus, 1824 mit 251 Kranken, worunter 13 weibliche etc.

Gasthöfe: kurpfälzischer Hof, zweibrücker Hof, Hof von Holland, Wiedenhof. Zum Vergnügen tragen bei 4 Gesellschaften: Museum in einem schönen Gebäude, Harmonie, Erholung, Genügsamkeit; das mit Düsseldorf gemeinschaftliche Theater (doch streiten sich 3 Privatgesellschaften über den projectirten neuen Theaterbau, da jede von ihnen denselben, und zwar jede an einer andern Stelle, übernehmen will, wogegen die vielvermögende Partei der Feinen (Mystiker) den Theaterbau ganz zu hintertreiben sucht); die Spaziergänge in der schönen Gegend, auch nach dem Dorfe *Sonnborn* (300 Einw.) an der Wipper, mit Weberei und einer Baumwollmaschinenspinnerei auf Wasser; Diemelshöhe, Schönbund, altenthaler Brunnen, vor und auf der Hard etc. Das bekannte große rheinische Musikfest hat in diesem Jahre zu Pfingsten in Elberfeld stattgefunden. Die städtische Behörde hat Alles aufgeboten, was zur bequemen und angenehmen Zugänglichkeit zum Festlokal verlangt werden kann. Einen in der That prächtigen Saal hat man aus der Reitbahn des Hrn. Haußer geschaffen. Fr. Schneiders Oratorium, das verlorne Paradies, die erste Hymne von Beethovens großer Messe, desselben Künstlers 5te Symphonie in C moll, Ouverturen von Mozart und C. M. v. Weber wurden von 130 Instrumentisten, so wie die Chöre von mehr als 200 Stimmen glänzend durchgeführt, aber nicht so besucht, wie man billig erwarten sollte. Übrigens langweilt sich der Fremde, der nicht Kaufmann ist, hier in Gesellschaften, wo er meistens nur über Geschäfte sprechen hört. Bis Abends ist jeder Kaufmann auf seinem Comtoir, eilt dann in eine der geschlossenen Gesellschaften, um eine Partie Whist oder l'Hombre zu machen, und ist gewöhnlich vor 9 Uhr schon wieder bei seiner Familie. Sind aber gemeinnützliche Anstalten zu unterstützen, so ist dem Wupperthaler nicht leicht ein Beitrag zu groß. Davon zeugen das neue Krankenhaus in Elberfeld, das neue Gymnasium in Barmen, die musterhafte Armenversorgung, die bedeutenden, für Kirchen und Schulen verwendeten Summen. So baut z. B. jetzt die katholische Gemeinde in Barmen, die weder zahlreich noch vermögend ist, eine sehr schöne Kirche, zu der die dortigen Protestanten 10 000 Thaler an freiwilligen Beiträgen gesteuert haben. Auch in Elberfeld, wo die Katholiken ebenfalls eine neue Kirche bauen wollen, bedurfte es nur eines Aufrufes des katholischen Pfarrers an seine protestantischen Mitbürger, und der größte Theil der Kosten wurde durch Geschenke von diesen gedeckt. Als Beweis der Fortschritte

Abb. 18: Elberfeld um 1840, etwa vom heutigen Hauptbahnhof aus gesehen. Hinter dem Garten in der Bildmitte sind die noch hölzerne Döppersberger Brücke und das Mühlrad am Mühlenschütt zu erkennen; in der Mitte die reformierte Kirche (erbaut 1691), rechts die lutherische Kirche am Kolk (1752) und links die zweitürmige St. Laurentius-Kirche (1835).

Abb. 19: Ansicht des Barmer Tales von Westen um 1840; im Hintergrund links ist die reformierte Gemarker Kirche zu erkennen.

der Obstbaumschulen im preußischen Staate verdient es einer Erwähnung, daß im Kreise Elberfeld bei den 74 Elementarschulen 33 Obstbaumschulen sind, die am Schlusse des vorigen Jahres 4945 veredelte und 32 541 noch nicht veredelte, angezogene Baumstämme enthielten.

Gleich neben Elberfeld jenseits der haspeler Brücke beginnt das wahrhaft reizende und prächtige, 2 Stunden lange und 1/2 Stunde breite Thal *Barmen* an der Wipper oder Wupper, längs der sich tausende von Fabrikgebäuden ausbreiten. Es besteht aus Rittershausen, Wichlinghausen, Wupperfeld, Gemarke, Barmen, und ist neuerlich zur Stadt erhoben worden, die an 20 000 Einwohner, 4 Kirchen, eine Taubstummenanstalt etc. hat. Im Jahre 1822 zählte der Ort mit der Burgemeisterei 75 Bäcker mit 123 Gehülfen, 4 Kuchenbäcker, 45 Schlächter mit 49 Geh., 2 Seifensieder, 2 Gerber mit 2 Geh., 119 Schuhmacher mit 137 Geh., 3 Handschuhmacher mit 3 Geh., 6 Riemer mit 16 Geh., 3 Seiler mit 4 Geh., 119 Schneider mit 107 Geh., 5 Putzmacher, 4 Hutmacher mit 3 Geh., 3 Zimmerleute mit 3 Geh., 128 Tischler mit 150 Geh., 3 Stellmacher mit 5 Geh., 17 Böttcher mit 18 Geh., 7 Drechsler, 1 Bürstenbinder, 2 Korbmacher, 38 Maurer mit 130 Geh., 8 Glaser, 16 Zimmer- und Schildmaler, 10 Grobschmiede mit 15 Geh., 31 Schlosser mit 39 Geh., 1 Gürtler mit 48 Geh., 4 Kupferschmiede mit 7 Geh., 3 Rothgießer mit 4 Geh., 1 Zinngießer mit 2 Geh., 7 Klempner mit 11 Geh., 3 Uhrmacher mit 1 Geh., 7 Gold- und Silberarbeiter mit 7 Geh., 1 Stein- und Petschaftschneider, 1 Buchdrucker mit 1 Presse, 8 Buchbinder, 3 Ziegeleien, 3 Kalkbrennereien, 4 Wassermühlen mit 7 Gängen; 272 Webstühle in Seide, 187 in Baumwolle, 44 in Leinen, 7 in Strumpf, in Band mit 5460 Gängen, 11 als Nebenbeschäftigung zu Leinewand, 65 zu andern Stahlwaaren; 64 Schwarz- und Schönfärber mit 168 Geh.; 120 Handelshäuser auf Comtoiren; 7 Handlungen mit Material-, 3 mit Ausschnitt-, 1 mit andern Waaren; 27 Krämer, 120 Victualienhändler, 17 herumziehende Krämer; 34 Fuhrleute mit 50 Pferden, 2 Gasthöfe, 8 Krüge und Ausspannungen, 1 Speise- und 52 Schenkwirthe, 5 Musikanten; 18 männliche Dienstboten zur persönlichen Bequemlichkeit, 17 zum Betrieb der Landwirthschaft etc., 18 weibliche Dienstboten zur persönlichen Bequemlichkeit, 1854 zum Betrieb der Landwirthschaft. Man liefert besonders Steingut, chemische Präparate, Leinen- und Wollband, Schnürriemen, Langetten, gewebte Spitzen, Zwirn, Zwillich, Bettzüge etc.; auch findet man Baumwollspinnerei auf Wassermaschinen, Türkischrothfärbereien, Potaschensiederei, Kalkbrennerei, Farbmühlen etc. Der Kunstfleiß ist in diesen Gegenden so groß, daß auf einer Geviertmeile an 16 000 Menschen leben, und daß man in der ganzen Gegend eigentlich nur mehr oder weniger zusammenhängende Häuser mit untermischten Bleichen sieht.

Die wohlgebauten Häuser zeugen vom höchsten Wohlstande; manche derselben gleichen Palästen. Hinter ihnen liegen die schönen Wiesen am Flusse, die zu Garnbleichen bestimmt sind. Der grüne Rasen ist stundenlang mit weißem, feinem Garn bedeckt und mit kleinen Wassergraben durchschnitten, an denen viel Bleicher und Bleicherinnen stets beschäftigt sind, Wasser mit großen Schaufeln auf das Garn zu sprengen und dieses umzuwenden. Hier und da sind große Räder, die durch einfachen Mechanismus in Rinnen Wasser auf entferntere Bleichen führen. In den Nebengebäuden der Wohnhäuser sind die Fabriken, bei denen man mit Glück englische Spinnmaschinen etc. eingeführt hat. In den Sitten und Gebräuchen der Einwohner bemerkt man eine auffallende Ähnlichkeit mit denen der Holländer, mit welchen durch den Handel fast alle hiesige Häuser in Verbindung stehen. Überall herrscht ein hoher Grad von Reinlichkeit; selbst *unbewohnte* Zimmer werden wöchentlich 2 mal gewaschen. Die Landessprache ist eine Art Plattteutsch, das aber von dem im eigentlichen Westphalen gesprochenen noch verschieden ist; Gebildete sprechen dabei noch hochteutsch. Gasthof: clevischer Hof. Merkwürdig sind in der Nähe das Rauenthal, die Kämna etc.

Sehr angenehm ist der Weg nach der Stadt *Schwelm* am Abhange eines Berges und am gleichnamigen Bache, mit 3000 Einwohnern, 3 Kirchen, einem Gymnasium und vieler Industrie.

Jürgen Müller-Späth

Ein anonymer Bericht über das „kirchlich-religiöse Leben" des Wuppertals 1823/24: „das jetzige Gosen"

Der nachstehend abgedruckte Artikel, der als eine hervorragende Momentaufnahme der religiösen Verhältnisse des Wuppertales etwa um 1823 angesehen werden muß, erschien 1824 in der von dem evangelischen Theologen und Großherzoglich Hessischen Hofprediger Ernst Zimmermann in Darmstadt seit 1822 herausgegebenen Allgemeinen Kirchenzeitung. Diese Zeitung verstand sich als das *populäre Hauptorgan des kirchlichen Rationalismus. So stellt Zimmermann im Programm u. a. als „Gegenstand", worüber „sich diese allgemeine Kirchenzeitung verbreiten" werde, fest: „Umtriebe der Religionsschwärmerei, des Fanatismus, des Sekten- und Conventikelwesens".[1] Angesichts dieser bewußt polemischen Richtung gegen das Erwekkungschristentum verwundert es, daß der Herausgeber den folgenden, das erweckliche Christentum „im Ganzen" positiv beurteilenden Artikel aufgenommen hat.*

Der mit den Initialen P. G. unterzeichnende Autor faßt in diesem Erfahrungsbericht seine Beobachtungen zusammen, die er während eines Aufenthaltes im Wuppertal um 1823 gemacht hat. Man wird in dem durch theologischen Sachverstand sich auszeichnenden Verfasser wahrscheinlich einen Pfarrer vermuten dürfen, denn es interessiert ihn vornehmlich das „kirchlich-religiöse Leben" — die „rege Gewerbthätigkeit" in dieser Region läßt er freilich nicht unerwähnt —, das er hier für „allgemeiner und tiefergehender" hält „als irgendwo in Deutschland". Dies entspricht dem Urteil vieler anderer und nicht minder dem Selbstverständnis vieler Wuppertaler jener Zeit. Der Barmer Kontorist J. F. Wetschky z. B. läßt sich 1824 ähnlich aus: „Kurz, das liebe Wuppertal ist gewiß das jetzige Gosen, wo Milch und Honig fließt."[2] Man hat neuerdings gemeint[3], der Enthusiasmus der Erweckten habe die zeitgenössischen Selbst- und Fremddarstellungen der Verhältnisse im Wuppertal so beeinflußt, daß dadurch das Bild der Wirklichkeit verzerrt bzw. überzeichnet worden sei. Diese partiell sicher richtige Bemerkung — es war gewiß nicht jeder Einwohner der Region ein Erweckter — ändert allerdings nichts an der Richtigkeit der zitierten Feststellungen. Sie

---

1 *Gottfried Mehnert* (Hg.): Programme evangelischer Kirchenzeitungen im 19. Jahrhundert, Witten 1972, S. 41.

2 Zit. nach *Robert Steiner:* Die Christentumsgesellschaft im Wuppertal, in: MEKGRh, 29 (1980), S. 102. „Gosen" ist eine Landschaft in Unterägypten, von wo aus die Israeliten nach Kanaan auszogen. Wetschky führte eine recht umfangreiche Korrespondenz mit der Baseler Christentumsgesellschaft. Etwas nüchterner schrieb Friedrich Adolf Krummacher 1825 an seinen Sohn Friedrich Wilhelm nach dessen Wahl auf die Gemarker Kanzel: „Nun seid herzlich gegrüßt in Eurem neuen Kanaan, wohin Euch der Herr geführt hat. Es wird wohl dort auch mit der Milch und dem Honig dieselbe Bewandtnis haben wie in dem alten — an Philistern, Jebusitern und Hethitern wird's auch dort nicht mangeln." *Maria Krummacher:* Unser Großvater der Ätti, Leipzig 1926, S. 157.

3 *Volkmar Wittmütz:* Kirche und Kommune, in: *Dieter Beckmann/Hans Knübel* (Hg.): Beiträge zur Landeskunde des Bergisch-Märkischen Raumes — Festschrift für Wilhelm von Kürten anläßlich seiner Emeritierung, Wuppertal 1981, S. 131 ff.

erlaubt auch keine Zweifel an der weiten Verbreitung und Intensität der kirchlichen Bindung, wie sie der bekannte enthusiastische Erweckungsprediger Friedrich Wilhelm Krummacher 1846 in einem Artikel über die 1820er Jahre rückblickend schildert: „Die Gotteshäuser faßten die sich herzudrängenden Hörermassen nicht mehr. Die Wochengottesdienste wurden nicht minder stark besucht als die sonntäglichen. Der Erweckungen zum neuen Leben war in allen Gemeinden kein Ende.“[4]

Um den Erwartungen dieser in der Tat religiös angeregten Gemeinden gerecht zu werden, rüstete sich die Pfarrerschaft des Wuppertales in der von dem Lutheraner Friedrich Strauß mit an Sicherheit grenzender Wahrscheinlichkeit nach herrnhutischem Vorbild im Jahre 1817 ins Leben gerufenen sogenannten Farbmühlenkonferenz aus. Friedrich Wilhelm Krummacher, selbst jahrelang Teilnehmer dieser Konferenz, bezeugt in seinem ‚Nachruf‘ auf diese, daß die Sonntagspredigten der Pfarrerschaft vielfach aus den biblischen Besprechungen in der Farbmühle entstanden seien. Mithin spielte diese Konferenz, die Krummacher häufig auch ‚Verein‘ oder ‚Vereinigung‘ nennt, im kirchlich-religiösen Leben des Wuppertales eine herausragende Rolle, zumal um 1823: „Gegen das Jahr 1823 hatte die Konferenz den Gipfelpunkt ihrer geistigen Entwicklung und Erstarkung erreicht, und es ward ihr verliehen, länger als ein Jahrzehnt hindurch auf dieser schönen gottgesegneten Höhe sich zu erhalten. Die Glieder des Vereins standen in dieser Periode größten Theils auf ohngefähr gleicher Stufe des geistlichen wie des natürlichen Alters.“[5] Weiter beschreibt Friedrich Wilhelm Krummacher 1846 die Auswirkungen der Farbmühlenkonferenz auf das religiöse-kirchliche Leben rückblickend so: „Die Konferenz hatte sich ausgelebt. Aber über ihrem Grabe ragten und ragen als theilweise Schöpfungen der in sie ausgegossenen Lebenskraft, und als schöne Denkmale des überschwenglichen Segens, womit Gott sie krönte, das Barmer Missionsseminar, eine große Zahl dem Reiche Gottes dienender Vereine, eine freiere und wortgemäßere Predigtweise, eine besser organisirte und lebenvollere Katechese, und der Konfessionsfriede in den Gemeinden.“[6]

Trotz allem aber war das Verhältnis der Pfarrer zu ihren Gemeinden in der Tat nicht frei von Spannungen, die vornehmlich aus einem bei vielen Gemeindegliedern vorherrschenden eigentümlichen Amts- und Gemeindeverständnis herrührten. Der neun Jahre als Pfarrer in Wichlinghausen tätige Rudolf Stier deckt diese Gründe in einem Artikel auf, den er zwei Jahre vor seinem Weggang aus dem Wuppertal in der Bonner Monatsschrift 1845 veröffentlichte. Er sagt dort sinngemäß von den Wuppertaler Gemeinden, „sie begehrten nichts Geringeres als einen Pfarrer in abstracto, der, eine seltsame Person ohne Fleisch und Blut, in Amtsrock oder Beffchen mit geisterartiger Kraftentfaltung Tag und Nacht durch seinen Sprengel schwebe; ein gehetzter Sklave seiner Pfarrkinder.“[7] Friedrich Wilhelm Krummacher meinte zwar einerseits als Anwalt für die Gemeinden gegen Stier auftreten zu müssen[8], stimmte aber ande-

[4] Die Farbmühle, in: Palmblätter, 3 (1846), S. 396—401 und S. 405—420, Zit. hier S. 398. Krummachers Feststellung stimmt durchaus mit den Beobachtungen des Reisenden überein.

[5] Ebd., S. 397.

[6] Ebd., S. 420.

[7] Muß der Pfarrer jedem Gemeindegliede jederzeit zu Dienste stehen?, in: Bonner Monatsschrift, 1845 (I. Halbband), S. 90—108, bes. S. 91 f. Zitat aus *Maria Krummacher:* Unsere Mutter, Bielefeld und Leipzig 1880, S. 151.

[8] Vgl. „Gegen R. Stier vom H.“, in: Palmblätter, 3 (1846), S. 26—42, und die „Antwort von R. Stier“, S. 104—111.

rerseits, freilich nur zwischen den Zeilen, Stier in vielen Punkten zu.[9] *In seiner Autobiographie beschreibt Krummacher später dann aber das Verhältnis von Pfarrer und Gemeinde im Wuppertal zu Recht ähnlich wie auch der Autor des untenstehenden Artikels so: „Wohl nirgends in der evangelischen Kirche dürfte der geistliche Stand sich höherer Ehren zu erfreuen haben, als im Wupperthal und im Bergischen überhaupt. . . . Ich leugne nicht, daß hierbei das starke Bewußtsein der Gemeinden, den Prediger frei erwählt zu haben, stark mitbetheiligt sei, und eben so wenig, daß die Ehre, die diesem widerfährt, nicht unbedingt dem Amte als solchem, sondern vielmehr dem würdigen Träger desselben gilt."*[10] *Mithin stellt auch Krummacher fest, daß im Wuppertal das Amt des minister divini verbi dem Bewußtsein der „mündigen Gemeinde"*[11] *untergeordnet wird.*

*Dem von außen ins Wuppertal kommenden Beobachter fällt auf, daß „im Ganzen" hier um 1823 ein „reges" und „gesundes Glaubensleben" herrsche. Den Grund dafür sieht er in der „echt biblischen Lehrweise". Ob die von dem Autor so bewunderten christlich-bürgerlichen Tugenden wie Spendenfreudigkeit, Gemeinsinn etc. lediglich Ausfluß christlich-ethischer Vorstellungen waren bzw. aus der „echt biblischen Lehrweise" hervorquollen, kann hier nicht erörtert, muß aber m. E. bezweifelt werden. Wenn die weitere Forschung die um 1823 im Wuppertal „herrschende Glaubensweise" theologisch qualifizieren sowie theologie- und frömmigkeits*geschichtlich *einordnen will, wird sie zwar einerseits die von der zeitgenössischen Erweckungsbewegung sowie die von der bisherigen Forschung vielfach betonte „reformatorische Bestimmtheit"*[12] *dieser Bewegung in Betracht zu ziehen haben, aber andererseits doch mehr die unreformatorischen Elemente derselben im Zusammenhang mit den verschiedenen in sie einschießenden Geistesströmungen stärker herausarbeiten müssen. Denn die Konfiguration dieser verschiedenen Elemente bildete erst ein in sich konsistentes Denken, das sich als historische Mentalität in vielfältigen Erscheinungsformen äußerte. Das in der nachstehend abgedruckten Quelle besonders herausgestellte Gemeinde- und Gemeinschaftsbewußtsein ist z. B. als eine solche mentale Erscheinungsform anzusehen.*

---

[9] Friedrich Adolf Krummacher schrieb schon 1827 an seinen Sohn Friedrich Wilhelm: „Daß Ihr Mancherlei zu klagen habet, daran seid Ihr wohl zum Theil selbst schuld, da Ihr Eure Gemeinden verwöhnt und Euch zu Knechten gemacht habet." Zit. nach *Friedrich-Wilhelm Krummacher:* Gottfried Daniel Krummacher und die niederrheinische Erweckungsbewegung zu Anfang des 19. Jahrhunderts, Berlin und Leipzig 1935, S. 140, Anm. 4.

[10] Eine Selbstbiographie, Berlin 1869, S. 123; vgl. auch die vorzügliche Abhandlung von *Rudolf Mohr:* Das Pfarrerbild und rheinische Pfarrergestalten der Erweckungsbewegung, in: MEKGRh, 26 (1977), S. 99—134.

[11] *Herwart Vorländer:* Evangelische Kirche und soziale Frage in der werdenden Industriegroßstadt Elberfeld, Düsseldorf 1963, S. 1.

[12] *Friedrich Wilhelm Krummacher:* Immanuel Friedrich Sander — Eine Prophetengestalt aus der Gegenwart, Elberfeld 1860, S. 97. Zur bisherigen Forschung vor allem *Friedrich-Wilhelm Krummacher:* Gottfried Daniel Krummacher und die niederrheinische Erweckungsbewegung (s. Anm. 9); *Andreas Lindt:* Gedanken zur Wirkungsgeschichte des Pietismus im neuzeitlichen Christentum, in: Evangelische Theologie, 38 (1978), S. 198—213. S. auch die Auseinandersetzung mit Lindts Thesen bei *Karl-Hermann Beeck:* Der evangelische Pädagoge Friedrich Wilhelm Dörpfeld und die Moderne — Innovation als Evolution, in: MEKGRh, 31 (1982), S. 179—207, bes. S. 199—202. Vgl. allgemein zur Erweckungsbewegung den Art. „Erweckung/Erweckungsbewegung" von *Gustav Adolf Benrath,* in: TRE, Bd. X, S. 205—220.

Aus Rheinhessen. Einsender dieses hatte vor einiger Zeit Gelegenheit, das sogenannte Wupperthal, bekannt durch Elberfeld und Barmen, näher kennen zu lernen. Dieser Strich gehört in mancher Hinsicht zu den merkwürdigsten Deutschlands. Ein schöner, waldbekränzter Thalgrund, von der Wupper romantisch durchschlängelt, befaßt, in geringer Ausdehnung, eine Zahl von einigen 40 000 meist fabriktreibenden Einwohnern, die sich fast alle zur protestantischen Kirche bekennen. Einen herrlichen Anblick gewährt dieses Thal und seine freundlichen, zum Theil aufs Anmuthigste zerstreut liegenden Wohnungen. Ueberall Leben, rege Gewerbthätigkeit und Zeichen eines gründlichen Wohlstandes. Auf den Einsender, welcher eben aus der, durch Verdienstlosigkeit jetzt so muthlosen Rheinpfalz kam, konnte dieß nur den wohlthätigsten Eindruck machen. Aber noch weit mehr fühlte er sich angeregt durch das kirchlich-religiöse Leben, welches hier vielleicht allgemeiner und tiefergehender ist, als irgendwo in Deutschland. Selbst dem, welcher hierfür wenig Auge hat, muß dieß auffallen; denn überall wird er darauf hingeführt. Gegenstände der Religion und Kirche sind allerwärts beliebter und in manchen Häusern vorherrschender Stoff der Unterhaltung. In dem Hause eines jungen Arztes fand Einsender einen kleinen Freundecirkel, in dem man sich ausschließend und mit dem wärmsten Interesse von Glaubenssachen unterhielt. Sonntags strömt Alles dem Hause des Herrn zu, und selbst die Wochenpredigt wird hier nicht vernachlässigt und ist gewiß mehr besucht, als in den meisten Staaten des protestantischen Vaterlandes. Der Geistliche genießt hier die ausgezeichnetste Achtung, und es ist etwas ganz Gewöhnliches, die gemahlten Bildnisse der Prediger bei ihren Gemeindegliedern als eine Zierde ihrer Wohnungen anzutreffen. Und wahrlich, ein Kreis von tüchtigen Männern steht diesen Gemeinden vor, wovon immer eine die andre dicht begränzt und wohl keine unter 5000 Seelen gefunden wird. In *einem* Geiste scheinen diese Männer zu wirken, so wie sie durch wöchentliche Zusammenkunft sich gegenseitig verbrüdern. Aber schwerlich werden auch solche von den Gemeinden angestellt und selbst nicht gern als Gastprediger gehört, die von der herrschenden Glaubensweise abweichen. Man hat diese zu verunglimpfen und als eine krankhafte und frömmelnde darzustellen gesucht. Gewiß mit Unrecht; denn mögen auch Einzelne dahin abschweifen, im Ganzen ist der Standpunkt doch ein rein christlicher, und zwar ein solcher, wie er besonders bei den Reformatoren vorherrschend erscheint. Die Lehre von dem Verderben des Menschen, von seiner Untüchtigkeit zum Guten, von der Verdienstlosigkeit der Werke, von der Versöhnung durch den Heiland, von der Gerechtigkeit durch den Glauben, diese vorzüglich sind's, woran man hält; diese werden wie von Dächern gepredigt, vielleicht von Einigen im Lehrvortrage zu scharf vom Praktischen gesondert und zu polemisirend dargestellt. Im Ganzen herrscht in den Gemeinden ein eben so reges, als gesundes Glaubensleben, unfehlbar als eine unmittelbare Wirkung dieser echt biblischen Lehrweise, ein durch die Liebe thätiges Glaubensleben, das sich in schönen Früchten zeigt. Mildthätigkeit, besonders für kirchliche Zwecke, ist hier allgemein und durch eine Erfahrung vieler Jahre erprobt, und noch ganz neulich hat die jüngst gegründete Gemeinde Unter-Barmen in dieser Hinsicht wahrhaft seltne Opfer gebracht. Sie besoldet aus eignen Mitteln zwei Prediger, jeden mit 1200 Thlrn. jährlich, wovon der eine Gehalt aus dem Ertrage der Kirchenstühle gewonnen wird;

verschafft ihnen zwei freie Wohnungen, die an Zierlichkeit und Bequemlichkeit wenig ihres Gleichen haben. Der Fond, welcher bereits zusammengebracht ist, soll sich über 40 000 Thl. belaufen, wozu oft ein einzelnes Gemeindeglied mehrere Tausende steuert. Daß auch in andrer Hinsicht wahrer Gemeinsinn, Wohlwollen, Gastfreiheit, strenge Gewissenhaftigkeit hier zu Hause sind, davon sind dem Einsender musterhafte Beispiele bekannt. — Herrlich erfrischt und gehoben hat er diese Gegend verlassen und bedauert nur seinen so kurzen Aufenthalt, der ihn außer Stand setzte, tiefer in das Leben dieser so merkwürdigen Gemeinden einzudringen. Vielleicht wird ein mehr unterrichteter Beschauer uns bald näher mit denselben bekannt machen.

P. G.

Burkhard Dietz

Adolf Diesterwegs „pädagogischer Blick" auf die Kinderarbeit im Wuppertaler Textilgewerbe (1828)

„Uns gab besonders die unbeschreibliche Thätigkeit . . ., zu welcher selbst die kleinsten Kinder . . . gewöhnt werden, zu manchen Betrachtungen Anlaß . . . Man versicherte uns, daß Fünfjährige schon täglich einige Groschen verdienen könnten"[1]. *Als August Hermann Niemeyer die Kinderarbeit im Textilgewerbe des Wuppertals anläßlich seines Besuchs im Jahre 1806 mit diesen wenigen Worten kommentierte, war die Kinderarbeit bereits zu einem der zentralen sozialen Probleme des sich abzeichnenden Industriezeitalters geworden*[2]. *Wurde schon in der Manufakturepoche die Arbeitskraft des Kindes in der Produktion voll eingeplant, so erfolgte in den 1780er und 1790er Jahren ein entscheidender Umbruch, der die wesentliche Verschlechterung der Arbeits- und Gesundheitsbedingungen von Kinderarbeitern nach sich zog*[3]*: Durch die Einführung motorisierter und automatisierter Arbeitsmaschinen, insbesondere der von Richard Arkwright entwickelten Spinnmaschine in den gewerblich hoch verdichteten Zentren der deutschen Textilindustrie, wurde das für die Manufakturarbeit noch erforderlich gewesene handwerkliche Können sowie die Aufwendung von Muskelkraft auf nunmehr wenige schnell erlernbare, jedoch eine große Fingerfertigkeit verlangende Handgriffe beschränkt. Die relativ einfache Bedienbarkeit der Arbeitsmaschinen und der durch sie vorgegebene Arbeitsrhythmus begünstigten von nun an den verstärkten Einsatz von Kindern in der Produktion. Fabrikarbeit, so urteilten einige Zeitgenossen voller Fortschrittsoptimismus und ohne Berücksichtigung der sozialen Begleit- und Folgeerscheinungen, sei damit geradezu „kinderleicht" geworden.*

Angesichts der Tatsache, daß vor allem bei der Kinderarbeit die Löhne und damit die Produktionskosten niedrig gehalten werden konnten, wurde die Kinderarbeit zugleich ein wesentlicher ökonomischer Faktor. Bei niedrigsten Löhnen und einer täglichen Arbeitszeit von 12 bis 14 Stunden, zu der oft noch Nachtschichten hinzukamen, waren die Kinder vom sechsten Lebensjahr an schutzlos einer intensiven Ausbeutung durch Faktoren, Unternehmer und deren Aufsichtspersonal in den Produk-

---

1 Zit. nach *Burkhard Dietz:* Die „Beobachtungen" August Hermann Niemeyers im Wuppertal aus dem Jahre 1806. In: Zeitschrift des Bergischen Geschichtsvereins 89 (1980/81), S. 132 f.; vgl. auch den Wiederabdruck im vorliegenden Band, S. 93 ff.

2 *Lotte Adolphs:* Industrielle Kinderarbeit im 19. Jahrhundert, in: *dies.:* Erziehung und Bildung im 19. Jahrhundert, Duisburg 1979, S. 3—152; *Siegfried Quandt* (Hg.): Kinderarbeit und Kinderschutz in Deutschland 1783—1976. Quellen und Anmerkungen, Paderborn 1978; *Karl-Heinz Ludwig:* Die Fabrikarbeit von Kindern im 19. Jahrhundert. Ein Problem der Technikgeschichte, in: VSWG 52 (1965), 63—85.

3 Die nachfolgenden Ausführungen basieren im wesentlichen auf *Arno Herzig:* Kinderarbeit in Deutschland in Manufaktur und Protofabrik (1750—1850), in: Archiv für Sozialgeschichte 23 (1983), S. 311—375.

tionswerkstätten ausgeliefert[4]*. Wenn Niemeyer in seinen „Beobachtungen“ aus dem Wuppertal (1806) die Diskrepanz zwischen dem „unverhältnismäßig(en) . . . Gewinn der reichen Inhaber dieser großen Arbeitshäuser“ und dem „kärglichen Lohn derer . . ., auf welchen die Last der Arbeit liegt“ kritisiert, so wird er dabei in erster Linie an die Ausbeutung der Kinderarbeiter gedacht haben*[5]*.*

Außer Niemeyer wiesen jedoch bis zum Beginn der 1820er Jahre nur wenige bürgerliche Zeitgenossen auf die soziale Problematik der Kinderarbeit hin[6]*. Sie wurde bis dahin von den utilitaristisch denkenden aufgeklärten Zeitgenossen vielmehr als ein Segen und als günstiges (Disziplinierungs-)Mittel auch in moralisch-ethischer Hinsicht angesehen, um die Armen- und Waisenkinder von der Straße des Bettels, der drohenden sittlichen und religiösen Verwahrlosung abzubringen und vermeintlich kriminelle Veranlagungen zu unterdrücken. Neben Fabrikanten und Agrariern waren auch Beamte, Pfarrer und Pädagogen der Ansicht, „daß, je früher der Mensch zum Arbeiten angehalten wird, er desto weniger in die Gefahr gerät, sich dem Müßiggang hinzugeben und seinen Mitmenschen zur Last zu fallen“*[7]*. Dementsprechend wurde jeder als Menschenfreund gepriesen, der für Kinder die Gelegenheit zu nützlicher Arbeit schuf.*

Friedrich Adolf Wilhelm Diesterweg (1790—1866) war hingegen der erste Pädagoge in Deutschland, der die Öffentlichkeit mit aller Entschiedenheit „auf die Fehlentwicklungen und Gefahren hinwies, die die technische Entwicklung der Protofabrik für die Kinderarbeit mit sich brachte“[8]*. Der in Siegen geborene Diesterweg hatte nach dem Studium der Naturwissenschaften, Mathematik, Philosophie und Geschichte seit 1811 in Mannheim, Worms und Frankfurt am Main als Lehrer unterrichtet und war von 1818 bis 1820 an der lateinischen Schule der reformierten Gemeinde in Elberfeld tätig gewesen*[9]*. Im Wuppertal wurde Diesterweg erstmals mit der sozialen Problematik der Kinderarbeit in ihrer ganzen Schärfe konfrontiert, und hier lernte er in Johann Friedrich Wilberg einen jener Vertreter der sogenannten Industrieschulpädagogik kennen, die in den von ihnen eingerichteten Industrieschulen die*

[4] Dies geht aus den Gutachten zur Kinderarbeit hervor, die auf Anordnung (26. 6. 1824) des preußischen Kultusministers v. Altenstein von den Regierungen der Regierungsbezirke angefertigt wurden (vgl. hierzu *Günther K. Anton:* Geschichte der preußischen Fabrikgesetzgebung bis zu ihrer Aufnahme durch die Reichsgewerbeordnung, Berlin 1953, S. 3 ff.).

[5] Zit. aus Niemeyers „Beobachtungen“ (s. Anm. 1), s. im vorliegenden Band S. 98.

[6] Auf die physischen Folgen der Kinderarbeit im Wuppertal wies 1816 etwa *Friedrich Perthes* mit den Worten hin: „vom achten, ja vom sechsten Jahre an arbeiten schon die Kinder, werden Krüppel und zeugen Krüppel“. Vgl. *Gerhard Huck/Jürgen Reulecke* (Hg.): . . . und reges Leben ist überall sichtbar! Reisen im Bergischen Land um 1800 (= Bergische Forschungen, Bd. XV), Neustadt a. d. Aisch 1978, S. 216.

[7] Zit. aus *Wolfram Fischer:* Der Staat und die Anfänge der Industrialisierung in Baden 1800—1850, Bd. 1, Berlin 1962, S. 343 f. Eine positive Einschätzung der Kinderarbeit im Bergischen Land gibt 1802 der Pastor *Johann Moritz Schwager* (*Huck/Reulecke,* a.a.O., S. 124 f.).

[8] *Arno Herzig:* Kinderarbeit in Deutschland . . . (s. Anm. 3), S. 348. Vergleichbare Ansätze zu einer öffentlichen Kritik der Kinderarbeit finden sich in C. G. Salzmanns 1783 erschienenen Roman „Carl von Carlsberg oder über das menschliche Elend“ (vgl. dazu *Ruth Hoppe:* Geschichte der Kinderarbeit in Deutschland 1750—1939, Bd. II: Dokumente, Berlin [DDR] 1958, S. 61 ff.).

[9] *Albert Reble:* Friedrich Adolf Wilhelm Diesterweg, in: Neue Deutsche Biographie, Bd. 3, Berlin 1957, S. 666 f.; *Schneider:* Friedrich Adolf Diesterweg, in: Allgemeine Deutsche Biographie, Bd. 5, Leipzig 1877, S. 150 ff.

soziale Disziplinierung der Kinder mit kreativem Schaffen zu verbinden suchten[10]. *Zum Ausdruck brachte Diesterweg seine in der bergischen Industriemetropole gesammelten und seitdem vervollständigten Erfahrungen jedoch erst einige Jahre später, vor allem in seiner 1827 veröffentlichten Untersuchung mit dem Titel „Über den Gebrauch der Kinder zu Fabrikarbeitern", der ersten Schrift zu diesem Themenkomplex mit programmatischem Charakter. In dieser Studie kritisierte Diesterweg die Kinderarbeit, die „seit Erfindung künstlicher Maschinen ... in allen Theilen der fabrizierenden Welt zur Sitte geworden" sei, grundsätzlich, und als einer der ersten Zeitgenossen kennzeichnete er ihren Stellenwert im industriellen Produktionsprozeß mit den Worten: „Seitdem die Maschinen nur einer kleinen Nachhilfe bedürfen, um in ungestörtem Gange ihre in der Tat bewunderungswürdigen Kunstwerke zu vollenden, seitdem kann man auch das ungeübte, noch schwache, zarte Kind in den Fabriken gebrauchen"*[11].

Im Jahre 1820 wechselte Diesterweg von der höheren Schule zum Volksschulwesen über und gründete im Auftrag des preußischen Staates das Lehrerseminar in Moers, dessen Direktor er bis zu seiner Abberufung an das Berliner Stadtschulseminar 1832 war. In dieser Zeit begann Diesterweg seine entschiedenen pädagogischen und sozialpolitischen Forderungen in mehreren Schriften einer breiteren Öffentlichkeit vorzustellen. Von einer Grundhaltung bestimmt, die weltanschaulich von der Aufklärung, insbesondere von Rousseau und Pestalozzi bestimmt war, setzte sich Diesterweg in pädagogischer Hinsicht für eine bessere und einheitliche Volksbildung in Preußen und für eine gewisse Eigenständigkeit der Schule von Kirche und Staat ein. In sozialpolitischer Hinsicht propagierte er das Eingreifen des Staates bei schwerer Armut und Arbeitslosigkeit, genossenschaftliche Hilfe bei Krankheit und Unfall sowie die Verstärkung staatsbürgerlicher Verantwortung und die verfassungsmäßig zu garantierende Mitarbeit der Bürger im Staat. Aus diesem Katalog von Einzelforderungen resultierte schließlich sein „Kampf gegen die politische, theologische und pädagogische Reaktion, gegen Obrigkeitsstaat wie kirchliche Orthodoxie und geistliche Schulaufsicht" vor, während und nach der liberal-demokratischen und nationalen Revolution von 1848/49, was schon 1847 zu seiner Suspendierung und 1850 zu seiner zwangsweisen Pensionierung führte. Diesterweg vertrat daraufhin seine pädagogischen und sozialpolitischen Ziele, indem er sich in verstärktem Maße der Politik widmete. So wurde er 1858 zum Abgeordneten (Fortschrittspartei) des preußischen Landtags und etwa zur gleichen Zeit auch zum Abgeordneten im Berliner Stadtrat gewählt[12].

Diesterwegs wichtigstes Publikationsforum waren die „Rheinische(n) Blätter für Erziehung und Unterricht", die er seit 1827 herausgab, seit 1851 außerdem das „Päd-

---

10 *E. Langenberg* (Hg.): Johann Friedrich Wilberg. Sein Leben und seine Schriften, Elberfeld 1866; zur Industrieschulpädagogik vgl. *Ursula Aumüller:* Industrieschule und ursprüngliche Akkumulation in Deutschland. Die Qualifizierung der Arbeitskraft im Übergang von der feudalen in die kapitalistische Produktionsweise, in: *Klaus L. Hartmann/Friedhelm Nyssen/Hans Waldeyer* (Hg.): Schule und Staat im 18. und 19. Jahrhundert. Zur Sozialgeschichte der Schule in Deutschland, Frankfurt 1974, S. 9—145.

11 *Friedrich Adolf Wilhelm Diesterweg:* Über den Gebrauch der Kinder zu Fabrikarbeitern. Aus pädagogischem Gesichtspunkte betrachtet (1827), wiederabgedruckt in: *Robert Alt* (Hg.): Kinderausbeutung und Fabrikschulen in der Frühzeit des industriellen Kapitalismus, Berlin (DDR) 1958, S. 180—196, Zitate S. 181 u. 182.

12 *Reble:* (s. Anm. 9), Zit. S. 667.

agogische Jahrbuch für Lehrer und Schulfreunde". Unter dem Titel „Ein pädagogischer Blick auf Fabriken und — eine menschliche Bitte" veröffentlichte Diesterweg 1828 in den „Rheinischen Blättern" einen wegen seiner Plastizität besonders wertvollen Reisebericht, der die Kinderarbeit im Textilgewerbe des Wuppertals schildert und kritisiert[13].

Adolf Diesterweg (1828)

[. . .]

An einem dunkelen Wintertage, abends 7 Uhr, fuhren wir von der Höhe in das Wuppertal hinab. Welch ein Anblick! Aus allen Gegenden, aus jedem Winkel rechts und links leuchteten uns helle Lichter aus großen und kleinen, zum Teil sehr geräumigen und schönen Gebäuden entgegen. Der Himmel war mit Wolken bedeckt, aber auf der Erde leuchteten die Sterne von verschiedener Größe und verschiedenem Glanze wie am Himmel in sternhellen Nächten. Wir waren alle überrascht. Gewerbreiches, gesegnetes Land! rief einer der Unsrigen in die Nacht hinein. Hier herrscht Wohlstand, hier geht das Geld rasch aus einer Hand in die andere, hier läßt sich etwas machen. Mit welcher Eleganz sind — fuhr ein im Wuppertal Bekannter fort — in Gemarke und Elberfeld die Fabrikgebäude und Wohnungen der Fabrikherren aufgeführt! Wie herrlich wird man dort bewirtet! Die Sozietätshäuser gleichen Palästen! Die Schiffe der Kaufleute gehen auf den Weltmeeren, die künstlichsten Fabrikate nach allen Gegenden der Erde hinführend!

Unter solchen Bemerkungen war unser Wagen einem Gebäude nahe gekommen, welches, nur durch eine Bleiche vom Wege getrennt, das Licht seiner Lampen bis zu uns herüberwarf. Laßt uns stillhalten, bat ein mitreisender Pädagog, der bisher nur zugehört hatte, und eintreten in das stattliche Haus, die gepriesenen Herrlichkeiten von innen zu beschauen. Denn mich, fuhr er fort, interessiert der Mensch, und unter den Menschen das Kind mehr als prachtvolle Gebäude, schwer beladene Tafeln und schöne Fabrikware. — Es geschah. Man besah die aus zwei Sälen bestehende große Spinnerei, in welcher ungefähr 20 Erwachsene und 60 bis 70 Kinder beschäftigt waren. Die Reisenden hatten sich in den weitläufigen Sälen zerstreut, fanden sich aber nach ganz kurzer Zeit am Ausgange wieder zusammen, den Rückweg suchend. Stille ging man zum Wagen zurück, und selbst nach dem Einsteigen sprach keiner ein Wort. Endlich machte der Pädagog seinem gepreßten Herzen durch Worte Luft, indem er ungefähr folgende Bemerkungen äußerte, welche keiner widerlegte.

Ich kann nicht leugnen, liebe Freunde!, daß mich der Besuch der Spinnerei recht unangenehm überrascht hat. Die trübe, schwere Stickluft hat mir fast den Atem geraubt; das Gerassel der Maschinen erinnert mich an das Kettengerassel auf der Galeere zu Antwerpen; der Anblick der Erwachsenen bewegte mein Herz zu mitleidigen Gefühlen. Ihre Gesichtsfarbe blaß und gelb, ihr Auge matt, ihr Geist sichtbar ge-

[13] *Friedrich Adolf Wilhelm Diesterweg:* Ein pädagogischer Blick auf Fabriken und — eine menschliche Bitte, in: *ders.* (Hg.): Rheinische Blätter für Erziehung und Unterricht, Bd. III (1828), H. 3, S. 33—38, wiederabgedruckt in *Friedrich Adolph Wilhelm Diesterweg:* Sämtliche Werke, bearbeitet v. *Ruth Hohendorf*, Bd. 1, Berlin (DDR) 1956, S. 341—344.

stumpft. Welch ein Unterschied zwischen ihnen und unseren Bauern jenseits des Rheins in unseren fruchtbaren Ebenen! Wie unglücklich sind diese Menschen, die, um ihr Leben zu fristen, von früh bis spät in diesem glänzenden Elende ihre Tage zubringen und durch wechsellose, durch Einförmigkeit ermüdende, markverzehrende Arbeit sich und die ihrigen kümmerlich ernähren müssen! Wahrhaft gejammert hat mich eine Mutter, die mit ihrem Säugling an der Brust emsig fortspann. Vollends zerrissen hat mir das Herz der Anblick der Kinder, welche in diesen Fabriken um den Frühling ihres Lebens gebracht werden. Oh, rühmet mir nicht einseitig das Glück dieses Tales! Ich sehe hier nur allgemeinen Jammer und schleichendes Elend neben einigen scheinbar Glücklichen, welche sich durch das Blut der Armen, durch die Arbeit der Kinder bereichern. Auch sie sind nicht wirklich glücklich, wenn sie menschlich fühlen. Wie wäre dies möglich, wenn man rund um sich her nur Schattenmenschen erblickt? Anstatt daß unsere Bauernkinder unter Bäumen und Blumen aufleben, durch einfache Kost und frische Luft fröhlich aufwachsen, sich ergötzen an dem Gesange der Nachtigall und dem Getriller der Lerchen — hören diese Sklavenkinder nichts als das Geschnurr der Maschinen, an die sie vom 7. oder 8. Lebensjahre an geschmiedet werden, ihr Leben lang. Wie ist da an eine fröhliche Entfaltung des Leibes und des Geistes zu denken? Nein, diese Kinder verkrüppeln an Seele und Leib; dieses Tal ist nicht eine Stätte des Glückes, sondern eine Wohnung des menschlichen Elendes und des irdischen Jammers. Tief in der Seele betrübt bin ich beim Gedanken an die unseligen Folgen dieser Sklaverei der Kinder.

Auf ähnliche Weise sprach der Pädagog seine ernsten Gefühle und Gedanken aus. Die Begleiter hatten ihm zugehört und konnten ihm, da der Augenschein sie von der Wahrheit dieser Bemerkungen überzeugt hatte, nicht widersprechen. Einer erwiderte, daß er in die Klagen des Freundes einstimmen müsse, daß er aber glaube, daß der Gebrauch der Kinderhände in den Fabriken ein notwendiges Übel sei; daß die Erfindung der Maschinen und die Notwendigkeit, die Fabrikate möglichst wohlfeil zu liefern, auch den menschenfreundlichen Fabrikherrn nötige, Kinder anzustellen, und daß der einzelne dem Triebe seines Herzens schlechterdings nicht folgen könne, solange es nicht allgemeiner Gebrauch werde, nur Erwachsene arbeiten zu lassen. Allerdings, antwortete der Pädagog, würde man vielleicht unrecht tun, dem einzelnen Fabrikherrn Vorwürfe zu machen; nur durch gemeinschaftliche Verabredung kann dem Übel Einhalt getan werden. Ich freue mich, daß Sie sonst meiner Meinung nicht abhold sind. Und es bedarf auch wirklich für den, der weiß, was ein Kind ist, der einsieht, daß der Mensch ebensogut verkrüppelt wie das Pferd, wenn es zu frühe zu harten Arbeiten gebraucht wird; welcher überzeugt ist, daß nur eine heiter durchlebte Jugend zu den Anstrengungen des männlichen Alters fähig macht: Für solchen bedarf es des Beweises nicht, daß Fabrikanstalten, in denen unerwachsene, zarte Kinder täglich 12 und mehr Stunden arbeiten, zu den vom Staate gebilligten Menschenverkrüppelungsanstalten gehören, das Mark der Arbeiter verzehren, sie frühe zu Greisen machen, sie um die Jugend und dadurch um das Leben betrügen, die menschliche Gesellschaft mit Armen übervölkern, zum heimlichen Lasterleben notwendig verführen, einzig nur der Phantasie Spielraum lassen mit Hemmung aller Entwickelung höherer Geisteskräfte, dadurch aber schwärmerische Ansichten von Lebensbestimmung und Christentum zutage fördern, den in Fabrikgegenden herrschenden Sektengeist herbeirufen und im allgemeinen das wahre Wohl des Staates, welches nur durch kräftige und gesunde, durch einfache, naturgemäß erzogene Bürger gefördert wird, untergraben, überhaupt aber sich an der Menschennatur wahrhaft versündigen.

Ich gebe es zu, fuhr der Pädagog fort, daß der einzelne dem großen, weitverbreiteten Übel nicht allein abzuhelfen vermag, obgleich auch er für die Kinder, durch deren Arbeit er sich nährt und bereichert, vieles tun kann, wenn nur, wie leider selten ist, ein menschliches Herz ihm im Busen schlägt. Allerdings würde er, wollte er allein den höheren Arbeitslohn, den man dem Erwachsenen geben muß, bezahlen, mit den anderen Fabriken nicht Marktpreis halten können, folglich zugrunde gehen. Auch ist an eine gemeinschaftliche Verabredung, nicht unmündige Kinder mehr zu gebrauchen, aus bekannten Gründen gar nicht zu denken. Folglich kann dem fürchterlich verderblich wirkenden Übel *nur von seiten des Staates* abgeholfen werden. Und der Staat hat nach meiner Meinung diese Pflicht. Er ist der Obervormund aller bürgerlichen Einrichtungen. Und kein Mensch hat das Recht, eine Anstalt zu errichten, wodurch das Wohl anderer, auch selbst mit deren Bewilligung, gefährdet wird. Der Staat verbietet es, Wucherzinsen zu nehmen. Und es sollte erlaubt sein, die Not des Nebenmenschen benutzend, den Kindern Gesundheit, Kraft, Leben und die Möglichkeit der Ausbildung zu nehmen? Das sei ferne. Der Staat gebe das Gesetz, daß *vor einem bestimmten Lebensjahre kein Kind in irgendeine Fabrik als Arbeiter aufgenommen werden dürfe; er setze die Anzahl der Stunden fest, welche der nicht völlig Erwachsene sich zur Arbeit verpflichten darf,* damit nicht der, der mit Menschenblut Wucher zu treiben Lust hat, ein Krebs werde an der Gesundheit der unerwachsenen Mitglieder des Staates. Mögen wir dann unsre Fabrikate etwas teuerer bezahlen müssen! Um den Marktpreis mit den Ausländern halten zu können, dafür kann der Staat durch andere Mittel sorgen. Oder die Heilige Allianz verabrede gemeinsame, für alle europäischen Kinder gültige Maßregeln. Das wäre ein Werk, wodurch sie sich das Lob der Kinder bereitete, folglich einer *Heiligen* Allianz würdig. — Möchte, so schloß der Pädagog, meine Bitte um Linderung oder gänzliche Abwehrung des Unheils der Kinder, das ihnen aus der Fabrikarbeit erwächst, zu den Ohren und Herzen derjenigen dringen, welche die Gottheit zu Genien der *Menschheit* bestellt hat! — Ewig glänzen wird Pestalozzi, der Freund der Armen, der Verbesserer der Armenschulen, auch wenn alles andere, was er getan und gewollt hat, vergessen werden sollte. —

Nachschrift

Nicht ohne innige Freude und nicht ohne Dank gegen die humane Gesinnung der oberen Lenker unseres Staates habe ich von den Schritten Kenntnis genommen, welche von oben bereits getan sind und noch beabsichtigt werden, um das Los der unglücklichen Fabrikkinder zu lindern. Möchte doch dieses große Werk gelingen!

Nach meinem Bedünken ist die Not der meisten Fabrikkinder in den Beckedorffschen Jahrbüchern, die ich mit unvergänglicher Hochachtung gegen den Herrn Herausgeber lese, nicht groß genug geschildert worden. Das Elend der meisten Kinder ist viel umfassender, als es daselbst angegeben wird. Dieselbe Meinung haben alle die Männer, mit welchen ich über diesen Gegenstand gesprochen habe. Auch dürften die bereits erlassenen Verfügungen dem Übel noch nicht die gehörigen Schranken setzen.

Ist es von der Mehrzahl der Fabrikherren wie von der Mehrzahl roher Eltern zu erwarten, daß sie dem schönen Beispiele des Stadtrats SCHERVIER in Aachen, der seine Fabrikkinder täglich, und zwar bei hellem Tage vier Stunden zur Schule schickt, ihren Beifall geben werden? Leider nicht.

Erlauben und gestatten es die Verhältnisse, zumal in großen Städten, wo die meisten Fabriken bestehen, daß die Geistlichen jeden einzelnen Fall, in welchem es einem Kinde vorteilhaft oder nachteilig ist, eine Fabrik zu besuchen, richtig beurteilen können? Unmöglich. Die Geistlichen können den Geist der einzelnen Fabriken, die Verhältnisse der einzelnen Familien und des einzelnen Kindes nicht so genau kennen, daß sie ein sicheres Urteil hätten. Das wäre zuviel verlangt. Auch erschweren die zwischen Geistlichen und Gemeindegliedern überall bestehenden Verhältnisse die Ausführung der Verordnung, daß die Geistlichen, im Falle des Mißbrauchs der Kinder oder wenn überhaupt für die Sittlichkeit und Gesundheit derselben ein Nachteil zu befürchten wäre, ihnen alsdann den Besuch der betreffenden Fabrik durch strenges Halten auf regelmäßigen Schulbesuch unmöglich machen sollen. Ich habe Grund zu der Besorgnis, daß dieser Verordnung gerade an den Orten, wo ihre Ausführung am dringendsten sein möchte, am wenigsten Genüge geleistet werden wird. Die Verhältnisse erschweren die Ausführung, machen sie fast unmöglich.

Deswegen weiß ich in der Tat keinen andern Rat als den oben angedeuteten:

1. gesetzliche Bestimmung des Alters der Kinder, vor welchem kein Kind zur Fabrikarbeit zugelassen werden darf, mit Androhung bestimmter und schwerer Strafen im Falle des Zuwiderhandelns für den Fabrikinhaber, die Eltern und für die Lehrer, wenn letztere diese gesetzwidrigen Handlungen nicht zur Anzeige bringen;
2. gesetzliche Bestimmung der Anzahl der Stunden, welche ein Kind bis zu einem bestimmten Alter täglich in den Fabriken zubringen darf, mit Festsetzung bestimmter Strafen im Falle der Übertretung des Gesetzes.

Nach meiner Ansicht dürfte kein Kind vor dem vollendeten 10. Jahre eine Fabrik betreten, und von dieser Zeit an bis zum vollendeten 12. höchstens vier, vom 12. bis 14. höchstens sechs Stunden täglich. —

Der Segen Gottes komme über alle diejenigen, welche sich der Not der Kinder erbarmen!

Ralph Angermund

Aus dem Reisebericht des Geheimen Regierungsrats Keller über die Kinderarbeit in Elberfeld (1834)

Im Jahre 1834 reiste der Geheime Regierungsrat Keller im Auftrage des Preußischen Ministers für Kultur, Unterricht und Medizinalwesen von Altenstein in die industriellen Zentren des Rheinlandes und des Bergischen Landes. Keller, aus Werden bei Essen gebürtig und mit verschiedenen Fabrikbesitzern des Rheinlandes verschwägert oder befreundet, hatte den Auftrag, Informationen darüber zu sammeln, wie das Interesse des preußischen Staates an einem zur Sicherstellung eines gesunden Soldatennachwuchses erforderlichen „gesetzlichen Schutze der Körper- und Seelenkräfte der Jugend“[1] *mit dem Interesse der Fabrikbesitzer an der Ausnutzung billiger kindlicher Arbeitskraft vereinbart werden könnte.*[2] *Kellers Schilderung der erschreckend schlechten körperlichen und geistigen Verfassung von Kindern und Jugendlichen, die zum Teil schon seit ihrem sechsten Lebensjahr in Manufakturen und Fabriken arbeiteten, hat zweifellos neben einer Petition des Rheinischen Provinziallandtages aus dem Jahre 1837 (s. u.) mit dazu beigetragen, daß die preußische Regierung schließlich am 9. März 1839 jenes berühmte Regulativ erließ, das die Fabrikarbeit nur noch solchen Kindern erlaubte, die das neunte Lebensjahr vollendet und den Nachweis eines dreijährigen Schulbesuchs erbracht hatten.*[3] *Durch diese Bestimmungen hoffte die Regierung, der körperlichen und seelischen Verkümmerung der Jugend der unteren Klassen Einhalt gebieten und dem Heer einen wehrfähigen Soldatennachwuchs sichern zu können.*

Der Inspektionsbericht des Geheimen Regierungsrats Keller über die Kinderarbeit im Rheinland und im Bergischen Land erlaubt Aufschlüsse sowohl über die Erscheinungsformen der Kinderarbeit in den rheinischen und bergischen Fabriken der 1830er Jahre als auch über die Einstellung der Fabrikbesitzer zum Unterschichtenkind bzw. zur Kinderarbeit sowie über den Erfolg bzw. Mißerfolg der unter anderem von Adolf Diesterweg getragenen Bemühungen, den „Fabrikkindern“ in von Unternehmern oder von den Kirchen eingerichteten Fabrikschulen elementare Kenntnisse zu vermitteln.[4]

---

[1] Zit. nach *Robert Alt* (Hg.): Kinderarbeit und Fabrikschulen in der Frühzeit des industriellen Kapitalismus, Berlin-Ost 19, S. 198. Hieraus ist auch die im folgenden abgedruckte Quelle entnommen (S. 210—212).

[2] Ebd., S. 197.

[3] S. grundsätzlich dazu *Wolfgang Köllmann:* Die Anfänge der staatlichen Sozialpolitik in Preußen bis 1869, abgedruckt in: *Ernst-Wolfgang Böckenförde* (Hg.): Moderne deutsche Verfassungsgeschichte (1815—1918), Köln 1972, S. 410—429; außerdem *Lotte Adolphs:* Industrielle Kinderarbeit im 19. Jahrhundert, in: *dies.:* Erziehung und Bildung im 19. Jahrhundert, Duisburg 1979, S. 31 f.

[4] S. *Arno Herzig:* Kinderarbeit in Deutschland in Manufaktur und Protofabrik (1750—1850), in: Archiv für Sozialgeschichte, Bd. XXIII (1983), S. 311—375. Vgl. auch im vorliegenden Band den Bericht von Adolf Diesterweg, S. 140—143.

In Krefeld beobachtete Keller z. B., daß Kinderarbeit dort zumeist Heimarbeit war und „zu Hause oder in kleinen Parzellen unter der Aufsicht besonderer Meister“[5] *verrichtet wurde. In den Stecknadel- oder Textilfabriken, die Keller in Köln, Aachen und Elberfeld besuchte, wurden hingegen zwanzig, dreißig, z. T. bis zu hundert Kinder in Fabrikhallen „konzentriert“.*

Daran, daß die zwölf- bis vierzehnstündige Arbeitszeit die jugendlichen Arbeiter — unabhängig davon, ob sie ihre Arbeit zu Hause oder in Fabrikhallen verrichteten — körperlich und geistig ruinierte, läßt Keller in seinen Schilderungen keinen Zweifel. Er traf zwar in einigen Fabriken mit leichteren Arbeiten beschäftigte Kinder an, die auf ihn den Eindruck machten, „gesund und stark“[6] *zu sein; in der Mehrzahl der von ihm besuchten Fabriken gewann Keller jedoch ein äußerst negatives Bild vom Zustand der arbeitenden Kinder und Jugendlichen. In einer Textilfabrik in Rheydt erschienen dem Autor die dort beschäftigten Kinder als ein „wahres Gebilde des Jammers, hohläugig und bleich wie der Tod“.*[7] *In seiner Darstellung der Elberfelder Verhältnisse reflektiert er über die monotone Arbeit, welche die Kinder geradezu zu einem „Pflöckchen oder eine(r) Kurbel“*[8] *der von ihnen bedienten Maschinen werden lasse.*

Die meisten rheinischen und bergischen Unternehmer standen dem Schicksal der in ihren Fabriken beschäftigten Kinder nach Kellers Eindrücken im allgemeinen gleichgültig gegenüber. Kindliche Arbeitskraft war für sie lediglich eine wirtschaftliche und produktionstechnische Größe. Die Einstellung des Elberfelder Stadtrats und Fabrikanten Peill, die uns Keller schildert, dürfte für das Verhältnis der Unternehmer zu ihren jugendlichen Arbeitskräften typisch gewesen sein. Peills Sorge um seine jugendlichen Arbeiter erschöpfte sich in Maßnahmen zur Erhaltung der Sauberkeit an den Arbeitsplätzen und zur Vermeidung von Nachtarbeit für Kinder und Jugendliche. Die sich in den ersten Jahrzehnten des 19. Jahrhunderts in bürgerlichen Kreisen abzeichnende liebevollere Hinwendung zum Kind[9] *hatte auf das Verhältnis des Großteils der rheinischen und bergischen Unternehmer zu den von ihnen angestellten Kindern offensichtlich kaum Auswirkungen. Die „Not der Jugend“ lag — so der Elberfelder Fabrikant Peill — „in der Natur der Sache“*[10]*. Und Friedrich Engels stellte noch 1839 sarkastisch fest: „Die reichen Fabrikanten aber haben ein weites Gewissen, und ein Kind mehr oder weniger verkommen zu lassen, bringt keine Pietistenseele in die Hölle, besonders wenn sie alle Sonntage zweimal in die Kirche geht.“*[11]

Kellers Bericht über die Schulen in den Fabriken des Rheinlandes verdeutlicht die Dominanz der wirtschaftlichen Interessen der Unternehmer bzw. die Dominanz des Wirtschaftsliberalismus über die Bemühungen staatlicher Beamter und engagierter

---

[5] Zit. nach *Alt* (s. Anm. 1), S. 209.
[6] Ebd., S. 204.
[7] Ebd., S. 208.
[8] Ebd., S. 211.
[9] S. *Jürgen Schlumbohm:* Familiale Sozialisation im gehobenen deutschen Bürgertum um 1800, in: *Ulrich Herrmann* (Hg.): Die Bildung des Bürgers. Die Formierung der bürgerlichen Gesellschaft und die Gebildeten im 18. Jahrhundert, Weinheim/Basel 1982, S. 224—235.
[10] Zit. nach *Alt* (s. Anm. 1), S. 211.
[11] *Friedrich Engels:* Briefe aus dem Wuppertal, zit. nach Marx-Engels-Werke (MEW), Bd. 1, Berlin-Ost 1972, S. 418.

Pädagogen, auch den Unterschichtenkindern ein Mindestmaß an Bildung zu vermitteln. Das Interesse der Fabrikanten an Bildung für die von ihnen beschäftigten Kinder war offenbar ebenso gering wie die Fähigkeit der Fabrikkinder, nach Feierabend oder in der Arbeitspause Wissen in sich aufzunehmen.

Im Jahre 1831, sechs Jahre nach einer Kabinettsorder von 1825, mit der die allgemeine Schulpflicht in den preußischen Rheinprovinzen verbindlich eingeführt wurde, stellte der Elberfelder Bürgermeister Brüning fest, daß von etwa 1000 schulpflichtigen Elberfelder Kindern immer noch 18% keine Schulausbildung erhielten, weil sie in den Fabriken arbeiten mußten und diese Fabriken über keine schulischen Einrichtungen verfügten[12]*. Auch Keller fand bei seinem Besuch im Jahre 1834 in Elberfeld keine Fabrikschulen vor.*

Aus den von Keller beschriebenen bedrückenden Umständen der Kinderarbeit ging einer der bedeutsamsten Impulse zur allmählichen Änderung der Verhältnisse hervor. Als sich am 11. März 1837 in Barmen ein verzweifeltes Mädchen, dem in der Fabrik wegen einer Nachlässigkeit einige Groschen vom Lohne abgezogen worden waren, in die Wupper stürzte und über seine Rettung in der Zeitung berichtet wurde, war dies der Anlaß für den Barmer Fabrikanten Johannes Schuchard (1782—1855), zunächst einen von großer Betroffenheit zeugenden Leserbrief zu veröffentlichen[13] *und dann als Abgeordneter des Rheinischen Provinziallandtags einen Antrag einzubringen und zu verteidigen, der zu der oben erwähnten Petition führte.*[14] *Darin verlangten die Abgeordneten die Einschränkung der Kinderarbeit, den Nachweis des dreijährigen Schulbesuchs, die Einführung eines zehnstündigen Maximalarbeitstages und eine Mittagspause von zwei Stunden für die Fabrikkinder. Zwar war das dann zwei Jahre später erlassene Regulativ wegen der fehlenden Kontrollbestimmungen nicht sehr wirkungsvoll, doch hatten die aus christlicher Nächstenliebe und einem patriarchalischen Fürsorgedenken geborene Initiative Schuchards und auch die erschütternden Berichte Kellers und anderer über die Formen und Auswüchse der Kinderarbeit zum allerersten, wenn auch noch sehr zaghaften Schritt in Richtung auf eine moderne Sozialpolitik geführt.*

Regierungsrat Keller (1834)

Am 21. September fuhr ich nach Erkrath — 2 Stunden von Düsseldorf — nach einem kurzen Wiedersehen meines jüngsten Bruders, des dortigen evangelischen Pfarrers, nach Elberfeld, wo der Oberbürgermeister Brüning durch mich auf meine Ankunft vorbereitet war. Ich hatte ihm geschrieben, was ich wollte und wann ich käme, und ihn gebeten, mich persönlich in die Fabriken zu begleiten, deren Verhältnisse mir am interessantesten sein würden. Unter dem vielen, was ich an diesem Tage

[12] *Herzig* (s. Anm. 4), S. 358.

[13] Rheinisch-Westfälischer Anzeiger, Nr. 25 vom 29. März 1837; auszugsweise zit. bei *Siegfried Quandt* (Hg.): Kinderarbeit und Kinderschutz in Deutschland 1783—1976, Paderborn 1978, S. 39.

[14] Ausführlich dazu *Köllmann* (s. Anm. 3), S. 416 f. Teilabdruck der Debatte im Landtag bei *Quandt* (s. Anm. 13), S. 41 f. Zur Person Schuchards s. *Wolfgang Köllmann:* Johannes Schuchard, in: Wuppertaler Biographien, 1. Folge, Wuppertal 1958, S. 73 ff. S. auch *Hermann Herberts:* Alles ist Kirche und Handel . . . (= Bergische Forschungen, Bd. XII), Neustadt/Aisch 1980, S. 118 ff.

sah, gedenke ich zunächst der großen Spinnerei des Stadtrates Peill, eines wohlwollenden, recht bemittelten Fabrikanten, dem die Not der Jugend, die ihm durch ihre Arbeitskräfte nützlich ist, sehr zu Herzen geht, der aber trotz seiner aufgeklärten, ja religiösen Gesinnung schon das äußerste für sie zu tun meint, wenn er die Arbeitskräfte nicht bis zur Erschöpfung des ganzen erst heranwachsenden Menschen in Anspruch nimmt, für Salubrität des Lokals sorgt, auf Reinlichkeit hält, die Nachtarbeit vermeidet und, wo er irgendein einzelnes Glied der großen Maschine, die seine Fabrik heißt, leiden sieht, dieses bis zur Wiederherstellung feiern läßt, ihm die Mittel zur Wiederherstellung gewährt und es auf alle Weise auch in dessen Familie unterstützt. Von dem Bewußtsein der großen Verantwortlichkeit für die Entbehrung alles Unterrichts hatte auch er keine Ahnung oder bei der Erinnerung daran nur Seufzer und Achselzucken, als sei dies nun einmal in der Natur der Sache begründet. In dem Hause des Stadtrates Peill fand ich den Konsistorialrat Möller aus Münster, einen alten Freund meines elterlichen Hauses, der in Elberfeld seinen Sohn besuchte und, seit ich ihn nicht gesehen, also wenigstens seit 15 Jahren, etwas an Gedächtnis, jedoch nichts an Jovialität verloren hat. Ein genialer, vortrefflicher Mann! Er half mir getreulich, dem alten Peill das Gewissen aufzurühren und zu reden.

Hiernächst erwähne ich noch der Seidenfärberei und -druckerei der Herren Bockmühl, Schlieper und Hecker, die eine der sehenswertesten Manufakturen Elberfelds bilden, auch von Sr. Königl. Hoheit dem Kronprinzen bei seinem späteren Besuche der rheinischen Provinzen besichtigt worden sind. Die Seiden- und Samtmanufakturen haben überhaupt in allen ihren Details etwas sehr Heiteres und Gefälliges. Die Wohlhabenheit derjenigen Klassen der Gesellschaft, für welche sie arbeiten, erteilt ihnen, wenn man das sagen darf, vorweg eine Prämie für die Sorge um ihren Bedarf. Man kann die Kinder, die in solchen Manufakturzweigen beschäftigt sind, nicht so sehr bedauern wie die in Woll- und Baumwollspinnereien, wo man unwillkürlich an die Darstellung Lemonteys erinnert wird, der behauptet, *hier* sei ein Mensch bestimmt, sein ganzes Leben hindurch einen Hebel zu repräsentieren, *dort* ein andrer, sein Leben lang ein Pflöckchen oder eine Kurbel zu sein. Es sei ganz überflüssig und zufällig, daß ein solcher Hebel, ein solches Pflöckchen, eine solche Kurbel eine menschliche Natur habe, auch harre der Mechanikus nur des Augenblicks, wo er statt des Menschen, der den Hebel, das Pflöckchen, die Kurbel darstellte, einen wirklichen Hebel, ein wirkliches Pflöckchen, eine wirkliche Kurbel einzuschieben Gelegenheit finde. In Seiden- und Samtmanufakturen geht die Teilung der Arbeit gar nicht soweit, und deshalb ist auch die Abhängigkeit des Arbeiters dabei lange nicht so groß, abgesehen davon, daß ihre natürliche Sauberkeit nicht leicht zu übertreffen ist.

Elberfeld ist eigentlich der letzte Ort unter denen, die ich um der Erledigung der mir gewogentlichst erteilten Aufträge willen zu besuchen mir vorgesetzt hatte. Die große Brögelmannsche Baumwollenspinnerei zu Cromford bei Ratingen, die älteste im vormaligen Herzogtum Berg, und die fast noch größere Troostsche zu Luisental bei Mühlheim a. d. Ruhr habe ich diesmal nicht wieder besucht, weil ich sie beide früher unzählige Male schon gesehen habe, teils von meiner Vaterstadt Werden, teils von Düsseldorf aus in der Zeit, da ich dort Assessor bei der Regierung war. Ebenso waren mir die Manufakturen und Fabriken zu Barmen, zu Lennep, Solingen, Remscheidt, Hückeswagen, Leichlingen, Kronenberg, Lüttringhausen, Rade vorm Walde etc. schon früher ziemlich bekannt. Auf meiner Rückreise berührte ich noch die Enneper Straße, Schwelm, Hagen usw. und hielt mich hier mit der Besichtigung der sonst sehr schätzbaren Fabriken nicht auf, teils weil ich ein Analogon zu jeder schon in der Nachbarschaft kenne, teils auch, weil sie alle nicht viele Kinder, am wenigsten diese haufenweise beschäftigen. Dagegen blieb ich zwei Tage in Schönebeck bei Magdeburg, um durch die zuvorkommende Bereitwilligkeit meines Universitätsfreundes Ferd. Herrmann die große chemische Fabrik seines Vaters, des Kommerzienrates Herrmann, die in ihrer Art fast ebenso riesig und kolossal ist als die Gute-Hoffnungs-Hütte zu Sterkrade, im Detail kennenzulernen.

Am 30. September pr. traf ich wohlbehalten in Berlin wieder ein.

Peter Klumpen

Der „Ausflug zur Abtei Altenberg und zum Schloß Nesselrath im Lande Berg" des Chevalier Florent van Ertborn (1839)

„Excursion à l'abbaye d'Altenberg et au chateau de Nesselrath dans le pays de Berg, légendes des 13. et 14. siècles" ist der Titel einer kleinen Schrift von 54 Seiten, die im Jahre 1842 in Paris erschienen ist. Die Witwe des Verfassers, des Chevalier Florent van Ertborn, hat das Buch in Erinnerung an ihren Ehemann drucken lassen[1]*. Die Familie van Ertborn gehörte zu den in und um Antwerpen angesiedelten alten adeligen Familien des flämisch-niederländischen Raumes*[2]*. Florent van Ertborn wurde am 4. April 1784 als Sohn des Emanuel Franziskus de Paula van Ertborn mit römisch-katholischer Konfession in Antwerpen geboren. Er heiratete im Jahre 1830 die protestantische niederländische Baronesse Adriana van Heeckeren und starb im Alter von 56 Jahren an den Folgen eines Augenleidens im Jahre 1840 in Den Haag. Sein Großvater, Baron Franziskus van Ertborn, war Finanzier und Kunstsammler zugleich; sein Onkel, Josef van Ertborn, schrieb eine Geschichte der königlichen Akademie der Künste von Antwerpen und eine historische Abhandlung über die Sankt-Lucas-Gilde, eine Gilde der alten flämischen Maler. Florent van Ertborn war von 1817 bis 1828 Bürgermeister von Antwerpen, anschließend Gouverneur der niederländischen Provinz Utrecht und später Kammerherr des niederländischen Königs Wilhelm I. Von den im Jahre 1830 belgisch gewordenen Bürgern der Stadt Antwerpen wurde er noch einmal zum Bürgermeister gewählt, doch lehnte er die Übernahme dieses Amtes aus Loyalität zum niederländischen Monarchen ab.*

---

[1] Exemplare dieses Buches befinden sich heute in der Universitätsbibliothek Düsseldorf und im Stadtarchiv Leverkusen. In beiden Exemplaren ist handschriftlich vermerkt, daß der Verfasser ein Florent van Ertborn ist. Im Auftrag und auf Veranlassung des Bearbeiters wurden von dem französischen Originaltext zwei Übersetzungen angefertigt, die eine von Herrn *René Herrscher* aus Colmar/Oberelsaß und die andere von Frau *Annegret Picardel* aus Marly le Roi bei Paris. Diese Übersetzungen befinden sich beim Kulturamt des Rheinisch-Bergischen Kreises in Bergisch Gladbach und im Stadtarchiv Leverkusen. Der nachfolgende Abdruck des Reiseberichts basiert hingegen auf einer vom Bearbeiter selbst angefertigten Übersetzung.

[2] Bibliographische Hinweise:
- *Vincenz von Zuccalmaglio:* „Die Vorzeit" und „Das Kloster Altenberg im Dhünthale und das Mönchswesen", 1837 u. 1838.
- *Nachruf:* Messager des Sciences de Belgique, 1839 u. 1840.
- Bulletin de l'Academie d'Archeologie, Antwerpen 1845.
- Bibliotheca familiarum nobilium, Gundlach 1897, S. 72.
- Heimat. Beilage zum Solinger Tageblatt, 2. Jg. (Nr. 19) 1926.
- Geschichte der Evangelischen Kirche Solingen-Gräfrath, Roeßle 1934.
- Biografisch Woordenbook, Bd. I, Brüssel 1964, Sp. 474—476.
- Jaarbook van het Koninklijk Museum voor Schon Kunsten, Antwerpen 1969.
- Auskünfte des Stadtarchivs Antwerpen (1983).

Privat widmete sich Florent van Ertborn vor allem der Kunst und dem Sammeln alter flämischer und niederländischer Meister; seine Sammlung von 115 alten Gemälden ist noch heute in Antwerpen im Königlichen Museum der Schönen Künste zu bewundern. Von seinen schriftstellerischen Arbeiten sind neben kleineren Aufsätzen vor allem die folgenden größeren Abhandlungen zu erwähnen: zunächst seine aus dem Jahre 1839 stammende Arbeit „Über die Glasmalerei", ferner eine Lebensbeschreibung der Jakobe von Bayern, der letzten selbständigen Gräfin von Holland, Seeland und dem Hennegau (1401—1436), und schließlich seine Reisebeschreibung „Ausflug zur Abtei Altenberg und zum Schloß von Nesselrath". Florent van Ertborn war darüber hinaus Ritter des Malteserordens, des Ordens zum niederländischen Löwen und Ritter der Ehrenlegion. Er wohnte zuletzt in Paris und Den Haag.

Ein Augenleiden veranlaßte Florent van Ertborn im Jahre 1839 dazu, die ‚Augenklinik' des ehemaligen französisch-bergischen Militärchirurgen und später weitbekannten Augenarztes und Geheimen Hofrats Dr. Friedrich Hermann de Leuw in Gräfrath bei Solingen aufzusuchen. Dort verkehrte oder wohnte er bei dem reformierten Pfarrer Dr. Wilhelm Wiedenfeld und kam wohl auch auf Grund seiner historischen und künstlerischen Interessen mit Vincenz von Zuccalmaglio, der zu dieser Zeit Angehöriger des Gräfrather Landwehrbataillons war und das Pfarrarchiv auf der Suche nach Urkunden öfter aufsuchte, sowie mit dessen Verleger Amberger in Berührung. Der Pfarrer Wiedenfeld hatte neben seinem Amt noch die Stelle eines Schulinspektors der Kreise Solingen, Mettmann und Ratingen inne und war ein sehr rühriger Mann mit schriftstellerischen Ambitionen. In dieser Umwelt und beeinflußt durch Zuccalmaglios Bücher „Die Vorzeit" und „Das Kloster Altenberg im Dhünthale" entstand der Gedanke an einen Ausflug zur Abtei Altenberg und zum Schloß Nesselrath, der dann im Herbst des Jahres 1839 stattfand, dessen Erlebnisse und Erfahrungen schließlich von Florent van Ertborn literarisch verarbeitet, niedergeschrieben und 1842 in Paris durch Ertborns Witwe veröffentlicht wurden.

Florent van Ertborn hat in die Schilderung seines Ausflugs eine Reihe von Ausführungen zur Religion und zur Geschichte sowie ein paar historische Legenden aufgenommen, Ausführungen, die er zum Teil den genannten Büchern Zuccalmaglios entnommen hat; einige Passagen aus diesen Legenden hat er in seinem Originaltext wörtlich wiedergegeben. Ertborns ausgeprägter Intellekt ermöglichte es ihm im übrigen stets, eigene Schilderungen und subjektive Stellungnahmen zur geistigen und materiellen Welt seiner Zeit in den Text einfließen zu lassen. Durch seine langjährigen Erfahrungen als Bürgermeister von Antwerpen und als Gouverneur der Provinz Utrecht sowie durch seine ausgeprägten künstlerischen Interessen hatte er umfangreiche Kenntnisse erworben, was in seinem nachfolgenden Reisebericht durchaus seinen Niederschlag gefunden hat. Das macht auch die Entscheidung über eine notwendige Kürzung des Textes für den Abdruck im vorliegenden Band schwierig. Ein Auslassen der religionsgeschichtlichen und der sonstigen geschichtlichen Teile hätte den Gesamtcharakter der Reisebeschreibung gemindert, wenn nicht gar zerstört. Ausgelassen wurden deshalb nur die Legenden: „Die verrätherischen Schuhe" und „Der Teufel in der Flasche" sowie die Sage über den Nesselroder Ritter Wirik, der von seiner Frau Kunigunde irrtümlich im Kampf erschlagen wurde.

Ein besonderer Hinweis möge noch jener Textpassage gelten, die den Besuch des alten Schlosses Nesselrath schildert. Von diesem alten Schloß können wir uns heute keine Vorstellungen mehr machen. Um so bemerkenswerter ist deshalb die Beschrei-

Abb. 20: Gräfrath mit seinem Kloster nach einer englischen Lithographie, datiert Juli 1855. In der Bildunterschrift wird eigens darauf hingewiesen, daß Gräfrath der Wohnsitz des Hof- und Obermedizinalrats de Leuw sei.

bung der Innenräume dieses Schlosses durch van Ertborn. Auch dabei verbindet er geschichtliche Betrachtungen mit praktischen und künstlerischen Überlegungen. Durchaus berechtigt erscheint daher der im Vorwort von Ertborns Witwe geäußerte Wunsch, „der Leser möge mit Freude Spuren entdecken jener glücklichen Einbildungskunst, jener einfachen Gelehrsamkeit und jener Liebe zu Kunst und Natur, welche der würdige und vortreffliche Chevalier van Ertborn in so hohem Maße besaß“.

Florent van Ertborn (1839)

Gräfrath, 15. Oktober 1839

Zu Besuch in der Nähe von Solingen, rechts des Rheins und unweit von Köln, in dem kleinen Dorf Gräfrath — bekannt als Wohnsitz eines Augenarztes, dessen Können von überall her viele Kranke anzieht — wollte ich die verfügbare Zeit ausnutzen: Man riet mir, die Ruinen von Altenberg und das Schloß Nesselrath als sehenswürdige Orte zu besuchen. Bald war dieser Besuch abgemachte Sache. Wir waren mehrere und brachen an einem dieser frischen Herbstmorgen auf, so freundlich, weil noch kein Baum sein grünes Laub verloren hat und die Felder überall im Widerschein der leuchtenden Farben den Glanz von alten Brokaten kirchlicher Gewänder wiederzugeben scheinen. Die Straße war schön. Sie verlief durch die Hügellandschaft wie ein in Wellen gewiegtes Schiff. Überall präsentierte sich die Landschaft wie — um es so auszudrücken — die Wangen eines lächelnden Kindes. Kein Zoll breit des Bodens war flach; keine Linie in der Landschaft, welche das Vorhandensein von einigen Bergketten angezeigt hätte. Die Erde schien launig zu spielen, um ein Flußbett inmitten von schmalen Bändern schönster Wiesen zu bilden, welches man in der Tiefe für eine Schlange halten konnte, die in der Sonne ausruht. Die Hügellandschaft, die in allen Richtungen aufsteigt und abfällt, erinnerte an die Darstellung in dem Lobgesang: „Bei Deinem Anblick, Herr, hüpfen die Hügel wie eine Herde junger Lämmer." Unsere Augen liebkosten diese entzückende Landschaft und gingen in die Weite — ähnlich der freundlichen Nachlässigkeit eines jungen Mädchens, welches die Hand um den Hals seiner Freundin legt. Die Wupper im tiefen Talgrund sah aus wie ein schwarz-gläsernes Band, man könnte sagen, wie in einer Falte von reichbearbeitetem Samtstoff. Gruppen von Obstbäumen und Wohnstätten zerschnitten die Hügellandschaft nach allen Seiten und aus dem Smaragdgrün der Wiesen, welche den Fluß umsäumen, kamen wie aus einem Blumenstrauß die kleinen Gärten eines Dorfes bervor — *Burg* genannt —, wo sich eine Brücke befindet.

Wir bedauerten, nicht mehr Zeit zu haben, um diese so schöne Gegend zu bewundern, und wandten uns einem Berg zu, welcher, nachdem er tausend Schwellen gemacht und versucht hatte, uns zu gefallen, sich stolz aufrichtet und wie eine junge Frau, die zufrieden und erfreut von ihrer Toilette ist, sich dreht und wendet, um ihr Bild im Wasserspiegel selbstgefällig zu betrachten, der sich zu ihren Füßen befindet. Auf dem Gipfel dieses Berges fallen gleich einem eingefaßten Edelstein die grauen Mauern eines alten Schlosses in die Augen und eines Klosters, wo man einst das Lob Gottes sang. Umher zerstreut sind Reste von Wohnungen, die sicherlich früher zahlreicher waren, als man noch bei dem Kreuz Hilfe und Schutz suchte. Heute hat die Industrie von diesen Orten Besitz ergriffen. Sie zwingt die Bäche, die Räder der Fabriken zu drehen. Überall ertönt der Arbeitslärm, und die Gebetsglocke ist durch Hammerschläge ersetzt, die das Eisen schmieden, aus welchem man Kriegswaffen anfertigt. So ist es in dem ganzen Landstrich, den wir durchfahren haben.

Mit großer Sorgfalt pflegt man das kleinste Bächlein; man mißt den Raum um jeden Baum, um dort schnell ein Bauwerk aus Holz oder Lehm zu errichten, mit Kalk geweißt, in welchem der Wanderer das Geräusch der Säge vernimmt. Diese Landstriche, in denen man keine großen Bauernhöfe findet, scheinen mit solchen Häusern übersät zu sein wie mit den Resten einer großen Stadt. Die Möglichkeit, auf diese Art zu leben, gibt Anlaß zum Lob moderner Regierungen, deren schützender Arm sich noch über die geringste Hütte legt. Hier liegt übrigens die gesamte Produktion in den Händen einer protestantischen Bevölkerung, deren religiöse Pflichten sie nicht gebieterisch zur Kirche rufen und die keine Furcht empfindet, in der Todesstunde der Hilfe eines Geistlichen zu entgehen. Es ist kein angenehmes Schauspiel, diese Bevölkerung so zu sehen, die, ohne daß sie ein ideelles Band zu vereinigen scheint, von dem Geist des Verdienens so erfaßt ist, daß sie nichts davon abbringen kann, nicht einmal die Arbeit, ihre Nahrung aus dem Boden zu ziehen, den sie bewohnen; verstohlen und ohne die Werkstattkleider auszuziehen, erledigen sie die Gartenarbeit. Ist diese Abhängigkeit, die der Mensch sich auflädt, nicht eine Entweihung der Natur, deren Harmonie man zerbricht?

Jenseits von Burg geht die stets breite und schöne Straße einen ziemlich steilen und langen Abhang hinauf: kein Ausblick, die Böschung mit Laubwerk besetzt, dahinter hohe Eichen an den Abhängen. Für einige Damen war es Gelegenheit zum Vesperbrot, zwar ohne Gefahr, aber mit dem Wohlgefühl an Angst, welches sie eifrig als Quelle von Gefühlen suchen. So kommt man auf die Höhen, welche den mehrere Meilen entfernten Rhein begleiten. Etwas abseits von der durch Lennep hindurchführenden großen Straße von Berlin nach Köln findet man bei einer Poststation, Straßerhof genannt, ein Tal, in welchem die Dhünn fließt, ein kleiner, sehr fischreicher Bach, sagt man. Am Ufer dieses Baches liegt eine alte Abtei der Zisterziensermönche: Altenberg, genannt nach einer Burg, welche die erste Wohnstätte dieser Mönche war und deren Reste eine nahe Höhe krönen.

Vor dem 12. Jahrhundert gehörte sie den Grafen von Altena in Westfalen. Es ist dieselbe Familie wie jene der Grafen von Mark, deren Name im Hause der Aremberg weiterbesteht; sie bildet den Ursprung der Grafen von Berg, welche hier einen kleinen Staat besaßen, immer in Streitigkeiten verwickelt, welche die Grafen von Holland und die Herzöge von Brabant mit ihren Nachbarn hatten. Die Erbansprüche von Preußen gehen auf Eleonore von Kleve zurück. Preußen bekam das Land jedoch erst auf Grund des letzten Wiener Vertrages vom 30. Mai 1814 in Besitz.

Die Benediktinermönche in Altenberg waren Zisterzienser, so genannt nach der Abtei Citeaux, die als Mutterhaus des Ordens im Jahre 1098 in der Nähe von Lyon durch den Hl. Robert gegründet wurde. Er war einer der Reformer der Ursprungsregeln nach dem Hl. Berno, der anno 910 die Abtei Cluny errichtet hatte, wo später die Strenge des Mönchstums schnell nachgelassen hatte. Ihre Kutte, deren Schnitt aus dem Orient überkommen war, ging bis zu den Füßen hinab in breiten Falten von weißem Tuch; über diesen Ärmelrock trugen sie einen kurzen Mantel oder eine Art von großem schwarzen Kragen mit einer Kapuze und einem breiten Skapular zum Schutz ihres Kleides bei den Feldarbeiten, die sie verrichten mußten. Sie hatten den Kopf glatt geschoren mit Ausnahme eines Kreises von kurzen Haaren, um sich, wie ich glaube, von den Germanen zu unterscheiden, deren Haare lang waren. Diese Tonsur, welche im Grunde dieselbe der römischen Geistlichkeit ist, war nicht ein Merkmal der Auszeichnung im weltlichen Sinne, sondern im Gegenteil der Ausdruck einer großen Demut, welche die Franken, die diese Haartracht geringschätzten, daran hindern sollte, auf diese Weise die Befreiung vom Militärdienst zu suchen, dem man sich damals schon mit allen Vorwänden zu entziehen suchte.

Die religiöse Niederlassung in Altenberg geht auf die erste Hälfte des 12. Jahrhunderts zurück. Letzte Ursache war der Abscheu vergossenen Blutes, der dem Grafen Eberhard von Altena beim Anblick der Schlachtfelder entstand, auf welchen er Walram von Limburg nach einem schrecklichen Kampf gegen einen Herzog von Brabant besiegt hatte, nach den einen Gottfried, nach den anderen Heinrich von Löwen genannt. Die Daten und der Ortsname hierüber sind ungewiß. Eberhard besaß die edelsten Eigenschaften und hatte ein gutes Herz, bezeugen die Geschichtsschreiber. Sein Entschluß, das Waffenhandwerk aufzugeben und sich in ein Kloster zurückzuziehen, war weder unüberlegt noch kleinmütig. Er machte zuerst eine Pilgerfahrt nach Rom, dann nach St. Jacob in Spanien und nahm schließlich die Mönchskutte in Frankreich in der Abtei von Morimond. Sein Bruder brachte ihn nach Westfalen zurück, ohne seinen Entschluß zu ändern, und so hörte die alte Burg Berge auf, von Waffenlärm zu ertönen, und wurde zum Kloster. Die Klosterkirche ist nicht so alt wie die Abtei Altenberg. Ihr Grundstein wurde erst 1255 gelegt, sieben Jahre nach der Gründung des Kölner Domes durch Adolf VI., Vater von jenem Adolf, der in Worringen den Erzbischof von Köln gefangen nahm, dessen schönes Bildnis man auf einem Gemälde von Kyler in der Ausstellung in Brüssel bewundern konnte.

Zehn Jahre nach Beginn der Arbeiten feierte man schon die Messe im Chor der Abtei Altenberg, und das vollständige Gebäude, so wie wir es sehen, wurde im Jahre 1379 beendet. Es hat zweihundertfünfzig Fuß in der Länge und fünfundneunzig in der Höhe unter der Wölbung. 26 Pfeiler teilen es in drei Schiffe bis zu einem Gitter als Abschluß des Teils, der für die Besucher bestimmt ist, und dahinter der Chor, der den Mönchen vorbehalten ist. Es ist eines der zahlreichen Bauwerke, die damals ein lebendiger Glaube ohne Mühe erstellte und welche die Vernunftphilosophie unserer Zeit nicht zu erhalten vermag. Ein einfacher Graf wie der von Berg und sein Adel fürchteten damals nicht, durch ein solches umfassendes Unternehmen ein Land zu erschöpfen, das schon damit beschäftigt war, eine der größten Kathedralen der Welt in Köln zu errichten, mehr noch: Sie war für ihn ein Beispiel, und sein Werk vollendete sich über alle Kriegszeiten hinweg, in denen das Schwert stets aus der Scheide war. Hingegen läßt heute ein großer König, dessen Arm von Rußland bis Frankreich reicht, der begünstigt ist durch einen Frieden von 20 Jahren, durch seine edle Bewunderung für die Denkmäler des Mittelalters und durch eine Toleranz, die es ihm erlaubt, in den verschiedenen Konfessionen nur Christen zu sehen, denen er die wiederhergestellte Gottesdienststätte gemeinsam widmen wollte, die Kelle und den Hammer fallen, die sein Sohn ihm in die Hand gab. Er überläßt den Vögeln die Sorge um die Nester, die halbgeöffneten Gräber seiner Ahnen zu schließen: Die Kabinettsorder von Berlin, welche die Wiederherstellung von Altenberg verfügt, ist vom 16. August 1834, und schon jetzt sind die Arbeiten unterbrochen.

Man erzählt, daß die Mönche, die nicht mit dem Bauplatz ihrer Kirche einverstanden waren, beschlossen, den Ort zu wählen, wo der Klosteresel stehen bliebe. Insoweit sei daran erinnert, daß zu jener Zeit die gesamte Gesellschaft ganz in der Kirche war, welche ihrerseits diese Gesellschaft gleichsam an der Hand durch die Barbareneinfälle geführt hatte. Heute ist die Kirche nur ein Teil der Gesellschaft, wenn sie sich nicht sogar außerhalb befindet wie in Amerika, wo jeder seinen Gottesdienst ablohnt und seinen Geistlichen bezahlt etwa wie seinen Arzt oder seinen Rechtsanwalt. Im Mittelalter war es deshalb natürlich, daß man seine Handlungen in Einklang zu bringen suchte mit allem, was die ursprüngliche christliche Kirche bestimmte: Daher die Feste, welche das Volk in der Kirche feierte und deren Mysterien es in seine Theater übertrug; daher diese Prozessionen, wo sich das Weltliche mit der Zeremonie des Gottesdienstes mischte, daher letzten Endes diese Achtung vor einem Esel, weil ein solcher Jesus Christus getragen hatte. Der Esel trug das Kreuzeszeichen auf dem Rücken, man sah in ihm die Neigung zur Demut, die oft als Beispiel angeführt wurde. Man widmete ihm sogar ein Fest, das die Kirche abschaffte, als sie die einzige Macht in den Gotteshäusern geworden war, während der Hahn, dessen Krähen dreimal den Apostelfürsten angeklagt hatte, auf der Höhe des Kirchturms verblieb.

Um auf den Altenberger Esel zurückzukommen: Die Mönche beluden ihn mit einer guten Summe Geldes und mit den Sinnbildern des Ordens und gaben ihm die Freiheit an der Klostertüre. Das Tier stieg den Abhang hinab und nach mehrerem Halten, welches die guten Väter in alle Arten von Bangigkeit versetzte, hielt es an, legte sich und ließ seine Stimme ertönen am Ufer eines klaren Baches. Er hätte es nicht besser machen können, wäre er über die Gepflogenheiten der Mönche von Citeaux unterrichtet gewesen, die im Gegensatz zu den Karthäusern ihre Niederlassungen in der Ebene anlegten, die sich zur landwirtschaftlichen Bebauung besser eignete: Bernhardus valles, Benedictus montes amabat. Dies sind die Worte eines alten Spruches, den zu zitieren ich mir erlaube. Jetzt gab es keinen Streit mehr um die Baustelle, und man nahm das Werk in Angriff.

Der Gedanke, die Burg Altenberg in ein Kloster zu verwandeln, war ohne Zweifel ein Abglanz des Jahrhunderts und würdig einer besseren Zeit. Man glaubt, hier ein wenig die Überzeugung zu finden, daß die Lanze des Franken nicht mehr die einzige Stütze der Gesellschaft war am Vorabend ihrer Umformung durch die Gemeinden und einer Gesellschaft, der man nützlicher dienen konnte durch die Idee einer Ordnung, deren Grundlage damals der Klerus war, und durch die geistigen Arbeiten, für welche man in allen Klöstern Sammlungen von Handschriften betrieb. Zu oft hat man sie als Zufluchtstätten der Faulheit angesehen, und wenn es auch stimmt, daß es neben Männern, die tiefen Studien oblagen, auch Kegelspieler und Biertrinker gab, so möge man sie im Bilde des Mönchswesens nicht an erster Stelle anführen wie die Verfasser von Theaterstücken, welche die Laster aus dem Privatleben einiger Fürsten nur ausgraben, um den Glanz ihrer Regierung zu verdunkeln. Die Klöster waren keine Akademien, auch nicht eine Gesellschaft von auserwählten Menschen. Die Mönche kamen aus allen Schichten und hatten die Lebensart ihres Jahrhunderts: derb und wie im Mittelalter oft streitsüchtig. Später gebildet durch die Reform, waren sie längst nicht mehr Beispiele von Rauheit und gemeinen Sitten, welche spöttische Geister zu allen Zeiten der Lächerlichkeit preisgeben. Im 11. Jahrhundert sagte man, der Mönch ist mehr dem Maul ergeben denn der Schriftauslegung, er rafft lieber die Taler zusammen als die Schriften, hört eher Maria als Martha und liest mehr mit Salome als mit Salomon. Wenn die Dinge zu weit gingen, reformierte die Kirche das Kloster oder selbst den ganzen Orden. So war im Jahre 1467 die Disziplin in Altenberg ein wenig erschlafft. Ein gewisser Freiherr von Scheburch, der Superior, war der Welt mehr ergeben als seinen Pflichten und verursachte durch sein Verhalten einen Beschluß des Generalkapitels von Citeaux, durch den Arnold von Munkendam beauftragt wurde, die klösterlichen Regeln wiederherzustellen. Dieser ersetzte die Handarbeit der Mönche durch Studien in der Bibliothek, entsprechend den Bedürfnissen der Gesellschaft, die damals mit großen Schritten modernem Fortschritt entgegenging. Der Abt Scheburch wurde verurteilt, lebenslang nur noch Beichten von Nonnen zu hören, eine Strafe, die ebenso die Verfassung derer beweist, die sie verhängten, wie dessen, den sie traf.

Die religiösen Orden trugen wie alle menschlichen Einrichtungen in sich notgedrungen den Keim eines schnellen Verfalls, aber man tut dieser Einrichtung Unrecht, sich ihres Eigentums zu bemächtigen. In einer berühmten Rede wurde einmal gesagt, daß die Gesellschaft alles nehmen könne, was die religiösen Anstalten geschaffen haben, und daß die Gesellschaft das Recht habe, alles zurückzufordern, was doch in ihrem Namen und zu ihrem Nutzen vorher gegeben worden sei. Seit 40 Jahren versucht man wiederaufzubauen, doch alles ist noch unsicher. Man hat nicht sehen wollen, daß diese Kegelspieler gewöhnliche Menschen waren, wie sehr sie diese Einrichtungen nötig hatten und daß sie in vielen Beziehungen nie aufhörten, sich nur mit ihrer Arbeit zu begnügen. Und ferner, daß diese Zufluchtstätten, welche dem Gewerbefleiß so viele Menschen entzogen, soviel Boden aus ererbtem Besitz zahlreicher Familien und soviel Geld aus dem Staatsschatz, in gewisser Weise der Ort waren, wohin sich die Überfülle einer Gesellschaft ergoß, die uns heute erstickt. Die Fabrik schickt heute die unnützen Arme zur Armee, welche immer wieder neues Blut benötigt. Diese schickt sie dann zu den Wohltätigkeitsbüros, und der, dessen Kopf mehr in sich hat als der Arm, bekriegt alle von der Höhe seiner Druckerpresse. Man hat viel geschrien über die Absonderlichkeiten der Klostergesetze. Es schien, man hätte ihnen nicht entrinnen können, sie hätten die natürliche Bestimmung des Menschen vergewaltigt. Wie antwortet man solchen Schreiern? Indem man die Freiheit verletzte, über sich selbst zu bestimmen! Billig erzeugen, viel erzeugen: das war das neue große Prinzip. Es gab früher nicht Arme genug, und siehe, jetzt erzeugt man zuviel! Neben den Maschinen stirbt man durch Hunger, und die zwei Fünftel des bergischen Landes — auch der Boden von Altenberg — verhindern, obwohl sie unter allgemeinem Beifall aufgeteilt wurden, nicht, daß die Bevölkerung ihren Lebensunterhalt in der Industrie suchen muß. Die Menschheit gewann nichts durch dieses neue Heilmittel, entstanden zur Genugtuung der Größen dieser Entwicklung, das aber der Ruhm der modernen Welt nicht nötig gehabt hätte. Die Revolution des 18. Jahrhunderts brauchte sich ihre gerechte Sache nicht abkaufen zu lassen, und viel zu oft haben große Erschütterungen den wahren Wert der neuen Dinge erscheinen lassen, die auch nicht wertvoller waren als jene Dinge, die ihnen voraus gingen.

Diese ein wenig ernsthaftere Abschweifung, die man entschuldigen möge, so hoffe ich, hat mich weit weg von den Ruinen Altenbergs geführt, ich komme darauf zurück: Die guten Mönche, später Hüter der Gräber des Hauses Berg, hatten nach und nach große Güter erworben: durch den Orden, durch Sparsamkeit und durch die Frömmigkeit jener, die ihre Werke würdigten. Sie beantworteten den Tadel, das Geld mehr zu lieben als die Bücher, mit dem Bau von Krankenhäusern und von warmen Bädern für die Armen, durch unveräußerliche Stiftungen von Almosen, die an jedem Samstag verteilt wurden, damit, wie es ihr 36. Abt sagte, die Ärmsten wenigstens am Tage des Herrn nicht Hunger litten. Später wurden diese Almosen sogar zweimal in der Woche verteilt an alle, die kamen. Peter Rodenkirken, der Urheber dieser frommen Tat, war ein Gelehrter und ein würdiger Mann, von allen ohne Unterschied der Religion geachtet. Sein Nachfolger war es nicht weniger, wie die Annalen besagen, und ich könnte noch viele andere nennen, deren Namen in der Geschichte des Landes bewahrt sind, jedoch für Fremde bedeutungslos bleiben.

Man hat die Erinnerung an alles verloren, was man den Mönchen in Altenberg verdankt, welche die Wälder rodeten, den Ackerbau förderten und die Bevölkerung in den Tälern mehrten. Sie gewährten den Bewohnern Zuflucht, als sie im Jahre 1287 vor dem schrecklichen Schwert des Erzbischofs Siegfried von Westerburg fliehen mußten. Nicht alle waren an den Diensten interessiert, welche die gelehrten Männer im Schatten des Klosters geleistet haben. Aber man muß überrascht sein, daß diese kurz zurückliegenden und allgemeinen Wohltaten während des dreißigjährigen Krieges die Protestanten nicht hinderten, ebenso wie später die Husaren des Großen Fritz, über das Stammhaus herzufallen, das ihre Väter ernährt hatte. Nachher kamen die Holländer und die Schweden, welche es ausplünderten, und schließlich die Truppen des Marschalls Turenne, die es während des Feldzuges gegen die Niederlande brandschatzten. Erst am Ende des 17. Jahrhunderts konnte man an Ausbesserungsarbeiten denken. Nach der Aufhebung der religiösen Gemeinschaften durch die Dekrete der Convention (gemeint ist der Reichsdeputationshauptschluß, P. K.), die im Jahre 1803 angewandt wurden, obwohl die Kirche noch zu Gottesdiensten Verwendung fand, schlug man vor, die Klosterkirche niederzureißen, um die Materialien für den Kölner Hafen zu verwenden. Die Revolutionäre wollten mit dieser Lockung das Verbleiben solcher wichtigen Zeugen ihrer Ruchlosigkeit verhindern, aber ein Zufall rettete die Kirche. Das Kloster wurde verkauft, und ein Teil in eine Fabrik umgewandelt, in welcher 1815 ein Feuer entstand. Die Dächer wurden erfaßt, und der Turm fiel zusammen. Im Jahre 1821 stürzte ein Teil des Gewölbes ein, ein weiterer Teil im Jahre 1830.

Ich konnte mir nicht versagen, die Geschichte dieses schönen Gebäudes zu verfolgen, das sich meinen Augen darbot, indem ich mich bei jedem Stein fragte, wie sich eine Hand finden konnte, ihn von seinem Platz zu stürzen, und glaubte, dabei das Heulen der ruchlosen Stimmen der Vandalen in den zerbrochenen Mauern zu hören. Jeder Verwüstung folgte ein neuer Antrieb religiösen Eifers. Leider stammen die letzten Instandsetzungen aus einer Zeit, in welcher die Entwicklung der Kunst schwankenden Schrittes wie bei einem trunkenen Mann verlief. So war es während des ganzen 15. Jahrhunderts und in einem Teil des 18. Jahrhunderts besonders bei kirchlichen Bauten. Da ist keine Gleichartigkeit, kein Verhältnis in den Massen noch Anmut in den Umrissen und kein allgemein verbindliches Prinzip in der Anordnung. Beim Betrachten dieser überall unvernünftig geschnittenen Linien, der über Wellen gelegten Würfel, dieser Laubwerkromantik — alles wie die Erzeugnisse eines Anfängers — glaubt man, das Ergebnis eines schlechten Traumes zu sehen. Heute ist fast nichts mehr aufrecht in der Kirche. Umsonst suchte ich unter den Holztrümmern der Altäre jene so geheimnisvolle Rose, welche dem, der sie an ihrem Platz fand, den sicheren und unabwendbaren Tod ankündigte. Auch sie ist bedauerlicherweise verschwunden, weil sie keinen Zweck mehr hat. Mühelos kann das Auge den hohen Steinrippen in ihrer ganzen Entwicklung folgen, wie sie sich im Gewölbe zusammenfinden und ein Ausfluß der hehren Gedanken zu sein scheinen, welche die Völker im Mittelalter bei dem Bau dieser Tempel belebten. Niemand wird sich über den Sinn dieser Monumente je irren können: Unnütz und unnötig für jeden anderen Kultus als den katholischen sind ihre Ebenmaße nicht nur solche eines Gebethauses. Die Menschen bedürfen nicht solcher Räume, die allein Gott auszufüllen vermag. Kein Architekt verstand seine Absicht so gut wie der Christ des 14. Jahrhunderts. Heute wird eine Kirche, die in Paris zu Ehren unserer lieben Frau von Loretto errichtet wurde, trotz der für seine Errichtung vergeudeten Millionen in der Öffentlichkeit nicht mehr an Aufsehen erreichen können als das Lob, welches man ironisch einem kleinen Damensalon spendet.

Durch die zerfallenen Wölbungen von Altenberg dringt die Sonne, um die Asche der alten Grafen von Berg zu erwärmen, die um die Pfeiler des Chors herum zerstreut liegen, als wollte sie die Verstorbenen trösten über die Nachlässigkeit jener, denen sie diesen Boden überließen. Hier und dort stehen noch einige gotische Grabsteine, welche der Abschaum der Zeit besudelt hat, und beim Anblick dieser zwölffüßigen Platten, dieser massiven Grabmäler, angefertigt nach dem Maß der Männer, die darauf liegen, ist man versucht zu glauben, daß die Entartung der Abkömmlinge bis zu uns sehr schnell geschah. Heute, da die Menschen so leichtfertig die Friedhöfe, welche die eigenen Gesetze der Menschen geweiht hatten, entweihen und sie im Interesse der Allgemeinheit mit Straßen durchziehen, als ob die Achtung der Toten

Abb. 21: Blick in das Innere der Ruine des Altenberger Domes nach einer Zeichnung des Malers Carl Friedrich Lessing aus dem Jahre 1827; es ist die östliche Vierungsöffnung des Chores zu sehen.

nicht von höherem Rang wäre, beschützt noch der Nimbus des Gewandes des heiligen Benedikt und der Name von Citeaux — inmitten der Ruinen — diese eindrucksvollen Zeugen der Jahrhunderte, da Europa in den Geburtswehen künftiger Größe war.

Da ist der gute Erzbischof Bruno, Bruder des tapferen Engelbert von Berg, dessen Fußteil seinen Grabstein zurückzuschieben scheint aus einem Gefühl der Empörung heraus, die ein undankbarer Baugrund verdient. Im Jahre 1193 legte er seine Mitra und seinen blütenbedeckten Krummstab nieder, um in Frieden seine letzten Tage zu beschließen, weit weg vom Trubel der Welt, zu einer Ruhe, welche unser heutiges unerbittliches Leben, das immer in der Lage ist, uns in einen Abgrund glühender Begierden zu werfen, keinem gewährt.

Etwas weiter verbirgt der unbändige Adolf, von dem wir schon sprachen, unter dem kalten Stein des Grabmals, das er wie eine erzwungene Ehrung zum besseren Gedenken errichtete, die Schande eines Lebens, das durch die Undankbarkeit gegenüber seiner Mutter und durch die sträfliche Gleichgültigkeit für das Wohl seines Volkes befleckt ist. Sein Ende entsprach seinem Leben: Die Tataren bedrohten Europa. Der Papst suchte es in einem Kreuzzug gegen die gemeinsame Gefahr zu einigen. Überall übte man sich in der Handhabung der Waffen jeder Art. Das war der Vorwand zu einem Turnier in Neuss, das entgegen dem Ratschlag der Mönche stattfand. Zu oft beschränkte man sich bei diesen Spielen nicht auf das Turnierspiel, und der Kampfplatz trank oft das Blut derer, von denen man sich Hilfe erhoffte. Man mißachtete die Warnungen. Adolf befehligte die Gruppe der „Mongolen". In seiner Raserei warf er sich auf die Gegenpartei wie ein wahrer Feind. Er und eine große Zahl der Seinen kamen in diesem Kampf um.

Neben diesem Grab, in welchem so unheilvolle Leidenschaften beerdigt sind, befindet sich die prächtige Grabstätte Gerhards I., der ebenfalls in einem Turnier des Jahres 1369 ums Leben kam. Nach der Rückkehr von einem Religionskrieg in Brabant durchstachen sich er und sein Gegner gegenseitig mit einer Lanze. Auf den Feldern Brabants liegt die Ursache unseres Unglücks, und eine göttliche Vergeltung trieb euch zu diesem Kampf, besagen zwei schlechte lateinische Verse einer Grabinschrift auf einer Holztafel, die früher an der Mauer befestigt war: ein kostbares Denkmal, das uns immerhin zeigt, was man von diesem Ereignis dachte, dessen trauriger Ausgang das so gering geachtete Verbot rechtfertigte, welches Innozenz IV. gegen die Turniere erließ.

In dem Teil der Kirche, der noch „Herzogenchor" heißt, befindet sich die Grabstätte der Sibylle von Brandenburg, verstorben 1524, bald nachgefolgt im Grab durch den letzten Grafen im Hause Berg.

Ich wählte diese Namen nicht aus der Geschichte des Landes. Sie würde möglicherweise würdigere nennen, die hier vielleicht bloß auf einfachen Steinen verzeichnet sind. Ich wählte diejenigen aus, deren Grabstätten sich durch die besondere Pracht der künstlerischen Arbeit auszeichneten und deren Beschriftung aus eisernem Gestänge künstlerisch geschmiedet war, wie es der deutsche Genius in der Sehnsucht nach südlichen Formen früher herstellte, und die man heute nur mit Mühe zwischen den wuchernden Blättern des Ilex erkennen kann.

Vor dem Hauptaltar zeigte man uns die entweihte Stelle, an der man eine Metallplatte weggerissen hatte: Hier wurde im Jahre 1398 der Bischof Wichbold beerdigt. Dieser Bischof hatte sein erhebliches Vermögen der Verschönerung der Kirche geopfert. Er hat sich von einem Laienbruder Reinhold helfen lassen, einem einfachen Handwerker, der wohl auch Architekt war. Damals schmückte man sich weniger mit hohen Titeln, und jeder galt etwas nach seinen Werken. Diesen beiden Männern verdankt man das schöne Kirchenfenster über der Eingangstür. Dieses sehr gut erhaltene Gemälde zeigt in mehreren Etagen eine Reihe von Aposteln und heiligen Personen in vergoldeten gotischen Nischen. Die Architektur, damals ohne Perspektive, war der Hauptgedanke dieser Gemälde. Wer das Kölner Museum oder die Galerie von Schleißheim gesehen hat, erkennt leicht die besondere niederrheinische Schule in der Zeit vor den Arbeiten der Gebrüder van Eyck in Flandern. Das sehr große Fenster kostete 400 rhein. Gulden, was der geringen Summe von 1142 Frs 85 cts entspricht, dies sowohl laut Berechnung nach Meermann in seiner Geschichte der Belagerung von Leyden als auch im Vergleich mit dem immer hohen Getreidepreis, der in dem Zeitabschnitt von 1390 bis 1416 ungefähr der gleiche war. Ich nenne meinen Gewährsmann, hafte aber nicht für das Ergebnis. Es stimmt zwar, daß eine solche Großanfertigung die Preise niedriger werden läßt. Ich hörte z. B., daß H. Raoul in einer seiner Vorlesungen den Preis für eine Bronzestatue in Lebensgröße in Rom nur auf 5000 Frs unseres Geldes angab. Aber hier ist das Mißverhältnis mit den heutigen Preisen doch zu groß, als daß man annehmen könnte, daß 400 Florins der Lohn aller Handwerker und Maler sein könnte, die an diesem Glasfenster gearbeitet haben, wo doch eine einzige Figur von drei Fuß Höhe als Glasmalerei in Sèvres auf ungefähr 400 Frs kommt.

Als Belohnung für ein Leben, das den Künsten und auch den Interessen des Klosters gewidmet war, begrub man den guten Mönch Reinold ausnahmsweise im unteren Teil des Kirchenschiffes und versah das Grab mit einer Inschrift, in welcher von seinen Fähigkeiten in der Kunst der Glasmalerei die Rede ist. Hier deren Wortlaut:

„Hier liegt Reinold, welcher als Steinmetzkönig bekannt, einst sinnig mit fleißiger Hand in diesem Gebäude sich Ruhm schuf;
Sehr viel nützte er dem Kloster durch himmelanstrebende Baukunst,
Von der Erbauung Ruhm kommt ihm ein reichlicher Teil zu,
So viel Zierde verlieh er dem größeren Fenster der Kirche,
Daß Aehnliches nicht in allen Landen gesehen wird;
Doch auch befestigt er klüglich daran viel eiserne Stangen,
Daß nicht des Westwinds Wuth die zerbrechlichen Scheiben dahinstürzt.
An dem dritten August des Jahres Eintausenddreihundertachtundneunzig verschied er und fand des Guten Belohnung."

Dieses überschwengliche Lob verdient Aufmerksamkeit und läßt uns jene Zeit schätzen, in welcher die Kunst der Glasmalerei einen großen Schritt zu der Vollkommenheit tat, die sie inzwischen erreicht hat.

Die schlechte Qualität des Glases erlaubte zuerst nur die Verwendung von Stükken in der Größe weniger Zoll; deshalb mußte man die Gegenstände in sehr schmale Rahmen einzwängen. Dies ist der Fall bei den Fenstern von St. Denis. Aber bald verbesserte sich die Herstellung, und man malte riesige Figuren auf Bruchstücken, die mittels Blei aneinandergefügt wurden. Solche Art sieht man in Soissons und in der Höhe des Chors in Köln, wo die Fenster eine Folge von Personen darstellen, die meines Erachtens die Gründer des Baues sind. Unter ihnen bemerkt man zwei Grafen von Holland mit dem Wappen des Hauses von Hennegau, die wahrscheinlich vor 1346 eingesetzt wurden, als das Land durch Lehnsfolge an Bayern überging. Da der

Bau der Kirche im Jahre 1248 begonnen wurde, kann man annehmen, daß diese Glasmalereien in das zweite Viertel des Jahrhunderts gehören. Wie in den Anfangszeiten sind die Fleischtöne mit einer Rotweinfarbe nachgeahmt, und es fehlt den Farben allgemein die Lebhaftigkeit, was teilweise der Wirkung der Luft zugeschrieben wird, welche dem Glas den Glanz nimmt. Nichtsdestoweniger fallen in Altenberg weder der falsche Farbton noch der Mangel an Durchsichtigkeit auf.

Gegen Ende des 14. Jahrhunderts begnügte sich die Glasmalerei, jene Teile ihrer Figuren, die sie nicht mit reichen Gewändern ausstatten konnten, in Grautönen zu halten. Damals bekamen die Farben, welche der Glasmasse zugemischt wurden, eine bis dahin unbekannte Schönheit. Wäre dieses Verfahren nicht erst seit kurzem verwendet worden, wäre man im Lob des Reinold wahrscheinlich zurückhaltender gewesen. Während des ganzen 15. Jahrhunderts ist diese Kunst auf diesem Stand verblieben. Jedoch begann man, die Personen zu gruppieren und Motive zu behandeln, deren Art ganz den Gemälden dieser Zeit gleicht. Davon weist die Kirche von Bourges interessante Beispiele auf. Aber bald nachher, 1509, erreicht die Glasmalerei ihre höchste Vollkommenheit in den fünf ungewöhnlich großen Fenstern des Kirchenschiffs von Köln. Nichts ist dem Reichtum dieser Farben vergleichbar. Fluten von Licht ergießen sich in schönster Harmonie in die Wölbungen des Doms, so wie einst die Strahlen der Sonne des Orients in die Höhlen eindrangen, in welche sich die ersten Christen flüchteten. Es ist wie ein Überschwall von glänzenden Blumen und blendenden Strahlen, so wie die Opfer der heidnischen Unduldsamkeit sie aus den geöffneten Himmeln herabkommen sahen. Gouda, Chartres und andere Städte haben mehrere dieser erstaunlichen Werke erhalten, deren Verdienst damit zerfiel, daß der Künstler mehr die Möglichkeiten seines Malerpinsels zeigen wollte — ein Zerfall, der schon in den hochgeschätzten, aber düsteren Fenstern der Kapelle des Hl. Sakraments in St. Gudula in Brüssel bemerkbar ist.

Wir halten nun vor einem kleinen schönen Denkmal etwas an, Reconditorium genannt, eine Art Schrank in der Mauer oder zwischen Pfeilern, davor der Meßtisch, auf welchem man, glaube ich, die Monstranz verwahrte. Auf den gotischen Altären gab es gewöhnlich kein Tabernakel, wie man in Kalkar und Xanten bei Kleve sehen kann, deren Kirchen in allen Einzelheiten noch so sind, wie sie erbaut wurden. Man findet sogar einige aus Metall in mehreren belgischen Kirchen. Der, von dem wir sprechen, ist sehr elegant. Er ist mit den Figuren der zwölf Apostel verziert und ist überragt von einem kleinen Glockenturm, wobei der Künstler mit dem Stein so spielte wie der Wind mit dem Herbstlaub. Man weiß nicht, warum er so hoch ist und ebensowenig, warum er nicht höher geht. Wenn man die Form den einfachen Notwendigkeiten unterordnete, würde man wahrscheinlich heute ein armseliges Ding anfertigen. Man wüßte nicht, einem so kleinen Gegenstand wie einer Monstranz einen Rahmen zu geben, damit die Wichtigkeit seiner Bestimmung in diesem ungeheuer großen Gebäude zur Geltung käme. Dieses kleine Stück stammt aus dem Jahre 1470. Damals saß der Vater von Maximilian auf dem Kaiserthron, und die Erbfolge ließ Burgund durch die Heirat Karls des Kühnen an das Haus Österreich fallen. Es ist gut, sich wegen dieses Denkmalstils an diese Daten zu erinnern, an die Zeit, wo keine Anzeichen eines Überganges zu erkennen sind. Es ist genau das, was man blühende Gotik nennt. Und doch haben die Goten mit diesen Bauten nichts gemein. Ihre Kirchen waren anders. Man wird sich wohl immer fragen, wie man die Bezeichnung einer ganzen Epoche mit dem Namen eines Volkes identifizieren konnte, von welchem keine Spuren übriggeblieben sind. Man hätte sie die Zeit der Kathedralen nennen sollen, weil sich von den kleinsten Reliquienschreinen, von den geringsten Verzierungen bis zur riesigen Basilika und bis zu den durchbrochenen Türmen dieser gleiche Typus wiederholt.

So wandelte ich lange Zeit in diesen Ruinen umher und sprach am Fuß eines jeden Pfeilers . . .

> [An dieser Stelle schiebt van Ertborn zwei Altenberger Legenden ein — „Der Teufel im Glas" und „Die verräterischen Schuhe" —; beide hat er fast wörtlich von Montanus-Zuccalmaglio übernommen, P. K.]

Von den schönen Kreuzgängen des Klosters ist nichts mehr verblieben, und die Gebäude, welche von weitem so aussahen, als wenn sie dazugehörten, haben keine Bedeutung. Wir verließen die Stätte über eine steil ansteigende Straße. Von der Höhe warfen wir einen letzten Blick auf das Dhünthal und wurden uns dessen bewußt, daß dieses bemerkenswerte Gebäude, in welchem einst der Gott der Christen wohnte, durch seine Größe den Grund der Landschaft störte und daß die Mächtigkeit des Werkes eigentlich zu groß war für den Rahmen, in dem es stand. So wie der Jupiter von Phidias sich in seinem Tempel nicht halten konnte, so verwirklichte die Natur hier etwas, was die griechische Kunst sich ausgesonnen hatte, um uns eine Idee von der Unendlichkeit des Schöpfers zu geben.

Wir hatten noch ein gut Stück Weges zu machen, um über Leichlingen nach Gräfrath zurückzukehren, vorbei an Schloß Nesselrath, allen Kunstkennern in den Landen wohlbekannt und dazu noch berühmt durch eine Sage, durch die sein Anblick an Ort und Stelle unser Interesse verdoppeln mußte. Es wurde schon Nacht, als wir den leichten Höhenzug, der die Wupper vom Rhein trennt, hinabfuhren. Schönes Mondlicht sorgte indessen für genug Beleuchtung, um die Landschaft zu erkennen, die sich aus der Umgebung mehr oder weniger abhob wie das Gesicht eines jungen Mädchens nach den Anstrengungen eines langen Winters.

Die Wupper, welche die Fußgänger auf einer einfachen Balkenbrücke überschreiten und welche die Pferde über eine Furt durchqueren, trennte uns von dem Dorf und floß durch ein Bett von fast nackten Kieselsteinen, sich in die Ferne hinziehend wie eine Linie von glitzernden Pfeilen. Zur Rechten führte uns eine Straße zu zahlreichen Eschen, die wie ein Trauerkleid das kleine Schloß Nesselrath umhüllten und die schwermütigen Umrisse nur mühevoll erkennen ließen. Einige Pappeln erhoben sich aus der Flußaue wie Lanzenschäfte ohne Banner. Man glaubt gern, daß sie eine Stätte anzeigen, an der mehr als ein Liebesgedicht geflüstert wurde:

> Im kühlen Wuppergrunde manch würzig Blümchen blüht,
> im Nesselrather Schlosse ist manche Lust erglüht.

Wir nahmen den Weg zum Schloß vorsichtig, um schlammiges oder ähnliches Gelände zu vermeiden, das von den ersten Herbstblättern mit leichtem Rascheln verhüllt wurde. Bald standen wir vor einem Gebäude, gerade hoch genug und ohne irgendeine Öffnung nach außen bis auf einen Tordurchbruch in einem eigenartigen, viereckigen Turm, dessen sich absetzende Türflügel von blumenförmig geschmiedeten Angeln gehalten wurden und der dem Seigneur früher dazu diente, dort Reiher und Sperber zu halten. Jenseits befand sich ein recht schöner Hof, umgeben von Betriebsgebäuden, die sich halbmondförmig gegen die Gräben drängten, in deren Mitte sich die schwarzen Mauern des Schlosses abzeichneten. Man gelangte zu ihm über eine enge und lange Brücke, flankiert in gleichen Abständen von vier sesselartigen Vorsprüngen, wo man sich niederlassen konnte, um den Durchgang freizumachen. Die Kriegsleute alter Zeit würden ein solches Hindernis sicher gerne vermieden haben, aber auch nicht vor ihm zurückgewichen sein. Vom Ende dieser Brücke ging der Blick durch offene Türen in die Räume des alten Landsitzes, erleuchtet durch das Feuer eines Kamins. Um den Herd sah man Leute; dunkle Schatten dämpften die Sicht wie ein feiner Vorhang vor einem Gemälde — das ganze würdig eines Malers wie Gerard Dow, wenn er ein Pendant zur berühmten Wendeltreppe im Museum in Paris hätte schaffen wollen. Wir bemerkten, daß der Schutz des Schlosses einem großen Hund anvertraut war. Er war schnell auf seinem Posten wie ein Armbrustschütze der Zeit Philipp-Augusts. Doch als wir den Zweck unseres Besuches angaben, gab es keine Schwierigkeiten. Wir hatten einen jener guten Deutschen angetroffen, die einfachsten Menschen der Welt mit freundlichen Umgangsformen, die einem nie wehe tun. Der gute Mann belehrte uns dann, daß Nesselrath heute einem Grafen Westerholt gehöre, dessen Familie an der Rur wohne und der sich, wie uns schien, sehr wenig um die Geschichtswerte seines Schlosses kümmerte, dessen Erhaltung er ohne große Verantwortung seinerseits dem Pächter überließ.

Dann ging uns dieser Mann mit einer kleinen Laterne voraus, die nur mit Mühe unseren Weg beleuchtete. Wir folgten ihm wie Menschen, die man ins Gefängnis führt. Er ließ uns einen Gewölbedurchgang durchschreiten, hoch genug, von gotischer Form aus dauerhaftem Stein. Dahinter befand sich ein gleichmäßig gewölbter Raum, der vom Fenster her durch ein Maschengitter gegen Brand geschützt war. Hier befand sich früher das Archiv. Wir suchten vergeblich nach einem Falz, in welchem ein Schutzgatter hätte gleiten können, und durchquerten einen kleinen Hof von 10 Fuß im Geviert, einen richtigen Schacht, den ein Schiffsingenieur geschaffen haben würde, um den tiefen Kellerteil des Gebäudes zu entlüften, und der hier wohl keinen anderen Zweck haben konnte. Vielleicht war diese Größe aber auch so berechnet, um einem Feind, der bis hierhin vorgedrungen war, jede Hoffnung zu nehmen, sich wieder zurückziehen zu können. Eine Wendeltreppe nahe dem Eingang schien ebenfalls Verteidigungszwecken zu dienen. Wir erstiegen sie und durchschritten nacheinander mehrere Räume, geräumig und niedrig mit Balkenlagen an der Decke, die ebenso wie die Räume mit Kalk geweißt waren. Überall waren Ornamente. Man sah zwei Wappenschilde nach deutscher Art, wie sie in alten Holzschnitten gezeigt werden. Auf einem war eine Säge dargestellt, ohne Zweifel irgendeine Kriegswaffe des Mittelalters mit einer Querlinie von einem äußersten Ende bis zum anderen durch einen doppelten Seilstrang [offenbar ein Kesselhaken: das von Kettlersche Wappen, P. K.]. Auf dem anderen Wappenschild war ein Band mit Silber geschmückt im Bereich eines Maules [wohl eines der nesselrodischen Wappen, P. K.]. Man sieht diese Wappenschilde auf allen Umrandungen der Kamine und auf den Pfeilern bis zur Höhe eines Mannes. Die Fenster, durch ein Steinkreuz geviertteilt, haben noch die alten kleinen Scheiben. Auch lange Betrachtungen können indessen nicht die Erstkonstruktion des Schlosses entstehen lassen. Wie die Brücke, die Anlage der Wendeltreppe und wie andere Einzelheiten, die uns überraschten, ist alles nach einer Inschrift auf dem Haupteingang eine Arbeit des Jahres 1536. Nesselrath war seit dieser Zeit kein Wehrbau mehr sondern ein alter Landsitz, dessen Architektur sich noch nicht von den Regeln eines befestigten Schlosses gelöst hatte. In den

Zeiten des Luxus und der Verweichlichung stattete man diese Räumlichkeiten, die für ein modernes Leben nicht geschaffen waren, prächtig aus: Pastellgemälde, ein Kronleuchter mit Muschelwerk, ein venezianischer Spiegel in einem Rahmen mit aus Ebenholz gedrechselten Stäben zeigen uns, daß ein reicher Seigneur um sein Wohlsein ebenso besorgt war wie der Bauer von heute, alle nach noch mehr Glück strebend.

Wir hatten allemal die Sage nicht vergessen, die wir noch hören wollten, ein Überbleibsel aus jener alten Zeit, in die wir uns versetzen wollten. Wir gingen hinab in einen großen Raum, der als Küche diente und wo wir das Feuer bei unserer Ankunft bemerkt hatten. Man setzte sich um den Kamin auf große eichengeschnitzte Truhen, wie sie zum Mobiliar des „Adolph le Long“ [gemeint ist Graf Adolf IV., P. K.] gehörten. Diese Art von Möbel behielten die Deutschen lange und sehen sie auch heute noch gerne. Es war, als wenn die Wendeltreppe unter dem Schritt eines Ritters hallte, als unser Erzähler nun mit seiner Geschichte begann . . .

> [Hier folgt die Sage von Wirik und Kunigunde von Nesselrode. Sie behandelt eine Begebenheit aus dem Jahre 1246, als der mit seinen Mannen nach Hause zurückkehrende Ritter Wirik von seiner Frau irrtümlich für einen Feind gehalten und erschlagen wurde. In ihrem Schmerz darüber zog sich Kunigunde anschließend als Nonne in das Kloster Gräfrath zurück, P. K.]

Nach dieser Erzählung hätte jeder gerne die steinerne Mauer gefunden, an der der tapfere und unglückliche Wirik starb, und man stellte sich vor, wie Kunigunde in diesen engen Räumen gegangen war. Aber die Räumlichkeiten waren zu sehr verändert, und die späte Nachtstunde erlaubte es nicht, genauere Untersuchungen anzustellen. Wir gingen zu unseren Wagen zurück und erreichten Gräfrath nach einer noch recht langen Fahrt. Als wir einen letzten Hang hinabfuhren, sahen wir für einen Augenblick die Spitzbogen der Fenster an der Klosterkirche in Gräfrath, in der die Edelin von Nesselrath all ihre Träume von Glück begraben mußte. Weithin dehnten sich tiefe, dunkle Wälder aus, die sich jedes Jahr am Katharinentag den frommen Umzügen der Nonnen öffneten, die wie Jephta auf den Gipfel weinen gingen und von der Welt ewig Abschied nahmen. Die Pfade, auf denen wir fuhren, sind sicherlich oft von denen beschritten worden, deren tragische Geschichte wir hörten. Noch lange Zeit wird der Reiz dieses Tages allen von uns im Gedächtnis verbleiben.

Klaus Goebel

Eine romantische Wanderung nach Elberfeld und durch das Neandertal im Mai 1843. Aus dem Tagebuch Mathilde Franziska (Annekes)

Mathilde Franziska war im Mai 1843 gerade 26 Jahre alt geworden. Ihren Reisebericht veröffentlichte sie drei Jahre später in dem von ihr herausgebrachten Jahrbuch „Producte der Rothen Erde“[1], dem ersten und einzigen Band dieses Titels. Die Herausgeberin nannte sich damals „Mathilde Franziska, verehelicht gewesene von Tabouillot geb. Giesler“. In die Geschichte vor allem der Revolution 1848/49 und der Deutschen in Nordamerika schrieb sie sich als Ehefrau von Fritz Anneke ein.

Dem westfälischen Historiker Wilhelm Schulte ist die Ermittlung vieler biographischer Daten der in Haßlinghausen, dem heutigen Sprockhöveler Stadtteil, am 3. April 1817 geborenen Mathilde Franziska zu danken[2]. Nicht weniger bemerkenswert ist der Versuch der deutsch-amerikanischen Hochschullehrerin Maria Wagner, aus Selbstzeugnissen und Dokumenten ein Lebensbild zu gewinnen[3]. Ihr Buch hat Mathilde Franziska neuerdings wieder Aufmerksamkeit verschafft, und wir verweisen hinsichtlich ihrer amerikanischen Lebensjahrzehnte — sie starb vor hundert Jahren am 21. November 1884 in Milwaukee — gern darauf.

Unsere Aufmerksamkeit gilt der noch jungen Verfasserin des Reiseberichts von 1843 und dem Bericht selbst. Mathilde Franziska zog in ihrem 4. Lebensjahr mit der Familie nach Blankenstein an der Ruhr, wo Vater Karl als Direktor der königlich preußischen Domänen tätig war. Später übersiedelten die Gieslers nach Hattingen, weil der Vater seine Stelle infolge mißglückter Geldgeschäfte bei Eisenbahnprojekten verloren hatte. 1836 ging die 19jährige eine Ehe mit dem Weinhändler von Tabouil-

---

1 Producte der Rothen Erde. Gesammelt von Mathilde Franziska, verehelicht gewesene von Tabouillot geb. Giesler, Münster (Coppenrath) 1846. Mathilde Franziska Anneke druckte einen größeren Auszug daraus in einer von ihr in Nordamerika herausgegebenen deutschsprachigen Zeitung ab. In der „Deutschen Frauenzeitung, Central-Organ der Vereine zur Verbesserung der Lage der Frauen“, Nr. 7 vom 15. Oktober 1852 findet sich der Aufsatz „Bruchstücke aus einer Reise im Jahre 1843“. Das einzige Zeitungsexemplar, diese Nr. 7, der ersten Frauenzeitung auf amerikanischem Boden befindet sich im Besitz der American Antiquarian Society, Worchester, Massachusetts. Die Gesellschaft stellte uns dankenswerterweise eine Fotokopie zur Verfügung. Daraus geht hervor, daß die Maireise in Fortsetzungen abgedruckt wurde. In dem uns vorliegenden Fortsetzungsteil wurde der Wortlaut gegenüber der Fassung von 1846 an einigen Stellen geändert und gekürzt.

2 *Wilhelm Schulte:* Mathilde Franziska Anneke, in: Westfälische Lebensbilder 8, Münster 1959; *ders.:* Die Gieslers aus Blankenstein. Ein Beitrag zur märkischen Kultur- und Familiengeschichte, in: Der Märker 9 (1960); *ders.:* Fritz Anneke. Ein Leben für die Freiheit in Deutschland und in den USA, in: Beiträge zur Geschichte Dortmunds und der Grafschaft Mark 57 (1960). Vgl. auch *Martin Henkel/Rolf Taubert:* Das Weib im Conflict mit den sozialen Verhältnissen. Mathilde Franziska Anneke und die erste deutsche Frauenzeitung, Bochum 1976, sowie *Michael Knieriem:* Mathilde und Fritz Anneke — Drei unbekannte Briefe aus dem Jahre 1848, in: Beiträge zur Heimatkunde der Stadt Schwelm und ihrer Umgebung, NF, 32. Heft (1982), S. 74—92.

3 *Maria Wagner:* Mathilde Franziska Anneke in Selbstzeugnissen und Dokumenten, Frankfurt am Main 1980 (= Reihe „Die Frau in der Gesellschaft. Lebensgeschichten“).

lot ein. Während W. Schulte Zusammenhänge zwischen der finanziellen Situation der Familie und dieser Heirat sieht, unterstreicht M. Wagner, es habe sich durchaus um eine Liebesheirat gehandelt[4]*. Dennoch trennten sich beide Ehepartner schon bald. Mathilde Franziska zog zunächst nach Wesel und im März 1839 dann nach Münster. 1843 erfolgte die Scheidung von Tabouillot, über die keine näheren Angaben zu ermitteln sind; doch dürften sich aus der Trennung und der Tatsache, daß Mathilde Franziska das gemeinsame Kind Johanna, genannt Fanny, zugesprochen wurde, Schlüsse ziehen lassen.*

Seit 1839 läßt sich die schriftstellerische Betätigung der Mathilde Franziska nachweisen. Zunächst publizierte sie Gedichte vor allem geistlichen Inhalts, ferner Beiträge in Almanachen, die sie herausgab. Die Scheidung setzte einen Schlußpunkt im bisherigen gesellschaftlichen Umgang mit angesehenen Honoratioren in Münster, zu denen auch Annette von Droste-Hülshoff gehört hatte. Mathilde Franziska fand Anschluß an einen „Demokratischen Verein", dessen Mitglieder Bürgerkreise als „kommunistisch" und „Libertiner" verketzerten[5]*; sie selbst wurde als „Communisten-Mutter" verspottet*[6]*.*

Über ihre Rolle, also über das Auftreten einer Frau in einer Gruppierung mit revolutionären Zielen, läßt sich aus spärlich vorhandenen Zeugnissen nichts Genaues entnehmen. 1847 heiratete sie in Neuwied Fritz Anneke[7]*, mit dem sie schon im folgenden Jahr in die deutsche Revolution verwickelt werden und ein Jahr später in die USA auswandern sollte.*

Der Reisebericht von 1843 drückt ebenso poetisches Empfinden wie realistische Beobachtungsgabe aus. Er ist in die Form eines Briefes gekleidet. Empfängerin ist Clementia, der sie ihren „ersten Weltgang" schildert. Begleitet ist sie von Aspasia: „Aspasia führt mich hinein in das Leben; Du lässest mich ziehen, Clementia! Euch beiden danke ich dafür", heißt es am Anfang[8]*. Nie hatte die Autorin, die ein „poetisches Stilleben" führte, die näheren Grenzen ihrer Heimat überschritten. „Von dem Lande, das hinter diesen braunen Wällen [gemeint sind die Borkenberge, K. G.] liegt, kenne ich nur meine Heimat, mein Ruhrtal, mein Blankenstein!" Die Autorin will, wie sie weiter schreibt, von ihrer Reise Tagebuch führen und dies drucken lassen: „Nun ist das harmlose Schreiben aber beinahe vorbei; denn bei jedem Worte bedenke ich gleich, noch ehe ich's da stehen habe: das soll gedruckt werden". Das erste dieser Tagebuchblätter, die hier im Druck vorliegen, trägt denn auch die Überschrift „Blankenstein" und ist auf Sonnabend, den 30. April, datiert. Die nächsten Tagebuchblätter, die den weiteren Fortgang beschreiben, haben keine Überschriften, sondern wer-*

---

4 Ebd., S. 28.

5 Ebd., S. 31.

6 S. den Brief des Arnsberger Regierungspräsidenten an den Bürgermeister zu Dortmund, Zahn, vom 11. 11. 1847 im Staatsarchiv Münster, Reg. Arnsberg, Präs., I 125, fol. 23 f.

7 *Fritz Anneke* (ca. 1818—1872) war 1846 aus der preußischen Armee, wo er zuletzt Artillerieoffizier gewesen war, unehrenhaft „wegen revolutionärer Tätigkeit" entlassen worden. Er trat der Kölner Gruppe des Kommunistenbundes bei und gründete 1848 den Kölner Arbeiterverein, kommandierte 1849 im badisch-pfälzischen Aufstand die Artillerie und emigrierte dann mit seiner Frau in die USA, wo er im amerikanischen Bürgerkrieg Oberst in der Armee der Nordstaaten war (s. Marx-Engels-Werke, Bd. 27, Berlin-Ost 1973, S. 707).

8 Producte der Rothen Erde, (s. Anm. 1), S. 375. Die nächsten Zitate sind den folgenden Seiten entnommen.

den nur durch Striche voneinander getrennt, so auch der im folgenden abgedruckte Text[9].

Es ist der Abend des 1. Mai, ein Sonntag, als die beiden Reisenden von Blankenstein über Langenberg nach Elberfeld gelangen. Die Freundin Aspasia übernachtet im Gasthof, während die Autorin bei Verwandten einkehrt, zu denen Jugendbeziehungen bestanden haben. In den ausgelassenen Abschnitten der Seiten 391 bis 393 geht die Autorin auf Karl Arnold Kortum (1745—1824), den Dichter der „Jobsiade", ein, weil dessen Enkelin und dessen Urenkelinnen sich an den Maibowlen beteiligten, die im Garten der Tante getrunken wurden.

Mit dem Bahnhof, der dem Brill gegenüberliegt, ist offensichtlich Elberfeld-Steinbeck gemeint. 1841 war die 1838 zwischen Düsseldorf und Erkrath eröffnete Eisenbahnlinie zunächst bis Vohwinkel (April) und dann bis zur Steinbeck (September) fortgeführt worden. Zwar lag eine renommierte Ausflugsgaststätte an der heutigen Briller Straße unweit des Deweerthschen Gartens, aber von dort konnte man wohl kaum die Beobachtungen mit aus der Waldschlucht hervorrauschenden Dampfwagen machen, so daß eine Verwechslung mit einem am Steinbecker Bahnhof liegenden Restaurant vorliegen dürfte.

Mit dem „Gesteins" ist das Neandertal gemeint. Bis zum wirtschaftlich bedingten Abbau der Kalkfelsen Mitte des 19. Jahrhunderts ging von den zerklüfteten Klippen ein romantischer Zauber aus, der schon im 17. Jahrhundert Joachim Neander aus Düsseldorf zu Anbetungs- und Lobliedern inspiriert haben muß[10]*, von denen der 1. Vers des 51. Psalms zitiert wird*[11]*. Noch 1852 verglich ein Feuilletonartikel der Kölnischen Zeitung das Gesteins mit der Wildheit berühmter Felsschluchten der Schweiz wie der Via mala und der Taminaschlucht*[12]*. Die Neanderhöhle hat zwischen 1790 und 1822 ihren Namen erhalten, wie H. Ackermann aus dem Vergleich zweier Reiseberichte schloß*[13]*. Die Schilderung der Mathilde Franziska fügt sich in diese Berichte ein und unterstreicht, welche landschaftlichen Schönheiten dem Kalksteinbedarf von Industrie und Städtebau im 19. Jahrhundert zum Opfer gefallen sind. Hier erscheinen noch einmal einige der phantasievollen Namen phantastischer Naturerscheinungen: Engels- und Teufelskammer, Feldhofer Kirche, Wolfsschlucht, Pferdestall sowie der seit 1835 bezeugte Neanderstuhl (Oberfläche des Deckenfelsens der Neanderhöhle). „Zu beiden Seiten des Düsselbachs hatte die Natur in den Felswänden auf kurzer Strecke nicht weniger als sechs Grotten und Höhlen zum Teil mit portalähnlichen und zum Tal hin geöffneten Mündungen geschaffen. Von diesen Grotten lagen je zwei einander gegenüber auf beiden Seiten des Düsselbaches in nahezu gleicher Höhe: Die Engelskammer auf der linken Seite des Baches und in entsprechender Weise die Neanderhöhle der Feldhofer Kirche sowie die Wolfsschlucht dem Pferde-*

---

[9] Abgedruckt werden aus der „Reise im Mai 1843" die Seiten 390 bis 391 und 393 bis 410.

[10] *Helmut Ackermann:* Joachim Neander. Sein Leben — seine Lieder — sein Tal, Düsseldorf 1980, S. 79 ff.

[11] Neanders Psalmlied „O Menschenfreund, o Jesu, Lebensquell" ist im heutigen Evangelischen Kirchengesangbuch nicht mehr enthalten. Der Text ist aber noch leicht greifbar in den verschiedenen Ausgaben des Reformierten Gesangbuchs. Ursprünglich in: Joachimi Neandri Glaub- und Liebesübung [. . .], Bremen 1680.

[12] Nach *Willy Bürger:* Johann Carl Fuhlrott. Der Entdecker des Neandertalmenschen. Wuppertal [3]1956, S. 33.

[13] *H. Ackermann,* S. 86 ff.

stall gegenüber", beschreibt W. Bürger[14] *die einstige Herrlichkeit. Am restlichen Stumpf des Rabensteins ist heute die Gedenktafel zur Erinnerung an den Elberfelder Lehrer J. C. Fuhlrott angebracht, der einige während des Kalkabbaues entdeckte Knochen als Überreste des Neandertalmenschen identifizierte.*

Am Schluß der Ausflugsschilderung stellt die Verfasserin den Natureindrücken den Auftritt der modernen Technik in Gestalt der Eisenbahn gegenüber, die die Sonntagswanderer nach Düsseldorf resp. Elberfeld zurückbringt. In der zuletzt genannten Stadt erinnert sie sich noch einer Begegnung mit Adolph Schults (1820—1858), dem damals 23jährigen, der im gleichen Jahr den ersten Gedichtband herausgebracht hatte. In seinem kurzen Leben trat Schults als sozialkritischer und liberaldemokratisch engagierter Journalist hervor[15].

Nicht die Eisenbahn, deren Verbindung von Elberfeld nach Köln erst später entstand, sondern die Post führte Mathilde Franziska dann weiter nach Köln. Einige flüchtige Eindrücke nahm sie am Schluß noch in ihren Bericht auf: Der Sonnborner Eisenbahnviadukt war 1841 fertiggestellt worden (1914 von der jetzigen Brücke ersetzt)[16]. *Die „Vulcan" war als eine der ersten Lokomotiven in den Dienst der Düsseldorf-Elberfelder Eisenbahngesellschaft gestellt worden. Die Spinnerei Jung in Hammerstein war von der aus Kirchen an der Sieg kurz vor 1800 zugezogenen Familie Jung gegründet worden*[17].

So liegt bis zum Schluß ein besonderer Reiz dieser Reiseschilderung im Miteinander der Erlebnisse, die Natur wie Technik der jungen Autorin vermitteln. In der naiven Aufnahme beider zeigt sich eine weniger bekannte Seite romantischen Lebensgefühls.

Mathilde Franziska (Anneke) 1843

Noch desselben Abends fuhren wir nach Elberfeld. Sie hatten uns begleitet bis am Fuße des Hombergs und nun zogen sie durch die Wiesenebenen längs der Gebirgskette und der Isenburg zum schönen Clyff zurück. Wir über die Berge und längs den Bergen.

Langenberg, die Fabrikstadt, die sich mit ihren hübschen Häusern an ihren Höhen lagert, ließen wir ungestört in seiner *Sonntagnachmittagstimmung*, die mit der blühenden Umgebung voll lebendiger Naturschönheit und sprudelnder Frische nicht in Einklang zu stehen schien. Wir ließen es und zogen rasch unsern Weg. Rechts lagen die grünenden Wiesen, durchwirkt von den Silberbändern ihrer Gewässer, beblümt von Tausendschön und Güldenkraut. Links standen die mächtigen Felsen, umgrünt mit weichem, duftenden Mailaub und wehendem Farrenkraut wie Helmbusch. Immer weiter durchs Thal, wo Schönheit thront und Segen sprießt, bis endlich sich die Pforte des Reichthums vor uns aufthut und Elberfeld, die strahlend glän-

[14] *W. Bürger*, S. 33.

[15] *Joachim Bark:* Der Wuppertaler Dichterkreis. Untersuchungen zur poeta minor im 19. Jahrhundert, Bonn 1969, S. 12 ff.

[16] Siehe die Datenübersicht über die bergische Eisenbahnentwicklung in: *Karl-Wilhelm Belz:* Eisenbahnen in der Industriellen Revolution. Ein frühes Wuppertaler Projekt, Wuppertal 1979, S. 105 ff.

[17] *Klaus Goebel:* Zuwanderung zwischen Reformation und Franzosenzeit, Wuppertal 1966, S. 110.

zende Stadt, vom Purpur des Abendgolds beleuchtet, in munterer Feiertagslust, sich vor unsern Blicken ausbreitete.

Angekommen in Mitte der Stadt, begleitete ich Aspasia zum Gasthof. Ich selbst kehrte in den Familienkreis theurer Anverwandten ein. Grüße der Liebe und Anhänglichkeit hatte ich seit vielen Jahren von ihnen empfangen, lange aber war es her, seit ich selber ihnen die Hand gedrückt. Es hatte zu dämmern begonnen, unbemerkt war ich in die Vorhalle ihres Hauses geschlüpft; viele Gestalten flogen an mir vorüber, ohne mich zu erkennen; bald kam ich mir vor, wie eine ziehende Sängerfrau, die in des Schlosses Portal ihr Lied der Wiederkehr singt. Aber es waren doch die rechten Töne, die ich angeschlagen, sie wurden erkannt, sie waren ihnen nicht fremd geworden. —

Die gute Tante nannte mich noch mit Thränen in den Augen ihr liebes Kind; die Cousinen meinten, ich sei bleicher und stiller geworden, der beste Vetter bedauerte, daß ich all die märkisch-plattdeutschen Lieder vergessen habe. „Und die Lust und der Muth, mit welchem die Berge erklettert wurden — wo sind sie geblieben?“ fragten die Andern. Bald wurden sie's inne, wo ich sie gelassen, und sie fragten nicht mehr, sondern legten allesammt mir eine große Liebe an den Tag, die sie mir Jahre hindurch getreulich bewahrt hatten.

[. . .]

Die köstlichen Tage des jungen Mais, wurden auf's Beste zu meiner Freude benutzt: da war eine Fahrt durch das liebliche Wupperthal vom Vetter R. arrangirt, der, während er selbst die Rosse lenkte, mir, die ich neben ihm saß, von dem Reichthum des Landes, der um uns sich breitete, auf's Interessanteste erzählte.

Da war ein freundlicher Nachmittag am *„Brill“*, jenem Lustort, so frei und schön dem Bahnhof gegenüber liegend, zugebracht. Wie rauschten die Dampfwagen da aus der Waldschlucht hervor, wie eine Sturmesbraut mit ihrer letzten Kraft in eine Bucht einzulaufen. Der Anblick wurde erst prächtig am Abend bei der Dämmerung, als zwei große farbig erleuchtete Glaskloben, wie Drachenaugen der Locomotive vorgehängt waren, und diese längs den Hügeln, wie ein Höllenroß heranschnaubte. Die glühenden Kohlen, die in Strahlen den Rosten entfielen, gaben dem Bilde eines lebenden Ungethüms, fluchteilende Füße; bei seiner Biegung um den Berg, da aus dem Wald heraus, schleppte es seinen gewaltigen Schweif nach, wie ein unheilkündender Komet.

Am nächsten Sonntag-Nachmittage benutzten wir in einer sehr zahlreichen Gesellschaft die Eisenbahn zu einer Landparthie bis Vohwinkel; von dort aus machten wir den kleinen Weg zu Fuße nach dem, von Menschen wimmelnden Thale des *Gesteins*, oder nach dem, unter dem Namen *‚Neandershöhle‘*, bekanntern Felsenlabyrinth. Es ist dieses vielleicht eines der interessantesten Plätze unsers Landes, in der Nähe von Mettmann, unweit Düsseldorf.

Als wir hier in dem engen Wiesenthale angelangt, uns zuerst in den Laubhallen eines einfach bäuerlichen Besitzthums niedergelassen, und gelabt mit Maiwein und ländlichen Speisen, schickten wir uns an zu dem beschwerlichen, aber lustigen Gekletter in den Felsmassen umher. Es war wirklich prächtig zu schauen, wie unzählig viele verschiedene Menschen gleichzeitig diese Fahrt unternahmen. Da kam es auf große Behendigkeit an, wer nicht zurückbleiben wollte. Anfangs meinte unsere wanderkundige Schaar, die stattliche Dame in dem schwarzen Kleide, werde uns große Besorgniß machen — oder die zierlichen Dämchen, die unter ihren Schutz zu gehö-

Abb. 22: Der Bahnhof Steinbeck in Elberfeld von Westen um 1842. Hier endete seit ihrer Eröffnung am 3. September 1841 die Düsseldorf-Elberfelder Eisenbahn bis zum 9. März 1849, als der Durchbruch zum Bahnhof Döppersberg freigegeben und so der Anschluß an die seit 1847 ausgebaute Strecke Elberfeld-Schwelm-Hagen geschaffen wurde. Links ein vielbesuchtes Ausflugslokal, die „Villa Steinbeck", dahinter die Türme der 1835 eingeweihten St. Laurentius-Kirche.

Abb. 23: Blick auf das Sonnborner Viadukt zwischen der Sonnborner Höhe (rechts) und dem Kiesberg (links), erbaut 1839–41. Der schmale Wuppereinschnitt, wo heute die Bayer-Fabrik liegt, wurde damals *Porta Rhenana* – Tor zum Rheinland – genannt. Links im Bild befindet sich die 1726 fertiggestellte reformierte Sonnborner Kirche.

ren schienen, würden ihren gewandten Rittern noch die Kraft ihrer Arme zu prüfen geben.

Das wilde romantische Felsenthal, das wir nun erst von einer seiner höchsten Feldspitzen aus überschauen sollten, ist unten in seiner engen Ebene von dem krystallhellen Gewässer der *Düssel* durchbrochen. Zu ihren beiden Seiten stehen die kolosalsten Steinmassen und die engste und verwirrteste Schlucht ist etwa eine halbe Stunde lang. Ein stämmiges Buchenwäldchen grünt auf den Höhen und das Laubwerk niederer Gesträuche versteckt seine Grotten und Höhlen, die indeß, so wild verborgen sie auch scheinen, doch bei einiger Ausdauer nicht unzugänglich sind.

Zuerst nun auf die hervorragendste Spitze des einen Felsens, auf die äußerste Wölbung einer Höhle, wurden wir geführt, und Jeder setzte sich, einer nach dem andern, auf einen bemoosten Stein am schroffsten Rande, der einen ziemlich bequemen Thronsitz da in der luftigen, schwindelnden Höhe bildet. Bei der zuvorkommenden Freundlichkeit der Bewohner jenes schönen Landes gegen Fremde, durfte ich mich zunächst den Gardedamen auf diesen Ehrenplatz setzen, und alsbald hieß es zu meiner Belehrung: das ist *der Neandersstuhl.* Also auf des lieblichen Liederdichters Joachim Neanders Sitz saß ich hier, kühn und frei; keinen prächtigern Liederthron konnte der Poet sich erkiesen — ja, hätte er mir gehört der Stuhl, nicht hätte ich ihn vertauscht mit einem Königsthrone, seinen Glanz und seinen Schätzen; — auch er hätte es nicht gethan. —

Ueber Felsen und Geklüft ging es nun tiefer — tiefer ins Wunderthal — und bald standen wir in Mitten des Berges an der Pforte, in die Dichterhalle einzutreten. Es war eine weite, hohe, von der Natur prächtig gewölbte Höhle, die nach Neander ihren Namen führt. In ihren Verborg hatte der Dichter sich geflüchtet, nachdem er den Religionsverfolgungen entflohen. Mit Ehrfurcht begrüßte ich den heiligen Ort — ja alle die Andern schienen es zu thun. Die laute Lust, die bei dem Besteigen der Felsabhänge erklingen mußte, schwieg hier unwillkürlich. Auf einmal ertönte ein vollkräftiger Männergesang von der Höhe des Neandersstuhls so eigenthümlich in seine Höhle hinab, daß nicht viel gefehlt zu einem Naturgottesdienste hier in den ewigen Hallen.

Die Singenden waren Fabrikarbeiter aus Elberfeld, die, sich zu einem Liederquartet vereinigt, allsonntäglich auf ihren ländlichen Ausflüchten ihr hübsches Liederfest feierten.

Sie hatten eben den herrlichen Gesang von Neander angestimmt.

Gedenk' an mich, o mein Imanuel!
Ich stehe hier mit Angst und Furcht belegt,
Ich klag' es Dir, Du Prüfer meiner Nieren,
Du bist ein Arzt, der kranke Seelen trägt;
Du bist ein Hirt, der selbst sein Schaf will führen.

Nicht gekünstelt, einfach und kräftig erschollen die Naturstimmen durch die Berge und das Thal, bis in diese Wölbung hinein mit mehrfachem Echo. Lange lauschten wir ihnen stille, ich vernahm deutlich:

„Wo soll ich hin? — Ich will zum Lebensgott,
Kein Feind soll mich von meinem Fels abtreiben."

Unser sehr eilfertiger Führer mahnte zum Abschiede, ehe wir noch das Ende vernehmen konnten. Er meinte, der Tag werde sich zu frühe neigen, wenn wir noch alle

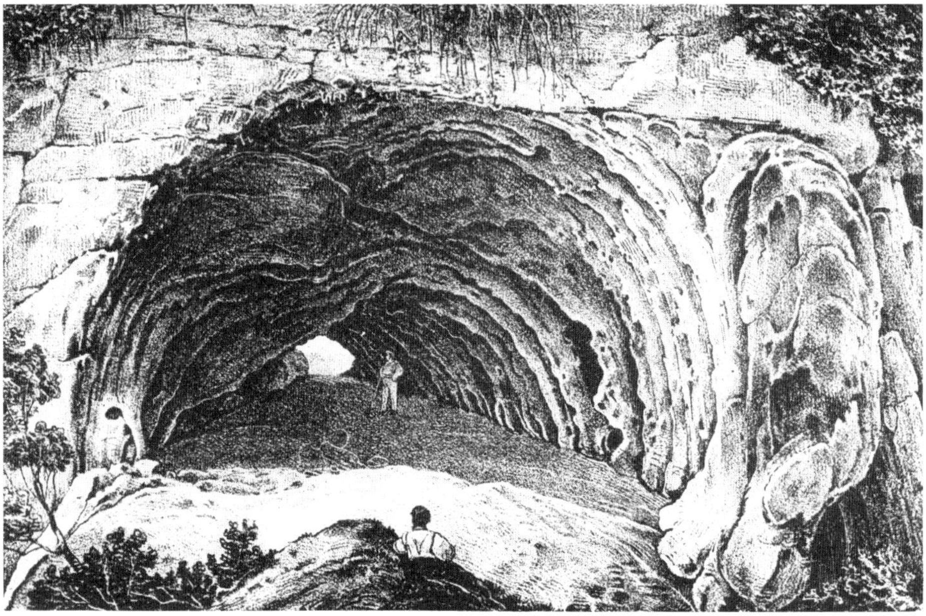

Abb. 24: Die Neandertalhöhlen, auch „das Gestein" oder „Hunsklipp" genannt, bestanden aus sechs Grotten zu beiden Seiten des Düsselbaches, die zum Teil nur sehr mühsam zu erreichen waren, da sie an steilen Abhängen 30 bis 50 Meter über der Talsohle lagen. Die Gegend galt als eine der schönsten und zugleich wildesten im ganzen Bergischen Land.

Abb. 25: Von den romantischen Höhlen im Düsseltal, das nach dem Liederdichter Joachim Neander Neandertal genannt wird, ist heute nichts mehr zu sehen, da sie seit 1856 im Zuge der Ausdehnung eines Kalksteinbruches zerstört wurden. Hier entdeckten Arbeiter im August 1856 bei den Abbrucharbeiten jene Knochenteile, die der Elberfelder Gymnasiallehrer Carl Fuhlrott dann als Reste eines Steinzeitmenschen, des „Homo Neandertaliensis", identifizierte.

Irrwege des Wunderthales heute durchwandern wollten — erst eben sein wir im Anfange und längst noch nicht an seinem Ende. — Also frisch auf!

Denke man sich nun den ganzen Schwarm der Gesellschaft, aus etwa hundert Personen bestehend, aus der einen Oeffnung der Neandershöhle — sie ist nämlich von beiden Seiten offen — herauskriechen, oder besser wimmeln, an einem ziemlich glatten Hange zur niedrigsten Ebene rutschen, die, so enge sie ist, der Düssel zum Bette dient. Ich hatte den ersten verwegenen Anlauf genommen und stand glücklich die Erste, unten am Ufer. Hätte man da mit mir hinaufblicken können, und sehn diesen lebendigen Ameisenhaufen, diese Posirlichkeit in den Stellungen und Gesichtern der Einzelnen. — Die Eine greift nach einem langen Grashalm zur Rettung — o weh! der lockere Boden und ein Spring ins Feld, der jählings den Satz macht, nimmt die Rettungslose, den Grashalm und den halben Uferhang mit sich hernieder. Da liegen sie! Alles lacht hoch auf und denkt der eigenen Gefahr nicht mehr — nur die leblose Schöne — die da oben noch wie versteinert sitzt — sie regt sich nicht — und glotzt nur die Tiefe an. Endlich erbarmt sich ein Galanthomme, giebt ihr einen Ruck, — Rutsch — Rutsch — „Ha“, seufzt sie auf — „das war eine interessante Parthie.“

„Ja wohl, mein Fräulein“, antwortete mein etwas unbarmherziger Vetter K., „die interessanteste kommt noch.“ Es sollte nun über die Düssel hinüber. Ist die Ebene auch noch so enge und das Flußbette noch etwas enger, so gehörten doch für die Damen wenigstens, Peter Schlemihls gewaltige Stiefel dazu, um sie in einem Male überschreiten zu können.

Es war hier wirklich guter Rath theuer; — über den Fluß hinüber setzen, das ging nicht an; wieder hinauf zur Höhe — „nein, da bewahre uns Gott für“, riefen selbst die äußersten Wagehalse. Die stattliche Dame, die sich wirklich heroisch vor allen Andern, Jüngern und Geschmeidigern ausgezeichnet, sollte, als die Aelteste der Gesellschaft, entscheiden. Sie meinte erst ganz vernünftiger Weise, unser Führer hätte zuvor bedenken müssen — aber „o weh Dir, o weh Dir, Hironimus“, recitirte die kleine schelmische Urenkelin des Verfassers der Jobsiade ihrem Urgroßvater nach — und ehe sie es noch ausgesprochen, war die ganze Sippschaft über den armen Führer hergefallen, so daß die vernünftige Entscheidung der ältern Dame nicht erfolgen konnte. „Ja wohl, er hätte bedenken müssen“, riefen da Alle, wie aus einem Munde — und ja sie wollten noch mehr sagen, und schon wurde ihm sein Untergang in den Fluthen gesichert, wären ein geschickter Pontoiner und Pionier, die sich in der zahlreichen Schaar befanden, diesmal nicht seine Rettung gewesen. Letzterer hatte nichts Eiligeres zu thun, als den, jetzt zu Statten kommenden halben Berg in den Fluß zu tragen, Felsstücke dazwischen zu dämmen, so daß beinahe die Flut gehemmt wurde, und es einsichtlich schien, die Passage auf dreierlei Weise benutzen zu können. Der Einfall des Pionier wurde halt für keinen ‚Bekumer‘ gehalten — denn, wie mit dem Aronsstabe, hatte er durch die Ausführung seiner Idee die gewaltigen Wogen getheilt, daß die Schaar trocknen Fußes durch das Bette glaubte wandern zu können. Der neue Aron wurde einstimmig zum Führer erwählt, ehe man das Unternehmen geprüft, während aber ein ziemlich weiter, bekränzter Eimer voll Maitrank bei der Ernennung verconsumirt worden war.

Vielen schien es weislicher in ihrem, in Folge dessen, erleuchteten Verstandes, die Brücke zu benutzen; aber die große Schwere des ersten Ueberganges drückte schon das meisterhafte Bauwerk in Grund und Boden nieder, und wie die Fluthen des rothen Meeres, brachen auch die der silberhellen Düssel über die Wanderer da in der

Tiefe los und drohten sie zu verschlingen. Doch diesesmal hatte es noch gar so große Noth nicht; mit behenden Sprüngen entflohen sie den heranbrechenden Wellen und kamen ziemlich trocken wieder an's Land. Eben daß sie ein Staubbad bekamen und benetzt, nicht aber total durchnässt, worden waren. Die noch am Ufer Stehenden hatten fröhliches Lachen umsonst und glücklicher Weise gehörten ich und noch ein Theil der Gesellschaft, auf das vernünftige Anrathen des Vetters I. zu diesen Lachenden auch. Ueber den neuen Aron sollte sogleich der Stab gebrochen werden. Diesesmal unterblieb es lediglich nur noch aus dem Grunde, weil zur Ausführung des dritten und letzten Mittels eine Passage, die vereinigten Kräfte des Pontoiner's und Pioniers durchaus erforderlich schienen. Durch die Aufwerfung des Dammes war der Fluß, oberhalb desselben, dem Erstern schiffbar erschienen. Es fehlte also nun weiter nichts, als ein Schiff, um darüber zu segeln. Die Pontoinere hatten bereits dazu einen Baumstamm ausersehen, der mit sachverständiger Miene in einem schifffähigen Zustande erachtet wurde. Schon sollte er von Stapel laufen, indeß es im allgemeinen Rath doch für besser gehalten wurde, den zerstörten Brückendamm mit dem, sein sollenden, Schiff zu verbinden und eine Schiffbrücke daraus zu combiniren. Dieses geschah. Es wurde der Damm vermittelst Reiser, die zu Faschinen gestaltet, renovirt, und mit Benutzung des questionirten Baumstammes, gestaltete sich eine zu passirende, allerdings etwas schwankende Brücke. Durch die Hülfe einiger Herren gelangte die Damengesellschaft glücklich hinüber, bis auf die eine Schöne, die, in ihrer allzugroßen Angsthaftigkeit plumps in's Wasser fiel. „Das ist die interessanteste Parthie“, rief Vetter K. grausam genug. Von hier aus mußte sie zum Bauernhause zurück escortirt werden. Es ist unmöglich, daß man in einer, etwa gut gelaunten Stimmung sich des Lachens erwähren kann, wenn eine ziemlich aufgeschossene Gestalt in großer Unbeholfenheit solchen Purzelbaum macht. Wir ließen unserer Neigung hierzu freien Lauf, als auch schon längst die Beklagenswerthe unsern Augen entschwunden war; sie hatte auf einem bedeutenden Umweg durch's Thal ihre Rückfahrt angetreten. —

Wir kamen bald, ohne ein erhebliches Abentheuer zu erleben, an eine zweite kleinere Höhle an, die sogenannte *Engelskammer* und stiegen aus dieser empor, wieder auf die Felsplatte des *Rabensteins,* der an hunderte Fuß hoch, senkrecht über die tiefe Schlucht sich hebt, die in so anmuthiger Weise von der rieselnden *Düssel* durchfluthet wird.

Hier von diesem höchsten Gipfel der sämmtlichen Felsenhöhen hat vor ergrauten Jahren die Liebe ihre Vereinigung gefeiert, nämlich diejenige im Tode, da es im Leben nicht sein konnte. Von hieraus hat sich festumschlungen ein liebendes Paar in die Tiefe gestürzt. Sie haben im Tode nicht von einander gelassen — denn noch in starrumklammerter Umarmung hat man sie Beide unten bleich gefunden.

Es schwindelte uns auf dieser Höhe, und wir entflohen schnell dem Rabenstein und seiner schaurigen Erinnerung. Dann standen wir bald vor der zerklüfteten Löwengrotte; um bis zu ihrem Eingange zu gelangen, mußten wir über Klippen hinab klettern, ja denselben Weg machen, den ein hinabstürzender, brausender Wasserfall sich genommen. „Aus dem Regen in die Traufe“, hieß es in einer neuen Verschwörung gegen den Führer, „den Weg können Sie allein machen — wir folgen nicht!“ „Aber, meine Damen“, hieß es, begütigend gegen uns, die wir immer bei etwaigen Verschwörungen die revolutionärsten sein sollen — „wohin wollen Sie denn eigentlich?“ Die Herren versprachen, hilfreiche Hände zu leisten, die beherztesten sollten den Versuch machen, aber nein, sie wollten und konnten nicht. Ich wäre für meinen Theil längst schon in der gegenüberliegenden ‚Teufelskammer' gewesen und hätte das halsbrechende Geklüft ohne Furcht passirt — aber — war's Ziererei, war's, daß ich meine Schwestern nicht in Stich lassen wollte — ich stand davon ab. — Wie uneinig gewordene Kinder sich eigensinnig zusammen rottiren, so auch bildete unsere Gesellschaft schweigende Gruppen, die sich von der Seite anschielten und eine Zusammenführung von einem Verhängniß anderer Art, das aus der Luft unversehens schießen würde, erwarteten. — Siehe da, wie ein Vogel aus versteckendem Gezweig kam ein feines Männchen mit kleinem, dunklen Bärtchen — in einem Sammtrock mit weißen Umschlagkragen — die Palette auf dem Arme ruhend, hervor, und sprach Folgendes zum Troste der unglücklichen Lage der Damen:

„Wollen Sie mir ohne Widerrede folgen, so getraue ich es mir, Sie sicher zu führen; es ist nicht ohne Beschwerlichkeit, aus diesem Labyrinthe heraus zu kommen. Ich werde aber die zugänglichen Pfade heraus zu finden wissen, und Ihnen solche zeigen. Damit sie sich indeß dieser Beschwerlichkeit von vorn herein nicht umsonst unterworfen haben, so möchte ich auch anrathen, die interessantesten Punkte des Geklüfts nicht unbesichtigt zu lassen, und die etwas unregelmäßige Treppe dieser Cascade hinabsteigen, um in die Teufelskammer auf dem linken Ufer der Düssel, zu gelangen."

Ich weiß nicht, ob dieser Herr, der ein Maler aus Düsseldorf war, den Damen so großes Zutrauen einflößte, oder ob er es ihnen anschaulicher zu machen wußte, daß die Passage nicht gar so gefährlich sei, als sie glaubten; kurz wir brachen auf, ihm zu folgen. Es entstand ein Gemunkel: die Maler, die kennen jeden Fußsteig — auf den können wir uns verlassen, — und wirklich, er wußte uns noch zu den schönsten und herrlichsten Punkten des ganzen Gesteins zu führen; — sagten wir aber, er habe uns den Weg geebnet, so wären wir ungerecht gegen unsern ersten Führer, wo möglich hatten wir noch größere Strapazen zu bestehen; bald mußten wir eine zehn Fuß lange Oeffnung hindurch, die in ihrem Durchmesser der Weite etwa so viele enthielt, daß wir uns wie Schlangen durchwinden konnten, dann mußten wir von einem Felsblock zum andern die kühnsten Wagesprünge machen, dann wieder uns an den, fest in das Gestein eingewurzelten Ranken und Sträuchern haltend, die jähen Abhänge hinanklimmen. — Wir murrten aber durchaus nicht — thaten wir's entweder aus Respect gegen den Maler, oder aus Hartnäckigkeit gegen unsern bisherigen Schützer nicht; kurz nach männlicher Ausdauer standen wir endlich wieder auf der sogenannten *Kanzel*, von wo aus wir einen ungemein überraschenden Blick in das sich erweiternde Thal hatten, aus dessen eine Schlucht seitwärts ein rauschender Gießbach sich mit den Wellen der Düssel zu vereinigen strebt; das Flußbett breitet sich hier aus und deutlich erkennt man, daß ehemals hier in einem See die Wellen des Flusses ihrer Ruhe pflegten, vielleicht aber in ihrer Sehnsucht nach Freiheit die Schranken durchbrachen, und ihren lieblichen Lauf willkürlich, frei weiter durchs Thal nahmen.

Wenn wir hier auf den Zweigen, in den Klüften, auf den Bergen, in den Thälern, in verschiedenen Situationen die Maler Düsseldorfs sehen, wie sie die Natur in ihren wechselnden Tönen belauschen, und von ihnen gewinnen, so braucht uns das nicht zu wundern, von hieraus, wo die Ewige ihr gewaltiges Spiel trieb, ziehen sie stets mit bereicherter Studienmappe, zurück in die Hallen der Kunst, im Herzen die Bilder des Urquells tragend.

Ueber den Gebirgskamm machten wir endlich unsern Rückweg wieder nach den Gehöften der Bauerschaft, die zerstreut in dem Kessel zu Anfang des Gesteins liegen. Müde, wie sie Alle waren, kümmerte sich der Eine wenig um den Andern. Ich entwischte der Gesellschaft und war noch einmal in die Neandershöhle hineingeschlüpft, zu lauschen still und allein hier den Geistern der gesungenen Lieder des Dichters, die beim Sonnenuntergange wie fromme Engelsgestalten mir nieder zu schweben schienen.

Ehe die müde Gesellschaft noch wieder ihren Ruhepunkt erreicht, hatte ich sie eingeholt; ich sah mich nach dem Führer, dem Maler, um, er war nicht mehr da. Ich fragte nach ihm, wer hätte mir sagen können, wo er geblieben? Als die Gesellschaft seiner Hülfe nicht mehr bedurft, hatte man sich, undankbar genug, nicht mehr um ihn bekümmert. Gewiß war er heimlich in Sehnsucht zu seinem Pinsel zurückgekehrt, es wartete dem Maler wohl noch ein Großes. Warf nicht vielleicht die Sonne ihre sinkenden Abendstrahlen in die Kristallwogen des Wasserfalls, und bildete ihn zum feenhaften Brillantberg in dieser umdüsterten Waldschlucht? Gewiß! —

Wie ich habe erfahren können, soll im nächsten Jahre diese Landschaft am Wasserfall des Gesteins von einem sich schon rühmlich ausgezeichneten Maler, der unser Führer gewesen, erscheinen.

Es war bald die Stunde, wo die Züge von Düsseldorf und Elberfeld auf der Station in Vohwinkel eintreffen sollten. Wir mußten aufbrechen, denn noch eine halbe Stunde beinahe hatten wir bis dahin zu gehen. — Es dunkelte schon, als der erwähnte Zug und wir eintrafen — noch einmal hatte ich hier den prächtigen Anblick der erhellten Locomotive in Waldesdüsterheit.

Dadurch daß nicht so viele Waggon's in Bereitschaft standen, die ganze Gesellschaft aus dem Gestein fortzuschaffen, wurde der baldigen Abfahrt noch ein Aufenthalt verursacht; ich weiß nicht wie und auf welche Weise diesem Mangel abgeholfen worden ist, übrigens geschah es, daß in großer Ordnung bald auf die ertönende Retraite des Conducteurs ein großer Zug gen Elberfeld, ein nicht minder großer gen Düsseldorf flog. Manche Freunde wurden durch diese Zauberkraft gleichmäßig immer entfernter getragen, manch stilles Grüßen der kaum erwachten Liebe, weckte der Ton des Scheidens.

Mein gutes Täntchen erwartete uns daheim. — Da es schon ziemlich spät geworden, glaubten wir sie eingenickt auf dem Stuhle; — sei es, dann wollten wir uns rund um sie setzen und ihr Erwachen mit Scherzen abwarten. Aber nein, sie stand in der Thüre die gute, sorgsame Tante, und harrte der Ihrigen. Für ein solches Herz, wie das ihrige, ist jedes Wiedersehen nach der kürzesten Trennung ein Freudenfest. Wir erzählten ihr, nachdem wir rund um die Tafel im schönsten Familienkreise es feierten, von unsern Fahrten und Wanderschaften — sie lachte herzlich — und wir lachten wieder mit in der Erinnerung dieses Tages, der gewiß einer der interessantesten meiner Reise sein werde.

Am andern Tage, es war der letzte im Kreise meiner Lieben in Elberfeld, lud man zu demselben noch den Sänger der lieblichen Lieder voll Natur und Liebeleben, den Dichter, der vollkräftigen Lieder für Deutschlands Einheit, *Adolph Schults.* So sinnig wie seine Lieder, so sinnig ist der Sänger selbst.

Am folgenden Morgen früh mußte ich scheiden; ich sollte Aspasia nach Aachen folgen, dahin sie mir voraus gereist, dort erwartete sie mich. — Die Tante weckte mich — sie gab mir zum Andenken eine kostbare Blume, die sie schon am Morgen in ihrem Garten für mich gepflückt hatte; sie wußte nicht, von wo her sie Alles nehmen sollte, mich zu erfreuen, mich zu schmücken. — Wenn ich mit deiner Liebe, gute Tante, hier zu prunken scheine — so wisse Du, daß ich glaube in der Liebe guter, biederer Menschen den köstlichsten Schmuck zu besitzen, auf den man wohl stolz sein darf, und den würdig zu tragen, das Streben meines ganzen Lebens sein soll. —

Der Mann, der Kopf und Herz hat, der mir verwandt, ein Bruder mir das Wort sprach: *„Sei unbekümmert, Du weißt nun, wo Du Deine Freunde hast“;* mit ihm noch Viele, die ich mein nennen darf, begleiteten mich zur Post, die mich zunächst zur alten Domstadt, nach Cöln, brachte.

Viele Tage hat man im Leben, von denen man sagt: sie gefallen mir nicht, und viele Tage hat man wieder, von denen man nichts sagen kann. Sie sind es, die ein neues unaussprechliches Empfinden, mit ihm ein neues Leid, oder die Erinnerung an ein altes, längst verjährtes in unsere Brust legen; und wieder sind sie es, die mit wonniger Freude es bestürmen und uns verstummt machen. Sie sind es, über welche Klage oder Jubel im Innern sich Raum verschafft und die nicht nach Außen kommen darf. — Schade, daß des Poeten Herz kein Buch ist, darin die Menschen wahrhaftig blättern und lesen können, bevor Jener solch heiligem Empfinden ein Kleid von Buchstaben anpaßt, was oft denn den Leuten wie eine Narrenjacke erscheint. Der Gedanke, eben gedacht, die Gefühle, eben noch rein empfunden, sind unausgesprochen und ungeschrieben, noch so unschuldig und unentweiht, sie sind nur Seele, die sich durch den Ausdruck gleichsam mit einem Körper verbinden, dem Schlacken ankleben. So ist's mir mit dem gestrigen Tage, ich will ihn lieber ausdenken, ausfühlen — nicht aber aussprechen. Ich will den Empfindungen desselben kein Gewand geben, damit sie rein bleiben und unverspottet. Ich will, wie so im allgemeinen der Verlauf des Tages war, nachdem ich Elberfeld und die Meinigen darin zurückließ, aufzeichnen, so einförmig derselbe auch in seiner äußern Gestaltung erscheinen mag.

Durch das gewerbfleißige reiche Wupperthal zog ich, die Stadt Elberfeld im Hintergrunde lassend, so emsig waltend da in der Tiefe und so ernst beschützt von seinen ewigen, es umstehenden Felsen. Zu meiner rechten Seite zogen sie mit mir, schützend und schweigend und zu meiner Linken hüpfte tändelnd und geschwätzig die *Wupper.* Das reizende Thal, was sich da bei *Hammerstein* nach *Burg* erstreckt, ist zu lockend, da wird der Fluß treulos und scheidet sich von mir. Rechts lenken die Felsen ein, sie wollen sich ruhig lagern da im *Gestein* und sich zum Denkmal des todten Dichters vereinigen, der sich in ihrer gewaltigen Brust einstmals geborgen und in den natürlichen Gewölben dieser Felsen, seine riesige Dichterzelle aufgeschlagen. O, ich könnte *Neander,* den Sänger der geistlichen Lieder, um seinen Liederthron hoch oben, dem Himmel so nah — um seinen Liedersitz, tief unten in einer Höhle dieser Steinkolosse, um sein ewiges Denkmal und seinen Ruhm beneiden.

Also vielleicht eine Stunde weit, von Elberfeld hin, blieben der Wupperstrom, ein Poetlein nur, und der schwarzbläuliche Felsen, ein einiges Triumphirat. Hier strebt der prächtige Viaduct, ein Zeuge des jetzigen edlen Baustyls, frei und schlank über Wupper und Straße und vereinigt sein Fundament auf der rechten Seite mit dem natürlichen der Felsen, auf der linken ist es künstlich angebracht. Es ließ dieses Kunstwerk stolz über seinen Rücken den „Vulcan“ (Locomotive der Düsseldorf-Elberfelder Eisenbahn) schnauben, gleichzeitig demüthig aber, mich und die Wellen unter seine schützenden Gewölbe hergleiten. Um eine Ecke bogen die zwei Begleiter, in deren Mitte ich mich bis hieher befand; von da zog ein Jeder einzeln seine Bahn. Die Wupper verfolgte ihren romantischen Pfad längs Hammerstein, dem freundlichen Besitzthum des Herrn *Jung* in Elberfeld; die Felsen rechts flachten sich ab, um später in so grandioser Masse wieder zu Tage zu kommen und zu jenem Riesendenkmale zu werden; eine stille Sängerfrau, zog ich gerade aus, durch die fruchtbare Ebene des Landes, zu fernen Weltstädten.

Wolfhard Weber

„Flüchtige Bemerkungen" eines anonymen Reisenden über Barmen, Elberfeld und Erkrath auf seinem Wege von Minden an den Rhein 1843

Anders als der englische Nationalökonom Banfield, der drei Jahre später diese Gegend beschrieb[1]*, geht dieser anonyme Reisende*[2] *nur wenig über die Beschreibung der topographischen und agrarischen Umwelt hinaus. Viel stärker als der Engländer hält er die atmosphärischen Eindrücke fest, die er aus der Umgebung gewinnt: In den nicht abgedruckten Teilen ist von nächtlichen Reisen und dem Vollmond, von der reichen und betriebsamen Stadt Soest und vor allem von einer Menagerie in einem Gasthof in Werl die Rede. Es mag Zufall sein, aber der Bahnhof in Steinbeck findet nicht die Aufmerksamkeit des Reisenden; hier ist vielmehr von dem allgemeinen Omnibus die Rede, der die Reisenden schnell und problemlos zu ihrem Ziel bringt, allerdings mit dem aufmerksamen Hinweis, daß bei öffentlichen Verkehrsmitteln nun nicht mehr das Fahrzeug, sondern der Reisegast zu warten habe!*

Mit Hagen erreichte der Reisende die gewerbefleißige Gegend des Märkischen und Bergischen Landes. Die farbigen Kontraste von grauem Schiefer und rotem Backstein sind stärker wahrgenommen als irgendwelche Differenzierungen bei den Fabrikgebäuden; nur die Villen- und Gartenanlagen finden Interesse. Die Arbeiter treten allenfalls in einem „Gewühl" auf, ansonsten lustwandeln und „feiern" sie. Kirche (die katholische St. Laurentiuskirche am Königsplatz) und ein Denkmal für Friedrich Wilhelm III. bleiben bemerkenswerter als die Differenzierung der Arbeiter. An einer nicht abgedruckten Stelle des 3. Briefes erwähnt der Autor seinen Vetter, einen Dr. Frederich, der als Maler an der Kunstakademie in Düsseldorf tätig sei — ein Hinweis vielleicht darauf, daß auch der Autor eher im kunstbeflissenen Bildungsbürgertum als im gewerbetreibenden Besitzbürgertum anzusiedeln ist.

Auch bei den Gewerben kommt es lediglich zu einer wahllosen Aufzählung der Branchen, wobei die weite Verflechtung der Handelsbeziehungen stärker im Vordergrund steht als die Organisation der Produktion. Die Hinweise auf die aus zollrechtlichen Gründen herbeigeführte Ungenießbarmachung von Öl aus fernen Ländern und auf die in den Hinterhäusern untergebrachten Büroräume der Kaufleute lassen

---

1 S. dazu *Gerhard Huck/Jürgen Reulecke* (Hg.): Reisen im Bergischen Land um 1800, Neustadt/Aisch 1978, S. 225—251.

2 Aus dem Reisebericht, der unter der Signatur S 1666 in der Handschriftenabteilung der Universitätsbibliothek Bonn liegt, sind hier Auszüge aus dem zweiten und dritten Brief wiedergegeben. Der vollständige Titel lautet: Flüchtige Bemerkungen auf der Reise durch einen Theil der Rheinprovinz, Holland's Belgien's wie auch der mit Ausflügen nach Frankfurt, Darmstadt und Heidelberg verbundenen Rheinfahrt von Cöln bis Straßburg, Sommer 1843. Die Herausgeber verdanken Herrn *Jürgen Müller-Späth*, Wuppertal, den Hinweis auf diese bisher unbekannte Quelle; außerdem fertigte er eine erste Übertragung des Textes an.

ebenfalls erkennen, daß der Reisende gewöhnlich keinen Zugang zur Welt der Werktätigkeit und des Handels hatte. Um so stärker hebt er noch einmal den Aufstieg auf die Hardt hervor mit einer ausführlichen und wiederum sinnenfrohen Beschreibung des Szenarios um den Elisenturm auf der Hardthöhe.

Die Reise mit der Eisenbahn mußte ihm als besondere Attraktion erscheinen, gab es doch von Berlin bis Barmen noch keine benutzbare Eisenbahn. Die Linie zwischen Düsseldorf und Elberfeld war als eine der allerersten Linien in Deutschland angelegt worden[3] *und unterstreicht, wie wichtig den Kaufleuten diese Verbindung war. Lediglich die Technik der — damals in Deutschland einzigartigen — Hangüberwindung bei Hochdahl wird erwähnt und dann durch die Beschreibung der „duftigen" Ferne des „Rheingaus" und den Hinweis auf die „Universität der Künstler" in Düsseldorf abgelöst.*

Der Reisebericht macht deutlich, daß ein grundsätzlicher Wandel zwischen dem Reisen in Fuhrwerken und auf Eisenbahnen kaum wahrgenommen wurde, nur werden Schnelligkeit und Zeiteinsparung als positive und die stärkere Einbindung des Reisenden in die Organisationzwänge der Technik als negative Erfahrungen empfunden. Unbeachtet bleibt auch der Hintergrund der aus dem Ferntransport verdrängten Fuhrwerke, die nun als innerstädtische Verkehrsanbieter auftraten. Anders als in der Wirtschaftskrise drei Jahre später, während der Banfield seine Reise durch das Bergische Land unternahm, schimmern in diesem Bericht noch keine sozialen Unruhen durch.

anonym (1843)

II ter Brief

Elberfeld

[. . .]

Ueber Unna, Brünnighausen u. Hagen, zwischen welchen Städten die Gegend schon bergiger zu werden beginnt, bis sie nahe vor Schwelm sogar einen wilden Charakter annimmt, erreichten wir die zuletzt genannte Fabrikstadt, die in einem tiefen von bewaldeten Gebirgen umschlossenen Thale liegt. Nicht nur die Dächer, auch die Wände der Gebäude sind mit Schiefer bedeckt und die Häuser von rothen Backsteinen erbaut. Von nun zieht sich eine wenig unterbrochene Häuserreihe das reizende und belebte Wipper oder Wupperthal entlang, denn Unter- u. Oberbarmen bilden mit Schwelm Eine Stadt, die sich 1 Stunde lang längs dem Ufer der klaren reißenden Wipper fortzieht und das Ansehen einer einzigen Straße erhält. An beiden Seiten blicken sanft aufsteigende bald mehr zurücktretende, bald vordringende Gebirge auf das gewerbsame Treiben, das sich keinesweges blos auf das Thal selbst concentrirt, sondern auch auf die flachern Anhöhen zu beiden Seiten der Stadt ausbreitet, an deren Abhange zahllose Fabrikgebäude zwischen anmuthigen Landhäusern lagern,

---

[3] Die Teilstrecke Düsseldorf—Erkrath wurde im Jahre 1838 als dritte Strecke dieses Jahres und als fünfte Strecke überhaupt in Deutschland eröffnet; die Teilstrecke Erkrath—Steinbeck folgte 1841. S. dazu *Karl-Wilhelm Belz:* Eisenbahnen in der Industriellen Revolution: Ein frühes Wuppertaler Projekt, Wuppertal 1979, S. 74 ff.

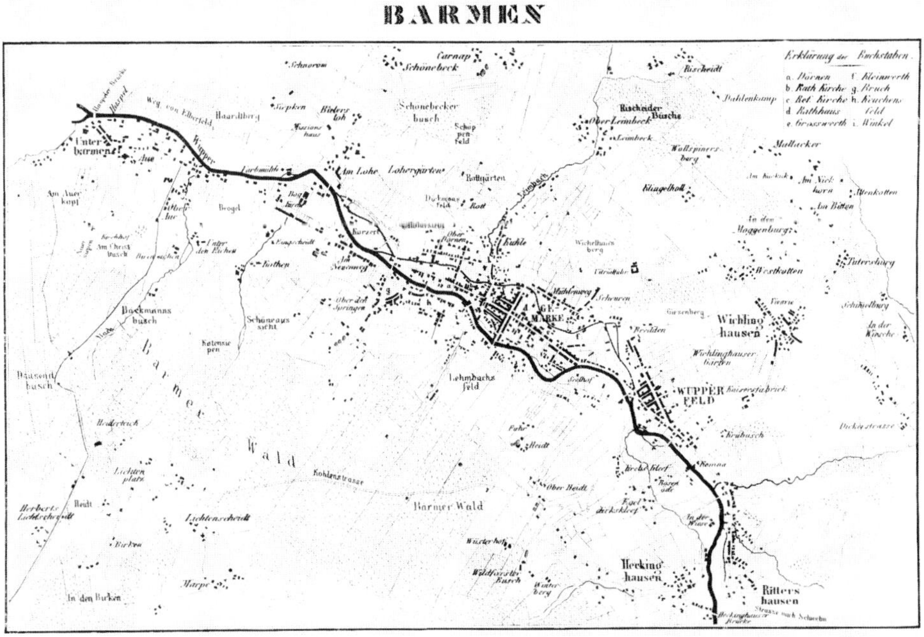

Abb. 26: Barmer Stadtplan aus den frühen 1840er Jahren, bevor die Eisenbahnstrecke Elberfeld-Schwelm und die Bahnhöfe Unterbarmen, Barmen und Rittershausen gebaut waren (1846/47).

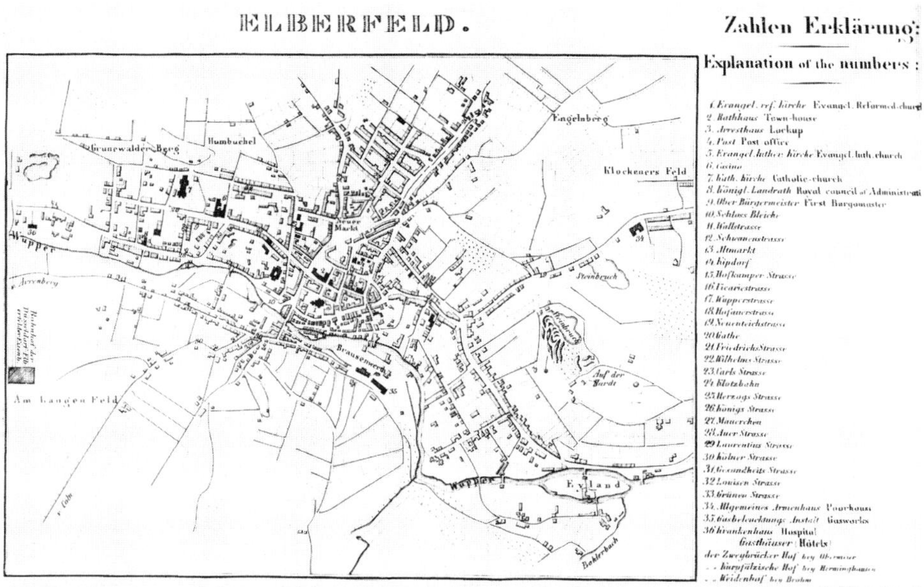

Abb. 27: Plan der Stadt Elberfeld etwa Mitte der 1840er Jahre; links ist der 1841 fertiggestellte Steinbekker Bahnhof eingezeichnet, während die Eisenbahnlinie Elberfeld-Schwelm, 1845 bis 1847 gebaut, noch nicht existiert.

welche letztere aus kleinen Waldparthien oder Gartenanlagen malerisch hervorschauen. Wenn die Bergstädte am Harze durch ihre Schieferbedachungen einen einförmigen, schwermutherweckenden Anblick darbieten, so empfand ich hier Nichts der Art und der Grund scheint mir sowohl in dem lautern Treiben, in der fast überall durchblickenden Eleganz der Bauart als auch in der üppigen Frische der Vegetation zu liegen. Das in der Fortsetzung des Thales kaum von Barmen u. Schwelm geschieden liegenden Elberfeld bildet gleichsam den Knäuel zu dem langen Häuserfaden und dehnt sich in ein zur Rechten sich öffnendes flaches Seitenthal aus. Paläste, Fabrikgebäude, glänzende Läden u. Gärten bilden auch in Elberfeld lange Straßen, welche ein ununterbrochenes Menschengewühl belebt, u. welches, da der Tag gerade ein Sonntag war, durch die lustwandelnden Schaaren feyernder Arbeiter noch vergrößert wurde. Wir sahen im Vorüberfahren das neue im Bau begriffene Denkmal, welches dem hochseligen Könige von der Stadt errichtet wird u. demselben gegenüber die in edelm Stile aus gelbem Sandstein erbaute und mit zwei durch die Portalseite verbundenen Thürmen geschmückte neue Kirche. [Randbemerkung des Autors:] *Die Bildsäule des Königs besteht aus Bronce.* Es sind hier Türkischrothfärbereyen, Spitzen, Seiden- und Bandmanufackturen, Bleichen, Garntrocknen-Anstalten u. Tuchfabriken. Die Türckischrothfärbereyen sind von bedeutender Wichtigkeit. Elberfeld hat, da sich das Wasser der Wipper vorzugsweise dazu eignet, gewißermaßen das Monopol. Der Krapp kömmt aus Avignon u. das feinste Provenzer Oel aus Neapel u. Sicilien. Ein Elberfelder Kaufmann versicherte uns, daß an der Landesgrenze in jedes Oelfaß ein Glas Vitriol gegoßen würde, damit man gesichert sey, daß das Oel nicht zu einem andern Zwecke verbraucht werde. [Randbemerkung des Autors:] *Erst nach der Rothfärbung ist jede andere Färbung möglich.* Die großen Kaufleute handeln nur en gros u. halten Reisende. Ihre Comtoirs befinden sich in der Regel im Hinterhause. [Randbemerkung des Autors:] *Auf 150 000 M[enschen] in der Provinz Berg kommen 22 Advokaten.* Wir stiegen im Churpfälzer Hofe ab, wo wir übernachteten. Am anderen Morgen bestiegen wir in Begleitung eines Lohndieners den sowohl seiner Anlagen als Aussicht sehenswerthen Hardter Berg, gewöhnlicher die Hardt genannt. Auf mäßig steilen Schattenpfade gehts der die Stadt beherrschenden Höhe zu. Unterwegs erreichten wir ein stilles, schattiges Plateau, auf welchem dem ersten Boten des Evangeliums, der dieses Thal besuchte, dem St. Vitbertus geb. 647 gest. 715 zu Kaiserswerth ein steinernes Denkmal errichtet ist, welches einen mit einer Urne gekrönten stehenden Würfel bildet.

Etwas höher hinauf steht unter schattiger Linde ein zweites Denkmal. Es ist dem Stifter der ersten Anlage auf dem Hardtberge, einem Dr. Dörnen errichtet. Auf einer Art von Altare steht ein Aschenkrug, auf den sich eine lebensgroße aus Sandstein gehauene Engelgestalt sinnend lehnt. In der über den Aschenkrug herabhängenden Hand hält sie einen Kranz in der anderen einen Caduceus. Es ist im Jahre 1823 errichtet und von einem Eisengitter umgeben. Immer höher steigt man auf gewundenen Schattenwegen und sieht sich bald vor einem Steinbruche, an dessen Rand jeder Pfad verschwunden scheint, während auf der jenseitigen Felsenwand aus überhangenden Birken eine Einsiedeley mit Schiefertürmchen, der Wohnung des Hardtwächters, herabsieht. Wir folgten dem Führer auf einem zur Rechten sich öffnenden Waldwege und erreichten nach kurzem Steigen den breiten Gipfel des Berges, auf welchem sich ein runder massiver Thurm mit gewölbter kupfervergoldeter Kuppel, auf der sich eine blitzableitende Stange erhebt, den Blicken zeigte. Eine Aufseherin

Abb. 28: Der Elisenturm auf der Elberfelder Hardt um 1845 von Osten; rechts im Tal sind die spitzen Türme der St. Laurentius-Kirche vor dem Nützenberg zu erkennen. Der Turm, zunächst eine Windmühle, war von Engelbert Eller zu einem Aussichtsturm umgebaut und nach der Ehefrau König Friedrich Wilhelms IV. benannt worden.

Abb. 29: Elberfeld vom westlich der Stadt gelegenen Nützenberg aus gegen Ende der 1840er Jahre; rechts die mechanische Stoffweberei W. Boeddinghaus & Co, links der de Weerth'sche Garten und der noch fast unbebaute Grünewalder Berg. Die Pappelallee im Vordergrund ist die Nevigeser Chaussee.

öffnete uns, nachdem wir eine Glocke angezogen hatten, die Gartenpforte, aus der uns Blumendüfte entgegenströmten. Gleich zur Rechten tritt hinter Bosketen ein hübscher Pavillon hervor, an den sich zu beiden Seiten Gewächshäuser schließen, gefüllt mit blühenden Cacteen u. andern Pflanzen. Von hier aus schweift das Auge über zahlreiche, halbmondförmige, von buntem Farbenschmelze der verschiedenen Blumen übergossene Rabatten und über einen zweiten luftigen blau und weißbedachten Pavillon (oder Champignon) nach den jenseits das Thal begrenzenden Waldgebirgen, von deren Theilweise bewachsenen Abhängen weiße Villen herüberleuchten. Wendet sich der Blick wieder auf die näheren Gegenstände, so fällt ein rundes Marmorbassin auf, in dessen Mitte, wie aus dem Wasser aufschießend eine gelbe Yris ihre schwertförmigen Blätter und wunderbar geformten Blüthen ausbreitet. Mitten aus diesem Busche springt, wie aus demselben hervorgewachsen, eine kleine Fontaine, welche den um die Yris, wie um eine Insel, schwimmenden Goldfischen immer frisches Wasser zuführt. Zur Linken, ungefähr in der Mitte des Gartens führen rund um den schon genannten Thurm laufende Steintreppen in den Unterbau desselben, nemlich in eine elegante Rotonde, von deren Plafonds ein broncener Kronleuchter herabhängt, an deren Wänden Marmortische u. Divans stehen. Der Fußboden ist Parquet. Man steigt nun eine helle u. bequeme Wendeltreppe hinauf und gelangt in eine kleinere mit Spiegelwänden gefüllte Rotonde, in welcher ein Tubus aufgestellt ist. Man tritt nun durch eine Flügelthür derselben auf die um den Thurm laufende Gallerie und hier öffnet sich dem Auge ein herrliches Panorama. Zur Rechten überblickt man die concentrirte Häusermasse Elberfelds und so weit das Auge reicht zieht sich zur Linken eine Häuserreihe das Thal entlang. Das eben beschriebene Gebäude nebst Garten ist Eigenthum eines Reichen Kaufmannes, Eller in Elberfeld und solcher reicher Herrn sollen Hunderte hier wohnen. Wir besuchten auf dem Rückwege durch die Vorstadt eine Seidenweberey. Es wurde gerade blau und weiß u. roth und weiß geblümter Stoff gewebt. Die Stühle waren durchgehends Jaquartstühle. — Sie erhalten den nächsten Brief aus Düsseldorf, wohin uns gegen Mitte die Eisenbahn bringen wird.

III ter Brief

Düsseldorf

Da die Eisenbahn den Raum zwischen Elberfeld und Düsseldorf in einer Stunde durchfährt, so verschwindet die Entfernung zwischen den beiden Städten fast gänzlich, die doch für gewöhnliches Fuhrwerk 4 Meilen beträgt. Gegen 10 Uhr hielt ein Omnibus vor unserem Hotel und brachte uns zum Bahnhof. Die Einrichtung des Omnibus ist von den Reisenden nicht genug zu loben, namentlich von denen, die viel Gepäck bey sich führen, denn nicht nur wird dasselbe, da viele Hotels ihre eigenen Omnibus halten, an denen der Name des Hotels verzeichnet ist, und Leute, welche auf einem Messingschild denselben Namen tragen, auf das Sicherste befördert, sondern die Reisenden werden auch immer zur rechten Zeit an Ort und Stelle gebracht, da die Bahnzüge ihre Passagiere fast nur durch ihre getreuen Omnibus erhalten. *Einigemal trafen wir auch unterwegs die wunder bequeme Einrichtung an, daß manche öffentliche Omnibus vor einer bestimmten Anzahl Hotels vorfahren, um die etwa vorhandenen Bahnpassagiere aufzunehmen. Da heißt es nun, bereit sein, weil die*

Wagen nur einen Augenblick zu halten pflegen.[4]. Die Düsseldorf-Elberfelder Eisenbahn hat 4 Stationen, auf denen angehalten wird und die 4te verursacht oft den kürzesten, oft auch den längsten Aufenthalt, wovon der Grund der ist, weil vor einer ziemlich ansteigenden Wegstrecke die Elberfelder Locomotive nur mit Hülfe der auf einer Nebenschiene ihr begegnenden zu Thal fahrenden Düsseldorfer Locomotive aufwärts gefördert werden kann und die erstere zuweilen auf die zweite warten muß. Die Hülfe wird auf folgende Weise bewerkstelligt. Denken Sie sich in dem Raume zwischen den doppelten Schienen einen starken eingerammten Pfahl, an dessen oberm Ende ein Flaschenzug angebracht ist, durch welchen ein starkes Tau läuft. Das eine Ende desselben wird unter den sämtlichen Wagen hindurch gezogen und an der zu Thal gehenden Locomotive befestigt, das andere Ende aber auf dieselbe Art an der zu Berg steigenden. Die abwärts fahrende Locomotive zieht nun vermöge ihrer Schwere die andere erleichternd die Höhe hinauf. Auf der Höhe sah unser Auge zur Linken mit Entzücken zum ersten Male in durftiger Ferne den Rheingau und weiter südlich die Thürme Cöllns. Auf dem Bahnhofe [in Düsseldorf] angelangt, bestiegen wir ein Omnibus und fuhren am Exercierplatz vorbei durch die Breite und die reizende Alleestraße, wo wir im Breidenbacher Hof abstiegen. Düsseldorf ist, gleich München, eine Universität der Künstler [. . .]

[4] Die kursiv gesetzten Sätze sind in der Originalvorlage durchgestrichen.

Jürgen Reulecke

Ein Frühsozialist im „gesegneten Wupperthal". Aus Otto Lünings „Reisebildern" von einer Fahrt von Wiedenbrück nach Koblenz 1845

Zwar fiel den meisten Besuchern des Wuppertals im Vormärz in erster Linie das rege religiöse Leben auf, so daß sie es der Beschreibung für wert hielten, doch kamen von hier zugleich — wenn auch weniger massenwirksam und vor allem von der Polizei argwöhnisch beobachtet — höchst bemerkenswerte sozialkritische Anstöße: Hier hatte Friedrich Engels an der Jahreswende 1844/45 sein berühmtes Buch „Die Lage der arbeitenden Klassen in England" abgeschlossen[1]; hier fanden im Februar 1845 die ersten sozialistischen Versammlungen in Deutschland statt[2], und hier gab der Frühsozialist Moses Heß in demselben Jahr den „Gesellschaftsspiegel" mit dem Untertitel „Organ zur Vertretung der besitzlosen Volksklassen" heraus, bis er im Juli 1846 sein Erscheinen einstellen mußte[3].

Friedrich Engels hatte 1844 von Barmen aus enge Kontakte zu einer sich im Raume Rheda—Gütersloh—Wiedenbrück bildenden Gruppe bürgerlicher Sozialisten hergestellt, deren führender Kopf der Arzt Dr. Otto Lüning war. Lüning, der Verfasser des folgenden Reiseberichts[4], gehört zu dem lange unterschätzten Kreis der „wahren" Sozialisten, die aus ihrer Betroffenheit über Pauperismus und frühindustrielles Elend, aber noch ohne eine genaue Analyse der Ursachen, zu utopischen Lösungsvorschlägen gelangten, in denen christlich-karitative, linkshegelianische, feuerbachianische, klassisch-humanistische und aus dem französischen Sozialismus übernommene Vorstellungen zusammenflossen[5]. Bei all ihren Differenzen im einzelnen war ihnen in Abgrenzung zur liberalen und zur radikaldemokratischen Opposition gemeinsam, daß sich ihr Veränderungswille nicht nur auf politische und moralische Fragen erstreckte, sondern daß sie in erster Linie die Eigentumsverteilung als Hebel zur Lösung der sozialen Frage verstanden.

Heinrich Otto Lüning, 1818 als Sohn eines evangelischen Pfarrers in Gütersloh geboren, hatte 1834 bis 1839 in Greifswald und Breslau zunächst Theologie, dann Medizin studiert und sich 1840 als 22jähriger in Rheda als praktischer Arzt niederge-

---

1 Das Buch ist 1845 in Leipzig gedruckt worden; der einleitende Widmungstext datiert „Barmen, 15. März 1845". Wiederabdruck in: Marx-Engels-Werke (MEW), Bd. 2, Berlin-Ost 1974, S. 225—506.

2 S. dazu *Jürgen Reulecke:* Die erste sozialistische Versammlung in Deutschland. Ein unbekannter Augenzeugenbericht, in: ZBGV, 87. Band (1974/76), S. 97—104.

3 Vgl. den Faksimile-Nachdruck des „Gesellschaftsspiegel", Glashütten im Taunus 1971.

4 Der im folgenden abgedruckte Bericht ist bereits im 88. Band (1977/79) der ZBGV, S. 189—198 — mit einer längeren Einleitung von *Gerhard Huck/Jürgen Reulecke* versehen — erschienen. Die vorliegende Einleitung ist gegenüber der ursprünglichen Fassung erheblich gekürzt, an einigen Stellen jedoch auch erweitert und umgeschrieben worden.

5 Vgl. *Hans Adler:* Staatsschutz im Vormärz, in: *ders.* (Hg.): Literarische Geheimberichte. Protokolle der Metternich-Agenten, Bd. 1: 1840—1843, Köln 1977, S. 35.

lassen[6]. *Die Erfahrung des Spinner- und Weberelends in Ostwestfalen gab den Anstoß zu einer intensiven, von den Behörden alsbald mit wachem Mißtrauen verfolgten politisch-literarischen Tätigkeit während der frühen 1840er Jahre. In das Jahr 1843 fiel der Beginn seiner publizistischen Mitarbeit am oppositionellen „Weser-Dampfboot", dessen Tendenz es war, „dem unbedingten, unverweilten Fortschritt, gestützt auf die Entwicklung des Wesens des Menschen, zu huldigen" und daher der „sozialen Frage" möglichst breite Aufmerksamkeit zuzuwenden*[7]. *Die Auseinandersetzungen mit der Zensur führten noch 1844 zur Einstellung des Blattes und im Januar 1845 zu seiner Fortsetzung unter dem Titel „Westphälisches Dampfboot", nunmehr unter alleiniger Redaktion Otto Lünings. Der Inhalt der bis Mai 1848 existierenden Zeitschrift*[8] *läßt deutlich erkennen, daß der Kreis um Lüning sich nicht auf die Verbreitung unklarer sozialphilosophischer Theoreme beschränkte, sondern mehr und mehr zu einem „sozialen Aktivismus"*[9] *tendierte. Lüning war an den Versammlungen der Lokal- und Provinzial-Vereine für das Wohl der arbeitenden Klassen in Westfalen maßgeblich beteiligt, die, ursprünglich von königlichem Wohlwollen begleitet, bald zum Ansatzpunkt breiter Reformbewegungen wurden*[10]. *Lünings programmatische Überlegungen zu Beginn des Jahres 1845 stützten sich auf diese Organisationserfahrungen: „Der Geist der Assoziation schreitet mächtig durch die Welt; ein dunkles Gefühl, daß es dringend nothwendig sei, die Assoziation und die Liebe an die Stelle der Zersplitterung und des Hasses zu setzen, regt sich in der Brust jedes Menschen. Es kommt nur darauf an, diesem dunklen Gefühle Klarheit, Form und Gestaltung zu geben."*[11]

Da die politische Wirksamkeit der Vereine durch behördliches Eingreifen bald unterbunden wurde, gewann auf Dauer eine zweite Funktion des bürgerlichen Sozialismus an Gewicht: die „Aufdeckung des proletarischen Jammers"[12] *durch realistische und objektive Lagebeschreibungen. Das Ziel dieses „Dokumentarismus", dem sich noch klarer der Elberfelder „Gesellschaftsspiegel" verschrieb, sah Moses Heß darin, „der heutigen Gesellschaft ihr Elend und ihre Bestimmung zu einem besseren Dasein ins Bewußtsein zu rufen, damit der Wunsch nach menschlichen Zuständen, der Wunsch, aus dieser Sklaverei, in welcher wir uns befinden, herauszukommen, in der Mehrzahl der Menschen rege wird."*[13]

---

[6] Die biographischen Angaben folgen *Josef Klocke:* Wirtschaftliche Entwicklung und soziale Lage der Unterschichten in Ostwestfalen von 1830 bis 1850, Diss. Bochum 1972, S. 128 ff.

[7] Zit. nach *Kurt Koszyk:* Das „Dampfboot" und der Rhedaer Kreis. Die erste politische Zeitschrift Westfalens als Spiegel der Presse im Vormärz, in: Dortmunder Beiträge zur Zeitungsforschung, Bd. 2, Dortmund 1958, S. 20. Vgl. auch *Arno Klönne:* „Alles für das Volk, Alles durch das Volk!" — Die Frühsozialisten um das „Westphälische Dampfboot" 1845—1848, in: *Elisabeth Harder-Gersdorff* u. a. (Hg.): Beiträge zur Geschichte der Bielefelder Arbeiterbewegung, Bielefeld 1981, S. 21—38, sowie *Jochen Sänger:* Die Arbeiterbewegung in Rheda, Gütersloh 1975, bes. S. 7 ff.

[8] Das Westphälische Dampfboot. Eine Monatsschrift. Redigiert von *Otto Lüning.* Jg. 1: Bielefeld 1845; Jg. 2—4: Paderborn 1846—(März) 1848, Faksimile-Nachdruck Glashütten im Taunus 1972.

[9] *Koszyk* (s. Anm. 7), S. 35.

[10] Vgl. dazu ausführlich *Jürgen Reulecke:* Sozialer Frieden durch soziale Reform. Der Centralverein für das Wohl der arbeitenden Klassen in der Frühindustrialisierung, Wuppertal 1983, bes. S. 87 ff.

[11] *Otto Lüning:* Der Provinzial-Verein von Westphalen für das Wohl der arbeitenden Klassen, in: Das Westphälische Dampfboot, Bd. 1 (1845), S. 13 f.

[12] S. *Franz Mehring:* Geschichte der deutschen Sozialdemokratie, Bd. 1 Berlin-Ost 1960, S. 243.

[13] *Moses Heß:* Kommunistisches Bekenntnis in Fragen und Antworten, in: *ders.:* Philosophische und sozialistische Schriften, 1837—1850. Eine Auswahl, Berlin-Ost 1961, S. 364. Im Geleitwort zum „Gesell-

Die nachstehenden „Reisebilder“ gehen über eine bloße Zustandsschilderung noch einen Schritt hinaus. Obwohl sie auf die negativen Begleiterscheinungen der Industrialisierung im Wuppertal konkret hinweisen — namentlich auf die Ghettoisierung der Arbeiter, das Problem der Kinderarbeit, die Notlage des Heimgewerbes und schließlich auf die äußeren Zeichen des Elends und der Erniedrigung (1. Mai, Prostitution) —, scheint Lünings Interesse dahin zu gehen, diese Reiseeindrücke bloß paradigmatisch einzusetzen, um die Schäden der ganzen Gesellschaft aufzuzeigen. In ähnlicher Weise wird der so plastisch vorgeführte Anachronismus einer Postkutschenreise im Zeitalter des Eisenbahnfortschrittes zu einem Bild für die gesellschaftlich-politischen Verhältnisse in Deutschland überhaupt. Von Köln, wo es Lüning vor allem eine Kunstausstellung angetan hatte, über die er ausführlich berichtet, führte ihn dann seine Reise per Schiff rheinaufwärts. Kurz vor Koblenz begegnete ihm „ein festlich geschmücktes, beflaggtes Dampfschiff“, mit dem der preußische König Friedrich Wilhelm IV. in Begleitung seines Hofstaats eine Spazierfahrt unternahm: „Der König grüßte; wir braus'ten vorüber, er stromabwärts, wir aufwärts“ — so endet ironisch doppeldeutig Lünings Reisebericht.[14]

Lünings Beziehungen zu Engels gerieten kurz nach dieser Reise in eine gewisse Krise, als Marx und Engels sich ab 1846 verstärkt von den „wahren“ Sozialisten abzugrenzen begannen, die — wie Lüning — noch hofften, „daß der Gegensatz von Bourgeoisie und Proletariat in dem höheren Begriff des Menschentums seine befriedigende Lösung finden werde“[15]*. Solchen Auffassungen hielten Marx und Engels den Klassenkampfgedanken entgegen, und Engels machte sich über das Lüningsche „Dampfboot“ lustig, dessen weiches Gemüt „Milchreis mehr als spanischen Pfeffer liebe“*[16]*, und an Marx schrieb er am 18. September 1846 anläßlich eines Artikels Lünings: „Gottvoll ist aber vor allem der Lüningsche Kohl. Man sieht den Kerl leibhaftig vor sich, wie er einen biedermännischen Schiß in die Hosen riskiert.“*[17] *Tatsächlich schlug sich Lüning später verstärkt auf die bürgerliche Seite und trat noch kurz vor seinem Tode (1868) im Jahre 1866 der Nationalliberalen Partei bei.*

---

schaftsspiegel“ schrieb Heß u. a., ihm seien zur Veröffentlichung Schilderungen, Nachrichten und Tatsachen willkommen, „welche Licht über die meistens in Dunkel gehüllten ‚schlechten Viertel‘ unserer größern und kleinern Städte verbreiten“ (s. Anm. 3).

14 *Otto Lüning:* Reisebilder (1—4), in: Das Westphälische Dampfboot, Bd. 1 (1845), S. 413—415, 441—442, 443—446; Bd. 2 (1846), S. 80—84. Im folgenden abgedruckt sind das erste und ein Teil des zweiten Reisebildes. Das vorstehende Zitat findet sich in Bd. 2, S. 84.

15 *Gustav Mayer:* Friedrich Engels. Eine Biographie, zit. nach der Ullstein-Ausgabe Frankfurt/M. u. a. 1975, Bd. 1, S. 248.

16 Zit. ebd., S. 206.

17 Abdruck in MEW (s. Anm. 1), Bd. 27, Berlin-Ost 1973, S. 47—52, Zitat S. 47.

Reisebilder

Nie habe ich's lebhafter empfunden, daß ich ein Anhänger des raschen, entschiedenen Fortschritts bin, als die Nacht, wo mich der Postwagen von Wiedenbrück nach Elberfeld schleppte. So geht es, das ist die Ungenügsamkeit der neuen Zeit, das ist dieses Häkeln und Mäkeln an allen Dingen, das ist das unzufriedene Unterwühlen, dem Nichts recht ist, das ist die hochmüthige Verachtung aller Einrichtungen der guten, alten Zeit! Diese Postwagen, welche noch vor 10 Jahren Jedermann als ein Muster von Bequemlichkeit und Schnelligkeit erschienen, sind jetzt Niemandem mehr bequem und schnell genug. Wahrhaftig, ich war's nicht allein, dem die Fahrt zu lange dauerte; sonst würdet ihr sagen: „Ja, mit euch Brauseköpfen, mit euch leichtfüßigen Menschen ist nun einmal Nichts anzufangen, weil ihr euch immer mit Idealen abmüht und durchaus nicht praktisch seid." Seht, wäre ich allein „unzufrieden" gewesen, so wollte ich euer Raisonnement gelten lassen, obwohl ich gegen Leichtfüßigkeit und den Idealismus anführen könnte, daß ich 162 Pfund brutto wiege, welches Gewicht weder dem einen, noch der anderen förderlich ist. Aber ich versichere euch, es waren ganz praktische Männer und Frauen, welche mit mir behaubteten, daß die größte „Empfindsamkeit" dieser Reise sich im Sitzfleisch konzentrirte und wäre Yorik[18] von der Parthie gewesen, er würde wahrscheinlich eine ganz andere „empfindsame Reise" geschrieben haben. Und ich war sogar trotz meiner entschiedenen Fortschrittslust konservativ diese Nacht, obgleich ihr uns bis jetzt nie habt zugeben wollen, daß radikal reformiren am sichersten konservirt. Ich habe geflucht trotz dem preußischen Major, der sich mit im Wagen befand und sich bei einem Gespräche zwischen einem Fabrikanten und mir über die Lage der Arbeiter, über Preßfreiheit sehr konservativ gezeigt hatte, als wir auf jeder Station gezwungen wurden, unsere zerstoßenen Gebeine in einen anderen Marterkasten zu schleppen; auf einer Station wurden wir sogar zweimal neu verladen und diese Neuerungssucht war selbst mir zu arg.

Rauchende Schlote, brausende Maschinen, stattliche Etablissements, dürftige Arbeiterwohnungen, dazu ein kleines schmutziges Flüßchen und in größerer Ferne Hügel und Wald: da habt ihr das „gesegnete Wupperthal". Wir wissen aber leider aus dem „Gesellschaftsspiegel", daß das gesegnete Wupperthal sich eben nicht in gesegneteren Umständen befindet, als andere Fabrikgegenden auch. Es ist auch pure Illusion, wenn man sich einbildet, daß es anders sein könnte. Wie gut ein Industriezweig auch zuweilen geht, die Konkurrenz der inländischen und ausländischen Fabrikanten, die Konkurrenz der Arbeiter unter sich, die ungeregelte Produktion, die in's blaue hinein produzirt, weil sie die Summe des bereits Produzirten nicht kennen kann, die Trennung zwischen Fabrikherrn und Arbeiter bringt nothwendig überall dieselbe Erscheinung, Herabsetzung des Lohnes, theilweisen oder gänzlichen Stillstand der Maschinen und damit Noth und Elend hervor. Und dagegen kann der wohlmeinendste Fabrikherr Nichts thun; er wird durch die Verhältnisse beherrscht, wie seine Arbeiter. —

---

[18] Yorick: Hofnarr des Königs von Dänemark in *Shakespeares* „Hamlet". *Laurence Sterne* übernahm diesen Namen in der „Empfindsamen Reise" für sich selbst als Ich-Erzähler. (Anm. des Bearbeiters).

Ich habe mit *Heß* einen langen Spaziergang durch die Stadt gemacht. Sie macht, wie alle Städte dieser Gegend, einen tristen Eindruck durch die gleichförmig mit grauem Schiefer benagelten Häuser; es ist, als wenn man durch eine lange Reihe von Särgen wandelte. Das Arbeiter-Viertel, welches wir besehen wollten, sieht auf den ersten Anblick von der Vorderseite ziemlich manierlich aus. Nur wohnen leider in diesen besseren Wohnungen wenig oder gar keine Arbeiter. Aber zwischen den Häusern führen kleine, schmale Gassen, durch welche sich grade ein Mensch durchquetschen kann, in die Höfe und Hinterhäuser; da wohnen die Arbeiter des gesegneten Wupperthales und wie es da aussieht, darüber hat sogar die „Elberf. Ztg." einige furchtbare Beispiele mitgetheilt. Dem Fremden fallen aber diese Gaßchen nicht auf und die Bourgeoisie hütet sich, ihn darauf aufmerksam zu machen. Er nimmt den Eindruck eines freundlichen, lichten und reinlichen Arbeiter-Viertels mit*. In den englischen Fabrikstädten werden die Arbeiterwohnungen, wie *Engels* in seinem Buche über „die Lage der arbeitenden Klassen in England" behauptet, theils durch stillschweigende Übereinkunft, theils absichtlich durch Läden u. dergl. versteckt, damit das Elend nicht allzu grell hervortrete und die Behaglichkeit störe.

Es sind merkwürdige Kontraste in diesem einförmig grauen Häuserklumpen vorhanden. Ich meine nicht bloß die materiellen Unterschiede zwischen den reichen Fabrikanten und den armen Arbeitern; die verstehen sich von selbst. Ich meine aber die geistigen Kontraste. Hier *Krummacher,* der Löwe des Wupperthals, mit den Pietisten; dort *Heß* und die Anhänger des Sozialismus, der noch manchen tüchtigen Vertreter da zählt. Zwischen beiden, wie überall, die liberale Bourgeoisie, die weder den *ganzen Christen,* noch den *ganzen Menschen* wollen, die sich gegen die Pietisten in phraseologischen Variationen über das Thema „Vernunft" ergehen, und gegen die Sozialisten zornig die Faust ballen, weil sie das Thema Vernunft ohne Phrasen und Variationen anschlagen. Daß es auch Deutsch-Katholiken in der Vaterstadt der „Elberf. Ztg."[19] gibt, versteht sich von selbst; der Pfarrer heißt Herr *Licht;* ich konnte aber nicht genau erfahren, ob er seinem Namen entspräche und es war mir zu warm, um den Gottesdienst in einem Saale zu besuchen.

Es war noch ganz heller Tag, als wir durch das Arbeiter-Viertel gingen und doch ließ sich die Prostitution schon auf der Straße blicken! Man denke nur, Prostitution in der frommen, gottesfürchtigen und religiösen Stadt Elberfeld, der Zionswächterin, Prostitution am hellen Tage auf der Gasse trotz der Religion! Wie wär's also, wenn

---

* In Mainz, welches eine der reinlichsten Städte am Rhein genannt wird, verirrte ich mich zufällig und gerieth in eine der äußersten Straßen, kann aber wahrlich nicht behaubten, sonderliche Spuren von geistiger oder leiblicher Reinlichkeit gefunden zu haben. Freilich rechnet man solche Straßen zu den nothwendigen Ausnahmen!

19 Die „Elberfelder Zeitung" war seit Anfang 1845 zum Sprachrohr einer gegen die staatliche und politische Bedeutung der römisch-katholischen Hierarchie und gegen den Aberglauben in Symbolen, Kultus und Gebräuchen der Kirche gerichteten Polemik geworden. Vor allem die „Religions-Delirien" und „Wunderheilungs-Betrügereien" der Trierer Rockwallfahrt und der Aachener Heiligtumsfahrt lösten diese Gegenbewegung des „Deutsch-Katholizismus" aus. Siehe *Hermann Joseph Aloys Körner:* Lebenskämpfe in der Alten und Neuen Welt. Eine Selbstbiographie, Bd. 1, Leipzig 1865, S. 304—308. Lüning hatte allerdings zur Elberfelder Zeitung schon vorher ein höchst kritisches Verhältnis, als er 1844 im „Weser-Dampfboot" (S. 107) schrieb: „Auf unserer Reise nach dem Rheine hin treffen wir auf die fromme Elberfelderin, das Organ der pietistischen Duselei, welches namentlich allen denen zu empfehlen ist, bei denen das Gefühl mit dem Verstande durchgegangen ist." (Anm. des Bearbeiters)

wir die Abhülfe solcher Übel einmal durch wirklich geistige (nicht geistliche) und materielle Hebung der Arbeiter versuchten? Aber da stockt's! —

Der Postwagen, welcher des Nachts von Elberfeld nach Köln fährt, scheint bloß dazu da zu sein, um den Beweis zu liefern, daß man noch schlechter fahren kann, als man bis Elberfeld fährt, wenn man das Glück hat, in einen der von hinten sich öffnenden Beiwagen zu kommen. Die Passage geht durch den mittleren Sitz, welcher als Zugbrücke behandelt wird und sich nebst dem, der ihn bewohnt, auf den unglücklichen Nachbar legt, wenn Jemand aussteigen will. Die ganze Gesellschaft ist nämlich so weit solidarisch, daß Jeder seine Gliedmaßen auf's sorgfältigste vor dem Zerquetschen hüten muß, sobald Einer den Wagen verlassen will.

Es war ein Glück, daß wir in stockfinstrer Nacht von Elberfeld nach Köln fuhren. Hätte Jeder, der von den Stößen des Wagens hin und her geschleudert in regelmäßigen Zwischenräumen seine Ellenbogen in die Flanken seiner Nachbarn bohrte, die wüthenden Gesichter derselben sehen können, ich glaube schwerlich, daß wir friedlich gen Cöln gekommen wären. So aber war der Bohrende in der Regel schon wieder sanft entschlummert, ehe der Gebohrte sich aus seiner Schlaftrunkenheit zu einem zornigen Gesichte ermunterte, und wenn er sich nun revangirte, so ging's dem Bohrer von vorhin gerade so. Mit dem Aufgange der Sonne kam nun auch jener interessante Moment heran, wo die Passagiere allmählich erwachen und wo Jeder erst halb verwundert, halb grämlich, sich selbst, den Wagen und die Mitreisenden anstarrt, ehe er zu dem Entschluß kommt, seinen Mund zu schließen, die Mütze aus den Augen zu schieben und seine zerschlagenen Gliedmaßen aus den verschiedenen

Abb. 30: Wupperbrücke bei Opladen mit Postkutsche um 1850.

Winkeln des Wagens zusammenzulesen. Er ging glücklich vorüber und wir richteten uns nun wachend etwas bequemer ein. Endlich kamen wir nach Deutz; der Postillon setzte sein Horn an, um uns das Ende unserer Leiden kund zu thun. Zufällig hatte auch einer der Reisenden ein Horn bei sich, welches er ebenso leidenschaftlich, als schlecht blies, und ehe noch der Postillon den nöthigen Wind zum Ausdruck seiner Gefühle gesammelt hatte, entlockte der Reisende seinem Instrument eine gräßliche Passage. Aber der Schrecken der Trojaner, als sie das Klirren der Waffen im Bauche des unheilschwangeren Rosses vernahmen, war Nichts gegen den, welcher unseren Postillon durchrieselte, als er diese furchtbaren Töne aus den Eingeweiden seines Kastens erschallen hörte. Schreckensbleich fuhr er herum, als hätte eine eherne Faust, wie weiland beim wilden Jäger, sein Gesicht in den Nacken gedreht, das Horn entsank seiner Hand und da er in der Angst vergessen hatte, den gesammelten Wind aus seinen Backen ausströmen zu lassen, so sah er aus, wie jener in einen Dudelsack verwünschte rednerische Prinz. Weh' uns, wenn wir alle diese Töne hätten hören müssen, die der Postillon mit seinem gesammelten Winde hätte hervorbringen können! Aber dreimal wehe uns, wenn wir allen den Reden hätten unser Ohr leihen müssen, welche der redselige Prinz des Märchens ohne die Verwünschung gewiß noch gehalten hätte! —

Burkhard Dietz

„Das deutsche Manchester" – Ferdinand Gustav Kühnes Reise durch Barmen und Elberfeld 1847

Um 1847 erschien in der Zeitschrift „Europa — Chronik der gebildeten Welt" eine insgesamt recht umfangreiche Artikelserie von „Skizzen deutscher Städte"[1]*, deren Verfasser, Ferdinand Gustav Kühne, zugleich Eigentümer und Herausgeber dieses in Leipzig redigierten Wochenjournals war*[2]*. Innerhalb der Reihe von „Skizzen" wurde im Oktober 1847 auch die folgende Beschreibung der wirtschaftlichen, sozialen, politischen und religiösen Verhältnisse in den Industriestädten Barmen und Elberfeld — dem „deutschen Manchester" — veröffentlicht*[3]*. Der Bericht entstand auf der Grundlage subjektiver Reiseerfahrungen, zahlreicher Besichtigungen und Gespräche; als Momentaufnahme vermittelt er dem heutigen Leser mit sozial- und wirtschaftsgeschichtlicher Interessenlage einige wertvolle Zusatzinformationen und Detailschilderungen über den Stand der industriellen Entwicklung im Wuppertal vor 1850, über die sozialen Verhältnisse der sich im Zuge des Industrialisierungsprozesses „vom Pöbel zum Proletariat" (W. Conze) wandelnden Arbeiterschaft sowie über die von einer ausgeprägten protestantischen Religiösität bestimmten Mentalität der bergischen Unternehmer- und Arbeiterschaft*[4]*. Bei einer Analyse des folgenden Reiseberichts sind jedoch die durchaus als konservativ zu bezeichnenden sozialpolitischen Vorstellungen des Autors zu berücksichtigen, der als Lösungsmöglichkeit der immer gravierender zutagetretenden „sozialen Frage" eine Dezentralisierung der industriellen Agglomeration und die Wiederherstellung der hausindustriellen Produktionsweise ansah. So schreibt Kühne in seinem Reisebericht:*[5]

---

1 Eine Sammlung der „Skizzen deutscher Städte" legte F. G. Kühne einige Jahre später vor (*Ferdinand Gustav Kühne:* Skizzen deutscher Städte, 3 Bde., Leipzig 1855); vgl. auch Kühnes Gesammelte Schriften, 12 Bde., Dresden 1862—67.

2 Zur Entwicklung der Zeitschrift „Europa", ihrer politischen Bedeutung in der vormärzlichen Publizistik vgl. *Joachim Kirchner:* Das deutsche Zeitschriftenwesen, seine Geschichte und seine Probleme, Bd. II, Wiesbaden 1962, S. 142 f.; *Heinz-Dietrich Fischer:* Handbuch der politischen Presse in Deutschland 1480—1980, Düsseldorf 1981, S. 59 f., und *Kurt Koszyk:* Deutsche Presse im 19. Jahrhundert, Berlin 1966, S. 87 ff.

3 Als Druckvorlage für die vorliegende Quellenedition wurde das Original des Reiseberichts aus der Zeitschrift „Europa" verwandt (*Ferdinand Gustav Kühne:* Skizzen deutscher Städte. Das deutsche Manchester, in: Europa. Chronik der gebildeten Welt, hg. v. *F. Gustav Kühne,* Leipzig Nr. 40 [v. 2. Okt. 1847], S. 645—653 und Nr. 41 [v. 9. Okt. 1847], S. 661—669).

4 Zum neueren Forschungsstand vgl. dazu *Jürgen Reulecke:* Nachzügler und Pionier zugleich: Das Bergische Land und der Beginn der Industrialisierung in Deutschland, in: *Sidney Pollard* (Hg.): Region und Industrialisierung, Göttingen 1980, S. 52—68; *Wolfgang Köllmann:* Wirtschaft und Gesellschaft Rheinland-Westfalens zu Beginn des Industriezeitalters, in: *Jürgen Reulecke* (Hg.): Arbeiterbewegung an Rhein und Ruhr, Wuppertal 1974, S. 11—23; außerdem *Wolfgang Köllmann:* Frühe Industrialisierung und Reformation im Wuppertal. Ein Beitrag zur Entwicklung frühkapitalistischer Gesellschaft, in: *W. G. Hoffmann* (Hg.): Beiträge zur Soziologie der industriellen Gesellschaft, Dortmund 1952, S. 25—32.

5 Zit. nach Europa 40 (1847), S. 652 f. (s. Anm. 3).

„Der Übelstände, die große Städte erzeugen, sind weit mehr. Fabrikarbeiter sind als müßiger (hier im Sinne von „arbeitslos“, B. D.) Pöbel der größte Fluch der civilisierten Menschheit; die große Theuerung gibt sie rasch der Ausartung und Verwilderung preis. Ich komme zu meiner Ansicht zurück, daß man die Fabriken in unsren sogenannten Pflanzstätten der Kultur nicht massenhaft zusammenpferche. Die Fabrik in der Landschaft macht den Arbeiter in zerstreuter Familienbehausung zugleich zum Ackerbauer.“

Ferdinand Gustav Kühne wurde 1806 als Sohn eines Holzhändlers in Magdeburg geboren und studierte seit 1826 zusammen mit Theodor Mundt Philosophie und Literaturgeschichte in Berlin[6], *wo er unter anderem zu den Hörern Hegels und Schleiermachers zählte*[7] *und darüber hinaus Kontakte zu dem literarischen Kreis um Varnhagen und Rahel von Ense pflegte. Nach der Promotion 1830 in Erlangen wurde Kühne journalistischer Mitarbeiter am „Magazin für Literatur des Auslandes“, der „Preußischen Staatszeitung“ und Redaktionssekretär bei den „Jahrbüchern für wissenschaftliche Kritik“ in Leipzig, wo er von 1835 bis 1842 außerdem die Redaktion der renommierten „Zeitung für die elegante Welt“ leitete. In die Zeit seiner frühen journalistischen Karriere fiel auch die Veröffentlichung seiner ersten Novellen und seines Hauptwerks, der „Quarantäne im Irrenhaus“ (1835)*[8], *das von der jungdeutschen Bewegung bald als „Manifest ihrer Gedanken und Frontstellungen“ angesehen wurde, weil das Buch alle ihre intellektuellen, moralisch-emanzipatorischen und politischen Bestrebungen in provozierender Dialektik widerspiegelte*[9]. *Mit dieser Schrift galt Kühne vorübergehend — neben Theodor Mundt, Heinrich Heine und anderen — als einer der geistigen Führer der literarischen Bewegung „Junges Deutschland“*[10], *deren Vertreter mit den unterschiedlichsten Konzepten gegen die moralische und gesellschaftliche Ordnung der Restaurationszeit opponierten und dabei liberalistische bis sozialistische Ideen propagierten. Den radikaleren Anhängern der Bewegung galt Kühne jedoch bald als „zahmer liberaler Literat“*[11]. *Seine eher konservativ-demokratischen Anschauungen — die sich übrigens im nachfolgenden Reisebericht sowohl an seiner Konzeption von einer halbagrarischen Wirtschaftsverfassung und ihren sozial-*

---

[6] Zur Biographie Ferdinand Gustav Kühnes vgl. *Fritz Martini:* Art. Gustav Kühne, in: Neue Deutsche Biographie, Bd. 13, Berlin 1982, S. 198 f.; *Johannes Proelß:* Art. Ferdinand Gustav Kühne, in: Allgemeine Deutsche Biographie, Bd. 51, Leipzig 1906, S. 431—435; *Edgar Pierson* (Hg.): Gustav Kühne, sein Lebensbild und Briefwechsel mit Zeitgenossen, Dresden 1889.

[7] S. dazu *Walter Grupe:* Mundts und Kühnes Verhältnis zu Hegel und seinen Gegnern, Halle 1928.

[8] Vgl. *Christoph Cobet:* Art. Eine Quarantäne im Irrenhaus, in: Kindlers Literatur Lexikon, hg. v. *Valentino Bompiani,* Bd. 5, Zürich 1969, Sp. 2889 f.; darüber hinaus *Th. J. Hajewski:* Gustav Kühnes Jungdeutsche Novellen. Analysis of their works and their relationship to Young Germany, Diss. Univ. of Maryland 1974.

[9] Zu den Zielsetzungen der literarischen Bewegung „Junges Deutschland“ vgl. *Walter Dietze:* Junges Deutschland und deutsche Klassik. Zur Ästhetik und Literaturtheorie des Vormärz, Berlin (Ost) [3]1962, S. 83 ff.; *Helmut Koopmann:* Das Junge Deutschland. Analyse seines Selbstverständnisses, Stuttgart 1970, S. 26 ff.

[10] *William P. Hanson:* Ferdinand Gustav Kühne. A forgotten Young German, in: German Life & Letters 17 (1964), S. 335 ff.; *K. Wolf:* Gustav Kühne. Seine Entwicklung als Novellist und Romanschriftsteller und sein Verhältnis zum Jungen Deutschland, Diss. Göttingen 1925.

[11] *Dietze* (s. Anm. 9), S. 83. Zur politischen Einschätzung Kühnes vgl. auch das zeitgenössische Urteil von *Friedrich Engels:* Alexander Jung. Vorlesungen über die moderne Literatur der Deutschen (1842), in: MEW 1 (1981), S. 439 ff.

politischen Implikationen als auch an seiner massiven Polemik gegen die ersten sozialistischen Versammlungen ablesen lassen[12] *— erschienen ihnen suspekt, und man verdächtigte Kühne der Konspiration mit den staatlichen Zensurbehörden, was schließlich zu seinem unfreiwilligen Ausschluß und zur Isolation führte*[13].

Im Jahre 1846 erwarb Ferdinand Gustav Kühne die schon erwähnte Zeitschrift „Europa — Chronik der gebildeten Welt", deren programmatische Ausrichtung er bei der Übernahme nach den folgenden Kriterien neu konzipierte: „Es erfaßte mich der Drang, mich an den Bestrebungen des Tages direct zu betheiligen. Die politischen, die socialen Wogen steigen immer höher. Das Ziel, dem man zustrebte, war unklar, um so mehr wollte ich Theil haben an den Momenten der Entwicklung . . . Die Zeitschrift ‚Europa' . . . machte ich zu Ende des Jahres 1846, wo es in meine Hände kam, zu einer ‚Chronik der gebildeten Welt'. Die Welt der Bildung zu befähigen, mitarbeitend theilzuhaben an den Fragen der religiösen und politischen Freiheit, wie an der Gestaltung des Vaterlandes, das war mir Zweck und Ziel. Deutschland hat kein Parlament! So lautete die Devise . . ."[14] *Während der Revolution von 1848/49 war die Existenz der Zeitschrift wegen abnehmender Käuferzahlen bedroht, und als Kühne sie nach der Revolution „wieder zu einem Organ des auf allen Gebieten des socialen Lebens arbeitenden Fortschrittes" machen wollte*[15]*, wurde er wegen seiner demokratischen Gesinnung zweimal zu Gefängnisstrafen verurteilt, die er nur nach langen Bemühungen in Geldstrafen umwandeln konnte. Die politische Überwachung in Leipzig zwang Kühne, nach Dresden umzuziehen, von wo aus er bis 1864 die Zeitschrift „Europa" herausgab und wo er bis zu seinem Tode 1888 als Schriftsteller tätig war.*

*

Der folgende Text ist in ungekürzter und sprachlich unveränderter Form der Zeitschrift „Europa — Chronik der gebildeten Welt" (s. Anm. 3) aus dem Jahre 1847 entnommen.

Ferdinand Gustav Kühne (1847)

1. Charakter und Geschichte des Wupperthals

Aus den Bergen Vulcans der da schmiedet, war ich plötzlich in das Land der Parcen die da spinnen, versetzt. Ich kam aus der Grafschaft Mark, von der Enneper Straße, dem Thal der Sensenschmiede, nach Elberfeld. Dort ein Bergvolk das sich die kräftigen Elemente seiner Natur mit Gewalt ergiebig macht, jeder auf Kriegsfuß mit

[12] Im Februar 1845 hielten Friedrich Engels, Moses Heß und Gustav A. Köttgen die ersten sozialistischen Versammlungen in Elberfeld ab. Vgl. dazu *Jürgen Reulecke:* Die erste sozialistische Versammlung in Deutschland. Ein unbekannter Augenzeugenbericht, in: ZBGV 87 (1974/76), S. 97—104, und *Dieter Dove:* Aktion und Organisation. Arbeiterbewegung, sozialistische, kommunistische Bewegung in der preußischen Rheinprovinz 1820—1852, Hannover 1970, bes. S. 81—86.

[13] *Gustav Kühne:* Das Junge Deutschland. Erinnerungen, in: Westermanns illustrierte Monatshefte, April 1881, S. 489; *Ludwig Geiger:* Das Junge Deutschland und die Preußische Censur, Berlin 1900.

[14] Zit. nach *Pierson* (s. Anm. 6), S. 171 f.

[15] Ebd., S. 175.

den Mächten des Lebens; hier theils eine Gesellschaft in behaglicher Fülle des Comforts, theils ein zusammengedrängter Haufe von Arbeitern die den Conjuncturen des Handels ihr Loos vertrauen. Dort ist der Schmied der wichtigste Mann, hier der Spinner und Weber, und der Mann des Comptoirs der mit deren Waare rechnet. Dort ist jeder Einzelne frei auf sich selbst gestellt, jeder unabhängig vom Andern, hat seine Hufe für sich, seinen Kopf für sich, ist ein kleiner König auf seiner Scholle, ist der Schmied seines eignen Schicksals, hat auch den Stolz und Trotz der dem Freiherrn ziemt, gleichviel ob dieser freie Herr ein Bauer ist oder über Rittergüter gebietet. Hier, im Wupperthal, hat sich ein bleicher, matter Haufe Fabrikarbeiter um einen Herrn geflüchtet auf dessen Wink er webt und spuhlt, von dessen Reichthum er den Zehrpfennig erhält, von dessen Speculationen er lebt und stirbt. Es kann nichts entgegengesetzter sein als die Grafschaft Mark mit ihren lakonischen tapfern Soldatenherzen, und das Herzogthum Berg mit seinen weichen sanften frauenhaften Seelen. Dort helle schmetternde Stimmen, kecke blitzende Augen, Witzfunken im Gehirn; hier verhängte Gesichter, liebwerthe Freundlichkeit, aber in Gott gebeugte Gemüther. Dort an der Ruhr und Folm ein rationelles Christenthum, auch die Orthodoxie mit einer gewissen starkmüthigen Freudigkeit wie beim Bischof Eylert, dem ehemaligen Feldprediger von Hamm. Hier an der Wupper, auch wo die Bildung nicht in Pietismus versinkt, doch allgemein eine emsige furchtsame Beschäftigung mit gottseligen Dingen. Dort beim starken protestantischen Westfalen schlagkräftige Phantasie und flatternder Witz, hier in der großen Fabrikstätte ein schwühles, immerfort gährendes Brüten in religiösen Gefühlen bei der stillen Verstandesspeculation in bürgerlichen Dingen. Es ist mir als sei ich von Spartanern plötzlich zu weichen Korinthern versetzt.

Die Dürre des Sommers ward hier in der Fabrikwelt nicht eben sehr empfunden; der Handelsgeist hatte sich frühzeitig mit Korn aus den Ostseeländern versorgt. In den Thälern der Ruhr, der Folm und Ennepe war der Nothstand merklich; alle Hämmer standen still, weil die Gebirgswasser den kleinen Flüssen keine Nahrung gaben, sie fast versiegen ließen. Hier in Barmen und Elberfeld gingen die ölgetränkten Spindeln in den Maschinenhäusern, die zahlreichen künstlichen Fabriken und dampfgetriebenen Färbereien unausgesetzt und fast ohne Störung weiter. Zum Glück für jene Berg- und Thalländer ist dort jeder Schmied zugleich Ackerbauer. In der Fabrikenwelt kann der gemeine Mann nicht so leicht von einem Geschäft wenn es stillsteht zum andern übergehen. Diese wirklich auch spindeldürren Weber und Spinner mit den klebrigen Gliedern und schweißtriefenden Gesichtern, diese welken Gestalten mit eingesunkenen Knieen und abgezehrten Schenkeln würden zu nichts weiter fähig sein als zu beten und zu verhungern, stände plötzlich ihr Nahrungszweig still. Der Sensenschmied in den Bergen Westfalens, der Mann der Schneidemühle im Thal und der Köhler in den Minen kann jeder Zeit anderswo Hand anlegen. Und hinter seinem Hammer hat er sein Stück Feld das er selbst bebaut. Bleibt das Wasser aus, gräbt er in die Erde. Nur bei diesem Wechsel der Thätigkeit, bei dieser vielfachen Ausbeute der Elemente wird es möglich daß unter den 20 000 Seelen die zur kleinen Stadt Hagen und ihrem Kirchspiel gehören, das Elend nie Fuß faßt. Stirbt ein Lebenszweig ab, blüht ein anderer auf. Die Fabrikation wird keine schwindelhohe Spitze des Glücks erreichen, aber auch keine gänzliche Niederlage erleben, plötzlicher Hunger den gemeinen Mann nicht zu Aufruhr treiben, wie in den großen Städten. Das Fabrikleben steht, wo zugleich die Agrikultur nicht ganz erschöpft ist, in Zeiten der Noth auf natürlichen Füßen. In den großen Städten Englands und selbst schon unter uns in einer Stadt wie Elberfeld-Barmen muß der Handelsgeist sehr eifrig bemüht sein der Fabrikthätigkeit immerfort die Bahnen offen zu halten, neue zu ermöglichen, laufen die alten zu Ende. Wird dem Mann des Comptoirs, dem Fernblick des Kaufherrn das unmöglich, so steht ein hungernder Pöbel gewaffnet und drohend da. Vor der Hand betet er noch wenn er elend ist. Gebt ihm communistische Begriffe, so zerstört er die Stätten der Kultur weil er sie für die Quellen seines Nothstandes hält.

Von Schwelm aus fährt man hinein in das gewerbreiche, zwei Stunden lange, mit Tausenden von Fabrikstätten bedeckte Wupperthal. Es ist keine lachende, keine heitere, sonnige Landschaft; es ist ein eigenthümliches, saftig grünes, feucht durchnäßtes Thal. Ein bedeckter Himmel umflort fast wie in England das Licht der Welt, der stehende Nebeldunst löst sich in häufigen Regen auf. Aber auch vom Segen Gottes durchtrieft ist das trauliche, ernstfreundliche Wupperland. Die Hochstraße windet sich zwischen sanften Bergen hin wie die Wupper ihre Windungen hat. Immer zahlreicher steigen die Dampfschornsteine mit den Feuersäulen der Industrie in die Höhe. Dicht daneben hat aber die Wiese mit dem ausgebreiteten Garn und Linnen noch einen ganz ländlichen Anstrich. Bleicher und Bleicherinnen sind mit Schaufeln beschäftigt um zu sprengen; große Räder mit einfachem Mechanismus treiben das Wasser in Rinnen nach den trockenen Bleichstellen. Das Land hört mälig auf, das Dorf wird Stadt, aber die Stadt löst sich in ihren Versuchen zu einem Ganzen heranzuwachsen, noch immer wieder auf in Gehöfte, Siedlungen, einzelne Fabrikstätten, Mühlen mit ihren Anhängseln. Durch die endlose Reihe von Gebäuden, Niederlas-

Abb. 31: Blick auf Barmen von Westen gegen Ende der 1850er Jahre; im Vordergrund ist die 1832 fertiggestellte unierte Unterbarmer Hauptkirche zu sehen.

sungen und Sitzen laufen die Wiesen mit ihren Bleichen immer wieder zwischendurch. Nur in den Manufacturbezirken von Glasgow findet sich das zum zweiten Male. Ist man eine Stunde gefahren, so steigern sich die Verhältnisse, die Einfachheit schwindet, der Reichthum wächst, der Luxus beginnt. Immer städtischer werden die Behausungen, gedrängter die Häusermassen; man nennt uns Barmen als den Ort der links und rechts zu unsern Seiten sich breitet, eine Stadt die aus fünf Ortschaften und Gemeinden zusammenwuchs, aus Gemarke, Wupperfeld, Rittershausen, Hecklinghausen und Wichlinghausen, die sich hier schwesterlich die Hände reichen. Endlich hört Barmen auf und Elberfeld beginnt, ohne Grenzscheide von jenem, ohne Mauer, ohne Thore, ohne Scheidewand zwischen Stadt und Land. Die ganze Landschaft ist eine hingebreitete, von Wiesen und Bleichen unterbrochene Stadt, Elberfeld mit Barmen zusammen nach ihrer Thätigkeit eine wirklich große Stadt, eine städtische Landschaft die weit hin 16 000 Menschen auf die Geviertmeile zählt.

Da sind wir denn im regendurchtränkten Elberfeld, in der Hauptstadt der preußischen Fabrikthätigkeit, im Hauptsitz der protestantischen Frömmigkeit, am Heerde der pietistischen Tractätlein, am Ufer der schwarzen schmutzigen Wupper in deren Schlammwasser sich wie Blut das Türkischroth der Garne mischt. In gewundener Linie führt eine Hauptstraße, die Pulsader des Elberfelder Lebens, der ganzen Länge nach durch die Stadt. Kein alterthümlicher Bau zieht das Auge auf sich, kein Palast hier oder dort, aber wohlgepflegte Bürgerhäuser drängen sich links und rechts in dichter Reihe, an Holland erinnernd mit ihren blankgescheuerten Treppen, ihren leuchtenden ölgestrichenen Wänden und grünen Jalousien. Doch ist der Stadt der düstere Schiefer eigen der die Gebäude nicht blos deckt, auch oft ihre Wetterseiten bekleidet. Die Kirchen sind alt, aber nicht mittelalterlich; ohne Kunsttrieb sind sie in die Höhe gestiegen, wie zusammengedrückte, hingekauerte Beter liegen sie da. Mit breiter Brust stellt sich das Rathhaus dar, auch ein moderner Bau, aber schwer und massig mit seinen breiten Flanken hingestreckt wie die beiden ehernen Löwen am Portal. Massenhaft schwer, gedrückt und eintönig erscheint dir diese ganze Welt. Es fehlt aller Wechsel in den Gebäuden, in den Gestalten. Kein Rothrock schultert das Gewehr, die große Stadt hat keine Garnison. Keine Trommel wird laut, kein Horn erschallt, kein Ton als Glockenton wird hier laut, und die Berge die die Stadt einengen, geben zitternd den betenden Seufzer der Thürme wieder. Eine dumpfe Schwühle weht dich an. In die beklommene Luft der Nebelschichten mischt sich die ölichte Ausdünstung der Spinnstuben. Kommst du Mittags an, zwölf Uhr, oder Abends um Sieben, da ergießen die Comptoire, die Fabriken ihre Menschenmassen auf die Straßen, ein Gewühl düsterer Gestalten umgibt dich. Du bist mitten im Schweiß der Arbeiter, in ewig wirbelnden Kesseldämpfen, in einem Labyrinth von Twistballen, Krappfässern und Webestühlen. Des Abends entladen sich die Fabriken um die Kirchen zu füllen; in gedrängten Schaaren danken die Leute Gott dem Herrn daß sie den Tag über weben und spinnen konnten. Aber auch Tages über hört man Choräle aus den geöffneten Fensterflügeln der Häuser, dumpf und leise, aber hundertstimmig. Ich stand auf der Gasse still und horchte. Ein schwirrender Ton der den Gesang begleitete, klang wie eine verdorbene Orgel mit heiseren Trompeten und gedämpften Pauken. Ist hier Betstunde? fragt' ich. — Ne, dat duhn de Fitzmädchen! hieß es. — Aus Vergnügen? fragt' ich. — Die Antwort blieb mir der Mann schuldig; er sah mich argwöhnisch an; das Wort Vergnügen gehört hier zu den heidnischen Gotteslästerungen. Ich trat hinein. Die Maschinenräder knarrten, die Spuhlen sausten und schwirrten, und in dem ölichten Qualm sangen funfzig Weiber und Mädchen, eng aneinandergepfercht: Herr Jesus meine Zuversicht. Und es war doch eine Art Behagen im Gesang, so blaß und welk die Gesichter auch schienen; es hebt und erleichtert ihnen das Herz und sie rufen zum Herrn Jesus wie der Jäger und der Hirt auf der Alm nach seiner Sennerin ruft.

Wir sind im deutschen Manchester. Der erste Fabrikplatz Englands hat mit dem ersten Fabrikort Preußens sehr vieles gemein. Auch Manchester hat die nächsten Flecken und Dörfer in sich eingeschlossen, oder soll man sagen, seinen Stadtumkreis auf sie ausgedehnt. Manchester ist erst seit hundert Jahren so bedeutend angewachsen, und Elberfeld mit seinen 40 000 Menschen war vor zweihundert Jahren ein Ort der 800 Seelen zählte. In Beiden ist neben dem Reichthum zugleich soviel Elend und Armuth. Beide sind gleich stark in christlicher Frömmigkeit wie in Baumwolle und gedrucktem Kattun.

Elberfeld hat nur eine kurze Geschichte seines Lebens hinter sich. Der Ölstrich der Häuser, die Reinlichkeit der blankgescheuerten Fenster und Treppen, das gemächliche Phlegma der Menschen weist auf Holland hin. Das Bergische Land macht einen Übergang zwischen Westfalen und Rheinland, ist nicht so derb und schlagkräftig wie jenes, aber auch nicht so sanguinisch und beweglich wie dieses. Der Charakter der Bewohner steht wesentlich unter niederländischen Einflüssen. Und den geschichtlichen Anfang Elberfelds machten in der That Anknüpfungen mit Holland. Das Wupperthal gab die Bleiche für das holländische Garn. Die Brabanter hatten nicht das Wasser dazu, sie schickten ihre Gewebe hieher, denn die Wupper hat die Eigenthümlichkeit das türkische Rothgarn noch leuchtender in Farbe wiederzugeben als das wirkliche Türkisch ist. Jetzt sind die Bleichen in Elberfeld meist verschwunden, mehr nach Barmen hinauf in's Land zurückgedrängt. Handel und Fabriken haben überhaupt seit dem letzten Kriege mit Frankreich eine ganz andere Gestalt gewonnen. Früher gingen Foulards und alle Arten von Madrasstoffen von hier selbst nach Frankreich und England. Seitdem aber Jacquard in Lyon den Damast nach Mustern selbst arbeiten ließ, hat der Absatz der Seidenwaaren andere Richtungen genommen, andere Märkte gefunden. Neben Seide und Baumwolle sind jetzt auch Leinwand und Wolle in Flor, neben den Türkischrothfärbereien die Kattundruckereien in Schwung.

Wer eine Geschichte dieser Spinner und Weber schriebe, würde uns kein romantisches, aber ein um nichts weniger wichtiges Gemälde liefern. Dies friedliche Fabrikvölkchen hat sich durch keine Heldenthaten sein Dasein erobert; durch stillen Fleiß ist es bedeutsam, durch die politischen Fehler seiner Nachbarn mächtig geworden. — Der kleine Anfang dieser Industrie des Wupperthales gehört dem zweiten Jahrzehen des sechzehnten Jahrhunderts an; er knüpft sich an ein Privilegium auf die Garnbleiche das der Landesherr, Herzog Johann von Berg, den Ansiedlern der sogenannten Freiheit, wie noch jetzt in Elberfeld ein Stadttheil heißt, ausschließlich ertheilte. Aber erst mit dem Beginn des dreißigjährigen Krieges wurde die Ansiedlung an der Wupper bedeutend. Das bigotte Köln verjagte 1618 und 19 seine sämmtlichen Protestanten, 1400 Häuser standen plötzlich in der heiligen Colonia leer. Neben Mühlheim und Crefeld war es vorzüglich Elberfeld das von diesen wohlhabenden, gewerbfleißigen Flüchtlingen bevölkert wurde. Mit diesem Act religiöser Unduldsamkeit begann Kölns Ruin und Elberfelds Flor. Und nicht blos von der mittelalterlichen Religion der Pfaffen, auch von der modernen Politik eines andern Nachbarn sollte wider Willen zur Bedeutsamkeit des Wupperthales der Grund gelegt werden; zu dem hierarchischen Gewissenszwang der Kölner kam der Soldatenzwang der Preußen, um der hiesigen Industrie frische Kräfte zuzuwenden. Seit 1629 war das Bergische Land an Pfalzbaiern gekommen. Brandenburg besaß die Grafschaft Mark. Preußen brauchte Soldaten, immer und immer Soldaten, warb um jeden Preis, preßte und steckte in Uniformen was das Zeug hielt. Und das Zeug hielt nicht immer. Vor dem Korporalstock und den immerwährenden Aushebungen flüchteten Schaaren tüchtiger Menschen über die Grenze. Es war kein Gesindel das den Fahnen entlief, sie flohen nicht aus Furcht und Feigheit, sondern weil ihr bürgerlicher Sinn sich gegen das Soldatenhandwerk der Preußen sträubte, weil sie sich für zu gut hielten für den königlichen Gamaschendienst. Es waren rüstige, kräftige Menschen, zum Theil wohlhabende Leute mit Familie. Noch zu Anfang des vorigen Jahrhunderts bestand die Stadt Barmen nur aus 36 Höfen mit etwa 200 zerstreut liegenden, meist kleinen Häusern. Mit den neuen frischen Kräften entwickelte das Wupperthal seine schöpferische Thätigkeit, zählte bald die fünf ansehnlichen Flecken und stellt sich jetzt im großen Maßstab als Stadt ersten Ranges mit 30 000 Einwohnern hin, die mit der in ähnlicher Weise von der andern Seite her angewachsenen Schwesterstadt Elberfeld den großen betriebsamen Wetteifer eröffnet. So kam es daß sich dies industrielle Wupperthal in so kurzer Zeit zu einer Doppelstadt von 70 000 Menschen heraufarbeitete.

Diesen kleinen Staat von lauter Webern und Spinnern, Fabrik- und Handelsherren deckt der preußische Adler recht sorgsam und zart mit seinen Schwingen. Preußen schont hier die religiösen Bedürfnisse der Leute, begünstigt gern den Pietismus der sie fromm erhält und läßt die Sekten gedeihen, auch wenn sie sich von der evangelischen Landeskirche entschieden lossagen. Auch mit seiner Soldatesca verschont der Staat das Wupperthal. Im nahen Düsseldorf hat Preußen sein Heer- und Hoflager. Und die Antipathie gegen den Rock des Königs hat Elberfeld auf Düsseldorf übertragen. Zur Eifersucht kommt es nicht zwischen beiden Städten weil ihre Verschiedenheit so fest gesichert ist. Der Elberfelder, lediglich Kaufmann und Fabrikarbeiter, hält sich auch gegen die Kunst verschanzt, um so mehr als sie in Düsseldorf nicht blos am Hofe eines königlichen Prinzen, sondern auch am Heerd des katholischen Glaubens sich Form und Inhalt suchte. Auf das Christenthum in seiner Weise hält der Elberfelder ausschließlicher fast und eifersüchtiger als der orthodoxe Katholik, dem der feste Glaube an die Unerschütterlichkeit seiner Kirche zugleich eine Beruhigung gibt, während der protestantische Pietist jederzeit noch zu Felde liegt um sein Kleinod vor den Anfechtungen der Welt zu schützen. Das rationelle Christenthum wird nirgend wie im Wupperthal verketzert; die Bildung die sich freiere Athemzüge erlaubt, Kunst und Wissenschaft die sich für berechtigt halten den Nebeldunst des Lebens zu klären und zu lichten, sind dort immerfort vor den Gläubigen und ihrem Anathem auf der Flucht. Soldatenthum, Katholicismus und Rationalismus, Kunst und Wissenschaft sieht der Wupperthaler in Elberfeld und Barmen für gleich feindliche und sündhafte Elemente an. Seine Krieger sind die Streiter Gottes, seine Poeten sucht er auf der Kanzel, und die Männer Gottes in Barmen, Oberbarmen, Unterbarmen und Gotterbarmen ersetzen ihm sogar das Schauspiel. Während Immermann im nahen Düsseldorf der dramatischen Kunst eine kleine Blüthenepoche verschaffte, sieht man in Elberfeld noch jeden scheel an der sich in die heidnische Bude Apollo's schleicht.

Wir müssen das Gottesreich dieser Zionsstadt in's Auge fassen; zuvor aber, ehe wir den Sonntag Elberfeld's feiern helfen, einige Werkeltage erleben, und die großen Stätten der bewundernswürdigen Betriebsamkeit besuchen.

---

2. Das Fabrikleben in Elberfeld und Barmen

In Hammerstein, einige Meilen von Elberfeld entfernt, erinnerte mich die Baumwollenspinnerei des Hrn. Jung an die Wohlthat einer Vereinigung von Ackerbau und Fabrikthätigkeit. Das große Arbeitsgebäude, 6 Stock hoch zu 14 Fenster Front, hat schöne weite luftige Räume wie sie selten sind in zusammengedrängten Städten. Die Maschine wird halb mit Wasserkraft, halb mit Dampf getrieben, vereinigt die Wohlfeilheit mit der Möglichkeit die Arbeit zu verdoppeln. In dürrer Sommerzeit ersetzt der Dampf das fehlende Wasser und dieses genügt im Frühling und Herbst beim einfachen Stand der Arbeit. Die Spinner wohnen zerstreut in der Gegend, in Familienhäusern zu kleinen Gruppen beisammen oder einzeln. Jeder Part hat sein Garten- und Ackerstück; während der Mann in der Fabrik arbeitet, kann die Frau mit den Kindern, falls diese nicht ebenfalls verwendet werden, das Land bestellen und die nächsten Bedürfnisse des Hauses betreiben. Seit 1835 ist auch eine Schule in der Anstalt errichtet und somit, während es an Kirche und Pfarrer nicht fehlt, auch das geistige Bedürfniß der kleinen Kolonie erfüllt. Zerstreut und in freier Luft wohnend, halb und halb auch auf Landbau angewiesen der die in den Spinnsälen erschlafften Glieder wieder stählt und erfrischt, hat die Fabrikwelt hier Theil an all den Segnungen die sie, dünkt mich, vor dem schwühlen kranken Kitzel pietistischer Gelüste bewahrt.

In ähnlicher Weise und noch bestimmter systematisirt fand ich eine Fabrikcolonie im sogenannten Bruch in Barmen. Diesen Namen führt mitten in dieser Stadt eine Gesammtheit von Häusern und Gehöften, welche zur Stärke einer besondern Dorfschaft und Gemeinde angewachsen sind. Die Bewohner dieser kleinen, ebenfalls zerstreut liegenden Familienhäuser stehen zum Fabrikherrn in stetiger Beziehung, obschon es ihnen freigestellt ist Eigenthümer ihrer Behausung zu sein. Es war der Großvater der jetzigen Fabrikherren, der alte Herr Engels im Bruch, der auf den Gedanken kam den herumziehenden, heimath- und besitzlosen Fabrikpöbel seßhaft zu machen und ihn nach dem Maße seines Fleißes und seiner Führung zu Hauseigenthümern mit Land und Gartenstück heranzubilden. Er berief zu seinem Geschäft gern frische kräftige Leute aus Westfalen, setzte sie in ein Gehöft und stellte ihren Lohn so daß sie sich allmälig Haus und Hof verdienten. Der Wochenlohn wurde auf die Art nicht vergeudet, indem ein Abzug als Ersparniß zur Erwerbung des Hauses zurückbehalten wurde. Die Lust am Erwerbe wurde gestachelt und der Hang zum Besitzen machte sich als eine moralische Triebkraft geltend, die hier ein solides Ziel vor Augen hatte. Dies System, herumziehendes Arbeitervolk zu Insassen und Bürgern zu machen, ist um vieles menschlich klüger und menschlich edler als die schieflaufenden Pläne des Communismus, der bei der thatsächlich gegebenen Ungleichheit der Fähigkeiten von gleicher Vertheilung des Gewinnes faselt und damit die sittliche Triebfeder im Menschen zerstört. Ein junger Mann dieser Familie Engels war vor Jahr und Tag in Elberfeld communistischer Umtriebe verdächtig. Er hatte zur Zeit als Moses Heß dort den Gesellschaftsspiegel schrieb, einem Haufen müßiger Arbeiter sozusagen einige Gedankenflöhe in's Ohr gesetzt, war in Untersuchung gezogen und dann nach England gewandert. In den Plänen seines Hrn. Ältervaters war vielleicht mehr Sorgfalt für den Ausgleich der Unbill zwischen Reich und Arm als in den Reden des jungen Hrn. Engels von heute. „Die durch die Macht des Kapitals hervorgerufene Noth!" So lautet eine von den Phrasen der Communisten. Mich dünkt, es habe der alte Hr. Engels im Bruch, da ihn nun einmal das herbe Loos getroffen reich zu sein, das Ungerechte in solcher Schicksalsfügung recht gut dadurch ausgeglichen daß er auch Andern, auch armem Gesindel dazu verhalf seßhaft und wohlhabend zu sein, und zwar es zu werden nach Maßgabe ihrer moralischen Anstrengung. Ich glaube, der alte Großpapa ehrsamen und ruhmwürdigen Angedenkens hat die „durch die Macht des Kapitals hervorgerufene Noth" weder verschuldet noch befördert. Diese geriebene Kategorie von pfiffigem Müßiggang und schicksalvollem Nothstand hätte der Alte in der Perrücke vielleicht gar nicht verstanden, sintemal und alldieweil es ihm *natürlich* schien sein Kapital, da ihm nun einmal Gott das Seinige gesegnet, dergestalt anzulegen daß auch armen Schelmen die Möglichkeit zum Gewinn eröffnet werde. Er seinerseits ertrug das große Unglück, volle Beutel zu haben, mit Heiterkeit und mit jenem Gottvertrauen, es werde ihm glücken sein Pfund zum Besten der Menschheit wuchern zu lassen. Ein anderer *Naturzustand,* wo der Fleißige mit dem Faulen theilen solle, wäre ihm vielleicht mit Recht als ein Sodom und Gomorrha, als ein Greuel des Beelzebub erschienen, falls er nicht starke Nerven genug gehabt solch lächerlich Utopien herzhaft zu verlachen. Auf eitel Frömmigkeit und Biedersinn war sein Plan gebaut, aus christlichem Gemüthe entsprang seine Humanität; von unserer philanthropischen Doctrin die wir für Demokratie halten, verstand er freilich nichts. Thue recht, scheue niemand! war ein Grundsatz der Kernnaturen unserer Altvordern, und danach haben sie ihr Kapital erworben und ihr Kapital angelegt, und eine Welt voll Glück und Segen hinter sich gelassen die sich vielleicht nur aus müßiger Üppigkeit hinsetzt und faule Fische angelt, entweder pietistische Barsche und Quabben, oder communistische Hechte. Das ist jetzt, besonders von Frankreich aus, ein ewiges Gelärm über die arbeitenden Klassen, ein wehleidiges, fast heuchlerisches Gewinsel über die Noth des gemeinen Mannes! Arbeiter nennt man sie. Ich möchte wissen wer heutzutage nicht Arbeiter wäre? Etwa die regierenden Herren? Wer stellt sich die noch vor wie die Könige im Kartenspiel, die Krone auf dem Haupt, das Scepter in der Hand, daheim im goldnen Saal, auf goldnem Stuhle sitzend, müßig und saumselig still? Wer arbeitet *nicht?* Die geistig Schaffenden sind auch Arbeiter. Deren Thun wirft der ächte Sohn des Communismus freilich zum Luxus der Welt. Er meint unter Arbeitern die handarbeitenden Klassen im Gegensatz zu den Kapitalisten die da handarbeiten lassen. Aber selbst zum Verbrauchen des ererbten oder erworbenen Vermögens gehört Arbeiten. Reichthum auf die rechte Weise verbrauchen und anlegen ist auch Arbeit. Mit seinem Glück aber tausend Andern die Möglichkeit zum Glück eröffnen können: welch Glück reicht an dieses, welch Gefühl von innerer Beseligung kommt diesem gleich? — Alten Filzen die Säcke ausklopfen, mag ein lustig Stück vom Communismus sein. Aber den Begriff von Menschenwerth und Menschenglück durch die Macht der Überzeugungen so stellen daß jede theoretische Zwangsjacke unnütz wird: das wäre die ernstere Aufgabe. Löse sie wer kann! Aber den Trieb zum Erwerben tilge man nicht in der menschlichen Seele. Man würde damit im gemeinen Mann zugleich die moralische Spannkraft tödten. Und die christliche Frömmigkeit hat trotz vielfacher Abirrung in

Gefühls- und Glaubensschwelgerei noch täglich mehr Thaten allgemeiner Menschenliebe aufzuweisen als eine nüchterne Theorie von der Gleichheit der Menschen je zu Stande bringen wird. Ich bin nicht fromm genug um mich zu den Gläubigen zu zählen. Wo aber der christliche Glaube That wird, weiß ich nichts Höheres im ganzen Kreis der Menschenwelt.

Das waren in Barmen meine Gedanken einer alten, hochehrwürdigen Dame gegenüber, in deren stillem, fromm eingerichtetem Zimmer ich saß, und in deren tiefblaues schönes gottvertrauendes Auge ich blickte. Im rheinischen Missionshaus zu Barmen, in der Bibelgesellschaft zu Elberfeld hatte ich ihren Namen gehört; eine Familienbeziehung führte mich zu ihr. Sie ist die Besitzerin einer Schnürbändermaschine; Barmen ist der Hauptort der Bandmanufactur auf dem ganzen Festlande. Die große, von Wasser getriebene Fabrik der edlen Frau liefert mit ihren 52 Gängen in jeder Stunde des Tages 1000 Ellen. Ihr Band geht in alle Welttheile und mit dem Barmer Bande an alle Völker die Bibeln aus Elberfeld. Ich lobte die Einrichtungen der Anstalt, die Sauberkeit, den Fleiß der Leute, die stille Andacht mit der das reinliche Geschäft der Bandbereitung betrieben wird. Ich sagte der Frau****, es wär' in ihrer Fabrik so einfach schön wie bei Herrnhutern. Wir sind nur simple Christen! erwiederte sie mit einem leisen Anflug von Verlegenheit. Was man pietistisch nennt, schien sie nicht. Sie ginge, hört' ich sagen, zu keinem Prediger in die Kirche der irgendwen verdamme. Von ihrem Antheil an den Missionen wollt' ich nicht reden; sie liebte das nicht. Jedermann weiß daß sie eine Kleinkinderbewahranstalt leitet, einem Armenhause und einem Spital vorsteht; jedermann weiß und rühmt ihr frommes Thun, aber niemand darf in ihrer Gegenwart davon reden. Sie hat einen Instinkt das Unglück zu wittern, sie weiß der Noth zuvorzukommen, in ihrem ganzen Lebenskreise den Bedürfnissen der Leute noch ehe sie dringend und schreiend werden, geräuschlos abzuhelfen. Es ist das ein tief ausgebildeter Sinn in ihrer ganzen Familie; und sie schlägt das nicht hoch an, es ist ihre Sitte klug und verständig wohlzuthun, und sie läßt ihre Linke nicht sehen was ihre Rechte thut. Sie betreibt das alles mit geschäftlicher Treue, hat von früh fünf Uhr ihre Stunden wo sie pünktlich mit den Beamten der Pflegeanstalten verkehrt; von niemand sonst duldet sie eine Bemerkung über ihr Thun und Treiben. Es ist nicht Eigensinn, es ist Verlegenheit; sie ist groß und alt dabei geworden, und wenn sie gegen alles Andere in der Welt gleichgültig scheint, so läßt sich nur daraus schließen daß der Kreis ihres Lebens reich und voll genug ist, um ihren Geist und ihr Herz zu erfüllen. In ihrem frommen Tichten und Trachten ist Geist und Herz; aber dieser Geist hat keine Sprache für sich, dieses Herz äußert sich nur im Thun. Es war schwer, was man sagt, Conversation mit ihr zu machen. Die Familienbeziehungen waren bald erschöpft. In ihrem Zimmer stand ein Flügel, aber man konnte von Musik nicht mit ihr sprechen; die Tasten wurden nur berührt um einen Choral zu spielen. An den Wänden hingen Ölgemälde; aber es waren nur Familienbilder, ihr verstorbener Gatte, eine verstorbene Schwester in Elberfeld die ganz ihr Gleichbild war. Sie verstand nichts von Malerei, war seit ihrer Jugend nicht in Düsseldorf gewesen. Auf dem Pulte standen Bücher; kein einziger Classiker darunter, lauter Schriften für's Volk. Sie verstand es nie was die Dichter der Nation sagten und wollten, sie wußte nichts von der Welt der Leidenschaften, nichts vom Schwung und Flug der hohen Geister. Sie versteht nur die Bedürfnisse des Volkes, hat nur Sinn für das was noth thut, war Zeit ihres Lebens zu keusch gewesen um darüber hinaus den Kreis ihrer Gedanken zu erweitern, und dieser Kreis war mit dem Bedürfniß eines tiefen stillen Glaubens, mit einer Pflege der Arbeitsamkeit bei sich und Andern, mit der Bethätigung einer reinen, nie rastenden Menschenliebe geschlossen. Den Schmutz des Lebens hat sie nicht kennen gelernt, Höhenpunkte hatte sie nicht erstiegen um einen schwindelnden Überblick zu thun. Und wenn der Kreis ihrer Interessen doch reich genug war, ein ganzes langes Menschenleben mit Segen zu füllen, so war sie doch wieder zu schüchtern sich Rechenschaft darüber, und ihren Gedanken über Gott und Menschenwelt Worte zu geben. Sie hat auch nie Zeit gehabt Reflexionen zu machen, und in ihrem großen dunkelblauen Auge, in den ungetrübten ruhig ernsten Zügen des schönen faltenlosen Angesichts leuchtete ein tiefer Friede, kein lachender, aber ein still heiterer, ein Glaube welcher Menschenliebe ist, ein Christenthum das That geworden.

Und sie werden alt, steinalt, diese christlich germanischen blonden Menschen von Elberfeld und Barmen mit ihrer abgeschlossenen Welt für sich. Gegenüber in dem Häuschen, zwischen Bäumen versteckt, saßen wir in Barmen vor einem alten, zur Ruhe gesetzten Pärchen das wir Großohm und Großmuhme nannten. Beiden war das Gedächtniß schwach geworden, es kostete ihnen Mühe uns in dem Geschlecht der Spätlinge an die richtige Stelle einzuordnen; alte Erinnerungen mußten dazu erst wieder ausgegraben werden. Fünfundachtzig und Zweiundachtzig sind hohe Zahlen. Die Welt hat sich oft vor ihren Augen gedreht, ist mehrmals alt und wieder jung geworden. Der alte Herr war Färber gewesen; die Farben des Lebens waren ihm längst gebleicht. Sie hatte ihm viele Kinder geboren und in die Hände der Enkel war alles was sie weltlich Gut nannten, übergegangen. Was außerdem erübrigt war, hatten sie den Armen gegeben. Glück und Unglück war vielfach über sie hereingebrochen; nun sitzen sie bedürfnißlos aller Welt gegenüber, und allezeit bereit zum Herrn einzugehen. Sie haben sich liebbehalten und sitzen beisammen, auf den Augenblick harrend, und still erwartend wem es beschieden dem Andern die Augen zuzudrücken. Philemon und Baucis konnten nicht rührender sein. —

Elberfeld hat auch seine Akademie für Weber und Spinner. Diese Fabrikthätigkeit ist nicht blos Handwerk, sondern auch Artistik. Die Söhne der Fabrikbesitzer erlernen in der Weberschule abwechselnd in deutscher und französischer Sprache theoretisch das Geschäft. Ein Zögling der Anstalt, ein junger Mensch von sechzehn Jahren, Kind eines guten Hauses, wurde uns in der großen Seidenfabrik von Simon's Erben als Führer und Cicerone zugesellt. Nach Johann Abraham Meyer in Berlin haben die beiden Herren Simon, wie ich höre, das größte europäische Geschäft in Seide. Es ist interessant den ganzen Durchgangsproceß der Stoffe leibhaft vor sich zu sehen. Weiß kommt die rohe Seide aus China her, gelblich aus Ostindien, schön gelb und besonders fein ist die aus Italien bezogene. Man macht Foulardtücher in Naturell; sonst aber streift sich die Naturfarbe der Seide mit dem Bast ab den die Wäsche entfernt. Die Reckmaschine gibt ihr die weitere Vorrichtung und dann erst wird sie gefärbt. Zeichner saßen im Büreau beisammen; sie erfinden, wie unsere dramatischen Dichter, zum Theil nach französischen Mustern, und componiren geschickt nach dem Geschmack aller Nationen und Zonen, wissen genau was in Amerika und auf den Inseln des Oceans Liebhaberei und Mode ist. Für die Kartenschlägereien werden Frauenzimmer verwendet. Das sind keine Wahrsagerinnen, aber sie sitzen wie die Pythia auf mystischen Sesseln, greifen wie Pianistinnen nach Noten in die Tasten einer Maschine welche die Zeichnung auf durchlöcherter Pappe wiedergibt. Diese Schlagmaschine wurde vor fünfzehn Jahren von einem Schmied in Unterbarmen,

Namens Friedrich Birker, erfunden. Sie hat die Form eines Klaviers mit acht bis zwanzig Tasten; jeder Anschlag und Fingerdruck gibt die Linien der Zeichnung in einer Reihenfolge von Löchern auf Pappe wieder. Nach dem Muster dieser durchlöcherten Pappstreifen legt dann der Vorrichter die Seidenfäden zurecht und bringt sie auf die Jacquardmaschine, eine Lyoner Erfindung die seit zwanzig Jahren in Anwendung ist. Dann erst bekömmt der Weber die Sache in die Hand und beginnt auf seinem Stuhle mit dem Schiffchen sein Werk. Soviel Artistik geht dem Handwerk voran. Es gibt auch Webemaschinen die selbst arbeiten, unter Aufsicht eines Webers der ihrer viele regelt und besorgt. Bei der Steigerung der Kunstfertigkeit des Betriebs wird der Mensch mit seiner Handarbeit immer überflüssiger; der menschliche Witz droht die menschlichen Hände um ihr Brot zu bringen. Bei verwickelten Mustern ist indeß der selbstarbeitende Webestuhl nicht beliebt und man beschäftigt die Handarbeiter noch immer in Masse. Solcher Weber hat die Fabrik von Simon's Erben ihrer 15 bis 1700 in Dienst, die Spuhljungen nicht gerechnet. Seit den Ereignissen und Wirren in Mexiko und Texas ist die Zahl von 1700 nicht wieder erreicht. 1845 waren noch 1600, voriges Jahr 1200 Webstühle in Thätigkeit. Bei so vieler Hände und Räder Bewegung wird wöchentlich an roher Seide für 12 000 Thlr. gebraucht und verarbeitet. Die Löhne richten sich nach dem Fleiß der Arbeiter; jeder Weber hat es in seiner Hand wieviel er verdient. Täglich 1 Thlr. ist schon ein hoher Satz; 4 Thlr. die Woche ein gewöhnlicher. Im Durchschnitt zahlt die Anstalt täglich 1000 Thlr. an Lohn.

Die Humanität unserer Doctrinäre, will sagen das angebliche Menschlichkeitsgefühl unserer Denkweisen, hat sich bemüht die Abhängigkeit der Handarbeiter vom Comptoir des Kaufmanns, ihre Zusammengehörigkeit zum speculativen Herrn der Fabrik als eine Sklaverei Vieler unter Einem zu schildern. Man hat auch in Deutschland einzelne Beispiele gehabt vom Trucksystem, von gewaltsam aufgenöthigter Abzahlung in Waare. Die Art und Weise wie in Barmen weiland Herr Engels im Bruch die Arbeiter an Haus und Hof betheiligte, kann schwerlich als Mißbrauch gescholten werden; diesen Plan hat der kluge Kopf des Kaufmanns im Verein mit dem besten Herzen der christlichen Liebe ersonnen. Hinter der Doctrin der Humanitäre ist auch die Praxis keineswegs zurückgeblieben. Hier und da haben sich die Verhältnisse von selbst anders gestaltet. In Bielefeld z. B. gibt es gar keine großen Fabriken. Dort sind die Weber lauter freie, unabhängige, selbständige Leute, und der Kaufmann ist wie in Schlesien lediglich der Händler. Der Handarbeiter ist da ganz sein eigener Herr, webt was und wie er will, und bietet nach Belieben bald diesem, bald jenem Handelshause sein Gewebe an. In diesem Verhältniß einer freieren Stellung des gemeinen Mannes tritt aber leicht ein Übelstand ein der seine gepriesene Unabhängigkeit in Schatten stellt. Der Bedarf der Waare ist den politischen Conjuncturen, ist dem Wechsel der Mode unterworfen. Der kleine Mann der frei nach seiner Einsicht, nach seinem Kopf arbeitet, geht, sich selbst überlassen, mit der Zeit nicht fort; er kennt die Stellung der Weltverhältnisse nicht, ihm fehlt aller Blick die Bedürfnisse ganzer Provinzen und Länder schon im voraus zu ahnen. In der Sache selbst entschließt er sich nicht zu Neuerungen, bleibt im Geschmack, in der Kunstfertigkeit stehen, und so kann es kommen daß er plötzlich mit seiner Arbeit brach liegt, sein ganzer Thätigkeitszweig, wie im sächsischen Erzgebirge, abstirbt. Anders dagegen stellt sich das Verhältniß des Arbeiters zum Handelsherrn der in seiner eigenen Fabrik nach seinem Bedürfniß, nach seiner Bestellung weben läßt. Er gibt dem Arbeiter das Garn, den rohen Stoff. Wenn er diesen wohlfeiler an sich brachte weil er ihn in Massen kaufte, so kommt doch der umgekehrte Fall wo der freie Weber sich den Stoff selber anschafft, diesem nicht zu gut. Der Fabrikherr übersieht die Conjuncturen der Zeit, kennt den Stand des Bedarfs, nimmt ihn schon im voraus wahr und findet mit dem Fernblick des gewandten Kaufmanns für den rohen Stoff den besten Markt zum Ankauf, für die Arbeit neue Absatzwege aus. Sein speculativer Sinn weiß auch mit der launischen Göttin Mode fein umzugehen, kennt die Nüancen des Luxus, bezieht die neuesten Muster aus Lyon und läßt nach diesen arbeiten. Freilich widersetzen sich auch in den großen Fabriken die Arbeiter gern und oft genug allen Neuerungen die sie nicht selten für bloße Launen des Brotherrn halten; mälig aber fügen sie sich, ist das Verhältniß zu ihm sonst gut und rechtlich, während der selbständig freie Weber, unfähig sich selbst die neuen Bahnen zu eröffnen, leicht um allen Fortschritt kommt und seine ganze Thätigkeit mit den alten Gewohnheiten plötzlich beseitigt sieht. Freilich macht der Fabrikherr auch falsche Speculationen, irrt sich im Zeitgeist, verrechnet sich und ist den tausend Zufällen in der kaufmännischen Welt ausgesetzt. Weil er aber in großen Summen rechnet, so überträgt er die Einbuße des verunglückten Geschäfts, und die Arbeiter seiner Anstalt haben längst ihren Lohn dahin, sind umdeswillen noch nicht brotlos geworden, wenn ein Geschäft mißglückte. Erst wiederholte Einbuße zwingt den Herrn der Fabrik zu Einschränkungen, zu Änderungen, zu Maßregeln die das Verhältniß der Arbeiter bedrohen. Da heißt es dann, der Vorrath an diesem oder jenem Stoffe sei zu groß. Es wird den Webern die nur in diesem Zweige thätig sein können, freigestellt auf halben Lohn weiter zu arbeiten. Ist die Zuversicht zum Herrn stark genug, sind Ehrlichkeit, Treu' und Glaube gegenseitig begründet, so nimmt der Arbeiter diese Zwischenzeit als eine Fügung des Himmels und tritt nicht aus. Auf das was wir Himmel nennen, auf eine moralische Weltordnung unter Gottes Sonne wird der Sinn des gemeinen Mannes immer gerichtet sein müssen, auch wenn wir ihn vor dem brütenden Blödsinn eines dumpfen Pietismus sichern. Plötzlich aber heißt es in der Fabrik, dieser oder jener Zweig ist völlig todt. Dann werden alle die Hände die sich nicht anders vorrichten, nicht zu neuer Arbeitsweise entschließen können, außer Thätigkeit gesetzt. Es kommt vor daß ein bisher für blühend gehaltenes Geschäft auf einmal den vierten Theil seiner Leute entläßt. Dann sind ein paar hundert Arbeiter auf einmal brotlos. Große Städte haben dann das Gute daß eine zweite Anstalt die entlassenen Kräfte beschäftigt. Auch bieten sie mehr die Möglichkeit zum Wechseln in der Thätigkeit, obschon der Handarbeiter sich schwer dazu entschließt. Der Übelstände die große Städte erzeugen sind weit mehr. Fabrikarbeiter sind als müßiger Pöbel der größte Fluch der civilisirten Menschheit; die große Theuerung gibt sie rasch der Ausartung und Verwilderung preis. Ich komme auf meine Ansicht zurück daß man die Fabriken in unsern sogenannten Pflanzstätten der Kultur nicht massenhaft zusammenpferche. Die Fabrik in der Landschaft macht den Arbeiter in zerstreuter Familienbehausung zugleich zum Ackerbauer. Der Verein von Agrikultur und Artistik erhält uns einen gesunden Schlag von Menschen, und der gemeine Mann, den Verhältnissen der Mutter Natur nicht ganz entzogen, bleibt frei von den Übeln der moralischen Welt. Unsere Pflanzstätten der Kultur sind zugleich die Pflanzstätten der pestartigen Gebrechen der Gesellschaft.

Als wir das Fabrikgebäude von Simon's Erben verließen, wimmelte es im Flur von Menschen die ihre Gewebe ablieferten. Der Thürsteher theilte Nummern an sie

Abb. 32: Blick auf Elberfeld von Süden in der Mitte der 1850er Jahre; im Vordergrund das 1848 fertiggestellte Gebäude des Hauptbahnhofs Döppersberg, rechts die Hardt mit dem Elisenturm.

aus, nach deren Reihenfolge sie vorgelassen wurden. Die Fabrik gleicht in ihrem Betrieb einem großen Bienenkorbe, in ihrer Verwaltung einem Staate im Kleinen. Jeder Arbeiter hat im Comptoir sein Buch, wo ihm Rechnung geführt wird. Für Viele wird vormundschaftlich gesorgt; man theilt ihnen den Lohn ein, zahlt davon ihren Miethzins ab. — Es ist Styl, alle Vormundschaft die der Staat übernimmt, als eine Kinderwirthschaft, als einen Knechtszustand zu verspotten. Und doch liegt sie hier in der Natur der Sache. Und wenn man, besonders nach preußischem Maßstab und nach der Dreistigkeit preußischer Forderungen, das Pensionswesen zu den luxuriösen Segnungen eines Staates rechnet, so fehlt auch das nicht ganz in der Fabrik von Simon's Erben. An alte getreue ausgediente Weber werden Pensionen gezahlt. Sie haben die Chancen des Geschäfts mitüberstanden und für ihr Alter ist gesorgt.

Bis zu einem gewissen Grad ist also die Ökonomie in guten Fabriken geordnet und systematisirt. Eine höhere Staffel von Selbständigkeit und Bewußtsein würde sich darin verrathen wenn die arbeitenden Klassen selbst ihr Pensionswesen zu führen wüßten, der Kranke und Betagte nicht dem zufälligen Wohlwollen des Herrn überlassen bliebe. Unser überwaches Zeitalter will aber nicht die Ökonomie der Arbeiterklassen ordnen, nicht ihre moralische Selbstführung befördern; der Communismus will im Ganzen und Großen die Organisation der Arbeit auf andere Füße stellen. Er versuche es, ohne die Grundtriebe der menschlichen Natur zu verkennen und zu zerstören!

3. Das Christenthum im Wupperthal; Pastor Krummacher

Vom *lebendigen* Christenthum im Wupperthal hab' ich schon gesprochen. Es bekundet sich in den wohlthätigen Anstalten die eine sorgsame Frömmigkeit hegt und pflegt, es bekundet sich in dem tausendfachen Almosen das tagtäglich auf das Gebet der Armen wie Manna in der Wüste, wie tausendtropfiger Regen vom heißen dürren Himmel fällt. Keine Stadt in Deutschland thut, wie man's nennt, soviel Gutes als Elberfeld, keine hat ein so weiches wohlwollendes Herz; jeder Haushalt ist hier darauf gestellt seinen Tribut im Stillen abzutragen. Keine Stadt vielleicht wird auch so mit Sammlungen gebranntschatzt. Die Beamten die vom Osten hieher versetzt werden, nennen die Bitt- und Bettelbriefe eine wahre Landplage. Der wohlhabende Insasse nennt das ländlich sittlich; Elberfeld und Barmen sind in milden Spenden, in ihrer Lust zu helfen, in ihrer Menschenliebe unerschöpflich. Viele die sich ächte Christen nennen, halten mit dem Wohlthun das Christenthum für erledigt. Der Gedanke daß ein Reicher schwer in's Himmelreich komme, hält die Beutel hier immer offen, und das Wort des Schreckens daß ein Kameel eher durch ein Nadelöhr gehe, regiert hier die Welt. Das Christenthum das von den Kanzeln gepredigt wird, unterstützt diese Stimmung der Leute und hält Reich und Arm in dieser steten Gegenseitigkeit. Wer wollte leugnen daß bei dieser Herrschaft der Kanzel über die Gemüther der Segen der Frömmigkeit aus einer unversiegbaren Quelle strömt! Es bleibt nur zu bedauern wenn bisweilen die Theologie diese Quelle auch für sich ausbeutet.

In manchen Gegenden des protestantischen Deutschlands muß der schlecht besoldete Prediger von oben herab der Gemeinde verkündigen daß heute die Becken an den Kirchthüren für ihn ausstehen. Das ist sogar in der stolzen Hauptstadt Berlin noch Sitte; den dritten Prediger an der Marienkirche hört' ich mit schluchzender Stimme in der tiefen Beschämung seines Herzens dies Bekenntniß thun. Ich weiß nicht ob das im reichen Wupperthal noch vorkömmt. Hier nimmt Gottes Wort an heiliger Stätte vielleicht von selbst ein solches Thema auf von seiner schlechten Stellung in der Welt. Man erzählte sich hier die Geschichte von einem Prediger der durchaus zu seinem Ziele kommen wollte. Er hatte in Gemarke, im Mittelpunkte Barmens, seine Gemeinde. Er mischte die Klage und Bitte um Verbesserung seines leiblichen Wohls in's Gebet. Er ließ durchschimmern, seines Bleibens sei nicht länger an Ort und Stelle. Er war ein ausgezeichneter Redner; die Gemeinde legte ihm eine namhafte Summe jährlich zu. Am nächsten Sonntag betrat er die Kanzel und sprach: Er habe die letzte Nacht ein Gesicht gehabt und eine Stimme habe ihm zugerufen: Bleibe den Deinen getreu bis in den Tod! Alles war gerührt; der Mann wußte die Gemüther zu fassen. Sein Ruf aber stieg; eine Gemeinde in Elberfeld wählte ihn, zum Theil auf seinen Betrieb, mit bedeutender Zulage. Da hatte der Mann Gottes wieder ein Gesicht gehabt und ein Ruf von oben war an ihn erschollen: Ziehe hin, du Streiter des Herrn, ziehe hin wo der Herr deiner bedarf! Das war der Stadt Barmen, schon aus Eifersucht gegen Elberfeld, zu arg; sie ließen ihn ziehen. Die Wahl eines neuen Hirten ist hier zu Lande eine nationale Angelegenheit, sein Einzug ein allgemeines Fest; man holt den neuen Pastor mit einem glänzenden Wagenzug ein der sich oft auf hundert Equipagen und viele Reiter ausdehnt. Die Barmer schrieen laut über den treulosen Pfarrer; sie versagten diesmal alle Betheiligung. Die Geschichte hatte auch in Elberfeld böses Blut gemacht; die Partei die den Mann gewählt, vermochte kaum 17 Wagen zusammenzubringen, während die Barmer seinen Nachfolger im Amt mit 160 Equipagen einholten und sich so mit diesem Triumphe rächten.

Da sind wir nun im Lande Zion, das der Herr durch seine Gesalbten regiert. An heftigen Kämpfen über Dogma und Auslegung der Bibel fehlt es nicht. Diese Kämpfe der Theologen werden hier nicht wissenschaftlich geführt, sondern populär, von den Kanzeln herab, in Broschüren und Tractaten die dem gemeinen Mann zugänglich sind. Alle Welt nimmt hier daran Theil, ist heftig für und wider. Der Parteistreit über die „Predigerbibel", ein ruhig einfaches, rationelles Buch, versetzte vor Jahren ganz Elberfeld in stürmische Gemüthsbewegung. Der fanatische Lärm der Pietisten dröhnte in allen Familienzimmern nach, über Tisch, über der Suppe, focht man mit Erbitterung dafür und dagegen, die Familien geriethen in Zerwürfnisse, mehrere Fabriken standen still.

Es war vorigen Jahres an einem heißen Augusttage als in dem nahen Dorfe Kronenberg das Missionsfest gefeiert wurde. Für alle zeitweis arbeitlosen Menschen ist das in Elberfeld ein außerordentlicher Tag Gottes. Es war eine Wallfahrt nach der Höhe wie wenn katholische Christenheit zu einem Heiligenbilde wandert. Es fehlte freilich die vorangetragene Fahne; es gestaltete sich auch kein geordneter Zug. Jeder zieht hier nach eignem Bedürfniß, auf eignen Anlaß; um so intensiver ist aber der Drang der ihn treibt.

Wir erreichten etwas spät das zwei Stunden entfernte Dorf auf der Höhe. Der Gottesdienst schien beendet als wir in die Kirche traten, aber er begann von neuem. Hier drängt sich Predigt auf Predigt; die Zwischenzeit füllt der Gesang der Gemeinde aus. Das Haus Gottes war noch schwühl vom Dunst und Schweiß der Versammlung die es verließ. Viele aber kehrten wieder zurück, oder es kamen neue Schaaren die sich eifrig herandrängten. Kopf an Kopf im weiten Raume zusammengedrückt, war Alles Spannung, lautlose Stille; Pastor Krummacher betrat die Kanzel.

Ich hatte eine düstere Erscheinung, einen Mann der Ascese erwartet. Die durchweinten Nächte, die in Angst durchgerungenen Stunden des Gebetes glaubte ich auf eingefallenen, blassen Wangen sehen zu sollen. Ein heiter blühendes Antlitz sah uns entgegen, eine vollkräftige Mannesgestalt mit dem ganzen Behagen, der ganzen Sicherheit die sich selbst fühlt, stand vor uns. Ich hatte vielleicht unwillkürlich an den alten Parabeldichter Krummacher gedacht, von dem die Rede ging er habe in Bremen auf seinem Todtenbette seine heitern Kinderspielschriften als eitel sündhaft verworfen, eine Sage die ohnedies nachträglich für falsch erklärt wurde. Der jüngere Krummacher ist ein Mann, wo nicht im besten Alter, doch in vollendeter Fülle. Sein reiches Lockenhaar das die offene, heiter glänzende Stirn umwallt, ist noch ungebleicht. Dies Auge kann wohl blitzen und im bangen Gemüth die Schauer der Gewitternächte Gottes auferwecken, aber es kann auch winken wie der Hirt sein liebstes Schäflein aus den Klauen des Wolfes wieder zu sich lockt. Diese klangvolle Stimme ruft das verirrte in der Wüste zu sich; sie ist schmetternd wenn es gilt den Hochmuth zu stürzen, lieblich kosend wenn sie die Heerde zu dem sanften Schirm und Schooß der Hürde beruft. In der That, ein großes Rednertalent der Kanzel entwickelte sich vor uns. Ohne diese Virtuosität des Vortrags, ohne diesen Wechsel der Stimme, ohne diese nicht künstliche, sondern naturkräftige rhetorische Gewalt sind seine Predigten, Schwarz auf Weiß genommen, unwirksam. Krummacher ist ein Virtuos dessen Compositionen nur von ihm selbst gespielt werden müssen. Und seinem Worte dient sein ganzer Körper. Wenn er sich schüttelt und bäumt, wenn er sich zusammenkauert und in Demuth hinknickt, wenn er bald in donnernder Rede mit den Händen den Zorn Gottes aus den Wolken herunterholt, bald leise flüsternd liebreich lockt und girrt, da wird einem der alte Spruch, ein Schauspieler könnt' einen Pfarrer lehren, ganz zu nichte, da hier der Pfarrer alle Komödianten durch Wahrheit, durch Kunst die ganz Natur ist, überflügelt. Krummacher ist nicht theatralisch auf der Kanzel, aller falsche Schimmer, alles hohle Pathos fehlt; er ist, wie wir sagen, wahrhaft dramatisch wirksam. Der Schnellkraft seines Wortes folgt die Action unwillkürlich, naturgemäß; alle Glieder seines Körpers sind beherrscht von seinem Willen, die Hörer willenlos beherrscht von seinem Wort. Er fühlt sich als der Liebling und als der Herrscher Derer zu welchen er spricht. Ich weiß nicht, wie weit dies Bewußtsein des Talentes sich in einem Kirchenlehrer offen verrathen darf. Aber es ist unverkennbar in diesem Redner, es strahlt aus seinem Antlitz, der leuchtende Funke seines Auges sagt es uns mit einer gewissen üppigen, aber kräftigen Zuversicht zu sich selbst. Wir haben hier einen Mann Gottes der sich ganz als Mann des Volkes fühlt. Er kennt die Begierden der Welt, durchdringt ihre Nothstände, weiß um ihre Sünden, schüttelt die Hartherzigen und streckt die Widerspenstigen zu Boden. Aber er gewinnt sie auch eben so schnell wieder für sich, er richtet sie auf, er flößt ihnen Zuversicht ein, sobald sie sich zu ihm flüchten. Und sie flüchten sich ja zu ihm, sie sind in Schaaren zu seinen Füßen gedrängt, und innerhalb dieser Wände wo er den Herrn verkündet ist Gott, draußen ist der Böse, drinnen ist das Heil, die Erlösung, zehn Schritte weiter Verdammung. Dies flößt das Gefühl ein, um ihn sei die Kirche Gottes gezogen, bis dort wohin das Wort seines Mundes dringt, ist Rettung und Seligkeit. Dies gibt der Heerde ein Gefühl der Innigkeit und Zugehörigkeit zum Hirten, aber auch ein kirchliches Gefühl voller Ausschließlichkeit, voll jener Selbstgenügsamkeit und unnahbarer Zuversicht wie wir sie an der mittelalterlichen Kirche tadeln. Die Herrschaft über die Gemüther ist vollendet, der Priester kann hier alles was er will mit seiner Gemeinde machen. Er winkt und sie folgen blindlings, er verheißt ihnen von der Höhe seines Berges das gelobte Land zu schauen, und sie schauen es sowie er es ihnen verheißt. Das sind unleugbar Wirkungen eines großen Talentes.

Ich weiß nicht wie weit es zufällig ist, ein Talent der Kanzel förmlich zu kritisiren. Aber dies Talent kritisirt an heiliger, unnahbarer Stätte die glorreichen Größen unseres Lebens, verdächtigt dem gemeinen Mann die Bildungswelt, stürzt vor seinen Augen die Säulen unserer Kultur zusammen. Ich fand mich überrascht von unleugbar genialen Wendungen in der Rede des Mannes, Wendungen die der besten Kraft unserer Literatur entnommen zu sein schienen. Kernsprüche voll Biedermannskraft wechseln bei ihm mit feinen, glatten Trugschlüssen wie sie den glänzendsten Sophisten unter unsern Philosophen geläufig sind. Die Welt der Kultur, des Geistes und Witzes, gegen die Krummacher zu Felde zieht, leiht ihm die Waffen zu seinem Kampfe. Er gibt uns den Beweis wie selbst ein Capuziner wenn er Geist hat, in Phantasie und Intelligenz ein Zögling der von ihm verdammten Zeitbildung sein würde. Früher, sagte man mir, sei der Dominicaner noch mehr in ihm lebendig gewesen. Die Kühnheit, seinen frommen Zuhörern Goethe und Schiller als von Gott Abgefallene und im Pfuhl der Hölle schmachtend zu schildern, wurde vielleicht nur von der Keckheit übertroffen, einzelne Mitglieder der Gemeinde wie sie da vor ihm saßen und unter uns wandeln, auf der Kanzel porträtgetreu und so handfaßlich zu charakterisiren daß jeder unter seinen Nebenmännern erschrocken sich umblickte und den Gezeichneten wirklich fand.

Krummacher sprach in seiner Missionspredigt zu Kronenberg über Lucas 12,36. vom wachenden Knecht. Er begann: Eine Stadt die auf dem Berge liegt, sagt der Herr, wird gesehen! Das reizte nicht wenig die Eigenliebe der Kronenberger; der Menge zu schmeicheln gehört zu einem Volksredner. Der wachende Knecht, hob er an, sieht zum Fenster hinaus. Was siehet der wachende Knecht? Es ist Nacht. Aber er lauscht auf die Zeichen der Zeit. Was sieht er? — In fürstlichen Häusern herrscht oft eine alte Sage daß beim Herannahen eines Verhängnisses die Gestalt einer Ahne erscheine. Das sind Fabeln. Aber Gestalten gehen um in der Nacht, wann der Tag kommt an welchem der Herr, das Licht der Welt, erscheinen wird. Die Schläfer sind verloren; aber der fromme Knecht merkt auf die Stunde und wachet. Er siehet die Zeichen der Zeit, die Gestalten des Verderbens. Welches sind die Gestalten des Verderbens unter uns? — Der getreue Knecht sieht ihrer mancherlei. Da wandelt in Scharlach gekleidet, den Mantel mit goldnem Gürtel gefestet, auf dem Rücken und auf der Brust ein goldnes Kreuz, eine gleisnerische Figur die höher denn je ihr Haupt wieder trägt. Eine Schaar drängt sich um sie und küßt ihr die Füße, und das stolze, aufgeschmückte Wesen mit der dreifachen Krone feiert seine besten Triumphe. Es ist das Thier in der Offenbarung von der es heißt, es werde sich wieder aufmachen und seine Wunden würden wieder heil werden, just wenn der Herr sein Wiedererscheinen auf Erden bezeichnet. Da merket der Knecht auf und denket: Ha, die Stunde ist da, der Herr wird kommen! Und wie er wieder zum Fenster hinausschaut, sieht er eine leichtfüßige, hochaufgeschürzte Dirne wohlgemuth einherwandeln. Sie wirft ihre Blicke nach der Welt um sich, ist heitern Sinnes und suchet wen sie fange. — Krummacher zeichnet Gestalten mit einer Handgreiflichkeit, er treibt seine Charaktermalerei bis zur sinnlichen Geisterschau. — Und diese Dirne die mit Allen liebäugelt, ihnen goldne Früchte in goldnen Schaalen verheißt: wer ist sie? Die menschliche *Vernunft* ist es die sich alle Ehren zuschreibt! — Das heißt freilich sich leichtes Spiel machen mit dem Rationalismus. — Und andere Gestalten der nächsten Zeiterscheinungen sind nur Kinder dieser Mutter alles Übels, wie er sagt. Der fromme Knecht sieht noch eine ganze Reihe von Gespenstern nächtlich umgehen. Da erblickt er eine im grauen Mantel, mit nackten Beinen, lauernden Blicken, kirschrother, blutgieriger Lippe, mit habsüchtigen Fingerkrallen. Sie schleicht wie der Iltis umher. Was will sie? In allen Nestern und Hühnerställen die Eier aussaugen, im Mutterleibe der Kuh das Kalb tödten. Es ist ein gottlos Handwerk das sie treibt, und die Leute schlagen sie doch nicht todt? fragt Krummacher. Wer ist sie? — Früher hat er unter dieser gespenstischen Gestalt vielleicht einen vom jungen Deutschland gemeint, sie alle zusammen in Figuren gezeichnet. Jetzt hätt' er, denk' ich, nicht übel Lust David Strauß und Bruno Bauer leibhaft zu citiren. Für gottlos haltet Ihr, ruft er, diese Gestalt des Zeitgeistes? Oho! sie ist nicht gott-los! Ich selbst bin Gott! sagt sie. Und sie glaubt sogar an eine Dreieinigkeit! Materialismus, Atheismus, Communismus ist die dreifache Gottheit die sie predigt. — Was weiß der Bauer von Gurkensalat! sagt man bei uns. Was wissen die Elberfelder Weber und Spinner von den Speculationen der Philosophen, von den Verirrungen der forschenden Vernunft? — Sie sollen auch nichts davon verstehen, aber sie sollen erfahren und wissen daß der Teufel noch immer in leibhafter Gestalt unter uns wandelt. Und in der That, die scheelen, furchtsam tückischen Blicke die unter den gesenkten Wimpern lauern, verrathen dir fast daß mancher seinen Nebenmenschen mustert als suche er nach dem Pferdefuß hinter seinen Stiefelabsätzen.

Aus alle dem also wittert der wachende Knecht daß der Herr nahe sei; aber der erste Hahnenschrei verkündigt noch nicht den Morgen, es will noch nicht tagen unter uns, die Gespenster gehen noch um. Thut denn aber der Herr keine Wunder mehr? — O ja, draußen, in der Ferne, bei wilden Völkern. — Und somit ging dann die Rede auf die Verbreitung des Christenthums über, die Missionspredigt erfüllte ihre Bestimmung. In der Wüste und Wildniß also feiert der Herr seine Triumphe im Siege des Glaubens? Unter uns hat er ein schwaches Leben, denn es ist noch Nacht und die wenigen Knechte die da wachen und auf ihn harren, drängen sich furchtsam zusammen um sich Trost zuzusprechen wenn die Nachtkobolde umgehen. So schwach ist also das Christenthum? Und das Häuflein der Wenigen, der Auserwählten, flüchtet sich scheu zu den Füßen seines Hirten; sie stecken die Köpfe wie die Schäflein zusammen wenn's donnert und beten mit ihm der sie Demuth lehrt, aber ihnen diese Demuth mit soviel süßem Dünkel würzt. Krummacher schmeichelt dem gemeinen Mann. Wenn sein frommer Knecht zum Fenster hinausschaut, sieht er in der dunkeln Nacht auch einige Lichter brennen. Ha! das sind die Ballsäle der Reichen die da glänzen, die Theaterhäuser die da erleuchtet sind, — und siehe! da fährt auch ein nachtgebornes Ungeheuer mit feurigen Nüstern, mit der Blitzesschnelle eines Dämon auf langgestreckten eisernen Schienen dahin! Locomotive nennt man das Ungethüm! — Lachet nur nicht! Auch dies was sich der Mensch in seinem Stolze zum Triumph anrechnet, auch diese Vermählung der Naturkraft mit seinem Witze, ist ein Werk des Bösen, dieweil es den Hochmuth des menschlichen Verstandes steigert. Eine Versammlung von Spinnern die ihre Hände in den Schooß legen, wenn der Fabrikherr eine neue Maschinenkraft an ihre Stelle setzt, muß das kitzeln. Ein Haufe von Fuhrknechten die für den Augenblick brotlos sind, wenn die Eisenbahn ihre Frachtwagen unnützt macht, muß das gewinnen. Der Redner gewinnt sie aber nur für sich, und den Armen, heißt es ja, wird das Evangelium gepredigt. Er gewinnt sie für das Christenthum, d. h. für das was er Christenthum nennt aller Entwicklung der Welt, aller Kraftentfaltung unserer Bildung gegenüber. Wäre dieser Haufe von Arbeitern sanguinischer Art, dieser Herrscher über die Gemüther könnte bis zu einem gewissen Grade — communistisch wirken. Gebt dem Priester die Macht, und er traute es sich vielleicht zu, einen communistisch theokratischen Staat zu gründen, in welchem der Mann Gottes als Gesalbter herrscht. Aber siehe! das Christenthum der Höhlen hat aufgehört, das Christenthum kann die Welt nicht mehr verfluchen, denn es hat von dieser Welt selbst Besitz genommen. Die Welt ist schon vertheilt und der Krummachersche Christ findet auch nicht einmal wie im Gedicht der Poet bei der Vertheilung der Erde den Himmel für sich übrig. Er findet höchstens da ein sehr bescheidenes Plätzchen.

---

4. Das Christenthum in Elberfeld; Doctor Kohlbrügge und die „Feinen"

Die Sekte deren geistlich Oberhaupt Doctor Kohlbrügge ist, umfaßt nicht die ganze Schaar der „Feinen", wie man hier die specifisch Frommen nennt. Die Feinen, gleichviel ob sie in Sammet und Seide einhergehen oder ein Kittel nothdürftig ihre Blöße deckt, sind die Auserwählten Gottes, die ächten Gralshüter von heute, die wahren und ausschließlichen Zionswächter. Ob du sonst ein ehrlich, werkthätig gutes Leben führst, ob du auf der Scholle Erde die Gott im großen Weinberge der Welt dir gab, im Schweiß deines Angesichts dein Brot erwirbst, ob du Gott feierst in seinen Werken, ob du Menschenwohl förderst mit all deiner Kraft: das sichert dich noch nicht vor der ewigen Verdammniß deiner Seele. Selbst wenn du sonntäglich an heiliger Stätte erscheinst, den Herrn zu loben und zu preisen, bist du noch meilenweit von der Gemeinschaft Derer geschieden die sich in ihrer sublimen Ausschließlichkeit für die wahren Werkzeuge Gottes halten, seiner Kindschaft ganz vorzugsweise zugehörig sind. Es ist wie eine unsichtbare Loge deren ägyptische Pforten dich aufnehmen, willst du der Gnadenwahl der Erleuchteten theilhaftig sein. Just deine frische Thatkraft, deins heiteres Pflichtgefühl womit du im Leben schaffst und werkelst, just deine milde Anerkennung anderer Menschen, anderer Christen, verdächtigt dich. Du hältst dich für erleuchtet, wenn du deinem Gott freudig dienst und auf sein Walten bauest, auf das Reich des Guten in den Schickungen des Einzelnen und der Völker vertraust! Arme Seele! Solange sie noch einen Schatten von dem was sie Rationalismus nennen, an dir wahrnehmen, gehörst du nicht zu den Benedeieten deren Stirn in süßer Weihestunde der Herr mit seiner Hand berührt. Deine Heiterkeit ist Weltlust, deine ruhige Verständigkeit eine verdächtige Sorglosigkeit, und je weniger du dich dem Glauben an die Übermacht des Teufels hingibst, desto sicherer hat er dich in seinen Klauen! O, diese Klauen des leibhaften Satan sind oft warm und weich, man merkt sie oft lange nicht und bleibt eingelullt in seinem tiefen Verderben! Da sitzt eben der ärgste Teufel wo man ihn nicht sieht und fühlt, wie jener Berliner Narr an der Ecke den Nebenmann fragte: Lule, weeßt de was der Deibel is? — Ne, Friede! — Greif mir mal in die Tasche! — Ich greife rin: es is nischt drin! — Ja, sagt Friede, das is eben der Deibel!

An den leibhaften Bösen muß man glauben, wenn man zu den Feinen in Elberfeld gehören will. Auch in ihrer Grobheit sind sie die Feinen, weil sie wie die Sensitiven gegen alles was ihnen weltlich scheint, Noli me tangere! rufen. Die ganz Feinen, eine Quintessenz aller pietistischen Auserlesenen, sind die Anhänger Kohlbrügge's, nach ihrem eigentlichen Haupte Karlisten genannt. Banquier Daniel v. d. Heydt, ein Bruder des Abgeordneten Elberfeld's auf dem Berliner Landtage, ist eine wesentliche Stütze dieser Sekte, die alte Frau v. d. Heydt nennen sie die Zionsmutter dieser kleinen Gemeinde. Das neue Religionsedict, ein Ausfluß königlichen Edelsinnes, hat ihnen jetzt offenen Spielraum gegönnt. Solange sie der Staat verfolgte, wär' es unrecht von der Literatur gewesen sie an's Licht zu ziehen. Sowie eine Kritik der Juden solange unstatthaft ist als ihnen der Staat ihre Rechte als Menschen vorenthält. Sind sie frei in ihrem Menschenwerth anerkannt, dann ist es Zeit ihr Wesen und ihren Glauben vor den Richterstuhl zu ziehen, und ich glaube, was todte Satzung und morsche Schlacke an ihnen ist, fällt dann von selbst zusammen. — Die Kohlbrüggianer dürfen sich jetzt als Religionsgesellschaft öffentlich ordnen; sie halten ihre Zusammenkünfte vorläufig im Saal eines Gasthauses, sie haben jetzt ihr Presbyterium ernannt; die Liste zu offenen Beitrittserklärungen ergab bei ihrer ersten öffentlichen Zählung 360 Mitglieder. Als äußerer Grund ihres Austritts aus der evangelischen Kirche geben sie die Einführung der Agende an. Wir wollen die *innern* Gründe ihrer Gemeinschaft untersuchen. Der Staat hat diese Separatisten von je sehr zart behandelt, ihre Contikel nie gestört. Sie halten keinen Feiertag den die evangelische Kirche feststellt, desto strenger die Sonntage, so streng daß an ihnen kein Kind spielen darf. Sie ließen schon seit Jahren nicht taufen, nicht confirmiren, keine Ehe kirchlich einsegnen. Das bürgerliche Gesetz verhängt Geldstrafen auf die Unterlassung der Kindertaufe. Sie zahlten pünktlich die Gelder, gaben aber der Aufforderung der Behörden keine weitere Folge. Zwangsmaßregeln kennt das Gesetz nicht in solchem Falle, Gendarmen mit denen man sonst nicht gerade blöde ist, wollte man doch nicht stillen frommen Leuten auf den Leib hetzen; also ließ man sie gewähren. Allen Nöthigungen unterwerfen sie sich stumm und willig. Sie hatten ihre Gemeinschaft nicht streng unter sich abgeschlossen, waren familienhaft viel verzweigt mit andern die sich nicht zur Sekte bekannten. Die Tochter des reichen Hauses das zu ihnen gehört, war an einen nicht Superfeinen verheirathet. Sie fragte bei ihrer Gemeinde an, ob sie das Kind das sie in dieser Ehe geboren, nach der gewöhnlichen Art protestantischer Christen taufen lassen dürfe. Ja! lautete der Bescheid, sie sei es dem Gatten schuldig! — So in aller Demuth sind sie den Gesetzen der Welt unterwürfig. Und in dieser Hülle der Demuth steckt doch der ganze Kern der unerschütterlichen Selbstgenügsamkeit ihres Glaubens, der ganze Dünkel ihrer Auserlesenheit vor Gott. Die Quelle ihres religiösen Empfindens ist eigenthümlich genug; wir finden hier die äußerste Spitze in der sich das evangelische Christenthum vergeistigt, aber zugleich mit seiner Substanz verflüchtigt hat. Diese Gläubigen halten unsere Geistlichen für nicht heilig und geistig rein genug, um aus ihren Händen das Abendmahl zu empfangen, unter ihren Segnungen taufen und confirmiren zu lassen. Sie verwerfen die Taufe weil Christus nicht getauft hat. Sie verwerfen manches andere im Neuen Testamente was Christus nicht entschieden geboten; sie gehen mit Vorliebe auf den alten Bund zurück, halten das Alte Testament für voller, reicher, für höher, wie es scheint. Das Abendmahl halten sie für so heilig daß sie es rein geistig genießen, sich selbst in ihrer Stimmung und Verfassung für so kräftig und gehoben daß sie es ohne Symbol, ohne Ceremonie, nur innerlich in Gedanken vollziehen. Das Symbol verschmähen sie, weil es nicht die ganze Sache selber sei, weil es verführe das Surrogat für dieselbe zu nehmen. Wer des Äußerlichen bedürfe, laufe Gefahr sich auf das Äußerliche zu verlassen, und es entgehe ihm unter dem Zeichen der innere Gehalt, unter der Formel der Gedanke, unter dem Symbol der Geist und die Erhebung des Gemüthes. Sie segnen auch nicht die Ehe kirchlich ein; sie lassen sie nur bürgerlich vollziehen. Welche Geheimnisse in den Beziehungen der Geschlechter bei ihnen obwalten, darüber will ich meiner Ahnung keine Worte leihen. Ich hörte Einen dieser Sekte sich freuen, heute das Abendmahl ganz rein genossen, sich mit der Schwester im Glauben gestern ganz geistig vermählt zu haben. Es fällt mir nicht bei, lästern zu wollen. Ich will blos, falls hier Unsinn vorliegt, wie Polonius sagt, die Methode darin auffinden. Wir haben hier die äußerste Verfeinerung des frommen Gefühls, die gesteigerte Vergeistigung des Verhältnisses der Kreatur zu Gott; das religiöse Bedürfniß scheint hier aller sinnlichen Elemente enthoben, aller äußern Unterstützung unbenöthigt zu sein. Nehme sich die Kreatur die sich aller Sinnlichkeit baar und ledig dünkt, sich der Welt der Sinne ganz entschlagen zu können vermeint, doppelt in Acht daß die in Geist getauchte Physis nicht irgendwie mit jäher Gewalt sich ungeahnet geltend macht, das feine künstliche Gewebe das sie umspinnen will, plötzlich mit dreister Hand zerreißt und alsdann wie ein Dämon, alsdann allerdings wie in leibhafter Gestalt der Böse durchbricht, all das erträumte Gefühl der Gottesweihe und Versunkenheit in Geist durcheinander wirrend, diese ganz durchduftete Erleuchtung der Seele verspottend und höhnisch verlachend! — Ich sage das nur aus psychologischer Hypochondrie, ich sage daß nur in meinem Gefühl von der Zerbrechlichkeit der Kreatur, von der Hinfälligkeit der menschlichen Seele die auch in der reinsten Gottgemeinsamkeit ihre schwindelhohe Annäherung an den großen Geist nicht ohne Strafe steigert. Ich habe Erleuchtete dieser Sekte gesprochen, bin auf ihre Gefühlswege eingegangen; aber ich spreche nicht aus Erfahrung, wohnte keiner Erbauungsstunde in der Schwestergemeinde bei. — Man versammelt sich zur frommen Betrachtung auch ohne Predigt, ohne Gesang. Sind Wort und Ton vielleicht auch noch zu sinnlich, zu arm, zu wenig die Unendlichkeit des Gefühls erschöpfend? In der Wonne der Demuth, aber auch in der Wonne der Hochempfindung ein kleines Häuflein Auserlesener vor Gott zu sein, sitzen sie dem Nichts und der Unermeßlichkeit brütender Gefühle hingegeben, darauf harrend ob der Geist sie beschleicht und reden oder handeln heißt. Jeder steigert seine Nervenaufregung bis zum geistigen Schwindel, bis auf jenen Moment wo er Erscheinungen hat und die Inspiration ihm Worte gibt. Dieser geistige Schwindel führt auch zur Verzückung der Sinne. Man weiß das von den Anachoreten und Heiligen in der Wüste. Man wußte in früherer Zeit auch von Herrnhutischen Ehegeheimnissen.

Es wird heilsam sein das Thatsächliche festzustellen. Wird in der Sekte Kohlbrügge's noch keine vollständige Fruchtentwicklung ersichtlich, so genüge es die Keimansätze zu betrachten. — Pastor Krummacher lieferte vor zwei Jahren in einigen Heften seiner „Palmblätter“ eine ziemlich strenge Kritik des Doctor Kohlbrügge und seiner Richtung. Halten wir uns an diese Erläuterungen; einer von den „Feinen“ darf ja wohl über die „ganz Feinen“ für einen getreuen Gewährsmann gelten. Es sind freilich keinesweges immer christliche Friedenspalmen die Krummacher schwingt; Hengstenberg in Berlin ist ja sein Landsmann.

Doctor Kohlbrügge ist aus Amsterdam nach Elberfeld gekommen. Zu wissen wo einer her ist, gibt mir immer schon den halben Menschen in die Hand. Hier ist das doppelt nöthig anzuführen, damit die sprachliche Unbeholfenheit des deutsch schreibenden Holländers manches erläutern und mildern helfe. Seine platte Derbheit führt ihn mitunter zu seltsamen Ausdrücken. Er spricht von der „Nahbeiheit Gottes", und meint damit Gottes Nähe. Oft ist die täppische Kraft seiner Rede von einer Eigenthümlichkeit die man nicht fortwischen, nicht abschwächen möchte. „Es *menschelt* mich an!" sagt dieser Fromme in gewissen Regungen. Das sind Ansichten, ruft er im Eifer, die ich „in meiner innersten Seele vor Gott *verpfuien* muß!" In seinem Streit wider die Einmischung weltlicher Machthaber in die Gebiete des Glaubens und Gewissens hat er nicht selten die Zelotensprache eines Abraham a Sancta Clara. „Die gleißnerischen Herren Staatsbeamten die groß und angesehen sind in der Welt! ruft er irgendwo aus. O sie prosperiren, sie halten sich wie Kabinettstücke und werden alt wie Talleyrand. Seid auf Eurer Hut, lieben Brüder, wenn sie kommen und schön mit Euch thun und Euch streicheln! Bitter sollte man nicht gegen sie sein; sind sie doch nur die Mistgabeln in der Hand des großen Gärtners und Pflegers!" Seine sinnliche Gleichnißrede ist in der Sprache des Alten Testaments geschult. „Menschen, sagte er, welche die Gottseligkeit als ein Werk ansehen das man nur am Sonntage zu verrichten habe, sind die Beile und Äxte die man an den Tempel Gottes legt!" Der „Nahbeiheit Gottes" soll der Fromme also jeden Tag, jede Stunde, jeden Augenblick inne sein. Vielleicht weil der Gottseibeiuns jeder Zeit leibhaft auf ihn lauert? „Der Teufel, sagt Kohlbrügge, hat besonders drei Erscheinungsformen in denen er sich an einen Verfolgten heranmacht. Entweder er kommt als ein alter, ehrwürdiger, im Dienst der Kirche ergrauter Gottesgelehrter der Dir scholastisch beweist, wie noth die Hülle sei für das Wesen. Oder er winkt Euch als Fürst zu sich heran, ist huldreich gnädig und will Euch zum Ritter schlagen. Oder er erscheint in Gestalt eines Eisbären der Euch selbst an den Küsten von Grönland noch kein Leben gönnt und Euch zu verschlingen droht!" — Ich fürchte, die feineren Anfechtungen des Fürsten dieser Welt sind dem wackern Holländer unbekannt geblieben; die Kultur „die alle Welt beleckt" ist auch am Teufel von heute nicht spurlos vorübergegangen.

Wegen schroffer Ausfälle gegen Andersgläubige, namentlich gegen einen Pastor welcher der „negativen Neologie" zugethan, war Kohlbrügge in Holland vom Predigtamt ausgeschlossen. In seiner Hartnäckigkeit wollte er seine Übereilung nicht eingestehen, nicht widerrufen; nach stürmischen Consistorialsitzungen in Amsterdam ward seine Amtsentsetzung beschlossen. Kohlbrügge wußte nicht aus, noch ein; er hungerte und hatte nicht wo sein Haupt hinlegen. Da las er sich zum Troste Evangelium Lucas, Caput 12, und schrie zum Herrn. Wie er vom Gebet sich erhob, fühlte er seine Taschen beschwert. Er griff hinein und siehe! er zog 20 Gulden hervor. Es geschah ihm mehrmals daß wenn er inbrünstig gebetet, eine unsichtbare weiche Hand ihm eine harte Thalerdüte in den Rockschoß gleiten ließ. Das nannte er das sichtbare Eingreifen Gottes. Er studirte Calvin, er wollte in Utrecht zur reformirten Gemeinde übertreten. Allein um der brüderlichen Beziehungen zur glaubensverwandten Confession der Lutheraner willen wollten ihn die Reformirten in Holland nicht aufnehmen. Die Kirche wollte hüben und drüben nichts als Ruhe. Und so war er denn aus aller kirchlichen Gemeinschaft ausgestoßen. Er erkannte seitdem *keine* Kirche an, sprach nur von sogenannten Kirchen, zog für sich und seine Sache das freie blanke Schwert Gottes und ward der homiletische Posaunenbläser der ein kleines Häuflein um sich sammelt und in dem engen Gottesackergehege dieser Gemeinde mit seinem Feuereifer über den reinen Glauben Wache hält, und wenn's nicht anders ist, die Todten aufruft weil Zion in Gefahr. Er erschien als Gast im Wupperthal und fand dort bereite Gemüther die gegen die verweltlichte evangelische Kirche eifern, wie das Lutherthum ehedem gegen die Verweltlichung der römischen predigte. Die Union der Lutherischen und Reformirten, auf weltlichen Befehl vollzogen, rief manche Sektenspaltung hervor und trieb diese Separatisten dazu, sich vor der Welt zurückzuflüchten in die formlose, lautlose Stille einer Gottinnigkeit die keines Zeichens, keiner Formel, keines Symbols bedarf, in aller Äußerlichkeit vielmehr einen Abfall vom Geiste sieht. Seit 1835 mit der neuen Kirchenordnung für Rheinland und Westfalen datirt das Separatistenwesen in seiner Hartnäckigkeit. Die evangelische Kirche erschien ihnen eine abgefallene Babel. Des verfälschten, seiner Innigkeit und Reinigkeit beraubten Gottesdienstes enthielten sie sich, und um den Glauben vor aller Verweltlichung zu retten, verschmähten sie alle äußerliche, sinnliche Bethätigung im Genuß und Vollzug der Sacramente. Fasten und leiblich sich bereiten thut's freilich nicht! hatte Luther gesagt. Wasser thut's auch nicht! sagten die Separatisten im Wupperthal, und tauften nur durch Gebet, zumal da ja Christus selbst niemand taufte. Die Reformatoren hatten allen Werkeldienst, alle Werkthätigkeit verschmäht. Die Separatisten gingen noch einen Schritt weiter und enthielten sich aller äußeren Zuthat die ein Sinnbild der innern Bedeutung sein solle, den Menschen aber so leicht verführe, im Zeichen schon die Sache zu sehen, sich mit jenem schon zu begnügen und diese damit für erledigt zu halten. Sie ließen nicht confirmiren, nicht trauen, weil die Hand des Priesters nicht rein genug sei den Act zu vollziehen. Gott solle man nur dienen im Geist; in stiller Beschaulichkeit und im Gebet könne man allein sich ihm nahen, jeder müsse sich selber Priester sein. Das ist der schöne Punkt in diesem Pietismus; zu dieser Verinnigung und Vertiefung hat es hier der Protestantismus, sich alles äußern Dienstes entschlagend, in seiner Folgerichtigkeit gebracht.

Wie anders der katholische Glaube! Während der Protestant das Äußere in's Innere zurückflüchtet, hat der katholische Glaube umgekehrt von innen nach außen den ganzen Gehalt in die Form gelegt. Schon Zwingli war in der Abendmahlslehre mit seinem: das *bedeutet!* um vieles geistig abstracter als Luther mit seinem: das *ist!* Das katholische Dogma erledigt allen Inhalt des Glaubens im Ceremoniell, die Hostie ist hier der ganze Gott. Die Messe wird objectiv vollzogen, ob Gläubige sich daran betheiligen oder ob nicht. Das Mysterium der Wandlung steht so fest und ist so tief daß es ohnedies kein gläubiger Sinn ganz erschöpft. Welchen Grad der Erhebung und Befähigung Dein Gemüth dabei erlebt, ist nicht gleichgültig, aber stört oder bedingt nicht die Gültigkeit der heiligen Handlung. — Für den Protestanten ist Gott nur da wenn sein Gemüth bereit ist ihn zu empfangen. Dem Katholiken genügt es wenn der Priester den Act vollzieht. Das Ceremoniell des Actes ist in seiner Kirche umdeswillen so reich, so ausgestattet mit den Reizen aller Künste, um den sinnlichen Menschen wenigstens heranzulocken in die Nähe des großen Gottes, in dessen geheimnißreiches Wesen ganz einzugehen ihm ja doch unmöglich bleibt. — Der evangelische Christ entschlägt sich aller sinnlichen Welt um dem Geist Gottes eine reine Stätte in sich zu bereiten. Der heilige Act ist dem Katholiken gültig, auch wenn der Priester als Mensch unwürdig ist. — Dem Evangelischen ist es der höchste Triumph seiner Frömmigkeit, aller Vermittlung entbehren zu können; ihm ist Christus einzig der Mittler und jeder Fromme soll ihm ein dienender Priester sein. — Bis zu dieser Feier der Erleuchtung und Gottgemeinschaft hat es der Pietismus in seiner reinsten Gestalt gebracht. Es ist das edelste Extrem des Christenthums in dieser Richtung.

In Doctor Kohlbrügge ist ein solch Gemisch von platter Derbheit, Vergeistigung und Weltentsagung, daß er wohl nicht als ein ganz reiner Ausdruck dieses Pietismus gelten kann. Erläutern wir noch zwei Punkte seines Glaubens den vielleicht nur der Eifer des Widerspruchs erzeugt hat. Kohlbrügge erkennt auch keine Dreieinigkeit, keinen Christus an, der die Welt vom Bösen erlöste. Daß die Reinheit in Christi Natur unsere Sünde gesühnt, darüber ist Kohlbrügge's Pietismus schon hinaus. Meint er vielleicht in Christi Natur so eingegangen zu sein daß er sich mit ihm verwechseln darf? An die Höllenfahrt Christi glaubt er sehr stark, wie denn die Gewalt des Bösen nach seiner Lehre fast als eine Übermacht in Gottes Welt erscheint. Alle Kinder in Adam sind der Verdammniß verfallen und von dieser Verdammniß erlöst sie kein Zweiter, kein Mittler. — Soll also jeder vielleicht — nicht blos sein eigner Priester — auch wohl gar sein eigner Christus sein? — Bis auf welche zitternde, schwindelnde Spitze stellt sich hier der Pietismus! Ist das der Triumph der Demuth die mit diesem Dünkel dann endet? Läuft der Heilige, der erst die Welt verfluchte und dann Gott lediglich in sich selber sucht, nicht leicht Gefahr auch den Trieb der Sinne der in seiner Sterblichkeit doch nicht ganz erlischt, zu sanctioniren? Und läuft in den allerhöchsten Nervenreiz frommer Verzückung, wo wir uns der Welt am fernsten und Gott am nächsten wähnen, nicht eben irgend ein Zug der Sinnlichkeit heimtückisch dazwischen, dergestalt daß wir die Kreatur glorificiren, während wir Gott ganz keusch und rein und in aller Weltentfremdung zu feiern meinen?

Ich stelle diese Fragen ohne Antwort hin. Jener Jesus von Nazareth ist nach Kohlbrügge kein Gott. Und wenn der Orthodoxe den rationellen Christen verdammt der lediglich den Menschen in Christo sieht, so nehme er sich in Acht, daß nicht in seinem eignen Schooße der frömmste Dünkel zu gleichem Ergebniß komme! Wir haben hier den sublimsten Pietismus der sogar über Christus hinaus zu sein glaubt und ihn also für einen Sohn Adams hält. Christus ist nach Kohlbrügge geboren wie ein Kind Adams von unsern Müttern. „Ach des Stolzes, Undanks und der Herzenshärte des Menschen! ruft Kohlbrügge aus. Daß er nicht verstehen will was es heißt: Jesus der Gesalbte ist in Fleisch gekommen, das Wort ward Fleisch! Da macht er sich einen Heiland und *zweiten Gott,* um ihn wider einen ersten hinstellen zu können, damit er seine Complimentsschuldigkeiten ihm entrichte. Dazu erheuchelt er sich einen *dritten Gott,* um mit dessen Hülfe seines zweiten, gemachten Gottes sich zu entledigen. Oder aber er dämonisirt sich aus Jesus ich weiß nicht was für einen zweiten Himmelsmann, und aus dem heiligen Geist ein Gehirn- und Gefühlswesen, und so, während Gottes Seligkeit ihm vor Augen liegt, entschlägt er, Fleisch, Staub und Asche, sich selbst des Trostes des heiligen Geistes“*.

Dem Glauben, wenn er orthodox ist, werfen wir vor, er verfestige allzusehr den Inhalt und die Überlieferungen der Religion. Hier ist ein Pietismus der den Gehalt allzusehr verflüchtigt, indem er ihn gleichsam überfein destillirt. Nur daß Maria den Jesus im Glauben empfing, sagt Kohlbrügge, nur daß sie *glaubte,* ihr und Josephs Sohn würde heilig sein, hat ihn heilig gemacht. — Man könnte hier Sophistik wittern und doch ist es nur eine Folgerichtigkeit der Schwärmerei die bis zur Grenze führt wo die Verirrung beginnt. Gott, sagt Kohlbrügge, vollbringt auch in Sündern, durch Sünder und trotz der Sünder seinen Willen. Er verweist in der Genesis Kapitel 38. auf Thamar die durch Buhlkünste ihren Schwiegervater verführt, um die Verheißung daß die Stammlinie Christi in ihr weiter laufe, gewaltsam zu verwirklichen. Wer,

* Siehe Krummacher's *Palmblätter,* November- und Decemberheft 1845.

fragt Kohlbrügge, hat wohl nicht beim Lesen dieser Geschichte den Kopf geschüttelt? Aber unser, durch dies Kapitel beleidigtes moralisches Gefühl *taugt nicht!* sagt er. Thamar *gab sich selbst daran,* ohne darauf zu achten ob das Sünde sei oder ob nicht! Das ist ihr Triumph, der Triumph des Glaubens! — Wer im Glauben wandelt, sagt Kohlbrügge, kann selbst sündigen, und Gott führt ihn doch wie Er will! König David mit der Bathseba wird als Beleg dazu vorgeführt. — Dem Reinen ist also alles rein? — Dem Glauben wenigstens, wie es scheint, ist alles möglich!

Und nun klage man noch die Schüler des heiligen Loyola an, die da meinten, man sündige nur wenn man zu sündigen *glaube!* — Ich glaube nicht blos daß man zu sündigen aufhört, sobald man nur zu sündigen glaubt. Ich glaube sogar daß man auch zu glauben aufhört, sobald man nur zu glauben *glaubt.* — Spiegelfechterei des armen menschlichen Gehirns!

Jürgen Reulecke

Das „Elberfelder System" als Reiseziel – Johann Hinrich Wichern (1857), William Rathbone (1871), Andrew Doyle (1871)

Die vielen Forschungen der letzten Jahrzehnte über das Wuppertal im 19. Jahrhundert haben nicht nur deutlich unterstrichen, daß hier die deutsche Industrialisierung mit am frühesten eingesetzt hat, sondern auch gezeigt, daß von hier wichtige Bestrebungen ausgegangen sind, die sozialen Folgen des modernen Fabrikwesens zu bewältigen. Radikale Konzepte zur Überwindung des bürgerlichen Gesellschaftssystems wurden hier ebenso entwickelt wie Strategien, durch eine Verbesserung bzw. Modernisierung herkömmlicher Mittel die „soziale Frage" zu lösen und die immer bedrohlicher werdenden Unterschichten in die Gesellschaft zu integrieren. Das Spektrum reicht von Friedrich Engels und Moses Heß mit ihrer Agitation für sozialistisches und kommunistisches Gedankengut über Gregor Breuer und Adolf Kolping, welche die katholische Gesellenvereine ins Leben riefen, bis hin zu Johannes Schuchard, von dessen christlich-patriarchalischem Mitgefühl für die „Fabrikkinder" einer der wichtigsten Impulse ausging, die schließlich zum Kinderschutzregulativ von 1839 führten: dem ersten (wenn auch noch recht wirkungslosen) modernen sozialpolitischen Gesetz in Deutschland. Neben verschiedenen weiteren Initiativen gehört als eine besonders bemerkenswerte und in der zweiten Hälfte des 19. Jahrhunderts in vielen in- und auch ausländischen Städten diskutierte Einrichtung das „Elberfelder System" der Armenpflege[1] mit in diese Reihe von Antworten auf die „soziale Frage".

Nach verschiedenen ersten Anläufen in den Jahrzehnten vorher gelang vor dem Hintergrund einer ständig wachsenden Belastung des städtischen Haushalts mit Armenpflegeaufwendungen Anfang der 1850er Jahre in Elberfeld durch das Engagement mehrerer angesehener Bürger, allen voran des Bankiers Daniel von der Heydt, sodann der Fabrikanten Gustav Schlieper und David Peters sowie des Oberbürgermeisters Emil Lischke, der Durchbruch zu einem neuen, effektiven und auf Dauer kostensparenden Armenpflegesystem in städtischer Regie[2]. Am 1. Januar 1853 trat die „Neue Armenordnung für die Gemeinde Elberfeld" in Kraft, welche die Stadt in zehn, später achtzehn Armenpflegebezirke aufteilte. Eine siebenköpfige städtische Deputation stand an der Spitze des Systems; ihr unterstanden die Vorsteher der einzelnen Bezirke, die wiederum in je fünfzehn Unterbezirke = Quartiere aufgeteilt waren. Die Bezirksvorsteher leiteten die große Zahl ehrenamtlicher Armenpfleger an, insgesamt über 250, denen jeweils zunächst etwa sechs, später nur bis zu höchstens

---

1 S. dazu zuletzt ausführlich *Giovanna Berger:* Die ehrenamtliche Tätigkeit in der Sozialarbeit — Motive, Tendenzen, Probleme — dargestellt am Beispiel des „Elberfelder Systems", Frankfurt/Main u. a. 1979.

2 *Hermann Herberts* weist allerdings darauf hin, daß die „Vaterschaft (des Elberfelder Systems) auf diesen Personenkreis nicht zu begrenzen" sei, und hebt besonders Lischkes Anteil hervor; s. *ders.:* Alles ist Kirche und Handel . . . Wirtschaft und Gesellschaft des Wuppertals im Vormärz und in der Revolution 1848/49 (= Bergische Forschungen, Bd. XII), Neustadt/Aisch 1980, S. 229 f.

vier Armenfamilien zur Betreuung zugewiesen waren. Diese Familien hatten sie mindestens alle zwei Wochen zu besuchen, wobei sie prüfen mußten, ob die Voraussetzungen zur Armenhilfe weiter fortbestanden. Außerdem sollten sie die ihnen Anvertrauten beraten, ihnen eventuell Arbeitsplätze vermitteln und ihren Lebenswandel kontrollieren. Wer sich unwürdig verhielt oder eine ihm nachgewiesene Arbeit nicht annahm, schied sofort aus dem Kreis der Unterstützten aus. Die Entscheidung zur Weitergewährung der Armenhilfe konnten die Armenpfleger — im Volksmund bezeichnenderweise auch „Pottkieker" genannt[3] *— selbst fällen, eine Bestimmung, die jeden einzelnen von ihnen in dieses System der Sozialdisziplinierung fest einband und ihnen ein Stückchen Macht verlieh*[4]*, von ihnen aber auch ein entsprechendes Pflichtethos verlangte, bzw. — so in § 1 der Instruktion für die Armenpfleger — die Bereitschaft „zu einer würdigen Führung des Amtes der* Liebe *und des* Ernstes*; — der Liebe, um mit wohlwollendem Herzen in Freundlichkeit zu pflegen, und des Ernstes, um mit Festigkeit zu verhindern, daß die Gaben nicht zur Trägheit und zum Müßiggange führen oder gar im Dienste des Lasters vergeudet werden."*[5] *Ökonomische Zwänge verbanden sich hier also mit dem christlich-patriarchalischen Fürsorgeprinzip der „Hilfe von Mensch zu Mensch", deutliche Disziplinierung der Armen zur Aufrechterhaltung der öffentlichen Ordnung mit der Vorstellung, daß eine intensive Erziehung zur Arbeitsamkeit den einzelnen befähigen werde, seine Armut zu überwinden.*

Der Erfolg des Elberfelder Systems in den folgenden Jahren ließ es bald zum „Gegenstand aufmerksamster Beachtung"[6] *in anderen Großstädten werden; die Stadtverordneten von Barmen folgten dem Beispiel der Nachbarstadt im Jahre 1863*[7]*; Krefeld schloß sich 1864, Altona 1866 an, und in den 1880er Jahren war das Elberfelder System ein „stehendes Thema" bei den Städtetagen und breitete sich immer mehr aus. Besucher aus anderen Städten reisten in großer Zahl ins Wuppertal, um sich an Ort und Stelle über die Organisation und Wirkungen des Systems zu informieren*[8]*.*

Drei solcher Berichte von Reisenden, die sich für das Elberfelder System interessierten, werden im folgenden abgedruckt. Der erste stammt von einem Mann, der sich selbst seit den frühen 1830er Jahren als Anreger einer aus erneuerter christlicher Nächstenliebe entspringenden Hilfe für die Armen einen Namen gemacht hatte. Johann Hinrich Wichern (1808—1881), aus Hamburg stammend und nach einem

---

3 S. zum Beispiel: Die kleine, mühselige Welt des jungen Hermann Enters, hg. von *Klaus Goebel/Günther Voigt*, 3. überarb. Aufl. Wuppertal 1979, S. 36.

4 Hierzu ausführlich *Bernd Weisbrod:* Wohltätigkeit und „symbolische Gewalt" in der Frühindustrialisierung. Städtische Armut und Armenpolitik im Wuppertal, in: *Hans Mommsen/Winfried Schulze* (Hg.): Vom Elend der Handarbeit, Stuttgart 1981, S. 334—357.

5 Instruction für die Armenpfleger und Bezirksvorsteher der städtischen Armenverwaltung in Elberfeld, beschlossen in der Gemeinderaths-Sitzung vom 28. December 1852, hier zit. nach dem Abdruck in: 1853—1978. Zum 125jährigen Jubiläum des ‚Elberfelder Systems', hg. von der Stadt Wuppertal, Wuppertal 1978, S. 4.

6 *Emil Muensterberg:* Die deutsche Armengesetzgebung und das Material zu ihrer Reform, Leipzig 1887, S. 504.

7 S. *Wolfgang Köllmann:* Sozialgeschichte der Stadt Barmen im 19. Jahrhundert, Tübingen 1960, S. 170 f.

8 S. zum Beispiel die ausführlichen Berichte über das Elberfelder System bei *Arwed Emminghaus:* Das Armenwesen und die Armengesetzgebung in europäischen Staaten, Berlin 1870, und *Victor Böhmert:* Das Armenwesen in 77 deutschen Städten und einigen Landarmenverbänden, Dresden 1886, außerdem *Muensterberg* (s. Anm. 6).

Theologiestudium in Göttingen und Berlin auch wieder in Hamburg zunächst als Oberlehrer tätig, hatte aufgrund von Erfahrungen mit den erbärmlichen Lebensbedingungen der Hamburger Unterschichten den Plan entwickelt, sog. „Rettungshäuser" zu gründen, „um so für den Schutz und die Erziehung der in den Proletariervierteln frei und ungezügelt lebenden verwilderten Jugendlichen zu sorgen"[9]. *Im Jahre 1833 entstand in Horn bei Hamburg mit Hilfe reicher Gönner das „Rauhe Haus" als erstes Experiment dieser Art. Unter Wicherns Leitung entwickelte es sich in den folgenden Jahren u. a. zu einer vielgerühmten Ausbildungsstätte für evangelische Pädagogen, Stadtmissionare, Reiseprediger und „Hausväter" von Waisenhäusern. Seiner Grundidee einer inneren Erneuerung der christlichen Liebestätigkeit in einer Zeit des rasanten Verfalls aller sittlichen Haltepunkte konnte der stark von der Erweckungsbewegung geprägte Wichern 1848 eine erhebliche Verbreitung verschaffen, als es ihm gelang, bei der „Wittenberger Versammlung für die Gründung eines deutschen evangelischen Kirchenbundes" die „Innere Mission" ins Leben zu rufen — eine innerkirchliche Bewegung, welche die schon bestehenden Bestrebungen für die Armen-, Kranken- und Waisenfürsorge bündeln, ihnen ein einheitliches Konzept geben und sie als Mittel zu einer „sozialen Wiedergeburt" des ganzen Volkes nutzen wollte*[10]. *Wichern trat in den folgenden Jahren durch eine große Zahl von Artikeln und Vorträgen sowie auf vielen Inspektionsreisen für die Ausbreitung der Inneren Mission ein. Auf einer dieser Reisen — im Sommer 1857 — besuchte er, von Münster kommend, Elberfeld, informierte sich hier über das religiöse Leben und besonders das Elberfelder System*[11] *und reise dann weiter nach Kommern in der Eifel, wo er die Prinzipien der staatlichen Erziehungsanstalt Steinfeld einer kritischen Prüfung unterzog.*

Wicherns Verhältnis zu den Initiatoren des Elberfelder Systems war zwiespältig. Einerseits war ihre Leistung für ihn der schlagende Beweis, „was innere Mission auch in einer großen Stadt vermag"[12]*; andererseits kritisierte er ihre Auffassung, das System solle nur — wie sie ausdrücklich betont hatten — vorübergehend unter städtischer Regie bleiben und so schnell wie möglich wieder „vertrauensvoll . . . in die neu gekräftigten Hände einer lebendigen Kirchengemeinschaft" zurückgelegt werden*[13]. *Wichern hielt dem entgegen, daß „auch die Obrigkeit, als Glied im Reiche Gottes, eine bestimmte Aufgabe in diesem zu erfüllen" habe*[14]*, dabei aber vom Geiste christlicher Liebe durchdrungen werden müsse. Das Elberfelder System sei ein hervorra-*

---

[9] Zu Wichern s. vor allem *Martin Gerhardt:* Johann Hinrich Wichern. Ein Lebensbild, 3 Bände, Hamburg 1927—1931; außerdem *William O. Shanahan:* Der deutsche Protestantismus vor der sozialen Frage 1815—1871, München 1962, bes. S. 83 ff.

[10] Ebd., bes. S. 236 ff.; außerdem *Friedrich Mahling:* Die Innere Mission, Gütersloh 1937, und *Johannes Steinweg:* Die Innere Mission der evangelischen Kirche, Heilbronn 1928.

[11] Von dieser Reise stammt der im folgenden abgedruckte Brief Wicherns an seine Frau vom 30. Juli 1857; er ist dem Band II der Gesammelten Schriften Wicherns, hg. von *J. Wichern,* Hamburg 1901, S. 475—478, entnommen.

[12] *Johann Hinrich Wichern:* Abermalige Bemerkungen zur Armenpflege. Diskussionsbeitrag auf dem zehnten deutschen evangelischen Kirchentag (1858), abgedruckt in: *Johann Hinrich Wichern:* Sämtliche Werke, hg. von *Peter Meinhold,* Bd. III/Teil 1, Berlin/Hamburg 1968, S. 224. Der Diskussionsbeitrag erfolgte als Reaktion auf einen Vortrag Emil Lischkes vor dem Kirchentag über das Elberfelder System; s. dazu die folgende Anmerkung.

[13] Zit. nach *Theodor Schober:* Die geistigen Grundlagen des „Elberfelder Systems", in: 1853—1978 (s. Anm. 5), S. 26. Schober wertet hier die in Anm. 12 erwähnte Rede Lischkes aus.

[14] *Wichern,* Abermalige Bemerkungen (s. Anm. 12), S. 224.

gendes, vorbildliches und auszubauendes Beispiel, wie eine solche Durchdringung der öffentlichen bürgerlichen Armenpflege mit „den höheren Aufgaben der christlichen Gemeinde" erfolgen könne.

Solche feinen Beurteilungsunterschiede bewegten die beiden anderen Besucher Elberfelds fünfzehn Jahre später dagegen nicht. Sie kamen mit der Erfahrung von Auswirkungen eines Armenpflegesystems, das Wichern schon 1855 als Fehlentwicklung und falschen Weg kritisiert hatte[15]*: der durch den Staat qua Gesetz dekretierten Armenfürsorge. Ihr Grundfehler sei — so Oberbürgermeister Lischke in deutlicher Absetzung von diesem Lösungsweg — „das äußerliche, amtliche, tote Wesen, welchem der Arme nicht mehr eine Persönlichkeit, sondern ein Gegenstand geworden" sei*[16]*. England galt in diesem Zusammenhang als besonders negatives Beispiel. Hier waren 1834 die älteren Armengesetze durch eine Novelle erheblich zugespitzt worden*[17]*. Unter dem Eindruck einer massenhaften Verarmung in den Jahren vorher griff die Regierung zu einer radikalen Methode, die an die Stelle der bisherigen Bestrebungen zur Eindämmung der Armut die Abschreckung vor Verarmung setzte: Da Armut als persönliche Schuld des einzelnen angesehen wurde, sollten alle arbeitsfähigen Personen, die keine Arbeit nachweisen konnten, in zuchthausähnlichen Arbeitshäusern zur Arbeitsdisziplin erzogen werden. Armut war so geradezu zum Verbrechen gestempelt, das ausgerottet werden mußte.*

Kritik gegen diese rigide Auffassung wurde schon bald laut und nahm seit Mitte des Jahrhunderts, als der geringe Erfolg solcher Armenpolitik durch den Staat sichtbar wurde, erheblich zu. Um vor allem den „verschämten Armen", die nach außen den Makel der Armut zu verbergen suchten, zu helfen, entstand in einer Reihe von Städten aus bürgerlicher Initiative eine private Wohlfahrtspflege, die nach neuen Wegen zur Bekämpfung des Pauperismus suchte. Einer der Wortführer dieser Bestrebungen war William Rathbone (1819—1902). Er stammte aus einer reichen Kaufmannsfamilie in Liverpool, hatte u. a. in Heidelberg studiert und sich zunächst neben seiner kaufmännischen Tätigkeit in seiner Heimatstadt für den Aufbau eines Netzes von Säuglings- und Krankenpflegestationen eingesetzt[18]*. 1868 wurde er als liberaler Abgeordneter ins Unterhaus gewählt. Ein Jahr vor seiner Wahl hatte er eine Broschüre veröffentlicht, in der er für ein System freiwilliger Armenhilfe durch ehrenamtliche Helfer eingetreten war*[19]*. In diesem Zusammenhang war er auf Nachrichten über das Elberfelder System gestoßen und überredete nun den Präsidenten des Local Government Board, der englischen Zentralbehörde für die — vor allem gesundheitspolitischen — Gemeindeangelegenheiten, einen versierten Armeninspektor nach Elberfeld*

---

15 Vgl. *ders.:* Über Armenpflege, a. Über kirchliche, bürgerliche und freiwillige Armenpflege (1855), in: Sämtliche Werke, Bd. III/Teil 1 (s. Anm. 12), S. 28.

16 *Lischke,* zit. nach *Schober* (s. Anm. 13), S. 26.

17 S. hierzu und zum folgenden *Derek Fraser:* Das Armengesetz und die Ursprünge des britischen Wohlfahrtsstaates, sowie *Michael E. Rose:* Die Krise der Armenfürsorge in England 1860—1890, beide Aufsätze in: *Wolfgang J. Mommsen* (Hg.): Die Entstehung des Wohlfahrtsstaates in Großbritannien und Deutschland 1850—1950, Stuttgart 1982, S. 17—39 und S. 57—78.

18 Zu Rathbone s. *Eleanor F. Rathbone:* William Rathbone. A Memoir, London 1905; außerdem Art. „William Rathbone" in: The Dictionary of National Biography, Second Supplement, London 1912, S. 161 f.

19 *William Rathbone:* Social Duties, considered in Reference to the Organisation of Effort in Works of Benevolence and Public Utility, Liverpool 1867; vgl. hierzu *Margaret B. Simey:* Charitable Effort in Liverpool in the 19th Century, Liverpool 1951, bes. S. 105 ff.

zu entsenden, der die Prinzipien und Wirkungen dieses Systems untersuchen und darüber Bericht erstatten sollte. Tatsächlich wurde daraufhin 1871 der Inspektor Andrew Doyle zusammen mit dem für Gewerbefragen zuständigen Referenten im Außenministerium J. A. Crowe auf die Reise geschickt; auch William Rathbone fuhr nach Elberfeld; alle drei trafen sich dort Ende Oktober 1871 und ließen sich gründlich über das Elberfelder System informieren[20].

Der Bericht, den Doyle sofort nach der Rückkehr seinem Auftraggeber erstattete und der 1875 in erweiterter Form in einem Sammelband des Local Government Board veröffentlicht wurde[21], *blieb jedoch zunächst einmal ohne Wirkung; auch Rathbone war in der Folgezeit so sehr mit politischen Verpflichtungen überhäuft, daß er erst siebzehn Jahre später — 1888 — auf seine Erfahrungen von 1871 zurückgreifen konnte und noch einmal eine Untersuchungskommission nach Elberfeld senden ließ. Zwar gelang auch diesmal mit dem neuen Material kein Durchbruch gegen die auch weiterhin gültigen Prinzipien des Armenpflegegesetzes*[22], *doch wurden jetzt zentrale Elberfelder Organisationsprinzipien — vor allem der Besuch und die Beratung armer Familien durch „friendly visitors" — durch die „Liverpool Central Relief Society", einen Zusammenschluß aller privaten Wohltätigkeitsorganisationen in Liverpool, übernommen und später auch in anderen englischen Städten nachgeahmt*[23].

Johann Hinrich Wichern (1857)

Elberfeld, den 30. Juli 1857.

Am liebsten führte ich Dich selbst in das schöne, durch Natur und Menschenfleiß unter Gottes Segen so reich ausgestattete Wupperthal, in welchem fast alles anders ist als anderswo im Vaterland. Schon der erste Blick zeigt, daß sich hier ein großer Reichtum entwickelt hat — und ferner entwickeln wird, der sich an die Ausbeutung durch das Fabrikwesen anschließt. Die stattlichen Häuser der Fabrikherren erinnern an unsere Hamburger Kaufmannshäuser, wiewohl sich bei uns das Vermögen doch wohl noch gleichmäßiger verteilt als hier, wo die Fabriken Tausende von nichtshabenden und nicht vorwärtskommenden Fabrikarbeitern erzeugen. Von großem Interesse ist für mich die Bekanntschaft mit dem hiesigen Oberbürgermeister Lischke gewesen, den ich infolge eines früheren Zusammentreffens bei dem Minister Simons

[20] Ebd., S. 109 f., außerdem *Rathbone:* A Memoir (s. Anm. 18), S. 370 ff., und *William Rathbone:* A letter addressed to H. G. Willink, Liverpool 1887, S. 5.

[21] Der im folgenden abgedruckte Text *Andrew Doyles,* übersetzt durch den Bearbeiter ebenso wie der Brief Rathbones, der sich in *Rathbone,* A Memoir, S. 280 f., befindet, entstammt den Reports of the Commissioners of the Local Government Board, vol. XXVIII, 1872, S. 256—265. Die erweiterte Fassung erschien unter dem Titel: The Poor Law System of Elberfeld, in: Poor Laws in Foreign Countries. Reports Communicated to the Local Government Board by Her Majesty's Secretary of State for Foreign Affairs, London 1875, S. 344—365. S. dazu auch *Rose,* Krise der Armenfürsorge (s. Anm. 17), S. 74 f.

[22] Vgl. Report from the Select Committee of the House of Lords on Poor Law Relief, London 1888 (= British Parliamentary Papers, Poor Law, vol. 27, Session 1888), bes. S. 452 f.

[23] Vgl. *Simey,* Charitable Effort (s. Anm. 19); außerdem *Charles S. Loch:* The Elberfeld System, London 1903, Einleitung; *Thomas Mackay:* A History of the English Poor Law, vol. III: From 1834 to the present time, London 1899, bes. S. 542, sowie *A. F. Young/E. T. Ashton:* British Social Work in the nineteenth Century, London 1956, bes. S. 79 f.

in Berlin (mit dem er verwandt ist) gestern nachmittag aufsuchte und der mir gestern und heute morgen jedesmal mehrere Stunden widmete. Daß der Mann mehr als sein Oberbürgermeistergehalt zu verzehren hat, sieht man beim Eintritt in seine Wohnung. Er ist der Schwiegersohn des reichen Herrn Daniel von der Heydt, Bruders des Handelsministers in Berlin. Er bedauerte, mich mit seinem Schwiegervater nicht bekannt machen zu können, weil derselbe von dem vor einigen Wochen erfolgten Tode seiner Frau noch so erschüttert sei, daß er niemand sehen könne. Die Frau ist an den Blattern gestorben, die sie sich bei dem Besuch einer armen kranken Familie zugezogen hatte. Die Bekanntschaft mit der Familie würde mich insofern interessiert haben, als dieselbe in kirchlicher Beziehung eine mehr als hervorragende, in gewisser Beziehung beherrschende Stellung im Wupperthal einnimmt. Die drei Brüder von der Heydt, der Minister und seine beiden Brüder Karl und Daniel, sind in gewisser Weise Vertreter der hiesigen sonderbaren christlichen Richtung, die sich vor so und so vielen Jahren veranlaßt sah, dem jetzigen Könige in freundlicher Weise zu erklären, daß sie mit ihren hiesigen Gesinnungsgenossen ihn, den König, für ein „erwecktes Gotteskind" anerkennten. Die Brüder Karl und Daniel sollen übrigens ausgezeichnete Männer sein. Sie alle gehören außer dem Minister der sogenannten Kohlbrüggeschen Gemeinde an, der ein streng reformierter holländischer Pastor Namens Kohlbrügge vorsteht, welcher sie durch Aussonderung aus der übrigen reformierten Gemeinde gegründet hat. Karl ist wieder ausgeschieden. Ihr entsinnt Euch der Geschichte, wie dessen Sohn mit seiner Braut in ein Konzert gegangen war und folgedessen von dem Pastor und seinem Presbyterium exkommuniziert ward. Wir sprachen damals darüber, und Caroline konnte diese Rigorosität nicht fassen, zumal das Konzert ein geistliches war. Das hat zur Folge gehabt, daß der Bräutigam und dessen Eltern austraten und in die große Gemeinde zurückgingen. Kohlbrügge ist Papst. Der hiesige katholische Geistliche soll bei jenem Anlaß gesagt haben, daß der Papst in Rom dem Kohlbrügge lange nicht das Wasser reiche. Auch ließ er neulich den Minister von der Heydt, der ihn sprechen wollte, um den Frieden in der von der Heydtschen Familie wiederherzustellen, an einem Tage siebenmal vergeblich zu sich kommen. Doch genug von diesen Dingen. Ich wurde an alles das erinnert, als ich in des Oberbürgermeisters Hause neben Bibeln und Gesangbüchern auch viele Kohlbrüggesche Schriften aufgestellt sah. Auch seine Frau, nicht aber er selbst, gehört zu dieser Partei.

In der mir vom Bürgermeister gemachten Darstellung des hiesigen Armenwesens erkannte ich gar bald, daß Lischke auf diesem Gebiete ein verdienter Mann ist, der das Armenwesen von Elberfeld, für das jährlich über sechzigtausend Thaler verwandt werden, insofern auf einen grünen Zweig gebracht hat, als durch seine neuen Bemühungen die Zahl der Armen und die des nötigen Armengeldes, wie die Rechnungen beweisen, jährlich abnimmt. Er hat einen ganzen Neubau in der Aufstellung von Armenpflegern durchgeführt, wobei als wesentlich gilt, daß unter den Hunderten von Pflegern der einzelne nie mehr als zwei bis drei Familien zu versorgen hat. Es giebt dabei gar keine Angestellten, keine Boten und dergleichen. Die Pfleger kontrollieren sich gegenseitig und erhalten schließlich das von ihnen beanspruchte Unterstützungsgeld nur bei persönlichem Erscheinen in der Sitzung, auch niemals auf länger als auf vierzehn Tage. Die verpflegten Armen werden dadurch Gegenstand der Pflege für die Familie des Armenpflegers, gewiß ein schöner Gedanke, der bereits an mehreren Stellen der Umgegend, wie ich höre, Nachahmung gefunden hat, wäh-

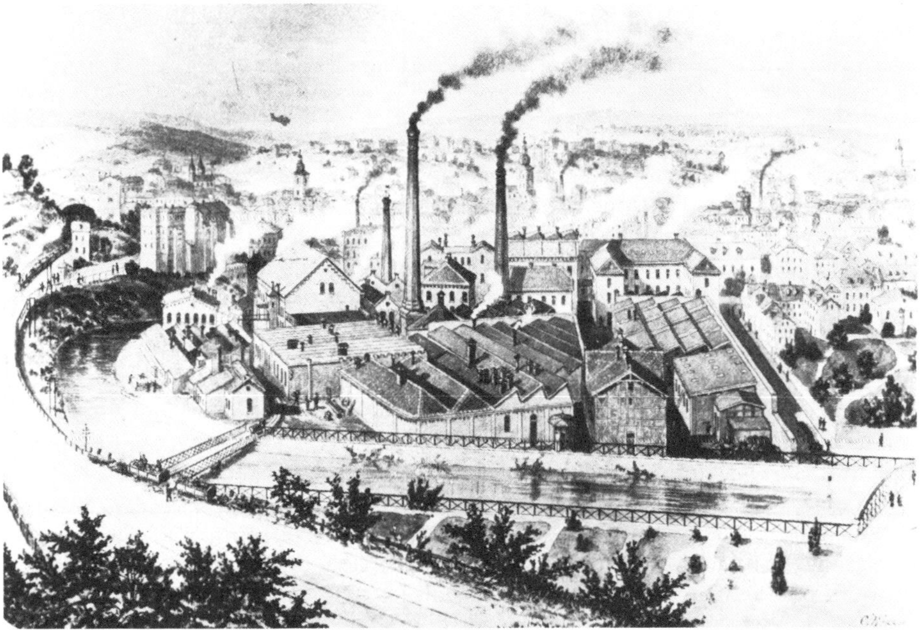

Abb. 33: Blick auf die Kattundruckerei Schlieper & Baum um 1860 im Wupperbogen an der Kluse, wo heute das Elberfelder Schauspielhaus steht; im Vordergrund die Eisenbahnlinie. Links im Bild fährt gerade ein Zug aus der großen Eisenbahnhalle, die in den 1960er Jahren abgerissen wurde.

rend Städte wie Köln und Aachen, die solche Reform nicht angenommen habe, sich mit ihrem Armenwesen an einem schwindelnden Abgrunde befinden. Das Interessante für mich war, daß der Bürgermeister davon ausgegangen war, daß die kirchlichen Gemeinden in Elberfeld als solche die Armenpflege übernehmen müßten, was diese zu thun sich geweigert haben, so auch die reformierte, die keine Steuergelder als Almosen verteilen wollte; — und sie hatte recht, ebenso wie die lutherische, die sich an das Wagnis zu begeben nur versucht hatte, um zu erfahren, daß sie auf einem Holzweg ist. So ist die ganze Armenpflege wieder eine bürgerliche geworden. Inzwischen beißen und fressen sich die Reformierten und Lutheraner gegenseitig. Die Gemeinden wissen entweder nichts davon oder ärgern sich. Andere notwendige und heilsame Werke der Stadt gehen dabei unter. So mußte Lischke es aufgeben, den Bau eines städtischen Krankenhauses durch freiwillige Liebesgaben zu ermöglichen, weil die Reformierten öffentlich Krieg dagegen erklärten, wenn nicht von vornherein ein Protest gegen die Katholiken aufgestellt würde u. s. w. So wird jetzt ein Krankenhaus aus städtischen Auflagen erbaut. Heute morgen führte mich Lischke in einige der hiesigen öffentlichen Anstalten, vor allem in ein Haus für achtzig verlassene Kinder und in das neue Waisenhaus vor der Stadt, wo an dreihundert Kinder aufbewahrt werden. Die Einrichtung des Baues ist sehr schön, die Lage prächtig, aber die konfessionelle Angst der Evangelischen gegen die Katholischen läßt nicht zu, daß man die Kinder in einer Anstaltsschule unterbringt, sie müssen in eine benachbarte städtische Schule geführt werden, denn sonst — so ängstet man sich — würden die Katholiken eine besondere Schulabteilung für ihre Kinder fordern, und dann würden Kruzifixe und dergleichen in die Anstalt kommen.

William Rathbone (1871)

Elberfeld, 2. November 1871

[. . .]

Elberfeld scheint ein blühender Ort mit florierendem Wirtschaftsleben zu sein, das die Bewohner — falls nicht wieder ein langandauernder Rückschlag einsetzt — zunächst einmal von verschiedenen Schwierigkeiten verschont hat, die vor ihnen lagen. Ihr [Armenpflege-]System hat bewiesen, daß das einzige Prinzip, nach dem allein die Außenarmenpflege erfolgreich sein kann, der persönliche Kontakt mit den Armen durch [ehrenamtliche] Armenpfleger und die Aufteilung der Arbeit bis zu einem solchen Grade ist, daß die normalen berufstätigen Bürger ihrer Pflicht ohne ernste Störung der eigenen Tätigkeit nachkommen können und deshalb auch zu ihrer Übernahme bereit sind — dies nicht nur einige wenige und nur für eine kurze Zeit, sondern eine große Zahl und auf lange Dauer! Ich bin sicher, das System könnte in allen mittelgroßen Industriestädten funktionieren. Es gäbe aber wohl in Liverpool und London große Schwierigkeiten wegen der dort stark fluktuierenden Bevölkerung, deren Beschäftigung, wenn sie überhaupt welche hat, häufig unterbrochen und unregelmäßig ist und deren Einkünfte wie auch Charakter deshalb schwer einzuschätzen sind. Ich bin aber überzeugt, daß eine teilweise Übernahme des Prinzips der Arbeitsaufteilung und konsequenten persönlichen Betreuung Anwendung finden sollte. Drei Städte in der Nachbarschaft haben sich das [Elberfelder] System bereits zu eigen gemacht — zwei davon durch die Elberfelder Erfolge dazu gebracht; und zwei weitere benachbarte Städte gaben an, daß sie es bald übernehmen werden.

Andrew Doyle (1871)

Anlage zum ersten Bericht des Local Government Board

Das Ergebnis der Armenverwaltung nach den Elberfelder Prinzipien ist, daß es in der Stadt keinen Pauperismus arbeitsfähiger Personen mehr gibt und, wie es gegenwärtig aussieht, auch nur sehr geringfügige sonstige Armut. Wenn man der Meinung ist, die Bedingungen, unter denen jemand eine Unterstützung erhält, seien hier allzu streng und sehr niederdrückend, so sollte man gerechterweise nicht nur die Instruktionen bedenken, die den Armenpflegern gegeben worden sind, sondern zugleich auch, wie diese Instruktionen in der Praxis gehandhabt werden. Wiederholt findet sich nämlich in den Richtlinien die Einschärfung, mit den Armen barmherzig umzugehen und — wenn die Bestimmungen im Einzelfall ungerechtfertigt hart erscheinen — diese im Geist der Freundlichkeit und christlichen Geduld auszulegen. Dem Armenpfleger wird nahegelegt, „die Bitten der Armen mit Liebe und Herzlichkeit anzuhören", dem Vater die Pflicht einzuschärfen, die er seinem Kinde gegenüber hat, und dem Kinde die Achtung, die es seinen Eltern schuldet. Kurz gesagt: Er soll Freund und Berater der Armen sein, die an ihn mit der Bitte um Unterstützung herantreten. Obgleich sozusagen in demselben Atemzug, in dem guter Rat geboten, u. U. Brot verweigert wird, wäre nichts weiter von der Wahrheit entfernt, als diese Tatsache als Beweis für ein bloß sentimentales, noch weniger für ein bloß pharisäisches Interesse am Wohlergehen der Armen zu nehmen. Es wäre leicht, durch viele Beispiele, die uns genannt worden sind, den wohltätigen Einfluß auf einzelne Familien zu belegen, der darin bestanden hat, ihnen Festigkeit in der Abwehr eines drohenden Abstiegs in die Armut zu geben, indem ihnen über zeitweilige Schwierigkeiten durch kleinere Unterstützungen und kluge wie freundliche Beratung hinwegzukommen geholfen wurde. Und in der Tat: Ich habe Männer gesprochen, die sich viele Gedanken darüber gemacht haben, daß die Bedeutung einer solch engen Begegnung zwischen den Armen und jenen, die sich in höherer sozialer Position befinden, weit über das unmittelbar angestrebte Ziel hinausreicht.

Ohne die Absicht, nun sagen zu wollen, wie weit eine solche Art der Regelung nicht nur der Wohltätigkeit als ganzer, sondern auch der einzelnen Armenunterstützung mit dem Prinzip der Freiheit im englischen Alltagsleben zu vereinbaren ist oder durch Menschen toleriert würde, die eifersüchtig auf ihre persönliche und familiäre Unabhängigkeit bedacht sind, bin ich doch sehr befriedigt von dem, was ich gesehen und durch eigene Untersuchungen ermittelt habe, daß nämlich in Elberfeld und den wenigen anderen Städten, die es nachgeahmt haben, dieser Teil des Armenpflegesystems mit vollständigem Erfolg arbeitet. Möglicherweise ist es in England jedoch weniger schwierig, die Armen mit einem solchen System auszusöhnen, als unter den wohlhabenden Mittelschichten geeignete und freiwillige Helfer für seine Durchführung zu finden.

Nachdem ich bisher nur über einige mehr zufällige Ergebnisse dieses Systems berichtet habe, die sich im erheblichen Rückgang der Armut und der kommunalen Ausgaben [für die Armenpflege] widerspiegeln, möchte ich nun präziser die tatsächlichen Aufwendungen für die Armenpflege sowie die Quellen, aus denen sie bestritten werden, beschreiben und die Entwicklung der Kosten und der Armut [in Elberfeld] über eine Anzahl von Jahren vergleichen [. . .]

> [Es folgt Zahlenmaterial für die Jahre 1852 bis 1869, aus dem der starke Rückgang der Zahl der Armen und der finanziellen Aufwendungen trotz stark wachsender Bevölkerung hervorgeht.]

Es gibt Personen in Elberfeld und auch anderswo, die scheinen anzunehmen, daß dieses System ohne den starken persönlichen Einfluß des Herrn [Daniel] von der Heydt wohl nicht erfolgreich hätte eingeführt werden können, ja, daß die Armenverwaltung allmählich wieder in ihren vorherigen unbefriedigenden Zustand zurückfiele, wenn sein Einfluß dem System entzogen würde. Man kann durchaus davon ausgehen, daß das System ohne den Mut und den Einsatz von Herrn von der Heydt und ohne das große Gewicht, welches seine Meinung bei seinen Mitbürgern besaß, wohl kaum eine echte Chance gehabt hätte. Doch selbst seine Persönlichkeit bewahrte den Vorschlag, als er erstmalig geäußert wurde, nicht davor, öffentlich als „utopisch“ und „undurchführbar“ charakterisiert zu werden; gleichzeitig war er nicht nur offener Gegnerschaft, sondern auch jener Art nur widerwillig gegebener Unterstützung ausgeliefert, die oft ein größeres Hindernis für den Erfolg eines Planes, der radikalen Wandel mit sich bringen soll, darstellt als offene Gegnerschaft. Der Erfolg des Systems hängt jedoch heute nicht mehr vom Einfluß eines einzelnen Menschen ab. Es befindet sich ja zugleich auch in Barmen wie in Krefeld in erfolgreicher Entwicklung, und in keiner dieser Städte kann man davon sprechen, daß dort irgendeine Person ähnlich wie Herr von der Heydt gewirkt hätte; dennoch fanden sich unter den wohlhabendsten und einflußreichsten Bürgern dieser beiden Städte Männer von ausreichender Tatkraft und Einsatzbereitschaft, um das Werk zu beginnen und auch angesichts erheblich größerer Schwierigkeiten, als sie in Elberfeld zu überwinden waren, durchzuführen. Wie ich sicher annehme, besteht nur eine geringe Gefahr, daß die Ämter, die zur Zeit in Krefeld mit Männern wie Herrn Seyffarth und Alexander Heimendahl besetzt sind, nicht später auch von anderen Personen ähnlicher sozialer Position übernommen und die Pflichten mit dem gleichen guten Willen erfüllt werden, obgleich sicherlich nicht mit noch größerem Einsatz oder mit einem noch treffenderen Verständnis für das System, dem jene herausragenden Bürger bereits eine solche wertvolle Unterstützung geschenkt haben.

Der Erfolg des Systems in Elberfeld führte im Jahre 1863 zu seiner Nachahmung in der Nachbarstadt Barmen [. . .]

[Auch hier folgen Daten zur Entwicklung
des Systems in den Jahren 1863 bis 1870.]

Wenn die Ergebnisse des Systems in Barmen, insgesamt gesehen, nicht ganz so herausragend waren wie in Elberfeld, so mag das gewissen Unterschieden in der Verwaltungsstruktur wie auch der Vorgeschichte dieser Stadt zugerechnet werden. In Elberfeld wird größtes Gewicht darauf gelegt, die Zahl der Fälle, die ein Armenpfleger übernimmt, auf vier zu beschränken. Die Begrenzung in Barmen liegt dagegen bei sechs [Fällen]. Das frühere System bestand hier darin, daß jede Religionsgemeinschaft ihre eigenen Armen versorgte, eine Unterscheidung, die auch heute noch in den Einrichtungen der Anstaltsarmenpflege beachtet wird. Es ist dementsprechend leicht einzusehen, daß [alte] Gewohnheiten, die einmal Wurzeln geschlagen haben, in einem solchen System schwer auszurotten sind, so ungünstig sie auch für eine öffentliche Armenverwaltung nach strengen Regeln sein mögen. Doch steht der vollständige Erfolg des Systems auch in Barmen außer Zweifel [. . .]

Jürgen Reulecke

Ein Liberaler „unter den ‚Erweckten' im Wuppertal". Eugen Richters Erinnerungen an eine Aufklärungsreise zum Elberfelder Waisenhaus im Jahre 1861

Den folgenden Text als Reisebericht im engeren Sinn zu bezeichnen, wäre wohl ein wenig gewagt, denn er ist mit einem Abstand von über dreißig Jahren aus dem Gedächtnis niedergeschrieben und schildert eigentlich nur ein bestimmtes Ereignis, dessen Zeuge der Verfasser war[1]. *Dennoch: Da reiste im Frühjahr 1861 ein frisch gebackener Regierungsreferendar als zum Protokollschreiben verpflichteter Begleiter eines Düsseldorfer Regierungsrats nach Elberfeld. Zweck der Reise war die dienstliche Untersuchung einer eigenartigen und besonders auf aufgeklärte Bildungsbürger geradezu obskur wirkenden Angelegenheit, die damals in dieser Form wohl nur in einer der Wupperstädte hat geschehen und Resonanz finden können. Insofern sagt der Bericht doch einiges, wenn auch in stark ironischer Färbung, über Wuppertaler Verhältnisse aus!*

Die handelnden Personen in dieser Geschichte waren neben dem Autor Eugen Richter ein ungenannter Regierungsrat aus dem Düsseldorfer Regierungspräsidium, der Elberfelder Waisenhausvorsteher Klug, der Vorsitzende der Direktion des städtischen Waisenhauses und Deputierte der städtischen Armenverwaltung Hermann Heinrich Grafe[2] *— Anfang der 1850er Jahre Gründer der ersten Freien Evangelischen Gemeinde in Deutschland —, der Direktor des Elberfelder Gymnasiums Karl Wilhelm Bouterwek, ein „energischer und tatkräftiger Mann"*[3]*, der übrigens 1863 den Bergischen Geschichtsverein mitbegründete, und schließlich Zöglinge des Elberfelder Waisenhauses. Unter den letzteren war es Anfang 1861 zu einer „Erweckungsbewegung", d. h. „zu Verzückungen, Krämpfen, Verlust der Sprache, Teufelsvisionen, Bußpredigten und ‚Bußgeschrey', nächtlichem Aufstehen mit Chorälesingen und Gebetsgemeinschaften gekommen, zu einer regelrechten Massenpsychose" also*[4]*! Grafe und Klug hatten diese Erscheinungen „förmlich geleitet" und mit großer eigener Anteilnahme an die Öffentlichkeit gebracht, was entsprechendes Aufsehen im Wuppertal erregte*[5] *und auch das Interesse der Behörden weckte. Der Ort der Hand-*

---

[1] Es handelt sich um das 8. Kapitel aus *Eugen Richters* „Lebenserinnerungen", Berlin 1893, S. 45—50.

[2] S. zu Grafe *Gerhart Werner:* Die Stillen in der Stadt. Eine Betrachtung über die Sekten, Freikirchen und Glaubensgemeinschaften Wuppertals, Wuppertal ²1964, S. 29 f.; außerdem *Erwin Mülhaupt:* Rheinische Kirchengeschichte, Düsseldorf 1970, S. 323. Richter irrt in seinem Bericht, wenn er statt Grafe Daniel von der Heydt mit der Sache in Verbindung bringt.

[3] *Volkmar Wittmütz:* Schule der Bürger. Die höhere Schule im Wuppertal 1800—1850. Wuppertal 1981, S. 219. Zur Person Bouterweks vgl. auch *Marie-Luise Baum:* Hundert Jahre Bergischer Geschichtsverein 1863—1963, in: ZBGV, 80. Band (1963), bes. S. 3 f.

[4] *Werner* (s. Anm. 2), S. 30.

[5] Dieses Aufsehen ist damit zu erklären, daß das Wuppertal in der ersten Hälfte des 19. Jahrhunderts als eine Hochburg der „Erweckungsbewegung" galt. Unter „Erweckung" wird die „relativ plötzliche und

lung war das große, in den Jahren 1851—1854 erbaute Elberfelder Waisenhaus, das in der Nähe der Städtischen Krankenanstalten am Arrenberg lag. 1861 befanden sich 270 „Pfleglinge“ in diesem Haus[6]. *Jungen pflegten bis zum vollendeten 14. Lebensjahr, Mädchen meist ein bis zwei Jahre länger in der Obhut des Hauses zu bleiben, ehe sie dann in eine Handwerkslehre gegeben bzw. als Dienstmädchen untergebracht wurden.*

Den Ausgang der Geschichte, die sich da 1861 unter großer Anteilnahme der Öffentlichkeit ereignete, berichtet der Autor im folgenden Text mit spitzer Feder; immerhin war die Schriftstellerei ein besonderes Hobby, teilweise sogar der Broterwerb dieses berühmten und wortgewandten linksliberalen Politikers des Kaiserreichs[7]. *Eugen Richter wurde 1838 in Düsseldorf als Sohn eines beamteten Militärarztes geboren, besuchte ab 1848 in Koblenz, wohin sein Vater versetzt worden war, das Gymnasium und begann 1856 in Bonn ein Studium der Jura und Nationalökonomie, das er in Heidelberg fortsetzte und 1859 in Berlin mit dem Examen abschloß. Im Herbst desselben Jahres wurde er zum „Auskultator“, d. h. Aspiranten auf eine Referendarstelle beim Landgericht zu Düsseldorf ernannt und bestand dort am 9. Februar 1861 das Referendarexamen mit dem Prädikat „ausgezeichnet“. Eine sichere Karriere im Staatsdienst schien ihm damit offenzustehen. Seine Fähigkeiten wurden auch zunächst von seinen Vorgesetzten sehr geachtet, so daß sie ihn als 23jährigen von Oktober bis Dezember 1861 als kommissarischen Landrat nach Mettmann schickten — Richter hat dort in dieser Zeit übrigens die öffentliche Straßenbeleuchtung eingeführt; es wurden sechs Öllampen im Ortsgebiet aufgehängt*[8]. *Doch war es mit der Karriere bald vorbei, weil Richter es nicht lassen konnte, besonders kritische Artikel — unter seinem Namen, aber auch anonym — gegen den preußischen Staat zu schreiben, die ihm Verwarnungen, scharfe Verweise und schließlich Disziplinarverfahren mit Strafversetzung einbrachten*[9]. *Als er 1864 einer Strafversetzung nach Bromberg nicht nachkommen wollte und wegen Dienstverweigerung angeklagt werden sollte, trat er aus dem Staatsdienst aus. Bei einer ihm kurz darauf angebotenen Bürgermeisterstelle in Neuwied verweigerte der Regierungspräsident dem Autor die Bestätigung, so daß er zunächst freier Schriftsteller und dann — als einer der ersten Berufspolitiker in Deutschland — Landtags- und Reichstagsabgeordneter für den Wahlkreis Hagen/Schwelm der Deutschen Fortschrittspartei wurde, deren Vorstand er auch an-*

intensive Bekehrung eines Sünders oder religiös Gleichgültigen zu einem lebendigen christlichen Leben“ verstanden (s. Lexikon für Theologie und Kirche, 3. Bd., Freiburg [2]1959, Sp. 1063—1066, außerdem das Lexikon „Die Religion in Geschichte und Gegenwart“, 2. Bd., Tübingen [3]1958, Sp. 621—629). Berühmte „erweckliche“ Predigten hatten im Wuppertal im Vormärz besonders die Brüder Krummacher gehalten und damit zeitweise große Resonanz gefunden; s. dazu im vorliegenden Band die Hinweise von *Jürgen Müller-Späth*, S. 131 ff., aber auch den Reisebericht von *Ferdinand Gustav Kühne*, bes. S. 215 f.

[6] S. dazu „Elberfeld und Barmen“. Beschreibung und Geschichte, hg. von *Wilhelm Langewiesche*, Barmen 1863, S. 59; zit. nach dem Faksimile-Nachdruck, Wuppertal o. J. (1980).

[7] S. zur Person Eugen Richters vor allem *Ina Susanne Lorenz:* Eugen Richter. Der entschiedene Liberalismus in wilhelminischer Zeit 1871 bis 1906 (= Historische Studien, Heft 433), Husum 1981; außerdem *Felix Rachfahl:* Eugen Richter und der Linksliberalismus im Neuen Reich, in: Zeitschrift für Politik, Bd. 5 (1912), S. 261—374.

[8] S. dazu die Angaben Richters im 9. Kapitel seiner „Lebenserinnerungen“ (s. Anm. 1).

[9] Richters eigenes Urteil lautet aus der Rückschau selbstironisch: „Aber die Schriftstellerei wurde mir nun einmal zum Verderben.“ Ebd., S. 59.

gehörte. Als scharfer Kritiker aller zu weit gehenden staatlichen Eingriffe ins öffentliche Leben stand er in klarer Opposition zu Bismarck und war vor allem als ausgezeichneter Kenner der Finanzpolitik geachtet und gefürchtet[10]. *Seine Jugenderinnerungen schrieb er dann in einer Zeit, als der Linksliberalismus sich bereits im Niedergang befand. Auch nach Bismarcks Sturz weiterhin ein Gegner der offiziellen preußischen Politik, gründete Richter zwar 1893 noch die Freisinnige Volkspartei, doch begann nun die Entwicklung über ihn hinwegzugehen, wenngleich er bis zu seinem Tode am 10. März 1906 deren Vorsitzender war.*

Eugen Richter (1861)

Unter den „Erweckten" im Wupperthal

Noch war ich nicht lange Regierungsreferendar, als ich einen zwar sehr subalternen, aber darum nicht minder interessanten Auftrag erhielt. Ich wurde als Protokollführer dem Polizeidepartementsrat beigegeben, welcher als außerordentlicher Kommissar abgesandt wurde, um festzustellen, was es mit der „Erweckung" und „Anfassung" der Kinder „durch den heiligen Geist" in dem großen Waisenhause zu Elberfeld für eine Bewandtnis habe.

Kirchliche Blätter waren in jenen Tagen angefüllt mit Staunen erregenden Berichten über die wunderbaren Erscheinungen in dieser Anstalt, welche auch sonst ein besonderes Ansehen als Musteranstalt bei allen Rechtgläubigen im Lande genoß. Die Elberfelder Armenverwaltung, von der das Waisenhaus ressortirte, stand in jener Zeit unter der Leitung Daniel v. d. Heydts, wenn ich nicht irre, eines Bruders von August v. d. Heydt, der sich als Handelsminister aus der Reaktionszeit in die neue Aera hinübergerettet hatte, also zu jener Zeit auch zu den hohen Vorgesetzten der Düsseldorfer Regierung gehörte.

Unter den Knaben des Waisenhauses — unter den Mädchen weniger — war nach den Berichten der kirchlichen Blätter auf einmal die Erkenntnis ihrer großen Sündhaftigkeit „zum Durchbruch" gekommen. Sie waren vom heiligen Geist „angefaßt" worden, lagen betend und singend, zum Teil in Zuckungen verfallen, in den Stuben, auf den Fluren und Treppen umher und schrien bei Tag und Nacht „zu dem Herrn, auf daß er sich ihrer Sünden erbarme".

Ueber diese Wunderdinge sollte ich nun den Thatbestand zu Protokoll nehmen. Mein Regierungsrat ermahnte mich noch besonders, das Protokoll recht schön und sauber zu halten, weil es wahrscheinlich sehr hohen Personen zu Gesicht kommen würde.

So haben wir beide denn mehrere Tage von Morgens bis Abends im Elberfelder Waisenhause damals zugebracht, unablässig damit beschäftigt, den Waisenhausvater, die Aufseher und Erzieher und sonstige Personen über die Vorkommnisse der letzten Zeit zu vernehmen. Mein Regierungsrat wollte dabei durchaus unparteiisch zu Werke gehen. Ich glaube, in religiöser Beziehung war er dasjenige, was man heute Mittelpartei nennt.

---

[10] Vgl. Art. „Eugen Richter", in: Biogr. Wörterbuch zur deutschen Geschichte, hg. von *Karl Bosl* u. a., Bd. 2, München ²1974, Sp. 2319 f.

Abb. 34: Elberfeld Ende der 1850er Jahre vom Kiesberghang aus, links der Nützenberg. Rechts ist der Steinbecker Bahnhof zu erkennen, ebenfalls der Durchbruch zum Döppersberg; etwas links von der St. Laurentius-Kirche in der Bildmitte befindet sich die 1853–58 erbaute zweite reformierte Kirche an der Sophienstraße.

Abb. 35: Das Elberfelder Waisenhaus, neben dem städtischen Krankenhaus und der Irrenstalt am Arenberg gelegen, wurde 1854 eingeweiht und bot fast 300 „Pfleglingen" Platz. Das Grundstück war von dem reichen Rentner de Weerth gestiftet worden. Die Aufnahme stammt vom Ende der 1890er Jahre.

Die Beamten der Anstalt, insbesondere die ebenso bibelfesten wie selbstbewußten Aufseher und Erzieher, im übrigen kaum halbgebildete Personen, bestätigten übereinstimmend alles zu Protokoll, was in den kirchlichen Blättern der letzten Tage zu lesen gewesen war. Endlich vollzog sich auch eine solche Erweckung vor unsern Augen. Es wurde ein Knabe uns vorgeführt, der soeben in der Schule vom heiligen Geist „angefaßt“ worden war. Er fuhr fort, auch in unserer Gegenwart über seine Sünden zu jammern, und zappelte dabei mit Händen und Füßen. Mein Regierungsrat fiel hierbei insofern aus seiner unparteiischen Rolle, als er mir gestattete, dem Knaben zunächst eine Flasche Wasser über den Kopf zu schütten. Die Abkühlung aber vermochte dem Sündenjammer des Knaben keinerlei Einhalt zu thun. Der junge Märtyrer ließ sich nicht beirren, auch als wir seinen zappelnden Händen Messer, Gabeln und selbst Feuer unterhielten. Er schlug wacker hinein, verletzte und verwundete sich sichtbar und schrie dabei mit lauter Stimme — ich höre dieselbe noch heute —, daß es Mark und Bein erschüttern mußte: „Herr Jesus, Herr Jesus, Du siehst, wie sie mich hier martern und peinigen um Deinetwillen.“

Die Erregung der Anstaltsbeamten bei dieser Szene spottete jeder Beschreibung. Der Vorfall wurde bald in Elberfeld ruchbar, und mein Regierungsrat hielt es für geraten, wegen der Erregung, die sich der Frommen des Wupperthals gegen uns bemächtigt hatte, auch das Mittagsmahl fortan im Waisenhause einzunehmen, was mir keineswegs besonders zusagte.

Auf einmal nahm die Sache eine rasche Wendung, als statt des Regierungsrats der Gymnasialdirektor von Elberfeld die Untersuchung in die Hand nahm. Derselbe verstand es, mit solchen Knaben anders, wenn auch weniger unparteiisch, umzugehen. Er examinirte diejenigen Knaben, welche am lautesten um ihrer Sünden willen geschrieen, im einzelnen nach diesen Sünden. Es kam blutwenig zum Vorschein. Ein Junge berichtete endlich, daß er Zuckerstückchen genascht habe. Ob denn das Zukkerstückchen nicht gut geschmeckt, fragte der gottlose Jugenderzieher. Da konnte der sündhafte Bengel sich eines verschmitzten Lächelns nicht erwehren.

Bald war die ganze Zerknirschungskomödie entlarvt. Auch derjenige Märtyrer, welcher uns eine besondere Vorstellung gegeben hatte, war unter den Hauptkomödianten. Befragt, wie er dazu gekommen, in der Schule die Erweckungsscene aufzuführen, gestand er ein, daß er aus der Schule fortgewollt, weil er seine Aufgaben nicht gelernt hatte. Weiter befragt, warum er denn vor uns das Spiel fortgesetzt, gab er zur Antwort: weil er auch Nachmittags habe aus der Schule fortbleiben wollen.

Aber nicht alle Erweckten und Angefaßten unter den Kindern hatten Komödie gespielt. Viele waren durch das Geschrei der andern und durch den heiligen Ernst und die fromme Verzückung, mit welchen die Anstaltsbeamten die Sache behandelt hatten, in hochgradige geistige und gemütliche Aufregung und selbst in ernsthafte nervöse Zuckungen verfallen. Die ganze fromme Anstalt hatte auf dem Punkte gestanden, verrückt zu werden.

Nun sollte nach Entlarvung des greulichen Unfugs das Strafgericht bei der Regierung in Düsseldorf über den Waisenhausvater losgehen. Dem Justiziar fiel die Rolle des Staatsanwalts im Disziplinarverfahren zu. Aber welches Entsetzen! Der Justiziar, späterhin 1877 Reichstagskandidat der Fortschrittspartei in Bromberg, trug auf Freisprechung an und erklärte, nicht der Waisenhausvater sei der Schuldige, sondern die ihm vorgesetzte Armendirektion in Elberfeld, insbesondere deren Präsident v. d. Heydt. Der Waisenhausvater habe sich als ein Untergebener in der ganzen Sache genau so benommen, wie es der kirchlich-pietistischen Richtung seiner ihm vorgesetzten Direktion entsprochen habe. Die nach den Vorschriften der Direktion im Waisenhaus maßgebende Erziehungsweise könne gar keine andern Früchte bei den Kindern zeitigen. Nicht das Werkzeug, sondern der Urheber dieser skandalösen Wirtschaft müsse zur Verantwortung gezogen werden.

Das Regierungskollegium in Düsseldorf erkannte gleichwohl gegen den Waisenhausvater auf Amtsentsetzung. Aber der Justiziar legte in der Rolle des Staatsanwalts nunmehr zu noch größerem Entsetzen des Kollegiums zu Gunsten des Waisenhausvaters Apellation bei dem Staatsministerium ein und blieb auch dabei, obwohl ihm der Regierungspräsident die lebhaftesten Vorstellungen darüber machte, was die Herren Staatsminister, insbesondere Herr August v. d. Heydt in Berlin zu seiner Begründung sagen würden.

Tatsächlich ist denn auch gegen den Waisenhausvater nicht auf Verlust seines Amtes und seiner Gehaltsansprüche, sondern, wenn ich mich recht erinnere — ich erzähle alles dies lediglich nach dem Gedächtnis — nur auf Versetzung in ein anderes Amt erkannt worden.

Burkhard Dietz

Julius Schladebachs (?) „Gang durchs Wupperthal" 1887

Der nachfolgende Reisebericht über das Wuppertal wurde im Jahre 1887 von einem Autor veröffentlicht, der sich — aus welchen Gründen auch immer — das Pseudonym A. Sincerus gab[1]*. Einigen bibliographischen Hinweisen zufolge handelt es sich dabei möglicherweise um Julius Schladebach, eine Persönlichkeit, der die Züge eines Universalgelehrten anhaften, denn er war Arzt, Komponist, Journalist und Historiker. Doch trotz der ausgesprochenen Vielfältigkeit seiner Wirkungsbereiche wurden über ihn nur sehr lückenhafte und zudem ungenaue biographische Daten überliefert*[2].

Julius Schladebach wurde um 1810 in Dresden geboren, wo er vermutlich auch seine Jugend verbrachte. Im Alter des Heranwachsenden siedelte er nach Leipzig über und begann dort das Studium der Medizin, das er mit der Promotion abschloß. Auch wenn Schladebach anfangs noch hauptberuflich als Arzt tätig gewesen sein mag, so rückte doch schon bald seine Neigung zur Musik in den Vordergrund seines Wirkens, denn bereits zu Beginn der 1830er Jahre gelang es ihm, eine Reihe von Kompositionen in den namhaftesten Musikverlagen der damaligen Zeit zu publizieren[3]*. In seiner Geburtsstadt Dresden und in Leipzig, den beiden wegen ihrer Weltoffenheit bekannten Kulturmetropolen, fand Schladebach das musikalisch interessierte und sachkundige Publikum für seine Kompositionen, hier fand er Verleger für die meisten seiner Partituren und auch für seine bedeutendsten musikwissenschaftlichen und literarisch-historischen Schriften, nicht zuletzt fand er hier auch jene Fachzeitschriften — wie vor allem die „Allgemeine Musikalische Zeitung" —, die seine ersten Kunst- und Musikkritiken veröffentlichten. Der vermutlich nur mäßige Erfolg seiner Kompositionen in der Öffentlichkeit dürfte Schladebach dazu veranlaßt haben, etwa zu Beginn der 1840er Jahre die journalistische Laufbahn einzuschlagen; zunächst wurde er freier Mitarbeiter bei der „Neuen Zeitschrift für Musik" und schließlich trat*

---

1 *A. Sincerus:* Ein Gang durchs Wupperthal in diesem Jahrhundert, Heilbronn 1887.

2 Die Entschlüsselung des Pseudonyms A. Sincerus beruht auf *Michael Holzmann/Hanns Bohatta* (Hg.): Deutsches Pseudonymen-Lexikon, Hildesheim ²1961, S. 261, mit Bezug auf das bibliothekswissenschaftliche Handbuch: Neuer Anzeiger für Bibliographie und Bibliothekswissenschaft, hg. v. *J. Petzholdt,* 1852. Hier ist nachgewiesen, daß Julius Schladebach 1852 unter Verwendung des Pseudonyms A. Sincerus das Buch „Das Dresdner Hoftheater und seine gegenwärtigen Mitglieder. Historisch-kritische Aphorismen für Kunstfreunde und Künstler" (Zerbst 1852) veröffentlichte. Möglicherweise sollte mit dem Pseudonym die programmatische Aussagekraft des jeweiligen Textinhalts unterstrichen werden (Sincerus = der Aufrichtige, der Wahrhafte).
Die folgenden biographischen Ausführungen basieren auf dem Artikel „Schladebach (le docteur Jules)", in: *F.-J. Fétis* (Hg.): Biographie universelle des musiciens et bibliographie générale de la musique, Bd. 7, Paris 1875, S. 466; *Lawrence Barnett Phillips:* Dictionary Of Biographical Reference, Graz 1966; *Carl von Ledebur:* Tonkünstler-Lexicon Berlin's von den ältesten Zeiten bis auf die Gegenwart, Berlin 1861, S. 504 f.

3 Schladebachs musikalisches Werkregister (s. hierzu die Angaben bei *F.-J. Fétis* und *Carl v. Ledebur,* a.a.O.) zeigt, daß er sich auf die Komposition von Chorälen, kirchenmusikalischen Vokalwerken und romantischen Liedern konzentrierte.

er 1846 in den Dienst der damals bedeutendsten musikalischen Fachzeitschrift, der in Leipzig herausgegebenen „Allgemeinen Musikalischen Zeitung“[4]*. Für sie arbeitete Schladebach von 1846 bis 1848 als auswärtiger Korrespondent in Dresden, indem er ausführlich über das Kunst- und Musikleben der sächsischen Großstadt berichtete; 1847 wurde er verantwortlicher Redakteur der Dresdener Niederlassung. Innerhalb der Gruppe von insgesamt vier Journalisten trat Schladebach profiliert in Erscheinung und war im Gegensatz zu seinen ästhetisierenden Mitarbeitern mehr ein „gesellschaftskritischer Erzieher“, der sich in seinen Kommentaren häufig aggressiv zeigte und heftig gegen „undemokratische Begleiterscheinungen des Musiklebens“ polemisierte*[5]*. Dabei blieben jedoch seine kritischen Äußerungen, in denen nur scheinbar „der Geist der Revolutionszeit von 1848“ spürbar wurde*[6]*, ausschließlich auf Vorkommnisse aus dem Bereich der Musikszene beschränkt; ihn deshalb zu einem politisch motivierten Gesellschaftskritiker der vorrevolutionären Zeit zu erklären, hieße seine doch nur berufsmäßig ausgeübte Kritikertätigkeit schlechterdings falsch zu interpretieren*[7]*.*

Bereits 1846 war Schladebach neben seiner journalistischen Arbeit auch in wissenschaftsorganisatorischer Hinsicht tätig geworden, indem er eine eigene Musikzeitschrift mit dem Namen „Teutonia“ gegründet hatte[8]*. Zur Entfaltung kamen seine publizistisch-wissenschaftlichen Interessen aber erst, nachdem er die „Allgemeine Musikalische Zeitung“ 1848 verlassen hatte. In relativ rascher Folge veröffentlichte Schladebach nun bis zum Beginn der 1860er Jahre eine ganze Reihe historischer und musikwissenschaftlicher Untersuchungen*[9]*. Neben stadt- und regionalhistorischen Fragestellungen, denen er in mehreren kleineren Studien nachging, setzte er sich beispielsweise mit dem Problem der staatlichen Gewerbeförderung auseinander; in seiner Darstellung der Dresdener Barrikadenkämpfe von 1849 und in seiner Biographie über Friedrich August II., König von Sachsen (1797—1854), unternahm Schladebach*

---

[4] Schladebachs journalistische Tätigkeit bei der Allgemeinen Musikalischen Zeitung behandelt *Reinhold Schmitt-Thomas:* Die Entwicklung der deutschen Konzertkritik im Spiegel der Leipziger Allgemeinen Musikalischen Zeitung (1798—1848), Frankfurt a. M. 1969, S. 104, 139, 147, 637; vgl. hierzu auch *Clemens Chr. von Gleich:* Die Bedeutung der Allgemeinen Musikalischen Zeitung, Amsterdam o. J.

[5] *Reinhold Schmitt-Thomas,* S. 147.

[6] Ebd.

[7] Schladebachs anti-revolutionäre Grundhaltung wird in seiner Biographie über den sächsischen König Friedrich August II. deutlich; hier wird mit Pathos das militärische Vorgehen von sächsischen und preußischen Truppen gegen die Aufständischen des Mai 1849 gerechtfertigt (S. 254, 263 f.), hier werden die nationalliberalen Forderungen des aufstrebenden Bürgertums als „verbrecherische Absichten“ deklariert und die auf Status-quo-Erhalt ausgerichtete Politik des sächsischen Monarchen begrüßt (*Julius Schladebach:* Friedrich August II. Ein Denkmal für alle seine Verehrer, Dresden 1854, S. 259).

[8] Der Originaltitel dieser Zeitschrift lautet: Teutonia. Literarisch-kritische Blätter für den deutschen Männer-Gesang, redigirt von *Julius Otto* und *Julius Schladebach,* Schleusingen 1846 bis 1848/49 (*Imogen Fellinger:* Verzeichnis der Musikzeitschriften des 19. Jahrhunderts, Regensburg 1968, S. 104). Wesentlich bedeutender war Schladebachs Gründung des „Neuen Universallexikons der Musik“ im Jahre 1854 zusammen mit *Franz Liszt.* Schladebach hat die ersten Lieferungen dieses Lexikons herausgegeben, dann aber die Herausgeberschaft an *Eduard Bernsdorf* abgetreten (vgl. *F.-J. Fétis*).

[9] Neben den drei schon genannten Schriften (s. Anm. 1, 2, 7) veröffentlichte Schladebach u. a.: Dresden's Barrikaden-Kampf . . . (1849); Vorschläge zur Förderung der Kolonisation und des Gewerbefleißes in Deutschland (1852); Johann, König von Sachsen (1854); Ganz Dresden und die sächsische Schweiz. Wegweiser für Fremde . . . (1851); Meyerbeer's Prophet . . . (1850); Die Bildung der menschlichen Stimme zum Gesang (1860).

den Versuch, das monarchische und autoritäre Herrschaftssystem mit aller ihm zur Verfügung stehenden sprachlichen Schärfe und Polemik gegen die nationalen und liberal-demokratischen Zielsetzungen der deutschen Revolutionsbewegung von 1848/49 posthum zu verteidigen[10]*. Darüber hinaus verdient sein umfangreicher, 1851 in zweiter Auflage erschienener Reiseführer über Dresden und die sächsische Schweiz an dieser Stelle Beachtung, weil an ihm deutlich wird, daß Julius Schladebach — wie auch Jahre später in seinem Reisebericht über das Wuppertal — den „nötigen historischen Notizen" (so der Untertitel) stets eine besondere Bedeutung beimaß.*

Oft waren es also tagespolitische oder zeitgeschichtliche Ereignisse, Erlebnisse und Auseinandersetzungen, die Schladebach dazu veranlaßten, sich literarisch zu äußern. Das prägte einerseits die literarische Form seiner Schriften, die zwischen einem reportageähnlichen Journalismus und einer ansatzweise historisch-wissenschaftlichen Darstellungsform anzusiedeln ist. Das führte aber auch andererseits dazu, daß er bei der Behandlung bestimmter Problembereiche häufiger seiner subjektiven Einschätzung Ausdruck verleihen mußte und dabei natürlich nicht immer auf die ungeteilte Zustimmung seiner Leser stieß. So verteidigte Schladebach einmal die Eigenwilligkeit seiner Urteile voller Selbstbewußtsein mit den Worten: „Der Verfasser ist seit Jahren gewöhnt, seine kritischen Urtheile auf literarischem und künstlerischem Gebiete rund und unumwunden und ohne Rücksicht, seiner innersten Überzeugung gemäss, auszusprechen, unbekümmert ob er dadurch den oft zweideutigen und wetterwendischen Beifall der Menge sich erringe oder nicht"[11].

*

Der im folgenden abgedruckte Text wurde in sprachlich unveränderter Form dem „Gang durchs Wupperthal" von Julius Schladebach entnommen (s. Anm. 1); er wurde jedoch um einige Passagen gekürzt, die die Religionsgeschichte des Bergischen Landes zum Inhalt haben.

Julius Schladebach (?) 1887

Nennt man das *Wupperthal,* so tritt uns gleich eine bestimmte, stark ausgeprägte Eigenthümlichkeit vor die Seele: bei Einigen, die einer Gegend von hervorragend pietistischer Frömmigkeit, bei Anderen, die einer großartigen Fabrik- und Arbeiterwelt mit fleißigem, aber unruhigem und aufgeregtem Leben. Eine eigenartige Frömmigkeit und dabei eine rastlose Geschäftsthätigkeit sind allerdings die Kennzeichen des merkwürdigen Thales; früher waren beide noch inniger und befreundeter verbunden: die Frömmigkeit belebte und segnete den Fleiß; neuerdings hat die Frömmigkeit empfindlich abgenommen und das Arbeitsleben ist wilder und aufgeregter geworden bis zu den wie giftige Wellen aufschäumenden socialistischen Stürmen.

[10] Vgl. hierzu auch *Heinz Georg Holldack:* Untersuchungen zur Geschichte der Reaktion in Sachsen 1849—1855, Berlin 1931.

[11] Zit. aus der Vorrede von Julius Schladebachs musikwissenschaftlicher Studie zu Giacomo Meyerbeers Oper „Der Prophet" (s. Anm. 9), S. 5 f.

Der Plan, das Niederwald-Denkmal am denkwürdigen Tage in die Luft zu sprengen, ist im Wupperthal ausgesonnen worden.

Ein Gang durch die Geschichte des Wupperthals in diesem Jahrhundert, namentlich im Hinblick auf die kirchliche Entwicklung, ist ein Gang durch die Kirchengeschichte des Jahrhunderts selbst. Hier hat sich dieselbe in ihrer Erscheinung in Vielem als ein beachtenswerthes Gleichniß hingestellt. Auch von großem psychologischen Interesse ist eine solche Studie, denn der Volkscharakter des Thales ist einer der seltsamsten und, wie der Pädagoge *Diesterweg* sagte: einer der schwierigsten in ganz Deutschland. Er hat Verschlingungen und Räthsel, an deren Lösung man oft vergeblich arbeitet.

Die als klares Wald- und Wiesenwasser von Osten hereinfluthende *Wupper* zeigt sich bald im Thale als ein mit allen Farben dunkel geschmückter Fluß, der, je schmutziger er wird, um so mehr das Zeugniß vielfacher Arbeit und nicht weniger reichlichen Goldstaubes mit sich trägt. Anfänglich umgeben ihn breite Wiesen und ziehen sich an beiden Seiten zu Bergen hin, die mit frischem Buchengrün bedeckt sind und als „ruhmreiche Berge"* von den Thalleuten geehrt werden.

Sie geben der ganzen Gegend einen frischen und schönen Zug, den freilich in neuerer Zeit die zahllosen Fabrikstätten mit ihrem Rauch und Schmutz wesentlich verdorben, oder die Eisenbahnlinien seiner friedlichen, an manchen Stellen einst hervorleuchtenden Idylle beraubt haben. Steht man auf der gepflegten Aussichtshöhe der *Haardt* (d. h. Bergwald) und schaut nach rechts und links in die Thalausweitungen hinein, so hat man das oft durch Qualm und Dunst halbverschleierte weite Bild eines riesigen Arbeitsplatzes mit sausenden und schnurrenden Spulen und dem tactmäßigen Geklapper der Webstühle, auf dem jetzt eine Bevölkerung von mehr als 220 000 Seelen in aller Mühe und kräftigster Leidenschaft in gleichmäßig vertheilter Groß- und Kleinindustrie den Kampf um's Dasein führt: immer ruhelos, rücksichtslos, eifrig, unermüdlich, Keiner den Anderen schonend, viel fordernd, Jeder ein König, und das Thal die Welt. Überall sieht man noch die alten Formen der Häuser: glasirte Ziegel, Schieferbekleidung, grüne Läden und weiß gestrichene Schnitzwerkverbrämung um Hausthür und Fenster, zuweilen noch ein gerettetes Gärtlein und alte hohe Bäume. Ordentlich und einfach: bezeichnend für den ganzen Volksstamm. Wie ist doch überall Volk, Bauart der Häuser und Natur harmonisch! Der kräftige Buchenwuchs auf den kuppelartigen Höhen, die rinnenden Bergwasser, die saftigen Wiesen, die originellen Häuser stimmen mit dem Wesen des Volkes, das, tüchtig veranlagt, eine frische Eigenart mit allen Untugenden und Härten derselben zeigt bis zur eigensinnigen, einförmigen Beschränktheit, die dann wieder in der frostigen und langweiligen Erscheinung der Fabriken verbildlicht wird. Schon *Jung-Stilling* rühmte wenigstens für die alte Zeit die Reinlichkeit „in dem paradiesisch gelegenen Thale, und wenn am Sonnabend der Rumor der Schrubber und Besen beginnt und die Mägde auf ihren schiffsschnäbeligen Holzschuhen oder holländischen Blotschen ihre hohen Fluthen außen und innen herumspritzen — so ist des Putzens fast zu viel"**.

* Das Bergische Gesangbuch hieß sogar früher „Klingende u. singende Berge".

** Wir nannten eben Stilling. Es ist doch in Vielem bezeichnend, was er über Elberfeld sagt in seinem Buch: Die Lehrjahre; die Menge der Kaufleute empfing ihn bloß höflich als einen Mann, der kein Vermögen hat und dem man gleich auf den ersten Blick den Eindruck beibringen muß: Habe nur ja niemals

Von dem Osten Barmens bis nach dem Westende Elberfelds zieht sich ununterbrochen *eine Stadt hin* mit den Gemeinden *Wichlinghausen* (lutherisch), *Wupperfeld* (lutherisch), *Gemarke* (reformirt), *Unterbarmen* (unirt) und der *reformirten und lutherischen Gemeinde in Elberfeld* (mit 13 Kirchen und etwa 30 Pastoren und Hilfspredigern). Eine geradlinige Straße, die immer enger wird, durchschneidet die Thalsohle. Der große Verkehr der Orte bewegt sich auf ihr. Eine lange Baumallee begleitet in Barmen den weiten Weg. Auf der Grenzscheide der beiden Städte liegt das *Missionshaus* (mit zwei Inspectoren). Neben den alten Häusern haben sich Prachtbauten erhoben mit schöner Außenerscheinung und großartigem Luxus innen. Aber über Allem und auf Allem liegt der Kohlenstaub der Luft, oder wochenlang unablässig anhaltender Regen hüllt die ruhelose Gegend in nasse Decken und läßt die Straßen in Schmutz schwimmen. Poesie- und Gemüthlosigkeit hauchen uns an; die Welt des Schönen und Angenehmen ist hier nicht vertreten; ein heißer, staubiger Ringkampf lebt in der geistigen Atmosphäre der Landschaft. „Die Sonne ist heiß", sagte Diesterweg, „und der Nebel drückt."

Die Zustände im Thale waren im Anfang dieses Jahrhunderts noch sehr einfache. Man lebte in stiller Abgeschlossenheit von der Welt, ganz befriedigt mit den kleinen Dingen um sich herum. Entwickelte sich auch von der *Garnbleicherei* auf den Wiesen und den Band-Webestühlen eine vielseitige Industrie, namentlich als ein Sachse auf der Durchreise das Geheimniß der Garnfärberei mitbrachte, so hatte man doch kein großes Bedürfniß, auf Reisen zu gehen und die Menschen hinter den heimathlichen Bergen kennen zu lernen. Die nothwendigen Reisen machte man mit dem Frachtfuhrwerk und ging neben dem Fuhrmann einher oder setzte sich auf einen auf dem Frachtwagen angebrachten einfachen Sitz. Bibel, Gebet- und Gesangbücher waren das nothwendigste Reisegeräth. In den Gasthäusern und am Ziel der Reise beschränkte man häufig die Unterhaltung auf das Unvermeidliche, weil das zu Hause ausschließlich gesprochene Platt kaum oder gar nicht verstanden wurde. So manches Original des Kaufmannsstandes fand sich. Die Buchhalter in Perücken und Stripärmel hatten ihre ganze Welt und ihren ganzen Ideenkreis in dem ungeheuerlichen Folianten eingeschlossen, den man Hauptbuch nennt: sie dünkten sich eine Art von höheren Wesen, wenn sie mit ängstlicher Sorgfalt die großen Züge der Überschriften malten. Man lebte im engen Kreise. Bis gegen das Ende des vorigen Jahrhunderts war im ganzen Thal keine einzige Buchhandlung gewesen. Fremde kamen selten hierher. Die Entwicklung der Menschheit stand hier fast still. Am Schluß des vorigen Jahrhunderts war der erste Bankerott in Elberfeld geschehen: etwas damals Unerhörtes. Früher blieben die Verluste im Thal. Die reicheren Gläubiger strichen die fehlenden Summen: das ehrenhafte Wupperthal sollte keinen bösen Leumund bekommen. Überall wurde das einfach Gediegene, das Starke und Dauerhafte, das *„Deftige"* geschätzt. Das Familienleben blühte. Bei großem Reichthum herrschte Sparsamkeit und Einfachheit. Zuweilen statt des Sophas ein einfaches hölzernes Geflecht. Man

das Herz, Geld, Hilfe und Unterstützung von mir zu begehren; ich bezahle deine Mühe nach Verdienst und weiter nichts. — Das Alles machte ihm doch das Herz schwer. Er sah sich auf einmal in eine große, glänzende, kleinstädtische, geldhungerige Kaufmannswelt versetzt, mit welcher er im Geringsten nicht harmonirte, wo man die Gelehrten nur nach dem Verhältniß ihres Geldvorraths schätzte, wo Empfindsamkeit, Lectüre und Gelehrsamkeit lächerlich waren und wo nur Ehre genoß, der viel erwerben konnte.

Abb. 36: Döppersberger Brücke in Elberfeld um 1880/90; im Hintergrund die Isländer Brücke, auf die der „Wall" mündet. Die Döppersberger Brücke wurde Anfang der 1860er Jahre anstelle einer älteren hölzernen Jochbrücke als Zufahrt zum Elberfelder Hauptbahnhof erbaut.

Abb. 37: Gemälde von August von Wille: Ansicht von Barmen 1870; dieses Bild – übrigens eines von wenigen aus dem Künstlerkreis der Düsseldorfer Malerschule hervorgegangenen Gemälden von Industrielandschaften – zeigt, mit Blick vom Langerfelder „Ehrenberg", wie sich „von dem Osten Barmens bis zum Westende Elberfelds . . . ununterbrochen eine Stadt" hinzieht (Schladebach, 1887).

überschritt nie eine bestimmte Zahl der Gerichte. Die Armenpflege war Sache der Kirchengemeinen. Es konnten sich in einem Monat 500 Thaler im Armenstock finden. Wurden die kirchlichen Gemeindebücher am Neujahr abgeschlossen, dann schickten manche Reiche eine kleine Summe zum besseren Abschluß. Gab Jemand einen Sonntag einen Ducaten und war er dann einen oder zwei Sonntage abwesend, dann gab er den folgenden Sonntag drei. Das kirchliche Leben war ein lebendiges mit starkem *calvinistischem* Gepräge, dem sich auch die Lutheraner nicht entziehen konnten. Der ganze Volkscharakter, die Gewöhnung und Betrachtung des Lebens, der scharfe klare Verstand, der Mangel an reicherem poetischen Gefühlsleben förderte die Liebe zu der Lehre des Genfer. Einfach waren die Kirchen und ihre Ausstattungen: alles unnöthige Putz- und Flitterwerk war im Geistlichen und Weltlichen gemieden. Geistliche Lieder erschollen von den Bleichen und aus den Werkstuben. Der Hausvater sammelte Morgens und Abends sein Gesinde zu Gebet und Bibellehre. Sonntags zog Alles, was nicht zur Bewachung der Bleichen und zum Hauswesen zurückbleiben mußte, zur Kirche und es störte die Feier des Tages nicht, wenn nach beendigter Predigt die Bleicherknechte schnell ihren Sonntagsrock abwarfen und das trockene Garn mit ihren breiten Gießschaufeln in hochspritzenden Bogen begossen. Auch Solche besuchten regelmäßig die Kirche, die ohne inneres Leben waren. Die meisten Familien waren einheimische und standen unter dem Einfluß tiefgewurzelter Sitte. Es kam vor, daß auch griechische N. T. sich in den Kirchstühlen der Gemarker Gemeinde fanden. Die *Erweckung* förderte und stärkte die Frömmigkeit und Pastor *Bartels* in Wupperfeld († 1827) konnte sagen, daß sich in seiner Zeit die äußerlich gute Sitte und Ordnung noch gehoben habe. — Es hatte lange gedauert, bis auch nur die Kunde von den Lehren des Rationalismus ins Thal kam; brachten fremde Kaufleute Nachricht davon, so mußten sie ihre Weisheit für sich behalten. In Elberfeld war dann doch der Einfluß des verehrten Directors des Bürgerinstituts *Wilberg,* dem man ein Denkmal auf der Haardt gesetzt hat, sehr schädlich. Diesterweg hatte in seiner Nähe das Gefühl, als ob man vor einem Riesen der Urwelt stehe. Über der geschlossenen Lesegesellschaft in Elberfeld liegt eine etwas rationalistische Gedankenluft. Aber in solcher verheerender Weise, wie anderwärts, hat der Rationalismus hier nie geherrscht. Seicht und leer war freilich das Bergische Gesangbuch. Es war noch 1841 vorhanden, wo *Stier* meinte, es sei das schlechteste, das ihm bekannt sei.

Das Ansehen des geistlichen Amtes war ein großes. Der Pastor *Bartels* an der Wupperfelder Gemeinde konnte, als eine Seiltänzergesellschaft an einem kirchlichen Feiertage auf dem Markte eine Vorstellung gab und sich dafür auf die obrigkeitliche Erlaubnißkarte berief, mit einem großen Messer das ausgespannte Seil zerschneiden. Alles Volk trat auf seine Seite und das Spiel mußte unterbleiben. Das kräftige kirchliche Leben war natürlich von vielen Einseitigkeiten begleitet. Alles was über das gewöhnliche kahle Maß hinausging, nannte man mit einem Originalworte des Thales: *Fisimatenten.* In Haltung und Kleidung trat eine fromme Methode hervor. Noch bis in unsere Tage fällt einem hie und da der pastorale Schnitt bei den Gemeindegliedern auf: eine Neigung zu veralteten Hüten und langschößigen Röcken. Das glattrasirte Gesicht ruht mit seinem Kinn auf einer steif gewundenen Cravatte. Man glaubt noch heute, mehr Pastoren zu sehen, als im Amte sind. Die confessionellen Gegensätze waren, wie Alles, was im Thal einmal Gegensatz ist, unübersteiglich. Eine Heirath zwischen Reformirten und Lutheranern galt als eine unliebsame Mischehe. „Calvinische Spitzköpfe“ und „lutherische Dickköpfe“ schimpften sich gegenseitig die Kinder auf den Gassen. Die reformirten Kinder mußten bei dem öffentlichen Bekenntniß geloben, keine Lutheraner zu heirathen. Es galt als eine „Kühnheit“, als einmal ein reformirter Pastor auf einer lutherischen Kanzel predigte. Die Lutheraner schalt man Eindringliche in das calvinistische Thal: ein dem Wupperthäler entsetzliches Wort, denn seine Freiheit und seine Rechte gehen ihm über Alles. So klein damals die Einwohnerzahl des Thales auch war: Elberfeld und Barmen zählten 1816 etwa 39 614 Seelen, so herrschte doch zwischen den Schwesterstädten heftige Eifersucht. Barmen, von der die Wupper kam, „trübte“ Elberfeld das Wasser. [. . .]

Dann kamen die Stürme von 1849, die in Elberfeld einen wilden Aufstand brachten: durch eine Bande ausgebrochener Züchtlinge, die unter demokratischer Führung standen und die Ordnung für eine kurze Zeit umstürzten, verursacht. Die Bauern haben sich selbst gegen sie erhoben und ihrer Viele gefangen. Aber Barricaden hat das Thal doch gesehen, ein Tages-Placat hat ausdrücklich vor den Pietisten gewarnt, und der Oberbürgermeister versteckte sich in der Kanzel des Betsaales der niederländisch-reformirten Gemeinde. *Daniel v. d. Heydt* konnte mit einem gewissen Recht sagen, als Friedrich Wilhelm IV. 1855 Gast in seinem Hause war: „Der Aufruhr wurde in Elberfeld eingeführt, aber der Aufruhr war in Elberfeld, *nicht* Elberfeld in Aufruhr.“ Der König erwiderte: „Ich danke Ihnen für die alten angenehmen Erinnerungen, die Sie wieder erweckt haben. Wollte Gott, alle Städte und alle Häuser meines Landes wären wie diese Stadt und dieses Haus, wo die Kinder erzogen werden in der Furcht des Herrn.“ Indessen hatte doch der Sturm das Thal tief bewegt, viele Pietät und Ordnung benagt und das sich daran anschließende, mehr und mehr erwachende Treiben der Politik warf Interessen in die stille Gegend, die sie hinausrissen in die Ferne, inwendig aber zu den kirchlichen Parteien auch noch die politischen brachten, die weiterhin die furchtbarsten Aufregungen und Kämpfe bringen sollten. Die politische Presse stand bis zur Gründung der Rheinisch-Westfälischen Post (1876) fast ganz im Dienste des Unglaubens.

Das kirchliche Leben blieb noch lange ein lebhaftes und angeregtes. Überall auffallend durch seine Eigenthümlichkeiten. [. . .] Man hat von dem Thale die Vorstellung einer muckerischen Frömmigkeit, man verbindet damit den Begriff eines scheinheiligen, kopfhängerischen Wesens: Nichts ist verkehrter: man ist vielmehr überall verstandesnüchtern, kritisch, prosaisch, offen heraus mit der freisten Aeußerung bis zur leidenschaftlichen Frechheit. Von einem weichlichen Pietismus nirgends eine Spur. Der Bauer und der Fabrikarbeiter in ihren blauen Kitteln geben sich natürlich und kräftig: so ist auch ihre Frömmigkeit. Wie sie selbst ein arbeitsames und hartes Leben führen, so machen sie auch an jeden Anderen hohe Forderungen. Nirgends wird mehr gefordert, mehr beansprucht wie hier. Tag und Nacht soll der Pastor zur Verfügung stehen: der gehetzte Sklave seiner Gemeinde. Er soll immerdar die Gemeinde umschweben. Man verlangt einen tadellosen Mann, der sich für die Gemeinde aufopfert. Wie man ihn stets beobachtet, immer von ihm spricht — so darf er sich keine, auch nicht die geringste Blöße geben, sonst erwacht alsbald das Mißtrauen, der Tadel — und wie nahe ist die Schmähung und Lästerung. Aber wie man fordert, so gibt man auch: man hat nicht nur wahre Freude an der Predigt, sondern trägt sich auch mit derselben herum, überlegt, überdenkt sie mit allem Ernst, lernt aus ihr, wächst in der Erkenntniß und in der Erfahrung. Eine großartige Schriftkenntniß durchzog das ganze Thal wenigstens bis in die Mitte dieses Jahrhunderts. Man verstand es wohl, den Prediger und seinen Geist abzuschätzen. Man ging dabei in die Tiefe. Man brauchte oft nicht von dem Pastor zu lernen, sondern er hatte von den Gliedern der Gemeinde zu lernen. Sie standen ebenbürtig neben ihm. Mit auffallendem Scharfblick durchschauten sie seine Schwächen: in der besseren Zeit, um sie mit Liebe und Gebet zu verbessern, später, um sie schonungslos ans Licht zu ziehen. Ein falscher Ausdruck, ein verkehrtes Wort konnte mit einemmal das Vertrauen zerstören. Es fehlte dann die Liebe und die Weisheit, die mit einem Fehler nicht den ganzen Mann wegwirft. Wer aus gleichgültigen Gegenden ins Thal kam, fand fast zu viel Theilnahme und Bewegung. Von tausend Augen sah er sich umgeben und beachtet. Überall wurde er gesichtet und geprüft. Worte von ihm drangen in weite Kreise. Das Gerücht trug sie blitzschnell zu Allen. Als Kohlbrügge einmal an der unirten Kirche von Unterbarmen vorbeiging und Jemand sagte: „Diese Kirche hat keine Farbe" und er erwiderte: „Aber die Blutfarbe muß sie doch anerkennen" — flackerte das zündende Wort überall hin. Mit einem so lebhaft interessirten, aufmerksamen und geistig arbeitenden Volke war etwas anzufangen. Beugte es sich auch vor keiner Autorität: das Wort Gottes war doch eine Macht, die es niederschlug. Wer dasselbe zu handhaben verstand, konnte Gehorsam finden — und dies oft in heiliger, zarter, von Gott gewirkter Weise. Es hat ein großer Segen bis in die Mitte dieses Jahrhunderts über dem Wupperthale geruht. In keiner Gegend Deutschlands, weder in Württemberg, noch in Pommern, noch in der Lüneburger Haide, noch in Ostfriesland haben sich in dieser kräftigen Weise die Wahrheiten der Reformation erneuert und in der Erfahrung belebt und vertieft. Am meisten ähnelt noch das Siegener Land dem Wupperthale. Das Verhältniß von Sünde und Gnade, die Alleinwirksamkeit Gottes in Bekehrung und Heiligung, die hohe und entscheidende Bedeutung der Rechtfertigung, die guten Werke als allezeit mit vielen Sünden befleckt: dies Alles ist hier in einer Tiefe und Klarheit nicht nur gelehrt, sondern auch erfahren und geübt worden, wie sonst nirgends in Deutschland. Der über seine oft kostbare, den Orient schmückende Arbeit gebeugte Weber dachte viel und ernst über die Schrift nach, hatte sie neben sich den ganzen Tag liegen und wollte ihre Geheimnisse nicht nur verstehen, sondern auch an sich im Verkehr mit der ihm nahen unsichtbaren Welt erleben. Arbeit und Wort Gottes: darauf beschränkte er sich. Einmal kam ein frommer Bruder zu einem stillen Weber und erzählte ihm von diesem und jenem Christen, was dieser und jener thue, da sagte der Weber kurz abbrechend und der Menschenverherrlichung müde: „Ik kenn' man eenen Christ (Ich kenne nur einen Christus"). Ein bezeichnendes Wort für die ernsten und tiefen Gemüther im Thal: sie wollten nicht von Menschen unterrichtet sein, nicht Menschen verehren, sondern Christus allein sollte ihr Lehrer sein. Auf ihm die Salbung. Viele Gebetserhörungen, merkwürdige Erfahrungen, Errettung aus Sünde, Noth und Tod, mächtige Erweisungen Gottes kräftigten die Frommen und so war das Wupperthal für Jeden, der ihm nahte, ein Stahlbad der inneren Erneuerung und Belebung. Wie gewaltig redeten in den besseren Zeiten in die Stille des Sonntags die Glocken hinein: wer damals unter den tiefen Eindrücken einer erhebenden Predigt stand, wurde wunderbar davon ergriffen. Es lag eine oft erschütternde Macht des Geistes über dem Thale. Es war keine Phrase, wenn einmal Jemand vor einer Pfarrwahl schrieb: „Sie glauben nicht, welch' eine Sorge in Gebet und Hoffen durch die Gemeinde geht und wie sich Alles um den Einen Punkt dreht, einen erfahrenen christlichen Prediger zu bekommen." Dabei im Verkehr eine Vorliebe für bildliche Redeweise, symbolische Andeutungen und Handlungen. Eine gewisse Geheimnißthuerei in vieldeutigen Beziehungen, die man nicht gleich begreift. Oft bis zum prophetischen Volltone mit hochmüthigem Bewußtsein. Man kann den Pastor kommen lassen, damit er sehe, wie gut man zu beten verstehe, oder schickt ihn stolz fort, wenn er nicht zur rechten Zeit erschien, oder läßt zwei oder drei nach einander kommen, um zu vergleichen, wer besser zu beten verstehe. Überall die Selbständigkeit mit ihren großen Vorzügen und großen Mängeln: das presbyteriale Leben mit seiner Wohlthat und seinem heißen Druck. Presbyteriensitzungen können aus der schwülen Luft bald den Donner des heißen Streites sich entwickeln lassen. Wie wir sahen, war das vorwiegende Gepräge des Thales das des Calvinismus: nun dieser regte sich hier noch einmal in alter Freudigkeit und Macht. Der volksthümliche Witz, das energische Niederdeutsch, die Heftigkeit der Charaktere schärften die markige Bezeugung der evangelischen Grundwahrheiten. „Der ist noch nicht unter die Mörder gefallen", konnte man wohl von einem Prediger sagen. „Dat hört sich wohl gut an, aber brucken kann man't nit, dat kann man wol saien, aber nit poten. Der schuffelt bloß, aber grävt nit!" Und so in tausendfachen originellen Wendungen. Eine geistige Atmosphäre lagerte über dem Thal, in der himmlische und dämonische Mächte um die Seelen stritten. Das ganze Leben war ein stetes Gefecht. Was von den Athenern gesagt wurde: der Streit um die Wahrheit war ihnen wichtiger als die Wahrheit, galt öfter auch hier. Man packt rücksichtslos den Nächsten an, ist aber selbst so empfindlich, daß man den geringsten Vorwurf nicht ertragen kann. Das energische Völklein ist im höchsten Grade unversöhnlich und vergißt nie eine Kränkung. Nirgends mehr Familienhader als im Thale — eben hier, wo man soviel auf Familienleben gibt, wo jedes Geschlecht wie eine Burg in sich abgeschlossen und für jeden Fremden uneinnehmbar ist, wo die Familientage in jeder Woche die Angehörigen sammeln und der Vater und der Großvater im Kreise der Seinen eine hochgeachtete Stellung einnimmt. Tritt dann aber einmal ein Riß in diese geheiligten Beziehungen, so ist er unheilbar. Die Tüchtigkeit, die Charakterbildung wird zur Schärfe, zur Verzerrung, zum eigensinnigen Starrsinn, der — ehe er sich beugt, lieber sich die Hand abschneidet. Dies wieder nach dem vorwiegend bäuerischen Elemente des Thales, denn Bauernfeindschaft ist die schlimmste Feindschaft. Dazu kommt ein stark communistischer Zug, der alle Thalleute beherrscht.

Aber diese leidenschaftlichen Naturen werden ebenso tief von den Wahrheiten der Schrift bewegt und können sich beschämt unter die Strafe derselben beugen. Sie stellen sich dann nüchtern und ruhig hin, bekennen ihre Sünde — aber halten auch in Aufrichtigkeit daran fest, daß Einer gekommen wäre: alle Sünden wegzunehmen. Man kann viel von ihnen lernen — namentlich von der Bestimmtheit und Gewißheit, mit der sie die Gnade preisen, alle Hilfe außer ihr verdammen, alles Heil allein in Christo suchen. Ein großer Schatz evangelischer Lehre und Erfahrung ist hier aufgethan gewesen und hat weite Kreise befruchtet. *Strauß* kam von der Elberfelder lutherischen Gemeinde nach Berlin an den Dom und brachte die Stunde der Erweckung mit. Nachher ist *Fr. W. Krummacher* an der Dreifaltigkeitskirche in Berlin . . . [. . .] Ich weiß nicht, ob ich alle die ehrenvollen Versetzungen aus dem Thal in einflußreiche Stellen genannt habe, es genügt, was ich mittheilen kann, um die hohe Bedeutung des Thales für die ganze evangelische Kirche hervorzuheben. Diese bekam auch immer dann ihren Ausdruck, wenn sich in der Augustwoche aus aller Welt her die große Schaar der Festgenossen zusammenfand und die vielen Vereine ihre Berichte erstatteten oder berühmte Redner ihre Vorträge hielten. Der Rheinisch-westfälische

Jünglingsbund, die Bergische Bibelgesellschaft, der Rheinisch-westfälische Verein für Israel, die Evangelische Gesellschaft, die Rheinische Missionsgesellschaft, die Allgemeine kirchliche Conferenz, der Rheinisch-westfälische Sonntagsschulverband, die Wupperthaler Tractatgesellschaft, die Evangelische Gesellschaft für die protestantischen Deutschen in Amerika tagten in dieser Festwoche. Die Gastfreundschaft war bei dieser Gelegenheit eine große. Manche Berufung ins Thal schloß sich an die gehörten Predigten an. [. . .]

Aus der klugen und energischen Bevölkerung tauchen auch auf dem Gebiete der kirchlichen Laien, oder besser geredet der Ältesten und der Gemeinde, bedeutende Männer hervor. In Barmen ist weit über die Grenzen des Thales hinaus mit seinem gastfreien vielgeräumigen Hause *Karl Friedrich Klein-Schlatter* bekannt gewesen († 1884). Sohn eines württembergischen Pfarrers, hatte er in Barmen in dem Hause des Kaufmanns *Röhrig*, der mit einer Tochter von Anna Schlatter verheirathet war, den Anstoß für seine innere Entwickelung bekommen. Ein geschäftstüchtiger Kaufmann war er auch für alle christlichen Interessen eifrig thätig. Er gab den Anlaß zur Gründung der Brucher Kleinkinderschule 1836, sowie des ersten Jünglingsvereines. Im Presbyterium der Gemeinde Unterbarmen veranlaßte er die Entstehung eines Asyls für Waisenkinder, aus dem das große Unterbarmer Waisenhaus heranwuchs. Als 1848 die Evangelische Gesellschaft sich bildete, zählte er zu ihren Mitarbeitern. Eine Reise zu den Waldensern belebte seine Theilnahme für die Sache derselben. Auch für Spanien hat er das Seine gethan. In der Bergischen Bibelgesellschaft, in der Deputation der Rheinischen Missionsgesellschaft hat er seinen Platz. 1866 wird das große Evangelische Vereinshaus ins Leben gerufen. Er ist Mitglied der Handelskammer von Elberfeld und Barmen, des Barmer Gewerbegerichtes. In seinen letzten Jahren hat er noch den Bau der neuen Pauluskirche betrieben. In seinem stets offenen Hause hat er Gästen aus allen Weltgegenden freundliche Einkehr gewährt.

In Barmen ist auch *Karl Ludwig Wesenfeld* zu nennen, der der gemeinnützigen Gesellschaft von „Kunst und Gewerbe“ präsidirte und in den Preußischen Volkswirthschaftsrath berufen wurde. In der reformirten Gemeinde war er ununterbrochen Repräsentant, Scholarch und Kirchenmeister, auch Deputirter zur Provinzial- und außerordentlichen Generalsynode 1875, Mitglied der Deputation der Rheinischen Missionsgesellschaft u. s. w. Er stirbt 1883. Ein *Ludwig Ringel* stiftete bei seinem Tode eine Million Mark für wohlthätige Einrichtungen. *Philipp Barthels-Feldhoff* war auf allen Gebieten der inneren Mission und Heidenmission thätig. [. . .]

Am bekanntesten sind die Brüder *August, Daniel* und *Karl von der Heydt*, alle drei gleich begabt, Söhne des rechtschaffenen Banquiers Daniel von der Heydt und seiner so bedeutenden und einflußreichen Frau Wilhelmine von der Heydt. August, Handels- und später Finanzminister, ein Mann von großer Arbeitskraft und erfindungsreichem Organisationstalent, hat auch als Kirchmeister der reformirten Gemeinde einen Vortrag auf der Versammlung der Berliner Allianz halten können. Daniel, Kirchmeister der niederländisch-reformirten Gemeinde und Director der Elberfelder Armenverwaltung, hat in der Einrichtung der letzteren eine Wohlthat für alle Welt gespendet. Das System Elberfeld mit seinen kleinen Kreisen der Armen und den vielen Besuchen in denselben ist vorbildlich für alle Lande geworden. Eine begeisterte edle Natur von hohem Schwung und klarem Verstande, hat er mit tiefstem Gefühl an der glorreichen Vergangenheit der bergischen, synodal so freien Kirche gehangen, deren Recht und Gesinnung er allein in der niederländisch-reformirten

Gemeinde bewahrt sah. Er ist auch der Schöpfer der bergisch-märkischen Eisenbahn und der Düsseldorfer Dampfschifffahrtsgesellschaft. Ein Mann altbergischen Wesens, doch weit in seiner Empfänglichkeit für alles Schöne und Gute über die allgemeine Durchschnittsnatur der Thalleute hinausgehend*. [. . .]

Karl, der Bruder Daniel von der Heydts, mehr logisch kalt und einfach scharf reflectirend, ein unermüdlicher Bibelforscher in seiner einfachen Studierstube in prachtvollem Hause, hat neben dem glänzenden und fruchtbaren Banquiergeschäft in stiller Einsamkeit noch einen populären Commentar über neun Briefe Pauli ausgearbeitet, der sich durch Klarheit, Eleganz und überraschende Kenntniß des Griechischen auszeichnet. In fester Consequenz baute er das System der Lehre auf mit bestimmten Abweisungen aller falschen Auslegung der Pastoren. Viele Jahre ein Führer der niederländisch-reformirten Gemeinde, riß er sich mit bitterer Entschiedenheit von der ihm so lange befreundeten Gemeinschaft Dr. Kohlbrügge's los, um die alten Plätze in der einst so energisch bekämpften alten Gemeinde wieder einzunehmen. Eine Erscheinung, wie sie nur das Thal gehabt hat: ein hochgelehrter Ältester, der die Pastoren oft mit Recht übersehen konnte. [. . .]

Das Thal wurde immer mehr im Laufe des Jahrhunderts wegen seiner Frömmigkeit berühmt. Es fing an sich selbst wohlzugefallen. Das Lob, von außen her ihm zugebracht, wurde gerne in Empfang genommen und durch inneren Hochmuth noch vermehrt. Auf die Zeit der Erweckung mit ihrem Ernste und Troste folgte die Zeit der Selbstverherrlichung. Überall las man ja, überall hörte man ja, was das Wupperthal für eine Bedeutung im Reiche Gottes habe. Bei den Festtagen überschütteten die Redner aus aller Welt die gesegnete Stätte. Berühmte Lehrer troffen gleichsam von dem über sie ausgegossenen Ruhme. Bei jeder Pastorenwahl wurden die berühmtesten und angesehensten Männer in aller Welt ins Auge gefaßt. Es war eine Ehre für Die, welche wählten, noch mehr für die, welche gewählt wurden. Ins Wupperthal zu kommen, galt als ein Vorzug vor Vielen. Die Gemeindeboten gingen dann in die Weite aus, um die Pastoren zu hören und zu prüfen und diese traten mit gespannter Erwartung in die aufgeregten Wahlversammlungen ein. Noch immer wirkten die Lichter reicher Erkenntniß nach, die man einmal angezündet bekommen hatte, und gaben Wegweisung genug, um die Geister zu prüfen und zu scheiden. Noch war die Orthodoxie eine Macht, aber sie verlor mehr und mehr die Weihe, die Einfalt und den Hauch der Liebe und Demuth. Sie wurde zu einem Schwerte der Rechthaberei. Wir sahen, daß diese Untugend in dem ganzen Charakter des Volkes begründet liegt und die dunkle Kehrseite mancher vortrefflichen Eigenschaft ist. [. . .]

Die Rohheit der Sitten stieg immer weiter, die völlige Schrankenlosigkeit der Einzelnen, der wilde harte Kopf der persönlichen Unabhängigkeit hob sich überall empor. Die Agitatoren des Socialismus Marx und Fritz Engels kamen nach Elberfeld und gründeten unter der Redaction von Heß eine communistische Zeitschrift, der „Gesellschaftsspiegel". [. . .] Der großartige Aufschwung der Industrie überschwemmte das Thal mit einer gewaltig anwachsenden Fabrikbevölkerung. Von allen Seiten kamen die Zuzüge. Die Gemeinde von Wupperfeld betrug bei ihrer Gründung 2000 Seelen, 1877 20 000. In ähnlichem Verhältniß wuchsen alle Gemeinden.

---

* Über die Elberfelder Armenverwaltung besitzen wir schon eine ganze Literatur. Am besten Böhmert in der Denkschrift: „Das Armenwesen in 77 deutschen Städten". 1886.

Die Abgeschlossenheit, die Einfachheit, die guten Sitten wurden durchbrochen. Die reichen Emporkömmlinge waren unleidliche Gesellen. Das Thal wurde bald der Sitz des ausgesprochensten Socialismus. Er hatte hier seinen Hauptheerd. Er bestimmte die politischen Wahlen. Jetzt vertritt das Thal ein Socialist im Reichstag. Er bekam 1887 18 423 Stimmen. Er wohnt in einem kleinen, sehr bescheidenen Häuschen. In den wildesten Agitationen bebte das Thal, welches einst aus den Fabriken den weithin schallenden Gesang der Kirchenlieder gehört hatte. Die Gottlosigkeit mehrte sich. Der Kampf um die Existenz ward heißer. Die Rücksichtslosigkeit stieg auf die Höhe. Das Thal wurde mehr als je ein Kessel aller Leidenschaften. Auch bei den Besseren brach wieder hervor, was einst die Predigt niedergehalten hatte. Eine Zeit lang hat eine ganz radicale Majorität in dem Gemeinderath geherrscht und ist nur mit Hilfe der Katholiken gebrochen. Die Söhne der Reichen pflanzten den Glauben der Vorfahren nicht fort. Sie bauten sich Paläste mit großen Auffahrten und den prachtvollsten Ausstattungen, aber der Glaube wohnte nicht in denselben. Sie behandelten denselben oft ganz pietätslos. Der Grundstock ihres Erbes war Gottesfurcht gewesen: die Vermehrung Arbeit, Speculation und weltlicher Genuß. Dabei glänzten sie immer noch durch Wohlthätigkeit und hochherzige Stiftungen . . . [. . .] Die Verwilderung der Jugend nahm in der Arbeiterwelt maßlos zu: wilde Excesse trieb man selbst in den Predigerstunden. — Etwas ärgerlich Neues war es doch, als 1886 in der Fastenzeit ein Narrenzug das Thal durchschwärmte und viele Tausende herbeizog. Das Theater konnte nie in Elberfeld gedeihen, aber gegenwärtig baut man ein prächtiges Haus dafür: die Zeit ist anders geworden. Zu Gunsten des Theaterfonds zeigte man im Casino ein Stück von der Himmelsleiter, die Jakob im Traume sah: eine Frivolität, die doch noch Entrüstung hervorrief. Erinnerte sich ein Alter an die Vergangenheit, so erzählte er mit Schmerz, wie früher am Sonntage die Straßen voll gewesen wären von solchen, die sich über die gehörten Predigten unterhalten hätten, wie die Predigt der Mittelpunkt des häuslichen Gespräches gewesen, wie dabei das Familienleben ein vorzügliches, die Beobachtung und Erziehung der Kinder eine hingebende gewesen. Als in der Zeit, wo es anfing Abend zu werden, eine Vergleichung alter und neuer Zeit im reformirten Wochenblatt durch Pastor Schröder geschah, meinte er, das Salz in seiner Gemeinde habe sich überall in Winkeln und Ecken verkrümelt. Der große Strom modernen Lebens brach über die Berge herein und riß das Thal nach allen Seiten auf: mit vielen Eisenbahnfäden die Welt eröffnend, die Aussichten mehrend und hinausfegend, was einst in verborgener Stille und Einfachheit sich pflegte und erbaute. Auch der Romanismus faßte gewaltigen Fuß im Thale und seine auf schönem Platze gelegene Kirche in Elberfeld war von Besuchern überströmt. Alle Tage gingen die Capläne aus, um ihre Gemeindekinder zu behüten; die Pfarrer selbst waren kluge Leute. Angesehene katholische Beamte kamen ins Thal. Bei den politischen — und bei den Gemeindewahlen mußte man mit den Römischen rechnen. Sie erfreuten sich hoher Protection. Bei einem Besuch des Bischofs sah man reich geschmückte Straßen. Man kannte den calvinistischen Erdwinkel nicht mehr! Wie anders war alles geworden! Am 15. September 1884 geschah durch den Bischof Thiel von Costarica die feierliche Grundsteinlegung zu zwei großen neuen katholischen Kirchen in Elberfeld. Dieselben sind jetzt vollendet. In der Oststadt ist eine Basilikenkirche St. Marien entstanden, im Nordosten die Herz-Jesu-Kirche in gothischem Stil erbaut. Sie liegt auf der höchsten Stelle der Stadt und überragt mit ihrem hohen Thurm alle übrigen Gebäude der Stadt. Als sie am 30. September 1886 eingeweiht wurde, prangten die Straßen der Nordstadt im herrlichsten Schmuck. Eine Ausstattung von kostbaren Paramenten im Saale des Gesellenhauses ging voran. Am Abend des Einweihungstages strahlte die neue Hardt in einem brillanten Feuerwerk. Neben den drei Kirchen besteht dann auch die geräumige Spitalcapelle. Es gibt 8 Pfarrer (Rectoren) und 62 katholische sehr eifrige Lehrer. Das kräftige westfälische Element herrscht in den Gemeinden vor. In dem Vaterunser hat man bei der Bitte: Vergib uns unsere Sünden — merkwürdiger Weise eingeschaltet: Bitte für uns Sünder. Also noch ein Übergott über Gottvater. In Barmen wird ebenfalls eine neue katholische Kirche gebaut. Man zählt 27 000 Katholiken in Elberfeld und 16 076 in Barmen. Es war Adolph Kolping, erst Schuhmacher, dann in seinem 23. Lebensjahre in den Priesterstand getreten, der, 1845 Caplan in Elberfeld, den ersten Gesellenverein gründete. Sein Wahlspruch: Religion und Arbeit der goldene Boden des Volkes. Mit bewundernswerther Zähigkeit führte er seine Idee durch. Eine derbe gerade Natur, voll Wohlwollen gegen Alle, mit wuchtiger Sprache und mit kurzen Sätzen. Er schuf die „Rheinischen Volksblätter". Durch seine Anregung verbreiteten sich die Gesellenvereine in Deutschland für das Jahr 1880 bis auf die Zahl von 411 mit etwa 40 000 Mitgliedern*. Als Organ der Römischen bestehen jetzt die „Wupperthaler Volksblätter"** (Redacteur Capallo). Kohlbrügge hat einmal gesagt: das Wupperthal kommt kirchlich noch einmal wieder unter die Herrschaft Roms. Es sieht fast so aus. *Die Höhen der „evangelisch-rohmriken Berge" sind mit römischen Burgen gekrönt.* [. . .] Der viele Zuzug von Außen hat die lutherische Gemeinde vermehrt und ihr den Bau einer neuen, mehr stattlichen Kirche gebracht. Der Charakter des Thales ist vielfach geändert. Das calvinistische Element ist zurückgetreten. In breiter Masse lagert oder besser wimmelt eine gleichgültige und farblose Arbeiterwelt, die auch nicht lutherisch ist. Die Gegensätze der Confessionen haben aufgehört, aber mit ihnen auch das innere Leben: das Ende dieses Jahrhunderts reicht dem Anfange nur noch in schwachen traditionellen Fäden die verbindende Hand. [. . .]

Es ist keine Frage, daß im Wupperthal noch eine Anzahl aufrichtiger wahrer Christen sind — aber die große Menge wird von ganz anderen Mächten bestimmt, als wie es am Anfang des Jahrhunderts der Fall war. Es ist hier geschehen, wie in ganz Deutschland. Die Macht der Erweckung, die ein Leben des Glaubens hervorrief, erlosch mehr und mehr. Ihre Kraft wurde durch Mißbrauch ihrer Gaben geschwächt. Das Interesse für Politik erwachte. Das Geschäftsleben erhob sich mit ungeahnter Lebendigkeit und Fruchtbarkeit. Es erregte auch den Sturm der Leidenschaft bei den Arbeitern. Die alten heilsamen Schranken brachen. Mit dem Glauben der Väter wich ihre Sitte und Zucht. Der Abfall trat an die Stelle der Gottesfurcht — und wie ein Meer breitete sich auch über die einst geschützten Stätten Ungehorsam und Empörung. Das Gefühl, was unsere Zeit auf jedem Boden hat, hat man doch besonders im Thale: es bereiten sich unten die zerstörenden Stoffe vor, die unser ganzes Kirchen- und Staatsgebäude zersprengen wollen.

Die Bewegung, die durch den Antrag v. Kleist-Hammerstein sich erhoben hat, brachte in Barmen (October 1886) eine ansehnliche Versammlung zusammen. Man hoffte, doch einmal eine wirkliche Wohlthat dem Staate für die Kirche abzuringen.

---

* Die kathol. Gesellenvereine in Deutschland von Paul Dehn (Deutsche Zeit- und Streitfragen 1882).
** Die ref. Kirchenztg. hat eine Aufl. von 500, die Wupperthaler Volksblätter von 4000.

Es ist aber doch ein rechtes Zeichen der Zeit, daß die religiösen Fragen nur noch ein Interesse haben, wo sie auf den politischen Kampfplatz geworfen werden und mit politischen Fragen vermengt. Sie bekommen die Agitationsfarbe der Gegenwart. Sind sie nur noch dadurch zu beleben und zu unterhalten? Das Politische überwiegt und das Christliche wird nur so nebenbei geduldet . . . [. . .] Man erwarte übrigens nichts von der Zukunft, wir treiben einer völligen *Religionslosigkeit* entgegen.

[. . .]

Jürgen Reulecke

Schwarzbrot und Pferdefleisch für deutsche Arbeiter? Nachforschungen englischer „tariff trippers" im Frühjahr 1910 in Elberfeld und Barmen

Um den eigentümlichen Titel dieses Beitrags[1] *verständlicher zu machen, muß etwas ausgeholt werden. Hintergrund der im folgenden dokumentierten Reisen ist jene Krise, jenes „Klimakterium"*[2]*, in das im letzten Viertel des 19. Jahrhunderts die entwickelten Industriegesellschaften geraten waren, jede Gesellschaft in ihrer Weise! Der Pionier der Industrialisierung, zugleich das Mutterland des Wirtschaftsliberalismus, Großbritannien mußte z. B. erleben, daß ehemalige Nachzügler erheblich aufgeholt hatten und auf dem Weltmarkt wie sogar im Inselstaat selbst begannen, die englischen Produkte zu überflügeln. Vor allem das erfolgreiche „Made in Germany" provozierte bei den Briten Sorge und Bewunderung zugleich. Das mit dem Namen Bismarcks verknüpfte Kaiserreich erschien in manchen Augen als festgefügter Block, ja fast wie eine geschlossene Armee, die die ehemalige Sicherheit des britischen Empire vor allem wirtschaftlich zu zerstören drohte*[3]*. Ein besonderes Ärgernis für große Teile des englischen Wirtschaftsbürgertums war es, daß immer mehr Staaten im Gefolge der „großen Depression" zum Protektionismus, d. h. zur Schutzzollpolitik übergingen — das Deutsche Reich seit 1878 —, die liberalen englischen Regierungen jedoch am Freihandel festhielten. Gegner dieser Politik formierten sich seit den 1880er Jahren in „leagues" (Vereinigungen), die für die Einführung von Vergeltungszöllen gegenüber den Ländern agitierten, die ihre nationalen Märkte gegen englische Waren durch Schutzzölle abschotteten. Bedeutsamste politische Kraft nach der Jahrhundertwende mit dem Slogan „Zolltarifreform bedeutet Arbeit für alle"*[4] *war die 1903 gegründete „Tariff Reform League"*[5]*. Als ihr Wortführer und damit Gegenspieler des berühmten liberalen Politikers Lloyd George*[6]*, der nach den von den Freihändlern 1906 und im Januar 1910 gewonnenen Wahlen englischer Finanzminister geworden*

[1] Der vorliegende Beitrag ist ein kleines Nebenergebnis meines Aufenthalts als Visiting German Fellow im Frühjahr 1983 am St. Antony's College in Oxford. Der Verfasser dankt dem Bundesministerium für Bildung und Wissenschaft für die Gewährung des Stipendiums und dem St. Antony's College, bes. Herrn Prof. Tony Nicholls, für die Gastfreundschaft und vielerlei Hilfen während seiner Monate in Oxford.

[2] S. *David S. Landes:* Der entfesselte Prometheus, Köln 1973, S. 234.

[3] S. dazu ausführlich *Günter Hollenberg:* Englisches Interesse am Kaiserreich, Wiesbaden 1974, S. 222 ff.

[4] Zit. nach *Randolph S. Churchill:* Winston S. Churchill 1874—1965, vol. II, part 1: Young Statesman 1901—1914, London 1967, S. 332. Die Übersetzung dieses und aller noch folgenden Zitate wie auch der Texte stammt vom Bearbeiter.

[5] Vgl. *Alan Sykes:* Tariff Reform in British Politics 1903—1913, Oxford 1979.

[6] *David Lloyd George* (1863—1945) übernahm später, 1916, das Amt des Premierministers und spielte bei den Friedensverhandlungen 1919 eine eher vermittelnde Rolle. Er hat in den Jahren 1908 bis 1911 in England eine bedeutende Sozialreform durchgeführt, die sich stark an das Vorbild der deutschen Sozialversicherung anlehnte.

war bzw. blieb, trat der liberal-unionistische Abgeordnete und spätere englische Außenminister Austen Chamberlain[7] *auf.*

Zwischen diesen beiden Politikern kam es am 23./24. Februar 1910 — kurz nach den Unterhauswahlen — zu einer besonders engagierten Kontroverse[8]. *Die Opposition hatte den Antrag gestellt, an die traditionell übliche Antwort des Unterhauses auf die königliche Eröffnungsadresse an das neue Parlament einen Zusatz anzuhängen, der den Regierungskurs auf die Einführung von Gegenmitteln zur Bewältigung der durch die ausländischen Schutzzölle hervorgerufenen Hemmungen der englischen Wirtschaft festlegen sollte. Vor allem wurde ein System von bilateralen Vorzugszöllen einerseits, Vergeltungszöllen andererseits empfohlen. Chamberlain begründete den Vorstoß vor allem mit dem Hinweis auf die Erfolge, welche die Schutzzölle der deutschen Wirtschaft wie auch den deutschen Arbeitern gebracht hätten*[9]. *Es gebe sogar, so Chamberlain, an verschiedenen Orten in Deutschland Bismarckdenkmäler, die mit Geldspenden von Arbeitern als Dank für die Vollbeschäftigung und gestiegenen Löhne errichtet worden seien, denn vor allem Bismarcks Politik habe einen offensichtlichen Wohlstand der deutschen Arbeiter herbeigeführt. Lloyd George fühlte sich durch eine solche seiner Meinung nach krasse Schönfärberei der deutschen Verhältnisse derart provoziert, daß er am nächsten Tag eine geharnischte Gegenrede hielt, deren Argumente die Opposition dann ungewöhnlich stark erregten. Der Hauptstein des Anstoßes war die Behauptung des Finanzministers, „daß das gewöhnlich dem einfachen Volk in Deutschland zur Verfügung stehende Brot — das Schwarzbrot — ein solch widerwärtiges Produkt sei, daß Leute, die Bettler loswerden wollten, damit den gleichen Effekt erzeugen könnten wie mit Rattengift. Die Armut im Lande führe zu solch entwürdigenden Folgen, daß inzwischen sogar Pferde- und Hundefleisch, Aas und Fleischereiabfälle zu Nahrungsmitteln der einfachen Menschen geworden seien“*[10].

Die Empörung der Tarifreformer über den „bisher unter verantwortlichen britischen Staatsmännern unbekannten Leichtsinn“, mit dem hier von jemandem, der es eigentlich besser habe wissen müssen, über Deutschland gesprochen worden sei, und die relativ knappe Abstimmungsniederlage — 254 gegen 285 Stimmen —, die sie bei ihrem Antrag hatten hinnehmen müssen, führten zu einer ungewöhnlichen Gegenoffensive. Mit dem Argument, die große Mehrheit des englischen Volkes könne nicht reisen und sich selbst von der Unwahrheit der Behauptungen Lloyd Georges überzeugen, begannen die Tarifreformer Geld für die Aussendung von Arbeiterdeputationen nach Deutschland zu sammeln. Dank der „Generosität verschiedener Gentlemen“ gingen bald tatsächlich in einem solchen Umfang Spenden ein, daß drei je

7 *Austen Chamberlain* (1863—1937) wurde 1919 englischer Finanzminister, 1924 bis 1929 Außenminister und erhielt 1926 — zusammen mit Stresemann, Briand und Dawes — den Friedensnobelpreis für den Abschluß des Locarnopakts.

8 Zum folgenden s. The Parliamentary Debates, Official Report, 5th series, vol. XIV, House of Commons, 1st vol. of Session 1910.

9 S. zu diesem Argument in Chamberlains Rede auch den Bericht Winston Churchills, der damals Staatssekretär war, an König Edward VII. vom 23. 2. 1910, abgedruckt in *Churchill* (s. Anm. 4), vol. II, part 2: Companion 1907—1911, London 1969, S. 975.

10 Zit. nach der Einleitung, S. III, zu der Publikation, aus der auch die folgenden Reiseberichte stammen: Reports on Labour and Social Conditions in Germany, vol. I: Working Men's Tours, Nos. I, II and III, London 1910.

zwölftägige Besuchsreisen von 29, 64 und 61 Teilnehmern — in der Öffentlichkeit etwas spöttisch „tariff trippers"[11] *genannt — durchgeführt werden konnten*[12]. *Sie seien, wie die Stifter und Organisatoren behaupteten, selbstverständlich keinem politischen Druck ausgesetzt gewesen und hätten lediglich den Auftrag gehabt, die Lebensbedingungen deutscher Arbeiter zu beobachten, die Aufmerksamkeit besonders auf die angeblich so ungesunde und abstoßende Nahrung zu richten und nachher über ihre Eindrücke Bericht zu erstatten. Angeblich stammten die Auserwählten aus allen politischen Lagern und waren ausschließlich Arbeiter, Handwerker oder untere Gewerkschaftsfunktionäre. Zudem stammten sie aus allen Teilen Englands*[13].

Die erste Reise dauerte vom 23. März bis zum 4. April 1910 und führte von London nach Elberfeld-Barmen, dann weiter über Essen, Düsseldorf, Berlin, Leipzig, Nürnberg, Stuttgart, Reutlingen und Köln nach London zurück. Die zweite Reise (2. April—14. April 1910) berührte zunächst Antwerpen, Brüssel, Verviers, Namur, dann Köln, Elberfeld-Barmen, Essen, Berlin, Plauen und Hannover, die dritte (13. April—25. April 1910) Düsseldorf, Elberfeld-Barmen, Essen, Berlin, Leipzig, Dresden, Chemnitz, Nürnberg, Stuttgart und Frankfurt. Die vielen nach den Reisen eingehenden Berichte gab die Tariff Reform League, nachdem einige schon vorher in der Presse erschienen waren, noch im selben Jahr in Buchform gesammelt heraus. Die Ergebnisse — wie konnte es anders sein — entsprachen ganz ihren Erwartungen. Zwei Urteile von Teilnehmern mögen für viele stehen[14]: *„Die Deutschen lachen bloß über die englischen Vorstellungen von deutschen Nahrungsmitteln" und — so das Fazit des Arbeiters George Brown aus Manchester —: „Je eher wir Schutzzölle einführen, desto besser für uns! Ich bin zwar eigentlich für internationalen Freihandel, aber Vergeltung zu üben, ist die einzige Lösung, zu der wir kommen müssen, wenn wir weiterhin im Vordergrund stehen und für unser Volk zuhause Arbeit schaffen wollen."*

Über 50 kürzere oder längere Passagen mit z. T. vielfältigen statistischen Angaben zu den Lebensmittelpreisen, Löhnen, Mieten, Arbeitsuchendenziffern usw. beziehen sich in diesem Sammelband allein auf Elberfeld und Barmen. Viele Angaben wiederholen sich jedoch, so daß im folgenden nur einige der aussagekräftigsten Berichte exemplarisch vorgestellt werden sollen. Zwar fallen die Urteile über die deutschen Verhältnisse sehr positiv, ja z. T. geradezu enthusiastisch aus, zwar hatten die Besucher in den einzelnen Städten nur jeweils einen knappen Tag zur Verfügung und reisten meist am späten Nachmittag weiter, doch haben sie sich — manchmal begleitet von Dolmetschern und in kleinen Gruppen zu Fuß ausschwärmend — offenbar redlich bemüht, mit deutschen Arbeitern in Berührung zu kommen und deutsche Verhältnisse trotz der Verständigungsschwierigkeiten ein wenig kennenzulernen. Wenn auch die Gesamturteile mit entsprechender Quellenkritik zur Kenntnis zu nehmen sind, so findet sich in den Berichten dennoch eine Fülle von reizvollen Details, deren Registrierung — wie das bei Reiseberichten ja oft ist — manchmal mehr über den Berichterstatter als über den Gegenstand oder beobachteten Sachverhalt aussa-

[11] *Hollenberg* (s. Anm. 3), S. 226.
[12] Reports on Labour (s. Anm. 10), S. VI.
[13] Eine Liste aller Teilnehmer mit ihren Anschriften und zum Teil auch mit der Angabe ihres Berufes liegt der Publikation bei.
[14] Die Zitate stammen von den Seiten 485 und 125 (s. Anm. 10).

gen. Vornehmliches Interesse der Besucher fanden neben der Frage nach Pferdefleisch und Schwarzbrot die Arbeitszeit und Lohnverhältnisse, die Preise für Nahrung und Kleidung, das Wohnen, die Arbeitsnachweisbüros in Elberfeld und Barmen, die Schwebebahn, ein Obdachlosenasyl in Barmen sowie die Maschinenfabrik Krenzler, ebenfalls in Barmen, vor allem aber das Aussehen der Arbeiter und der Kinder auf den Straßen.

Abschließend noch folgendes: Die Zurückweisung der lautstark und publizistisch wirkungsvoll vorgetragenen Forderung nach Einführung von Schutzzöllen konnte die englische Regierung nur noch wenige Jahre durchhalten. Zunächst als kriegsbedingte Notmaßnahme geplant, dann aber nach dem Kriege beibehalten, ging Großbritannien 1915 zu Einfuhrzöllen über. Eine Epoche ging damit zu Ende: „Die Rückkehr Großbritanniens zu einem Zollprotektionismus beraubte die Welt des größten Freihafens, den sie jemals besessen hatte“[15] — die Reisen der englischen Arbeiter nach Deutschland im Frühjahr 1910 waren ein Element, wenn auch sicherlich nur ein sehr kleines und nebensächliches, in diesem bedeutsamen Umbruch.

John T. Catterall aus Wallington/Surrey (S. 6 f.)

Wir kamen [am 24. März 1910] in Elberfeld fahrplanmäßig an, wo uns im Hotel Weidenhof komfortable Unterkünfte erwarteten. Nach dem Mittagessen machten sich die Herren Hunter, Purcell und ich zu einem Inspektionsrundgang auf.

Elberfeld

Elberfeld ist eine sehr schnell wachsende Stadt; ihre Bevölkerung ist von 72 000 im Jahre 1870 auf 170 000 im Jahre 1909 angestiegen. Sie gilt als bedeutendes Industriezentrum und liefert Baumwoll- und Wollstoffe. Außerdem findet eine beträchtliche Zahl von Personen Arbeit in der Stoffdruckerei und chemischen Industrie. Weiterhin besitzt Elberfeld eine wachsende Seidenindustrie; alles in allem über 30 000 Arbeiter finden in der Textilindustrie Beschäftigung. Im Normalfall arbeitet der einzelne Weber an vier Webstühlen mit insgesamt 30—33 Einzelstücken zehn Stunden am Tag. Die Durchschnittslöhne sind folgende: Männliche Arbeiter 24 Mark pro Woche, männliche Zurichter von Webstühlen 27 Mark, Mechaniker, die Reparaturen ausführen, 24 Mark pro Woche. Junge Frauen im Alter von über 16 Jahren, die als Spulmädchen, weibliche Zurichter und Weberinnen beschäftigt sind, verdienen zwischen 14 und 15 Mark die Woche. Jungen (unter 16) erhalten geringfügig weniger. Alle Industriezweige blühen, die Löhne sind in den letzten zehn Jahren um 26% angestiegen und werden ohne Frage mit dem anhaltenden Wachstum der Wirtschaft noch weiter steigen. Arbeitslosigkeit ist als ein Problem, das eine gesetzliche Regelung erfordert, unbekannt. Die Höhe der Mieten ist angemessen: [Es herrscht das] Mietwohnungswesen [vor]; drei Räume mit Küche kosten durchschnittlich vier Mark pro Woche.

[15] *Landes* (s. Anm. 2), S. 334.

Armenunterstützung

Elberfeld hat weltweite Berühmtheit durch sein System der Armenhilfe gewonnen, das ebenso einfach in seiner Durchführung wie erfolgreich im Ergebnis ist. Der Bürgermeister, der ein besoldeter Beamter ist, steht an der Spitze des Systems; jeder Bezirk sorgt für die entsprechende Armenunterstützung. Dem Arbeitslosen wird geholfen, sich Beschäftigung zu beschaffen, und, das ist das Beste daran, er behält seine Unabhängigkeit und wird gelehrt, selbstsicher zu sein. Das System kann als Organisation zur Pauperismusbekämpfung gekennzeichnet werden. Die Unterstützung wird klug bemessen gewährt; damit wird der Verschwendung von Geld an einen Drückeberger vorgebeugt, der in ein Arbeitshaus eingewiesen und in rechter Weise gezwungen wird, sich selbst zu erhalten.

Preise in Elberfeld

Wir nahmen in den Schaufenstern, die gut beleuchtet sind, die folgenden Artikel und Preise zur Kenntnis: Schuhe pro Paar 5—14,50 Mark; Kleidung (ganze Anzüge) von 18—50 Mark; Hüte — aus England importiert — 3—4,50 Mark; Mützen von 0,50—2,50 Mark; Strümpfe und Socken von 0,80 Mark das Paar aufwärts; Kragen, Hemden und Krawatten: Preise wie in England.

Nahrungsmittel

Eier, 14 Stück, für 0,50 Mark; Speck pro Pfund 0,70—0,95 Mark; Schweinefleisch pro Pfund 0,75—0,95 Mark; 1 Pfund Kalbfleisch 0,70 Mark; 1 Pfund Rindfleisch 0,60—0,95 Mark; Butter 1,00—1,25 Mark das Pfund.

Weizenbrot wird in Form von Brötchen angeboten, ähnlich jenen, die in unseren Restaurants erhältlich sind, und es ist nicht teurer als in England. Graubrot, das aus einer Mischung von Roggen und Weizen besteht, erfreut sich einer weit über der für Weizenbrot liegenden Popularität und ist tatsächlich äußerst schmackhaft und zufriedenstellend; es ist billig, in vielen Fällen billiger als unser normales englisches Alltagsbrot; da ich es regelmäßig gegessen habe, kann ich seine Bekömmlichkeit bezeugen.

Auf der Suche nach Armut

Wir besuchten die Arbeiterviertel und schauten vergeblich nach Beweisen für Armut und Auszehrung aus, wie man sie ohne besondere Suche in jeder beliebigen englischen Stadt finden kann. Die Straßen sind in gutem Zustand, schön sauber und werden von einem perfekt organisierten Verkehr benutzt. Cafés und Restaurants, wo alle Bevölkerungsschichten — begleitet von unterschiedlichen Arten von Musik — Erfrischungen zu sich nehmen, sind am Abend gut besucht. Kein Rowdytum kam uns vor Augen oder belästigte unsere Nerven. Elberfeld ist eine gut organisierte Stadt und wirft ein gutes Licht auf seine Bürger.

Abb. 38: Die klassizistische Vorderfront des Elberfelder Hauptbahnhofs am Döppersberg im Jahre 1900. Das Stationsgebäude der bergisch-märkischen Eisenbahn wurde 1848 fertiggestellt; die Eröffnung des regelmäßigen Personenverkehrs von hier erfolgte am 9. März 1849.

Abb. 39: Blick um 1910 vom Bahnhofsvorplatz in Elberfeld auf das Hotel Weidenhof, in dem im Frühjahr 1910 die englischen Besucher untergebracht waren; links der Schwebebahnhof Döppersberg, rechts – auf dem Platz, der sich vor dem Stadttheater befand – das Denkmal Kaiser Wilhelms I.

George Green, Plakatierer, ehemaliger sozialistischer Arbeitersekretär (S. 26 f.)

Elberfeld

Dies war die erste Stadt, die wir nach unserer Ankunft in Deutschland besucht haben, und sie war in der Tat in mehrfacher Hinsicht eine Offenbarung für mich. Elberfeld ist eine Stadt von etwa 160 000 Einwohnern, von denen eine große Zahl in der Textilindustrie beschäftigt ist. Der erste Punkt, der mir ins Auge fiel, war das bemerkenswert saubere Gesamtbild der Stadt; dies fällt besonders auf, wenn man bedenkt, daß es sich um ein Industriezentrum handelt. Alles wirkt sauber, ordentlich und geordnet.

Die überraschendste Tatsache war aber für mich die völlige Abwesenheit von Müßiggängern außerhalb der Gaststätten, weiterhin das Fehlen von Männern, Frauen und Kindern, die Schnürriemen, Streichhölzer usw. verkaufen. Dies traf auch, wie ich später beobachten konnte, auf alle weiteren von uns besuchten Städte in Deutschland zu. Eine solche auf der Straße Kleinzeug verhökernde Personengruppe gibt es, soweit ich sehen konnte, in Deutschland nicht. Jeder scheint irgendeiner Beschäftigung nachzugehen. Wir sahen kein einziges Mal ein Kind, das eindeutig als zerlumpt oder ohne Schuhe hätte bezeichnet werden können. Wir besuchten auch eine Arbeitergaststätte, wo man ein großes Glas Bier für zehn Pfennig erhalten konnte, also weniger als ein Penny. Die Gaststätte war äußerst sauber und behaglich, und es standen dort Tische mit frischen Tischdecken, auf denen Zeitungen auslagen.

[. . .]

Wir besichtigten anschließend das Arbeiternachweisbüro, wo wir die bemerkenswerte Entdeckung machten, daß sich dort auch Personen registrieren lassen können, die noch Arbeit haben, sich aber eine neue Arbeitsstätte suchen möchten. Dies trifft auf alle Arbeitsnachweise zu, die wir besucht haben. Ich füge ein Formblatt des Düsseldorfer Büros als Beweis für diese Angabe bei. In Elberfeld waren nur 500 Namen in den Unterlagen registriert, aber wieviele davon tatsächlich arbeitslos waren, konnte keiner sagen. Wir wurden informiert, daß eine Person selten länger als einen Monat registriert ist und daß es keine Zimmerleute in den Unterlagen gebe. Die ärmste Klasse der Landarbeiter erhält zwischen acht und zehn Mark die Woche mit Verpflegung und Unterkunft.

Fred Howard aus Farnsworth/Lancashire, Angestellter einer Baumwollweberei (S. 39)

[. . .]

Als wir im Arbeiternachweisbüro waren, äußerten wir den Wunsch, die Wohnung eines Arbeiters zu besichtigen; der Beamte kam unserer Bitte nach, und er suchte [für uns] einen Arbeiter. Wir gingen mit diesem, seine Wohnung zu besuchen, die aus drei großen, sauberen und gesunden Räumen besteht, für die als Miete vier Mark die Woche ohne Abgaben zu zahlen waren. Sein Name und seine Anschrift waren: Hugo Meyer, 3. Stock, Hochstraße 67, Barmen. Wir fragten ihn über seinen

Beruf aus und fanden heraus, daß er ein Baumwollgarnfärber war. Da ich die Gelegenheit dazu hatte, stellte ich Frage auf Frage und erhielt Informationen, die für die Färber von Lancashire von Interesse sein sollten, die — wie ich annehme — den Deutschen für einen durch Zölle geschützten Streikbrecher halten. Die Färber um Barmen arbeiten 57 Stunden in der Woche, und alle Männer werden nach Stücklohn bezahlt. Arbeiter, die am Färberbottich arbeiten, können zwischen 30 und 36 Mark, Arbeiter, die an den Spülbecken oder großen Kästen usw. beschäftigt sind, zwischen 28 und 33 Mark pro Woche verdienen, was eine weit bessere Bezahlung ist, als sie die Mehrheit von Färbern in England erhält.

Wir besuchten ein Arbeiterspeiselokal mit dem Namen „Restauration zur Stadt Bonn" in der Morianstraße, Elberfeld, und entdeckten, daß jeder Arbeiter hier ein Gericht, das aus Suppe, Fleisch, Gemüse, Nachtisch usw. besteht, für einen Preis von 45—50 Pfennig erhalten kann. Wir besuchten weiterhin andere Geschäfte und hätten kaufen können:

Stiefel, braun gegerbt oder schwarz, handvernäht, für 7,50—13,50 Mark; Schuhe, von gleicher Qualität, für 6,75—10,50 Mark. Kleidung schien uns sehr billig zu sein, und die Menschen sahen gesund und zufrieden aus. Ich sah keinen von einer Armut, die man in den Gewerbestädten Lancashires sehen kann [. . .]

William Queen aus Edinburgh, Distriktfunktionär der Fuhrleute-Gewerkschaft, Exsozialist (S. 100 f.)

In Elberfeld war ich äußerst fasziniert von der Schwebebahn; die einzige dieser Art, die ich je gesehen habe. Bei dieser Bahn fahren die Wagen durch die Luft, aufgehängt an einem Einschienensystem. Ein anderer bemerkenswerter Aspekt in Verbindung damit ist die Tatsache, daß der Raum über dem Wasserlauf [der Wupper] für den Zweck dieser Bahn genutzt worden war. Auf diese Weise wurde eine hohe Finanzaufwendung vermieden, die durch den Ankauf von Bodenfläche, den Abriß von Häusern, die Konstruktion von Brücken etc. entstanden wäre, wenn man die Bahn auf Mutter Erde hätte fahren lassen [. . .]

Der Pferdefleisch-Popanz

Ich nahm im Café Holländer in Elberfeld mit dreien aus meiner Reisegruppe einen Imbiß zu mir, als einer von uns die Vermutung äußerte, man hätte uns Pferdefleisch vorgesetzt. Wir ließen den Oberkellner kommen, der ein gutes Englisch sprach, um uns diese Behauptung bestätigen zu lassen; er dagegen wies diesen Gedanken erregt von sich und rief laut aus, daß es unmöglich sei, in irgendeinem Elberfelder Restaurant Pferdefleisch zu bekommen. Ich sah lediglich eine Pferdefleischerei in Elberfeld, obwohl wir später in einem anderen Teil Deutschlands hörten, es gäbe in der Stadt drei Geschäfte. Es mögen zwar noch mehr in Elberfeld gewesen sein, aber ich kann nur davon berichten, was tatsächlich von mir beobachtet worden ist.

Einer von uns, Mr. Garner, kaufte ein gewöhnliches Brot in einer Bäckerei in Elberfeld und bot es, da er es nicht mit sich nehmen wollte, einigen Kindern an, die auf der Straße spielten. Aber er hatte keinen Erfolg mit dem Versuch, sie zur Annahme seines freundlichen Angebots zu bewegen. Ich dachte in diesem Moment an die vielen, vielen englischen und schottischen Städte, wo die Kinder in gewissen Vierteln gierig ein Brot verschlungen hätten, das ihnen in der Art und Weise angeboten worden wäre, wie es Mr. Garner diesen Kindern in Elberfeld gegenüber getan hatte [. . .]

Hugh Wharton, Eisengießer aus Birmingham, Exsozialist (S. 118)

Preisvergleiche

In Elberfeld teilte sich unsere Reisegruppe in Kleingruppen; jede war bestrebt, so viel wie möglich an Informationen zu erhalten, um sich nachher wieder zu einem Erfahrungsaustausch zu treffen. Ich habe Preise von Nahrungsmitteln, Bekleidung und anderen Artikeln verglichen, und mein Eindruck war, daß einige Artikel billiger, andere geringfügig teurer, insgesamt aber die Lebenshaltungskosten billiger waren. Ein Anstreicher und Dekorateur, der in England gelebt hatte, informierte uns, daß er immer sehr viel regelmäßiger Arbeit in Deutschland als in England gefunden habe und der Meinung sei, daß dies auch für andere Branchen gelte. Ich besuchte eine Anzahl von Gaststätten und stellte Untersuchungen über Pferdefleisch und Schwarzbrot an, aber jedesmal wurde mir gesagt, daß man mir nicht mit Pferdefleisch dienen könne aus dem einfachen Grunde, weil man es nicht führe. Ein Kellner, der in London, Manchester und Liverpool gelebt hatte, meinte, es könne sein, daß man es in einigen wenigen Gaststätten bekomme. Er selbst habe es nie probiert, doch äßen es verschiedene Personen, weil sie es mögen. Ein Pole bemerkte, er habe Pferdefleisch gegessen, und er verteidigte den Verzehr mit dem Argument, wenn es für den Menschen in Ordnung sei, Fleisch von Kühen zu essen, warum solle es schlecht für ihn sein, auch Pferdefleisch zu essen. Obwohl sie auch in Deutschland Armut hätten, sagte dieser Mann außerdem noch, sei diese doch nicht so akut wie in England. Dies ist auch bei meinen eigenen Untersuchungen herausgekommen: Der Arbeitslose, der in England so häufig zu finden ist, ist in Deutschland praktisch unbekannt. Dies schreibe ich der Tatsache zu, daß die Nachfrage nach Arbeit größer und der Arbeitsmarkt weniger durch jene so häufigen, so ausgeprägten und so erschreckenden Krisen wie in England gefährdet ist [. . .]

T. Savage aus Birkenhead (S. 181)

[. . .]

Ich unternahm mit einigen anderen einen Besuch bei der Maschinenfabrik Gustav Krenzler [Barmen] und fand — wie die anderen auch — das Erscheinungsbild der Arbeiter hervorragend; jeder sah gut aus. Ob der Grund dafür [der Verzehr von] Pferdefleisch oder Schwarzbrot ist, weiß ich nicht. Wie einer von der Gruppe zu mir sagte: „Was ist es doch für eine törichte Sache, die Nahrungsmittel von solchen Männern wie diesen — das reine Bild von Gesundheit — lächerlich zu machen!“ Neben einer großen Zahl von Lehrlingen sind dort 150 Männer beschäftigt. Die Arbeitszeit

Abb. 40: Fabrikhalle einer Barmer Werkzeug- und Maschinenfabrik um 1900 (Fröhlich & Klüpfel); einen ähnlichen Eindruck dürften die englischen Besucher 1910 bei der von ihnen besuchten Maschinenfabrik Gustav Krenzlers erhalten haben.

beträgt 56 Stunden in der Woche oder zehn Stunden am Tag. Die Gehälter der Techniker, die bei der Fertigstellung der Textilmaschinen beschäftigt sind, kommen auf 8, 9 und 10 Mark pro Tag. Von hier aus reisten wir nach Elberfeld mit der Einschienenbahn zurück, die sich über einem Fluß befindet, der zu keiner anderen nützlichen Verwendung eingesetzt werden konnte. Wir besuchten noch andere Maschinenfabriken, wo wir von einem Werkmeister erfuhren, daß sie in sehr kurzer Zeit ihre Produktion auf das benachbarte Land ausdehnen würden. Kellnerlöhne betragen 30 Mark pro Woche, die durchschnittlichen Mieten 5—6 Mark pro Woche.

Interview mit Mr. John Carter, Dockarbeiter aus Dalmuir (S. 332)

[. . .]

Es wurde vor allem erwartet, daß das Schwarzbrot einer sorgfältigen Prüfung unterzogen werden würde. Deshalb bat Mr. Carter mit dreien seiner Kameraden den Besitzer des Hotels um Auskunft über diese Frage. „Was hat es mit dem Schwarzbrot auf sich", fragte Mr. Carter. „Nun", sagte der Hotelbesitzer, „das Schwarzbrot, das Sie zum Abendessen bekommen haben, ist das übliche Brot, das in Hotels gereicht wird." Er schickte einen Kellner, eine andere Art Brot zu holen, welches dunklere Färbung hatte und eine grobe Sorte war und er — wie er sagte — vorziehen würde. Auch das andere Exemplar war ordnungsgemäß hergestellt, aber von einem anderen Geschmack als das Weißbrot dieses Landes, und in jeder Hinsicht schmackhaft. Und tatsächlich, dasselbe Getreide, das das Schwarzbrot ergibt, ergibt auch das Weißbrot, unterliegt nur einem anderen Herstellungsprozeß und wird produziert, um dem Wunsch der Kunden zu entsprechen [. . .]

Louis B. Gallagher, Büroangestellter aus West Newington (S. 489 ff.)

[. . .]

Am nächsten Morgen früh (8.03 Uhr, 15. April 1910) nahmen wir den Zug nach Elberfeld (Bevölkerung 1880: 93 538, 1910: 162 853, 1910 geschätzt: 170 000) und kamen dort um 9.00 Uhr an [von Düsseldorf]. Auch hier war man dabei, den Bahnhof zu vergrößern. Obwohl das vorhandene Gebäude bereits sehr groß ist, ist es doch nicht groß genug für den wachsenden Verkehr, wie mir einer der Bahnbeamten mitteilte. Im Bahnhof sahen wir drei Männer, die Backsteine von einem Fuhrwagen abluden — stückweise: Ein Mann auf dem Wagen gab einen Ziegel zu einem daneben stehenden Kollegen, der ihn an den dritten weiterreichte, der ihn aufstapelte. Die Ziegel hatten eine Größe von 30,5 cm × 15,25 cm; englische Ziegel sind kleiner: 22,9 cm × 11,4 cm; es werden aber normalerweise jeweils drei oder vier Ziegel zugleich ausgeladen.

Die nächste Sache, die unsere Augen sahen, war die Schwebebahn, die in einer Richtung nach Vohwinkel und in der anderen nach Barmen fährt. Diese Bahn ist über dem Fluß aufgehängt und spart auf diese Weise Platz. Elberfeld ist keine so prächtige Stadt wie Düsseldorf, doch schien uns das Geschäft gut zu gehen. Die Menschen sind gut gekleidet, sauber und wohlgenährt. Es gab keine Müßiggänger und keine Beispiele hungernder Kinder.

[. . .]

In den Webereien sind vorwiegend Frauen beschäftigt. Man teilte uns mit, daß zur Zeit genug Arbeit für alle gelernten Arbeiter vorhanden sei und daß, obwohl Unternehmer Arbeiter suchten, sie keine finden könnten. Diese Feststellung wurde bestätigt, als wir dann später in Berlin waren. Im Barmer Arbeitsnachweisbüro sagte man uns, daß diese Stadt gegenwärtig eine der am meisten prosperierenden Städte in Deutschland sei. Das Geschäft sei im letzten Winter zwar schlecht gewesen, habe sich aber nun erholt. Im Winter waren Notstandsarbeiten eingerichtet worden, um der Not vorzubeugen.

Vom Arbeitsnachweisbüro gingen wir zu einem katholischen Unterstützungsheim [Obdachlosenasyl] für mittellose Personen, die nach Barmen kommen — eine höfliche Umschreibung für Vagabunden, obwohl, wie man sehen wird, man diese Leute besser Handwerksgesellen nennen sollte. Das Heim ist für katholische Arbeiter gedacht, doch können auch Männer anderer oder ohne Konfession es nutzen. Es werden Schlafplätze angeboten, auch Speisen, für welche die Männer als Gegenleistung Holz hacken oder anstreichen. Die „Tramps" können so lange, wie sie wollen, bleiben. Diejenigen, die die Mittel dafür haben, können ein „pint" Kaffee (ca. 1/2 Liter) für zehn Pfennig kaufen. Ein Stuten von etwa 30 × 7,6 cm Größe wurde von einem von uns für zehn Pfennig gekauft. Ich probierte ihn — es war ein Weizenrosinenstuten, und er schmeckte ausgezeichnet. Eine Halbliterflasche Milch (ungefähr 7/8 eines „pint") wurde ebenfalls für zehn Pfennig verkauft. [Ein Angestellter des Heims sagte uns folgendes:] Falls die Zentrumspartei sich den Regierungsforderungen füge, könnten sie 2/3 jeder Mark, die sie ausgäben, wieder von der öffentlichen Hand zurückbekommen. Doch wo sie dazu in der Lage wären, wie in Barmen, zögen sie es vor, solche Heime unabhängig von der Regierung zu führen.

Ein Hausbewohner, der mit einem Anzug aus gutem blauen Tuch bekleidet war und eine goldene Kette trug, erzählte uns, er sei in 15 Stunden von Dortmund hergewandert, er sei Dekorateur und gerade erst angekommen (es waren außerdem noch etwa 30 andere Männer in dem Raum). Er stellte weiterhin fest, daß die Löhne für Dekorateure in Dortmund bei 4—5 Mark pro Tag lägen.

Wir inspizierten die Schlafräume und fanden sie erheblich besser als alles, was wir in dieser Hinsicht bei uns zuhause gesehen haben. Betten in Dreibettzimmern mit verschließbarem Spind für jeden, um Kleidung usw. einzuschließen, kosten 40 Pfennig pro Nacht, in Räumen mit sieben Betten — die auch größer waren als die zuerst genannten Räume — ohne Spinde 25 Pfennig pro Nacht. Die Bettwäsche wird jede Woche gewechselt, und bei kaltem Wetter wird eine zusätzliche Wolldecke ausgegeben. Man informierte uns, daß die Wohlfahrtsheime mittellose Personen mit 10 Mark ausstatten, damit sie auf ihrer Suche nach Arbeit zu einem anderen Bezirk weiterwandern können. Das wurde uns auch im Arbeitsnachweisbüro bestätigt [. . .]

Burkhard Dietz

Der Bericht eines „rasenden Reporters“ über eine Schwebebahnfahrt aus dem Jahre 1911

Der folgende Bericht über das Wuppertal des beginnenden 20. Jahrhunderts stammt von einem anonymen Reporter, der ganz im rastlosen Arbeitsstil seines berühmten Kollegen Egon Erwin Kisch — des „rasenden Reporters“[1] — im April und Mai des Jahres 1911 durch die Industriezentren zwischen Rhein und Ruhr hastete. Bei optimaler Nutzung aller zur Verfügung stehenden Verkehrsmittel gelang es ihm, innerhalb eines Monats rund zwanzig Großstädte und Industriegebiete zu bereisen und über seine Eindrücke in der zweimal täglich erscheinenden „Frankfurter Zeitung“ zu berichten[2]. Vom Rhein aus, wo der Journalist die Städte Köln und Düsseldorf besuchte, führte ihn seine Reiseroute ins westfälische Steinkohlenrevier, wo er Zechen und Gruben besichtigte sowie Eindrücke von der Alltagswirklichkeit der Bergleute sammeln konnte. Aus Essen berichtete er über die Gußstahlherstellung bei Krupp und die der Fabrik angegliederten Wohlfahrtseinrichtungen. Über Gelsenkirchen, Bochum und die Ruhrzone erreichte er schließlich das Bergische Land, an das sich noch die Besichtigung des Rhein-Ruhr-Hafens bei Duisburg und die Durchquerung des linksrheinischen Industriegebiets anschloß, bevor er seine Reise in Holland beendete.

Die Arbeitsweise des unbekannten „rasenden Reporters“ spiegelt die Rastlosigkeit des industriellen Zeitalters — der „modernen Weltepoche“ (W. Conze) — wider[3]: Die rapide technisch-ökonomische Entwicklung hatte in revolutionierender Weise das Verhältnis der Menschen zu Raum und Zeit verändert[4]. Unter den vielfältigen kulturellen Wandlungen, die sich im krisenhaften Übergangsprozeß zur industriellen Welt vollzogen, „war kaum eine so tief einschneidend und so allgemein wie die Veränderung des Zeitbewußtseins der Menschen“[5]. Darüber hinaus verdeutlicht seine Arbeitsweise aber auch, daß Aktualität und Schnelligkeit in der Informationsübermittlung zu den Erfolgsprinzipien des modernen Pressewesens geworden waren, wobei

---

1 *Egon Erwin Kisch* (1885—1948) führte ein abenteuerliches Leben als Reporter und ging in die Geschichte der Publizistik als der „rasende Reporter“ ein. Als Starreporter war er zunächst in Prag, Berlin und Wien tätig und emigrierte 1933 (vgl. *D. Schlenstedt:* Egon Erwin Kisch. Leben und Werk, Berlin 1968, und *E. Utitz:* Egon Erwin Kisch, der klassische Journalist, Berlin 1956).

2 S. dazu die insgesamt zwanzig Reiseberichte, die vom 7. April bis zum 7. Mai 1911 in der „Frankfurter Zeitung“ erschienen. Diese Berichte wurden auch in der Form eines Sonderdrucks zusammen veröffentlicht; diesem ist der nachfolgende Reisebericht über das Wuppertal (Nr. IX) entnommen (Am Niederrhein. Reiseberichte für die Frankfurter Zeitung, Frankfurt a. M. o. J. [1911], S. 56—61).

3 Vgl. *Werner Conze:* Die Strukturgeschichte des technisch-industriellen Zeitalters als Aufgabe für Forschung und Unterricht, Köln/Opladen 1957, S. 17.

4 S. dazu *K. Heinemann/P. Ludes:* Zeitbewußtsein und Kontrolle der Zeit, in: *K. Hammerich/M. Klein* (Hg.): Materialien zur Soziologie des Alltags, Opladen 1978, S. 220 ff.; *P. Fraisse:* Time. Psychological Aspects, in: International Encyclopedia of the Social Sciences, Bd. 13, New York 1968, S. 25 ff.

5 *Gerhard Huck:* Freizeit als Forschungsproblem, in: *ders.* (Hg.): Sozialgeschichte der Freizeit. Untersuchungen zum Wandel der Alltagskultur in Deutschland, Wuppertal 1980, S. 13.

aus dem ehemals ortsgebundenen Journalisten der Typ des schnell und gezielt einsetzbaren Reporters hervorgegangen war[6]. *Für ihn, den Journalisten neuen Typs, gehörte die Nutzung der neuen Verkehrs- und Kommunikationssysteme sowie die damit einhergehende Unstetigkeit in der Lebensgestaltung inzwischen zur alltäglichen Berufspraxis*[7]. *Ausgegangen war dieser Prozeß von der rapiden Ausdehnung des Eisenbahnverkehrs seit der Mitte des 19. Jahrhunderts, wodurch schnellere und direktere Formen der Information und Kommunikation an die Stelle einer oftmals schwerfälligen und rasch veraltenden Berichterstattung getreten waren*[8]. *Über die unvermeidbare Konsequenz dieser neuen journalistischen Arbeitsweise, die Oberflächlichkeit bei der Themenbearbeitung, heißt es denn auch zu Beginn des Wuppertal-Berichts: „Die Lage der Großstädte zueinander gestattet, daß man deren ein Vierteldutzend in einem Dutzend Stunden ‚besehen' kann. Freilich kann dabei nur eine recht oberflächliche Inaugenscheinnahme herauskommen. Zu erfahren, wie die Puppe inwendig aussieht, erforderte schon mehr Kopfzerbrechen. Zu langen Unterredungen . . . reicht in so eiligen Fällen die Zeit nicht"*[9].

Daß die „Frankfurter Zeitung" einen ihrer Reporter damit beauftragte, über die wirtschaftlichen, sozial- und kommunalpolitischen Verhältnisse Rheinland-Westfalens zu berichten, kann angesichts der in dieser Industrieregion starken Arbeiterbewegung[10] *mit der sozialpolitischen Konzeption des Blattes in Verbindung gebracht werden*[11]. *So war die „Frankfurter Zeitung" (1856—1943) — übrigens der Vorläufer der heutigen „Frankfurter Allgemeinen Zeitung" — etwa in der zweiten Hälfte des 19. Jahrhunderts für eine moderne Sozialgesetzgebung eingetreten und hatte die deutsche Arbeiterbewegung im Kampf gegen das Sozialistengesetz von 1878 unterstützt*[12].

*

Der im folgenden abgedruckte Text ist in ungekürzter und sprachlich unveränderter Form der Schrift „Am Niederrhein — Reiseberichte für die Frankfurter Zeitung" (s. Anm. 2) entnommen.

---

6 S. hierzu *C. G. Miller:* Modern Journalism, New York 1962.

7 Vgl. *Kurt Koszyk/Karl H. Pruys:* Art. Journalismus, in: *dies.:* Wörterbuch zur Publizistik, München/Berlin 1970, S. 170 ff., und auch *Kurt Koszyk:* Deutsche Presse im 19. Jahrhundert, Berlin 1966, S. 210 ff.

8 S. dazu *Gerhard Huck/Jürgen Reulecke:* Reisen im Bergischen Land um 1800. Ein Nachtrag, in: ZBGV 88 (1977/79), S. 190; zur „Vernichtung von Raum und Zeit" vgl. *Wolfgang Schivelbusch:* Geschichte der Eisenbahnreise. Zur Industrialisierung von Raum und Zeit im 19. Jahrhundert, München/Wien 1977, S. 16 ff.

9 Am Niederrhein. Reiseberichte für die Frankfurter Zeitung (s. Anm. 2), S. 56.

10 Zur Arbeiterbewegung im rheinisch-westfälischen Industriegebiet um 1900 vgl. *Jürgen Reulecke* (Hg.): Arbeiterbewegung an Rhein und Ruhr. Beiträge zur Geschichte der Arbeiterbewegung in Rheinland-Westfalen, Wuppertal 1974, und *Wolfgang Köllmann:* Politische und soziale Entwicklung der deutschen Arbeiterbewegung 1850—1914, in: VSWG 50 (1963), S. 480—504, wiederabgedruckt in: *E. W. Böckenförde* (Hg.): Neue deutsche Verfassungsgeschichte, Köln 1972, S. 430—450.

11 Vgl. *Kurt Paupié:* Frankfurter Zeitung (1856—1943), in: *Heinz-Dietrich Fischer* (Hg.): Deutsche Zeitungen des 17. bis 20. Jahrhunderts, München 1972, S. 241—256.

12 *Verlag der Frankfurter Zeitung* (Hg.): Geschichte der ‚Frankfurter Zeitung' 1856—1906, Frankfurt/M. 1906; *Kurt Koszyk:* Deutsche Presse im 19. Jahrhundert (s. Anm. 7), S. 197 f.

Das Wuppertal

Elberfeld-Barmen-Hagen, im April. Die dreidrähtige Ortsangabe ist ein Sinnbild der rheinisch-westfälischen Reisetagwerkmöglichkeiten. Die *nahe Lage der Großstädte zueinander* gestattet, daß man deren ein Vierteldutzend in einem Dutzend Stunden „besehen" kann. Freilich kann dabei nur eine recht oberflächliche Inaugenscheinnahme herauskommen. Zu erfahren, wie die Puppe inwendig aussieht, erforderte schon mehr Kopfzerbrechen. Zu langen Unterredungen mit ortskundigen Gewährsleuten reicht in so eiligen Fällen die Zeit nicht. Auch möchte man selber schauen und nicht nur vom Hörensagen erfahren, wie diese Welt leibt und lebt.

Wer lange nicht in *Elberfeld-Barmen* war, dem wird das Wiedersehen zur Feier. Vor einem Jahrzehnt hatte die Doppelgroßstadt im Wuppertal doch auch bereits viel Volk, und die Barmer Ruhmeshalle stand schon so stolz auf ihrem Platz wie das Elberfelder Rathaus auf dem seinen. Sogar von der Schwebebahn sah man damals schon die allerersten Anfänge und hegte noch einen kleinen bedächtigen Zweifel im Busen, ob das nun wirklich ein Verkehrsmittel geben werde, der an der Gleitschiene aufgehängte Wagen in der Luft über dem Fluß. Heute aber ist das ganze Stadtbild in entwickeltem Betrieb, um manchen neuen Zug bereichert, und man wird rasch inne, daß diese Zwillingsstadt in der Rangordnung ihrer deutschen Schwestern einen Platz in der vordersten Reihe einnimmt, daß sie am Niederrhein mit ihrer Einwohnerzahl nur wenig hinter Düsseldorf zurückbleibt und vor Essen immer noch weit obenansteht. Elberfeld-Barmen zählt jetzt über 330 000. Aber das kommt in den Lehrbüchern nicht zur Geltung, sondern zerlegt sich in zwei fast gleiche Teile und schwächt sich infolgedessen auf eine niedrigere Stufe hinunter. Diese Zwillingsschwestern sind eifersüchtiger gegeneinander als die beiden Damen Blaschek mit dem indiskret verbundenen Familienglück. Wenn sie nur nicht zusammengewachsen wären, sie strebten rechts und links von dannen, bis sie die unangenehme Nachbarschaft gründlich los wären. Leipzig und Dresden können nicht eifriger wettlaufen, ja, Sydney und Melbourne nicht heftiger wettboxen als Elberfeld und Barmen. In Sachsen aber liegt ein halbes Königreich, in Australien ein ganzer Weltteil dazwischen, an der Wupper dagegen nur eine eingebildete Stadtgrenze und eine Mauer von Eigensinn. Also marschieren sie getrennt weiter. Elberfeld hält immer noch die Spitze, es hat rund zehntausend Einwohner mehr als Barmen. (Aber bitte, beiderseits vor etwaigen Berichtigungen nochmals sorgfältig nachzählen.) Wir prophezeien trotz alledem: sie werden zusammen doch kommen, das Wasser ist nicht zu tief.

Die Rivalität in der bisherigen Form ist, wenn nicht Kraftvergeudung, so mindestens Kraftzersplitterung. Eine Probe erhält man sofort beim *Verkehrsverein* in Elberfeld. Er stiftet den Fremden kostenlos ein ordentliches Führerbüchlein. Fragt man aber nach Barmen, so muß man zahlen, und der Barmer Wegweiser, den man dann erwirbt, ist nicht einmal praktisch. Wir meinen, wenigstens die beiden Verkehrsvereine sollten sich unter einen Hut bringen lassen und nicht Montecchi und Capuletti spielen. Sie werden schon ein Papier auftreiben, das groß genug ist, um ein Kartenblatt von Elberfeld und Barmen darauf zu zeichnen, und es wird sich auch ein Sänger finden, in dem mit allerlei Geistesgaben von je gesegneten Wuppertal, der die Reize beider Städte in einem Bändchen zu besingen weiß.

Am Elberfelder *Hauptbahnhof*, der mit einer angebauten Vorhalle für Schalterzwecke und dergleichen geschickt erweitert ist, steht man gleich vor dem *Hauptschwebebahnhof* am Döppersberg. Man sieht kaum das Kaiserdenkmal und was drum und dran ist, man sieht nur dieses moderne Ding, das zweckmäßig, luftig und lustig zugleich ist. Bruno Möhring, der Berliner Architekt, der schon manche kühne Brücke und manchen Bau von Eigenart geschaffen hat, gab dem Schwebebahnhof die Form eines großen Schwebewagens, in den nun die kleinen Schwebewagen hineinschweben wie Schwalben ins Nest. Wir bezwingen männlich unsre kindliche Lust, gleich mitzufahren. Erst das Geschäft erledigen, denn Rundgang. Der erste besondere Eindruck erwartet uns, wie wir an den Gasthöfen und Läden des Bahnhofsviertels vorbei sind. Auf dem Platz der *reformierten Kirche*. So sieht sie aus, die Kirche, nüchtern und absichtlich einfältig in der Form, dieweil der rechte Geist die Hauptsache ist. „Land, Land, Land, höre Gottes Wort!" Der Spruch über der Tür bringt uns ins Gemüt zurück, was wir am Döppersberg angesichts des Wunders der Technik und im modernen Treiben fast vergessen hatten, daß hier eine Frömmigkeit zuhause ist, deren verstiegenste Richtung mit einem Wort belegt wird, aus dem man einen natürlichen Anklang an den Flußnamen heraushören kann. Aber da ist gleich eine Beschwichtigung für den Freigeist, der aufbegehren möchte. Ein Denkmal steht neben der Kirche, eine Wohltäterin reicht einem Greis die Labeschüssel. Es gilt den *„Erneuerern der Armenpflege"*, v. d. Heydt, Peters und Schlieper. Auch das „Elberfelder System", das viele deutschen Städte ebenfalls angenommen haben, beantwortet gewiß nicht alle Fragen des Armenwesens vollauf befriedigend. Aber daß ein solches Gefühl der Hilfspflicht auf frommem Boden erwuchs, und daß es sich nicht im frommgläubigen ungeordneten Almosengeben genugtat, vielmehr eine zuverlässige Art der geregelten Notlinderung einrichtete, das ist doch wohl kennzeichnend für dieses praktische Christentum, dessen Schwärmerei eine klare Buchführung nicht ausschloß.

Der Kirchplatz hat noch andere Merkwürdigkeiten. Es soll ihm hingehen, daß Kinder am heiligen Ort ausgerechnet Diabolo spielen. Aber mit der Behörde muß man ein Hühnchen pflücken, da man schon sonst nichts pflücken soll. Eine *Warnungstafel* nämlich steht auf dem Kirchplatz, dessen Anlagen so groß sind wie ein mäßiger Vorgarten, und sie verbietet die schwierigsten Sachen, das Viehweiden, das Rauchen, das Reiten, das Grasmähen, das Baumfällen, ja, das bloße Mitbringen von Geräten zu diesem Zweck. Wer gerade einen Tabak genießt, der pfeift natürlich auf das Rauchverbot, das übrigens nur vom 1. März bis 1. November über diesen geweihten Rasenplatz verhängt ist. Ein alter Zopf, meint man, grade noch wertvoll genug, um drüber zu lächeln. Aber er stammt vom Jahre 1905 und nicht von 1689 wie die Kirche. Inzwischen sollte die Gemeindeverwaltung weniger streng und weniger komisch geworden sein, als daß sie im zwanzigsten Jahrhundert noch Sorge trägt, man werde mit Sense, Axt und Säge zu Pferde anrücken, um im heiligen Hain rund um den Tempel zu sengen und zu brennen. Die Einheimischen beachten die Tafel nicht; ganz gut wenn ein fremder Pilger, der nichts Besseres zu tun hat, nach dem Unrechten sieht.

Nicht aus blinder Neuerungssucht. Das gute Alte ist lieb und wert. Es stehen *zwei kleine Häuser* am Kirchplatz in der Weise des bergischen Landes, die sind bald so bei Jahren wie das Gotteshaus. Der erste Stock überragt das Erdgeschoß um Fußbreite. Auf dem Gesimse ist eine Reihe kleinster Tannenbäumchen in Blumentopfkästen angebracht. Das Dach ist geschiefert, auch der Giebel, der im Dachstock sitzt. Die Verputzflächen des Fachwerks weiß, die Balken schwarz, die Fensterläden grün. Über der Haustür, zu der sechs Steinstufen hinangehn, ein Schnörkelbogen mit kleinen Glasscheiben. Es paßt gut zu dem Knusperhäuschen, daß dort eine Wittib Becker eine Bäckerei betreibt.

Aber nun fort vom Kirchplatz. Der Tag ist kurz, und wir wollen doch neben der „Genügsamkeitsstraße“ — so heißt sie — auch die Glanzstraßen durchlaufen, den *Wall* mit den Warenhäusern, die neue *Kaiserstraße*, die König- und die Herzogstraße und vor allem den gutbürgerlichen *Rathausplatz.* Das Rathaus ist auch heute noch ein Prachtbau, ein Beweis, daß man mit alten Stilen immer wieder glückliche Wirkungen erzielen kann, wenn man sie weise baumeistert. Die deutsche Renaissance ist ebensowenig umzubringen wie die Gotik und es verschlägt nichts, wenn gegenüber das Bankhaus v. d. Heydt und Kersten einen ganz anderen trocknen Ton in seiner leisen Formsprache anschlägt. Auch so alte Firmen werden heute wieder munterer, wenn sie bauen; siehe den monumentalen löwenbewachten Fahnenmast, den das Bankhaus auf dem freien Platz errichtet hat, zur Erinnerung an den hundertfünfzigjährigen Bestand der Firma. Es gibt einen bunten, gemischten Akkord, das alles zusammengenommen, der etwas überladene Neptunbrunnen nach dem Trienter Vorbild, der seine Wasserstrahlen im Wind weithin versprüht, das umfängliche Kaiser-Friedrich Denkmal, die schönen Erzbilder am Rathaus, die Knodt-Bockenheim gegossen hat. Aber die Sonne, die uns der April nun seit drei Wochen schon schenkt, verklärt und vergoldet und durchleuchtet die wachsenden Formen und Farben, die Straßen gehn im Bogen bergan vom Markt zu den Höhen, schließen sich in den Krümmungen dem Blick, öffnen sich wieder im Vorbeigehen und zeigen die kleinen, alten, gepflegten Häuser und die großen Neubauten, von denen manche trefflich die alten Muster für die gewachsenen Raumbedürfnisse in Breite und Höhe benützt und in Erkern und Giebeln passend gesteigert haben. Es ist ein wahres Vergnügen, diese Stadt des Textilgewerbes, wo man Stickereikleider für fünfzehn Mark in den Schaufenstern sehen kann, auch so unermüdlich schaffenslustig am Webstuhl der Neuzeit zu sehen.

Und nun fahren wir *Schwebebahn.* Zeppelin kann auch nicht viel besser fliegen als dies ganzstarre System. Es ist ein Weltwunder. Ein Eisengerüst von Barmen-Rittershausen bis Vohwinckel. Fünfzehntausend Tonnen Eisen sind zu den Trägern und Streben und Schienen verwendet, die das Wuppertal überspannen. So macht man Flüsse fahrbar, die nicht schiffbar sind. Der Wagen hängt sozusagen an der oberirdischen Leitung, in Stockwerkhöhe, er hat seine Räder oben und das gewölbte Dach unten, er schaukelt sogar in den Kurven, es ist ein Spaß aus Eisen und elektrischem Strom. Man sieht den Leuten in die Wohnungen, wenn man vorbeisaust. Man begegnet den Luftwagen, die aus der andern Richtung kommen. Man schwebt über den Flußbrücken dahin, wo die Fußgänger wandeln; über den Trambahnen am Ufer; unter der großen Eisenbahnbrücke, über die der Zug poltert, sodaß jetzt die Verkehrswege dreistöckig sich aufbauen. Unser Wagen spiegelt sich stolz in der Wupper. Na, die Wupper. — Kinder, Kinder! Schönfärberei treiben die Fabriken am Fluß nicht, obwohl die chemischen Werke von Bayer bekanntlich weltberühmte Farben machen. Die Wupper ist schwarz, sie schillert blasig und schleimig. Eine Suppe von Schmierstiefeln mag ähnlich brodeln. Nicht einmal Luhns Seifenfabrik kann dies Wasser reinwaschen. Aber uns ficht die trübe Flut nicht an, auch wenn sie, was sie

Abb. 41: Elberfeld von Westen im Jahre 1906 – so wie es der „rasende Reporter“ bei seinem Besuch der Wupperstädte im Jahre 1911 gesehen hat.

Abb. 42: Blick von Westen auf den Schwebebahnhof Döppersberg vor dem Ersten Weltkrieg – nach dem anonymen Bericht in der Frankfurter Zeitung ein „luftig(es) und lustig(es)“ Gebilde, in das die „Schwebewagen hineinschweben wie Schwalben ins Nest“; im Hintergrund das am 6. September 1888 eröffnete Elberfelder Stadttheater.

bei Hochwasser fertigbekommt, um vier Meter stiege. Wir schweben und freuen uns an den bescheidenen Gärtchen, die zwischen die Behausungen am Fluß eingestreut sind und von den Besitzern energisch zum Grünen gebracht werden, obgleich man ihnen Wasser und Licht nimmt. Noch eins, bevor wir aussteigen: die Bahn rentiert und hat in zehn Betriebsjahren noch keinen Unfall gehabt. Hier ist eine Haltestelle. Wir kommen uns vor, wie der Seiltänzer im Schutznetz. Glückab.

Barmen schwelgt noch mehr als Elberfeld in seinen schmucken alten schwarzweißgrünen Häusern. Das ist die Hauptschönheit dieser Stadt, obwohl sie auch mit Neuem von Klasse aufwartet. Die Goldkuppeln der Ruhmeshalle blinken prahlerisch genug. Das Stadttheater überbietet das Elberfelder ganz und gar durch seine Modernität. Aber wir wollen Barmen gleichwohl etwas von oben herab anschauen. Die *Bergbahn* führt zu den prächtigen Anlagen empor, die den steilen hohen Südrand des Wuppertals zieren. Man fährt an der Stadthalle vorbei, am Kriegerdenkmalturm mit den Kanonen davor, und das Zahnradgleis hebt uns in zehn Minuten bis zum Tölleturm, mitten im Wald, umgeben von einem glänzenden Landhausviertel. Vor uns tut sich ein lachendes Stück Welt auf. Eine Mischung von Heidelberg und Stuttgart. Ein weiter Talkessel voll Großstadt, die mit ihren Außenteilen an den Abhängen emporsteigt. Bergzüge und Waldlinien umrahmen den Kreis im Süden. Schwelm zeigt seine Türme im Osten, die Niederrheinebene streckt sich im Westen. Die Berge des Ruhrtals ziehen die nördliche Grenze des über Erwarten großen, freien, wechselreichen Landschaftsgemäldes. Bis Frankfurt 161 Kilometer Luftlinie, bis Hamburg 350, bis Köln 40, und die sonstigen auf der Plattform des Aussichtsturms vermerkten Entfernungen gelten der näheren Nachbarschaft, Remscheid-Solingen, den Schwertfegerstädten, von denen erst jüngst ausführlich in der „Frankfurter Zeitung“ die Rede war, dem romantischen bergischen Burg und der Wunderbrücke bei Müngsten. Lockende Ziele genug für den Freund der Natur und Kultur, der Geschichte, Gesichte und Gedichte deutschen Landes.

Höchste Zeit für *Hagen*. Die Bahn biegt von der Wupper ab und geht über Schwelm-Gevelsberg-Haspe, wo überall der Gewerbefleiß, von dem der Schornstein raucht, in schöner Umgebung, in von Waldhügeln umhöhten grünen Tälern seine Stätten gefunden hat. Die Harkortschen Werke in Haspe fallen bei der Vorbeifahrt besonders durch ihre Größe und Lebhaftigkeit auf . . .

Abkürzungsverzeichnis

a. a. O.	am angegebenen Ort
Abb.	Abbildung
ADB	Allgemeine Deutsche Biographie
AfS	Archiv für Sozialgeschichte
AHVNrh	Annalen des Historischen Vereins für den Niederrhein
Anm.	Anmerkung
Art.	Artikel
Aufl.	Auflage
Bd., Bde	Band, Bände
bes.	besonders
ders., dies.	derselbe, dieselbe
Diss.	Dissertation
DJb	Düsseldorfer Jahrbuch
ebd.	ebenda
etc.	et cetera, und so weiter
fol.	folio, Blatt
GG	Geschichte und Gesellschaft
GWU	Geschichte in Wissenschaft und Unterricht
H.	Heft
Hb.	Handbuch
Hg., hg. von	Herausgeber, herausgegeben von
HZ	Historische Zeitschrift
Jg.	Jahrgang
Jh.	Jahrhundert
Kap.	Kapitel
masch.schr.	maschinenschriftlich
MEKGRh	Monatshefte für Evangelische Kirchengeschichte des Rheinlandes
MEW	Marx-Engels-Werke
NBJ	Neues Bergisches Jahrbuch
NDB	Neue Deutsche Biographie
NF	Neue Folge
o. J., o. O.	ohne Jahr, ohne Ort
RB	Romerike Berge
RhVjbll	Rheinische Vierteljahrsblätter
S.	Seite
s.	siehe
Sp.	Spalte
StA	Stadtarchiv
Tab.	Tabelle
TRE	Theologische Realenzyklopädie
u. a.	unter anderem, und andere
vgl.	vergleiche
vol.	volumen, Band
VSWG	Vierteljahrschrift für Sozial- und Wirtschaftsgeschichte
ZBGV	Zeitschrift des Bergischen Geschichtsvereins
Zit., zit.	Zitat, zitiert nach

Bildnachweis

Vorlagen für die Bilder und Abbildungen im vorliegenden Band sind folgenden Quellen entnommen bzw. wurden uns dankenswerterweise von folgenden Personen und Institutionen zum Abdruck zur Verfügung gestellt:

Umschlagbild: „Die Köln-Mindener Eisenbahn bei Benrath um 1860", nach einem zeitgenössischen Gemälde, entnommen aus: 125 Jahre deutsche Eisenbahnen. Ein Bildwerk, hg. von der Deutschen Bundesbahn, Frankfurt/Bonn 1960, S. 15.

Abb. 1, 2, 3: Originalzeichnungen aus dem Reisebericht Angersteins, fol. 90, 92 und 99, Reichsarchiv Stockholm.

Abb. 4, 5: Museum/Stadtarchiv Haus Martfeld, Schwelm.

Abb. 6, 12, 15, 16, 18, 20, 25, 26, 27, 29, 30, 31, 36: Privatbesitz *Harro Vollmar*, Haan.

Abb. 7: entnommen aus *Hermann Ringel:* Bergische Wirtschaft zwischen 1790 und 1860, Neustadt/Aisch 1966, S. 15 (ursprünglich in „Stahl und Eisen", Jg. 1961, S. 1343).

Abb. 8, 9, 10: Museum Schloß Homburg.

Abb. 11: Stadtarchiv Solingen; vgl. auch Rheinischer Städteatlas, Lieferung V, Nr. 30, Bonn 1979: Solingen (Tafel 5,4).

Abb. 13: entnommen aus *Wilhelm Boeddinghaus* (Hg.): Die Entwicklung der Firma Wilhelm Boeddinghaus & Cie in Elberfeld 1826—1866—1906, Elberfeld 1909.

Abb. 14, 17, 19, 22, 23, 28, 32, 33, 34, 35, 38, 39, 40, 41, 42: Historisches Zentrum, Museum für Frühindustrialisierung Wuppertal.

Abb. 21: entnommen aus *Helmt Börsch-Supan/Arno Paffrath:* Altenberg im 19. Jahrhundert, Bergisch Gladbach 1977, S. 76.

Abb. 24: entnommen aus *J. H. Bongard:* Wanderung zur Neanderhöhle, eine topographische Skizze der Gegend von Erkrath an der Düssel, Düsseldorf o. J. (um 1840), S. 63.

Abb. 37: Rheinisches Landesmuseum Bonn.

Register

bearbeitet von Burkhard Dietz

1. REGISTER GEOGRAPHISCHER NAMEN

(Kursiv gesetzte Zahlen verweisen auf die Anmerkungen; die Begriffe Bergisches Land, Großherzogtum Berg, Deutschland, Deutsches Reich sind nicht aufgenommen worden)

2. NAMENREGISTER